# 한국의 대통령 보도

한국의
저널리즘

# 한국의 대통령 보도

Presidential News in Korea

좋은 저널리즘 연구회 기획

김경모 · 김지현 · 김창숙 · 문영은 · 박선이 · 박재영
배정근 · 이나연 · 이완수 · 이재경 · 이재훈 지음

이화여자대학교출판문화원

프롤로그

# 왜 대통령 보도를 분석하는가

• 이재경

## 1. 대통령, 민주주의, 미디어

한국의 대통령들은 퇴임 후가 불행하다. 이승만, 박정희, 박근혜 대통령은 비정상적으로 직에서 밀려났으며, 다른 일곱 명도 임기는 정상적으로 마쳤지만 평화로운 일상으로 복귀한 경우가 드물다. 전두환, 노태우, 이명박, 박근혜 등 네 명의 대통령은 상당 기간 옥고를 치러야 했고, 노무현 대통령은 스스로 목숨을 끊었다. 무엇이 문제인가? 왜 민주화 이후만 계산해도 30년이 넘는 시간이 흘렀는데, 한국에서는 불행한 대통령의 역사가 되풀이되는가?

아마도 가장 무난한 답은 미성숙한 민주주의 제도일 것이다. 한국의 민주주의를 구성하는 핵심 제도와 그러한 제도를 운영하는 대통령실, 행정부, 의회, 법원 등의 정부 기관들은 아직 성숙하지 못하다. 다시 말하면 한국의 대통령실과 행정부, 의회와 정당들, 그리고 사법부의 구성원들이 어떠한 이유에서든 민주주의의 원칙들을 현실에서 제대로 실현하지 못하고 있다는 뜻이다. 이 문제는 당연히 정치, 행정, 법률, 철학, 역사, 커뮤니케이션 등 다학제적 접근을 필요로 한다.

그 가운데 이 책에서는 '제4부the fourth estate'로 불리는 언론의 문제, 그리고 대통령과 미디어의 관계에 주목한다. 이 책을 함께 기획하고 각자의 주제를 연구한 좋은 저널리즘 연구회 필자들은 저널리즘의 문제가 다른 정치적 기관과 제도의 문제 못지않게 민주주의 체제를 작동하게 하는 핵심 요소라고 생각한다. 어쩌면 정치제도보다 더 중요한 문제가 저널리즘의 문제, 조금 더 확장하면 미디어의 문제일 수도 있다고까지 생각한다.

### 민주주의와 저널리즘

미국의 저널리즘 연구자이자 교육자인 제임스 캐리James Carey(1997)는 저널리즘과 민주주의는 같은 대상을 지칭한다고 말했다. 그는 나아가 "실천으로서의 저널리즘은 민주주의라는 맥락을 벗어나서는 생각조차 할 수 없다."라고 말하며, "저널리즘은 민주주의의 다른 이름"이라고까지 얘기했다. 캐리 교수가 작고한 뒤 그의 컬럼비아대학 저널리즘스쿨 교수 자리를 이어받은 마이클 셔츤Michael Schudson(2008)은 이러한 캐리의 주장이 너무 많이 나간, 지나치게 낭만적인 주장이라고 평가했다. 현실은 생각보다 더 복합적이라는 게 그의 진단이다. 셔츤은 저널리즘은 민주주의와 거리가 멀었던 1980년대의 칠레나 1930년대의 스페인에도 존재했고, 지극히 전체주의적인 현재의 중국에도 존재한다고 말한다(p. 12). 하지만 셔츤 역시 민주주의를 위한 저널리즘의 역할은 매우 중요하다고 강조한다.

> 저널리즘은 민주주의가 존재하지 않는 곳에 민주주의를 만들어내지는 못한다. 그러나 시민의 자치를 위해 저널리즘이 수행해야 하는 여러 가지 기능을 이해하게 되면, 저널리즘은 민주주의가 잘 작동하도록 돕는 다양한 역할을 수행할 수 있다. 또 민주적 정부가 더 잘 운영되기 위해 뉴스가 어떠한 일들을 할 수 있는지 기자와

시민들이 더 명료하게 이해하도록 도울 수도 있다(Schudson, 2008, p. 26).

### 미디어 민주주의

캐리나 셔츤보다 미디어의 역할을 더 강력하게 개념화한 연구자들로 토머스 마이어Thomas Meyer와 티모시 쿡Timothy Cook이 있다. 마이어는 『미디어 민주주의*Media Democracy*』(2002)라는 책에서 미디어가 어떻게 정치를 식민지화colonization of the politics했는가를 분석한다. 마이어의 설명에 따르면, 현대사회에서 정치 과정political process은 두 가지 과정의 긴밀한 상호작용에 의해 계속해서 새로운 모습을 형성하게 된다. 첫 번째 과정은 미디어가 자신의 규칙에 따라 정치를 재현represent the political하는 과정이고, 두 번째 과정은 미디어의 규칙에 적응하려는 끊임없는 노력의 결과로, 정치의 본성the nature of the political이 변형transformed되는 과정이다(Meyer, 2002, p. xii). 이러한 이유로 마이어의 주장에 따르면 뉴스 미디어는 정치인과 정당의 행동에 강력한 영향을 미치게 됐다.

> 매스미디어에 의한 정치의 식민지화라는 의미로 이해되는 미디어 민주주의는 정당의 역할과 작동 방식을 근본적으로 바꾸어놓았다(p. 24).

쿡은 한 걸음 더 나아가 뉴스 미디어가 하나의 정치 기관political institution일 뿐 아니라, 심지어 정부의 일부분part of government이라고까지 말한다(Cook, 1998, p. 164). 쿡의 주장에 따르면 뉴스 미디어는 정부를 구성하는 3부인 행정·입법·사법부를 연결해주는 중개기관intermediary institution이다. 이러한 중개기관이 없으면 헌법에 기초해 만들어진 3부는 제대로 작동조차 할 수 없게 된다(Cook, 1998, p. 2)는 것이 그의 생각이다. 그는 『뉴스를 이용해 통치하기*Governing With The News*』(1998) 서문에서, 이 책을 통해 정책에 대한 의사결정과 정책의 입안 과정에 대한 핵심 참여자로서의 새로운 기자상을 제시하고 정의하려 한다고 말했다. 그는 또 같은 맥락에서 역시 정부안에서 강력한 정치 세력으로 등장한 뉴스 미디어the news media의 역할에 대해서도 조명할 계획을 밝혔다(Cook, 1998, p. 3).

### 정치의 미디어화 개념의 등장

마이어와 쿡의 작업과 비슷한 시기에 서구에서는 이러한 학문적 관심사를 포괄하는 '정치의 미디어화mediatization of the politics'라는 개념이 폭넓게 확산하기 시작했다. 마촐레니와 슐츠(Mazzoleni & Schulz, 1999), 그리고 에서와 스트롬백(Esser & Stromback, 2014) 등이 중심이 돼 확산시킨 이 개념은 "미디어 민주주의"와 비슷하게 지속적으로 확장하는, 특히 정치 과정에 대한 미디어의 영향력을 더 명료하게 조명하려는 노력들의 결과물이다.

## 2. 한국 언론생태계의 특수성

안타깝게도 한국 학계에서는 아직 이러한 학문적 시도들은 잘 보이지 않는다. 민주정치의 수준과 미디어 생태계 구조가 미국이나 서유럽 선진국 국가들과는 근본적으로 다르기 때문이다. 한국과 서구 선진국 저널리즘의 차이를 보여주는 요소는 크게 세 가지다. 첫째는 프로페셔널리즘의 부실 문제다. 미국과 서유럽 주요 선진국들의 유력 매체들은 전문직주의professionalism를 바탕으로 기자제도를 운용한다. 그렇기 때문에 특히 『뉴욕타임스*The New York Times*』나 영국의 『타임스*The Times*』 등 주요 신문사 기자들이 생산하는 기사의 품질 수준은 한국의 대표적 언론사들이 생산하는 기사 수준과 현격한 차이를 보이는 것이 부인할 수 없는 사실이다(김경모 · 김지현 · 박재영 · 배정근 · 이나연 · 이완수 · 이재경, 2020; 김경모 · 박재영 · 배정근 · 이나연 · 이재경, 2018). 기자들의 근무 시스템을 규정하는 기자제도와 처신의 윤리 등에서도 한국의 현실은 선진국과는 아직 차이가 크다.

두 번째는 한국 사회에서 1980년대 말 민주화가 시작된 뒤 자리 잡은 정파적 언론 제도의 문제다. 신문과 방송 모두에서 진보와 보수의 진영화가 고착되면서, 언론과 정치 세력의 병행 관계가 한국의 언론 현상을 규정하는 중요한 특징으로 자리 잡았다. 언론사와 정치 세력의 병행 관계는 자연히 권력에 대한 철저한 감시를 불가능하게 만들었고, 저널리즘의 독립성을 저해하는 요소로 작용해왔다. 이러한 현실은 특히 대통령의 권력 행사에 대한 견제와 감시를 불가능하게 하는 조건이었다. 진보 성향 대통령이면 진보 성향 매체, 보수 성향 대통령이면 보수 성향 매체는 대통령을 비판하는 기사나 사설을 보도하지 않는 것이 관행으로 굳어졌다. 자신들에게 우호적인 대통령이나 집권 세력에 대해 반대 세력이 공세적 보도를 시도하면, 같은 성향의 대통령과 정치 세력을 두둔하는 일 또한 일상적인 현상으로 자리 잡았다. 정파를 초월해 독립적인 자세로, 진실을 추구해야 한다고 강조하는 저널리즘 원칙은 한국 언론계에서는 아직 제대로 뿌리를 내리지 못하고 있다.

한국 언론의 후진성을 보여주는 또 하나의 문제는 공영 매체로 불리는 주요 지상파방송과 통신사의 운영이 집권 세력의 직접적인 영향력 아래에 놓여 있는 현실이다. 공영방송의 이사장과 사장, 본부장, 그리고 국가기간 통신사의 이사장과 사장, 경영 간부들은 예외 없이 집권한 대통령과 여당 쪽에서 임면권을 행사해왔다. 이름은 공영 체제이지만, 운영은 집권 세력이 전권을 행사하는 체제라는 뜻이다. 이는 사실상 군사정부나 권위주의 정권들이 시행하던 언론관리 체제의 연장선으로 볼 수밖에 없는 안타까운 한국적 현실이다. 정치와 정권으로부터 독립적으로 운영하기 위해 만든 공영 언론이 민주화된 한국에서는 철저하게 권력에 예속돼 벗어나지 못하는 역설이 현실이 되었다. 권력과 일정한 거리 두기at arm's length를 제도화한 영국의 공영제도와는 전혀 다른, 모양만 공영인 한국식 공영 체제가 만들어내고 있는 한국 언론의 특수성이다.

이러한 구조적 조건 때문에 한국의 저널리즘 연구는 프로페셔널리즘의 문제, 언론의 독립 문제, 기사의 품질 문제 등의 분석에 더 많은 노력을 투입해야 하는 상황이다. 모바일 뉴스 생태계의 확산, 유튜브나 페이스북 등 소셜네트워크서비스Social Network Service의 팽창 등 정치의 미디어화를 일상화하는 디지털 기술 요소들의 도전은 한국에서도 급격히 진행되고 있지만, 앞서 제시한 구조적 특성들 때문에 한국의 신문과 방송사들은 권력이나 진영으로부터 자유롭게 뉴스를 보도하지 못해왔다.

### 한국 대통령 보도 생태계의 분석이 필요한 이유

이 책은 이러한 현실 인식을 바탕으로 오늘날 한국 사회에서 대통령과 언론의 관계를 구성하는 다양한 요소를 체계적으로 살펴보기 위해 기획되었다. 필자들은 역대 퇴임 대통령들의 불행은 제대로 된 대통령 보도가 존재하지 않는 한국 언론의 현실과 밀접하게 관계돼 있다고 믿는다. 대통령들이 현직에 있을 때 대통령에 대한 성역 없는 비판적 보도가 이루어졌다면 대통령과 그 주변 사람들의 폐쇄적 국정 운영이나 권력 남용은, 완전히 제거되기는 어렵겠지만 상당 부분 불가능했거나 일이 벌어질 당시에 여론의 견제를 받았을 가능성이 크다. 그러나 안타깝게도 한국의 시민들은 박근혜 대통령 재임 초기 최순실이라는 인물의 존재를 알 수 없었다. 그가 청와대의 중요한 정책 방향에 영향을 미쳤어도, 어느 언론사도 그 존재를 알지 못했거나 취재하지 않았기 때문이다. 문재인 정부에서는 누가 어떠한 과정을 거쳐 원자력 발전 산업을 해체하는 계획을 추진했는지를 아직도 제대로 모른다. 청와대와 탈원전 세력이 국가 에너지 경제의 바탕을 흔드는 대전환을 투명하지 않은 과정을 통해, 또 공개적 논의를 최소화하며 추진할 수 있었기 때문이다. 소득 주도 성장이나 부동산 정책을 밀어붙인 과정과 그 배경, 또 그러한 정책을 추진하는 과정에서 핵심적인 역할을 한 세력들에 대해서도 한국 언론은 제대로 보도하지 않았다.

필자들은 무엇 때문에 한국의 대통령 보도가 이렇게 후진적으로 고착됐는지, 그 원인을 찾아보기로 했다. 그러기 위해서는 일차적으로 한국 대통령 보도의 기본적 속성을 확인해야 했다. 이 작업을 위해 연구팀은 대통령 관련 기사들의 기본적 특성과 대통령실을 취재하는 언론사의 취재 시스템에 관한 확인 작업을 시도했다. 또 대통령실에서 언론사와 국민들에게 메시지를 전달하기 위해 운영하는 홍보와 소통 조직의 활동에 대한 분석도 실시했다. 특히 대통령실이 상시로 디지털 매체를 통해 시민과 직접 소통하는 오늘날의 현실에서는 국민 소통 조직의 성격을 이해하는 일이 중요한 요소로 등장했다. 연구팀은 또 한국 대통령 보도의 후진성을 극복하기 위해, 기자 차원이나 개별 언론사 차원에서, 그리고 언론계 전체 차원에서는 어떠한 노력들이 필요한지에 대해서도 여러 차례 토론했다.

한국 대통령 보도의 현실을 보다 객관적으로 조명해보기 위해 이번에도 선진국 현실과의 비교 연구를 실시했다. 전체 작업의 기초를 구성하는 양적인 자료 분석에서 한국 신문과 미국 『뉴욕타임스』의 비교 작업을 실시했고, 연구자별 분석에서도 대통령제의 선진 사례인 미국의 매체와 언론 제도, 백악관의 커뮤니케이션 방식들을 비교 대상으로 활용했다. 한국의 매체들은 1948년 민주 정부가 수립된 이후 끊임없이 최고지도자인 대통령을 취재해왔다. 그러나 대통령제가 시행된 지 70년이 넘었어도 아직 한국 언론의 대통령 보도는 『뉴욕타임스』나 『워싱턴포스트*The Washington Post*』가 미국의 대통령을 취재하고 보도하는 수준과는 거리가 멀다. 이 책은 이러한 차이의 구조적 원인을 체계적으로 찾아보려는 시도다.

이 책에서 필자들은 공동 작업으로 양적 분석을 진행했지만, 나머지 각 장의 작업은 책임 연구자들이 각자의 문제의식을 바탕으로 독립적으로 집필했다. 따라서 연구 방법과 글의 구성 방식도 필자의 개성이 분명하게 드러난다. 선진국 사례가 미국으로만 제한된 점은 아쉬운 부분이다. 일본이나 유럽의 사례들과 추가적으로 비교하는 작업이 다른 연구자들에 의해 시도돼 이 책에서 조명하지 못한 문제들이 논의되기를 희망한다.

* * *

이 책을 위한 연구와 출판 작업은 서암윤세영재단의 후원을 받고 있는 이화여자대학교 저널리즘교육원의 지원을 받았다. 한국 언론의 발전을 위해 저널리즘 연구와 인재 양성에 해마다 전폭적인 지원을 계속해주고 있는 서암윤세영재단과 이화여자대학교에 깊이 감사한다. 좋은 저널리즘 연구회는 뛰어난 전문성을 바탕으로 완성도 높은 책이 만들어지도록 세심하게 노력해준 이화여자대학교출판문화원에도 감사의 마음을 전한다.

이 책의 연구 작업은 여러 보조연구원과 코더들의 노고가 있어 잘 마무리되었다. 보조연구원으로는 이화여자대학교 커뮤니케이션·미디어학부 박사과정 임윤주 학생, 연세대학교 언론홍보영상학부 박사과정 박진택·피연진 학생, 그리고 고려대학교 대학원 미디어학과 석사과정 김동민·김선아·송윤서 학생 등이 참여했다. 코더로 연구에 기여한 사람은 윤세영저널리즘스쿨의 안경준·이슬아·김채빈·이유진·강지수 학생 등이다. 이 분들의 노고에 감사한다.

미국 대통령 보도 체제를 연구하는 작업에는 워싱턴 D.C.에서 근무하는 교수와 기자들의 도움을 받았다. 미국 백악관 인수인계 지원 실장이자 타우슨대학 명예교수인 마사 쿠마Martha J. Kumar 교수(White House Transition Project Director & Towson University Professor Emeritus), 애리조나주립대학교 <크롱카이트뉴스Cronkite News>의 워싱턴지국장 겸 실무교수직을 맡고 있는 스티브 크레인Steve Crane 교수, 『워싱턴포스트』의 정치 취재팀장 댄 밸즈Dan Balz 기자, 그리고 『USA투데이*USA Today*』의 워싱턴지국장 수전 페이지Susan Page 기자께도 진심으로 감사한다. 이 분들의 조언으로 학술지의 한계를 넘어 취재 현장의 생생한 증언을 연구에 반영할 수 있었다.

## 차례

# 2부 대통령은 어떻게 소통하며, 미디어는 이를 어떻게 보도하는가

# 1부

# 미국 신문의 대통령 보도는 한국과 어떻게 다른가

# 1장 한국과 미국 대통령 기사의 형식과 소재

김지현·김창숙·이나연

『조선일보』는 지난 2018년 2월 3일 “문 대통령, 2022년까지 완전 자율주행차 상용화되게 할 것”이라는 제목의 기사를 정치면에 꽤 비중 있게 게재한 바 있다. 경기도 성남시 판교의 창조경제밸리를 방문한 문재인 전 대통령의 일정을 보도한 이 기사는 총 6개 문장으로 구성되었는데, 이 중 5개 문장은 문 전 대통령의 발언을 직접인용한 것이고, 나머지 한 문장은 대통령이 자율주행차를 시승했다는 내용이다. 기사는 ‘2022년 상용화될 자율주행차 산업’에 대해 다루지만 문 전 대통령의 포부를 단순 전달한 것에 그쳤으며, 자율주행 기술 수준 혹은 정부 정책에 대한 설명이나 평가는 당연히 없다. 따라서 이 기사만으로는 대통령의 발언처럼 자율주행차가 상용화될 수 있을지를 판단하기 어렵다.

더 큰 문제는 이처럼 대통령의 발언을 단순 중계하고, 발언이나 행동을 비판적으로 분석 혹은 감시하는 기사의 부재가 한국 언론의 오래된 관행이라는 점이다. 예를 들어 2005년 1월 3일 종합면에 게재된 노무현 전 대통령의 신년 하례식 기사는 전체 5개 문장 중 4개 문장이 노 전 대통령의 발언이고, 1개 문장이 대통령의 신년 일정을 소개하는 것이었다. 물론 이 두 사례만으로 한국 대통령 보도의 현실을 일반화할 수는 없다. 하지만 한국 언론의 대통령 보도가 적어도 수십 년간 이러한 방식으로 작성되었을 가능성을 시사한다.

실제로 한국에서 수행된 대통령 보도에 대한 선행연구들은 한국 언론이 취재원(대통령이나 청와대) 발언을 단순 중계하고, 이들에게 과도하게 의존한다고 밝혀왔다. 그 결과 취재원 위주의 일방적 관점을 제시하고, 맥락보다는 단편적인 정보를 제공하게 된다는 것이다. 이러한 보도 관행은 민주사회에서 언론에 기대하는 역할, 즉 권력에 대한 견제와 비판, 다양한 관점 제시, 깊이와 맥락을 담은 정보 제공 등의 규범적 역할과는 상반된다.

구체적으로 보면, 그간 한국의 선행연구는 대통령 보도에 대해 대통령과 청와대에의 의존도가 높다는 점을 지적해왔다. 대통령을 다룬 기사에서 취재원 수가 적고(이재경, 2006), 그 취재원은 대부분 대통령 혹은 청와대라는 것이다(강형철 · 심재웅 · 오하영, 2018). 특히 이러한 경향은 점차 강화돼 사운드바이트soundbite 기준으로 박근혜 전 대통령 집권기에는 전체의 약 94%에 이르렀다는 다소 충격적인 사실도 밝혀진 바 있다.

취재원이 제한되다 보니 자연스럽게 기사의 소재도 제한됐다. "대통령의 '무엇'을 다루는가"에서 한국은 주로 대통령의 일상적 동정을 다루는 기사가 많았고(정군기, 2002) 정책을 다루는 기사는 상대적으로 적었다. 흥미로운 점은 미국 대통령의 경우 자신의 정책보다 개인사나 동정에 관심을 가지는 언론에 불만을 보이는 것으로 나타났으나(Edwards, Mayer, & Wayne, 2014; 강형철 · 심재웅 · 오하영, 2018에서 재인용), 한국의 경우에는 정책보다 동정 보도를 선호하는 것으로 조사된 바 있다는 점이다(정군기, 2002).

또한 대통령 보도에 대한 학계의 주된 비판 중 하나는 신문의 정파성에 따른 논조의 차이였다(남재일, 2005; 박승정 · 전진오 · 김선우 · 김성태, 2017; 이재훈, 2019; 최영재, 2011; 최창식 · 임영호, 2021). 신문들은 대통령 보도에서 자신들이 지지하는 대통령에 우호적인 소재를 선택하거나 불리한 소재를 배제한 것으로 나타났다(박승정 · 전진오 · 김선우 · 김성태, 2017). 이재훈(2019)의 경우 이명박 · 박근혜 전 대통령과 노무현 · 문재인 전 대통령의 연설문, 그리고 이를 보도한 사설과 논평을 분석한 뒤, 신문에 따라 긍정 및 부정 논조에서 극명한 차이를 보였다고 밝혔다. 예를 들어 노무현 · 문재인 전 대통령에 대한 『동아일보』와 『조선일보』의 부정적 사설 비율은 각각 78.6%, 76.9%에 이르렀으나 『한겨레』와 『경향신문』은 각각 11.1%, 16.7%에 불과했다.

이러한 결과를 정리하면 한국의 선행연구는 대통령 보도의 문제점으로 취재원의 수 부족 및 편향, 기사 대상 혹은 소재의 빈곤, 그리고 정파성에 따른 논조의 차이 등을 지적하고 있다. 그러나 선행연구는 주로 한국 언론 간의 차이에 주목했으며 일부만이 해외 보도와의 차이를 분석했다는 점에서 한국 신문의 대통령 보도가 지니는 문제가 특수한 현상인지, 아니면 보편적 현상인지를 판단하기 어렵다.

이에 좋은 저널리즘 연구회가 2016년 이후 지속해온 한국 뉴스 품질 연구의 큰 틀을 유지하면서, 선행연구에서 지적한 문제점을 보다 심층적으로 분석해보기로 했다. 즉 비교 · 분석학적 관점에 따라 한국의 『조선일보』와 『한겨레』, 그리고 미국 『뉴욕타임스』의 대통령 기사를 분석 대상으로 삼아, 그동안 좋은 저널리즘 연구회가 기사 품질을 평가해온 다양한 변인으로 두 나라 신문의 대통령 보도를 계량적으로 비교했다. 이때 특정 대통령의 역량이나 상황 등이 대통령 보도의 특징에 미치는 영향을 최소화하기 위해 한국과 미국 대통령 각 4명에 대한 보도를 연구 대상으로 정하고 횡단적 그리고 시계열적으로 비교 · 분석했다. 그 결과 두 국가 간에 기자들의 취재 대상, 즉 취재원과 소재에서 큰 차이를 확인했다.

구체적으로 이 장의 구성은 다음과 같다. 좋은 저널리즘 연구회의 이전 연구와의 일관성을 유지하고자 기사의 길이, 기사의 유형 등 기사의 외형적 특징을 분석했다. 이어서 기사의 소재, 정보의 원천 등 기사의 내용을 분석했으며, 마지막으로 기사의 독창성을 분석했다. 결과는 횡단적 비교와 함께 시계열적 분석을 통해 대통령 집권기에 따라 보도의 특성이 어떻게 다른지도 다뤘다. 아울러 계량적으로 분석한 결과 한국과 미국의 대통령 보도는 '누구를 취재하는가'(정보 출처 혹은 취재원)에 따라 차이를 보이는 것으로 나타나 취재원에 대한 질적 분석을 추가했다. 취재원에 대한 양적 · 질적 분석 결과는 제2장에서 별도로 논의한다.

미디어 환경의 급속한 변화에도 불구하고 민주사회에서 언론의 보도는 여전히 중요하다. 대통령 보도는 대통령에 대한 지지율에 영향을 미칠 뿐 아니라 국민이 정부 정책에 대한 정보를 얻는 주요한 창구이기도 하다. 특히 대통령은 행정부의 수반으로서 한 국가의 정책을 책임지는 만큼, '대통령이 무엇을 하는가'에 대한 언론의 충실한 보도는 국민의 알권리 차원에서도 중요하다고 할 수 있다.

## 1. 대통령 기사의 형식과 소재 분석 방법

연구를 위해 한국의 대표적인 일간지인 『조선일보』, 『한겨레』와 미국 『뉴욕타임스』를 분석했다. 분석 대상 대통령은 한국의 경우 노무현, 이명박, 박근혜, 문재인, 미국은 조지 W. 부시George W. Bush, 버락 오바마Barack Obama, 도널드 트럼프Donald Trump, 조 바이든Joe Biden이다. 한국의 경우 뉴스빅데이터 분석 서비스 '빅카인즈BIGKinds'와 각 신문사 홈페이지에서, 『뉴욕타임스』는 각 대통령 재임 2년 차에 해당하는 연도에 '대통령', '백악관' '대통령 이름(조 바이든 등)'을 키워드로 넣어 검색된 기사의 작성자를 살펴서 청와대와 백악관 출입기자를 파악했다.

한국의 경우 분석 대상인 대통령별로 청와대 담당으로 추정되는 기자가 3~5명이었다. 이에 이들의 이름으로 작성된 기사를 검색한 뒤 대통령과 관련된 기사를 지속적으로 생산하는 2~3명의 기자를 확인했다. 이후 이들이 작성한 대통령 기사를 분석 대상에 포함했다. 이에 비해 『뉴욕타임스』는 백악관 출입기자의 이름을 파악하기가 쉽지 않았다. 4명의 대통령 집권기에 『뉴욕타임스』에 게재된 대통령 보도 200개를 선택한 뒤, 해당 기사를 작성한 기자의 수를 확인한 결과 총 35명에 이르렀다. 『뉴욕타임스』의 경우 백악관 출입기자가 집권기별로 7명 안팎이지만, 한국과 달리 이들이 모두 백악관에 상주하지 않고 외교, 안보 등 취재 분야별 전문기자가 백악관 출입기자로 취재하는 방식이었기 때문이다.[1] 다시 말해 7명 안팎의 기자가 백악관 출입기자로서 대통령 보도만 하는 것이 아니라, 백악관 보도 중 전문 분야를 담당해 기사를 작성하는 방식이었다.

이에 미국 대통령 집권기별로 7명의 기자를 추출하여 이들의 이름으로 작성된 기사를 검색한 뒤, 그 결과로 추출된 기사를 일일이 검토하여 대통령 보도 분석 대상을 확정했다. 이를 통해 『뉴욕타임스』의 대통령 관련 보도 중 분석 대상이 되는 기사 557건을 추출했다. 이에 따라 이 연구에 포함된 『뉴욕타임스』 기사는 총 557건으로 확인되었다.

한편 한국과 미국의 대통령 기사를 비교·분석하기 위한 항목은, ① 기사의 외형적 특징, ② 기사의 내용, ③ 기사의 독창성 등이다. 이 연구에서 기본 분석 단위는 기사다. 코딩은 대학 또는 관련 기관에서 저널리즘 관련 교육을 받았거나 신문사 인턴 등을 경험해 저널리즘에

1 『뉴욕타임스』 백악관 출입기자 시스템에 대해서는 한국 주재 『뉴욕타임스』 기자에게 확인했다.

대한 지식이 있는 코더 6명(한국 기사 4명, 『뉴욕타임스』 2명)이 담당했다. 이들은 분석 전 세 차례 코딩에 대한 교육을 받고 전체 기사의 10%에 대해 일정 수준의 신뢰도를 확보한 후 코딩을 수행했다. 변인에 대한 구체적인 측정 방법과 변인별 신뢰도는 이 장의 마지막 [부록]에 담았다.

## 2. 대통령 기사의 형식과 소재 분석 결과

먼저 한국과 미국의 대통령 보도가 외형과 내용, 독창성 측면에서 어떠한 차이를 보이는지를 분석했으며, 다음으로 두 나라의 대통령 기사가 대통령 집권기별로 어떠한 부분들이 어떻게 다른 특징을 보이는지 분석했다. 우선 이번 연구에 포함된 기사의 수를 보면, 『조선일보』 402건(31.4%), 『한겨레』 323건(25.2%), 『뉴욕타임스』 557건(43.4%) 등으로 『뉴욕타임스』가 가장 많이 포함되었고, 『한겨레』가 가장 적었다.

### 1) 기사의 외형적 특징

#### ① 기사의 길이

한국의 대통령 기사 길이는 선행연구에서 밝혀진 바와 같이 여전히 『뉴욕타임스』에 비해 짧았다. <표 1-1>에서 알 수 있듯 기사의 평균 문장 수는 『한겨레』가 12.41개로 가장 짧았고, 『뉴욕타임스』는 23.32개로 그 2배에 가까웠다. 『한겨레』에 게재된 기사 중 가장 짧은 기사는 1개 문장으로 된 기사였다.[2]

---

2 기사 내용은 다음과 같다. “노무현 대통령은 14일 삼부요인과 각당 대표를 청와대로

<표 1-1> 각국 신문별 대통령 기사 길이 및 빈도 (단위: 개, %, 건)

| 매체 \ 항목 | | 기사 길이 | | | | 빈도 (합계) |
|---|---|---|---|---|---|---|
| | | 평균 | 표준편차 | 최고 | 최저 | |
| 한국 신문 | 조선일보 | 13.18 | 7.5 | 38 | 2 | 31.4(402) |
| | 한겨레 | 12.41 | 6.6 | 39 | 1 | 25.2(323) |
| 뉴욕타임스 | | 23.32 | 17.2 | 160 | 4 | 43.4(557) |
| 합계 | | | | | | 100(1282) |

좋은 저널리즘 연구회의 이전 연구 결과와 비교하면 대통령을 다룬 기사가 1면 기사나 정치 기사에 비해 전반적으로 더 짧은 것으로 나타났다. 가령 2016년과 2019년 각각 1년간 한국 주요 일간지 10곳과 미국 『뉴욕타임스』의 1면 기사 및 정치 기사를 분석한 결과를 보면(<표 1-2> 참조), 2016년의 경우 한국 기사 1면 평균 길이는 15.82개(『조선일보』 17.01개, 『한겨레』 18.23개)였으며, 『뉴욕타임스』는 68.01개(최저 15개, 최고 208개)였다. 또한 2019년의 경우 1년간 한국 주요 5개 일간지의 정치 기사를 분석한 연구 결과에서도 한국 신문 기사의 평균 길이는 16.90개(『조선일보』 15.15개, 『한겨레』 17.48개), 『뉴욕타임스』 기사의 평균 길이는 43.97개였다.

이러한 결과는 한국과 미국에서 공통적으로 대통령 기사가 1면 기사나 정치 기사보다 짧다는 것을 보여준다. 1면에는 해당 날짜에 발생한 여러 사건과 이슈 중 가장 중요한 기사를 게재한다는 점을 감안한다면 대통령 기사가 1면 기사보다 짧다는 것은 이해할 수 있다. 다만 대통령 기사가 일반 정치 기사보다도 짧다는 것은 양국 모두 대통령을 다룬 기사 중 종합적인 기사가 많지 않을 가능성을 제시한다.

---

초청해 점심을 함께 들며 한·미 정상회담 결과와 정부의 대북정책에 대해 설명할 예정이라고 김만수 청와대 대변인이 13일 밝혔다."(김의겸 기자, 2005. 6. 14.)

<표 1-2> 각국 신문별 1면 기사 및 정치 기사 길이 (단위: 개)

| 매체 \ 항목 | | 구분 | 문장 평균 | 최저 문장 수 | 최고 문장 수 |
|---|---|---|---|---|---|
| 한국 신문 | 조선일보 | 1면 기사(2016년) | 17.01 | 4 | 53 |
| | | 정치 기사(2019년) | 15.15 | 4 | 39 |
| | 한겨레 | 1면 기사(2016년) | 18.23 | 4 | 77 |
| | | 정치 기사(2019년) | 17.48 | 4 | 87 |
| 뉴욕타임스 | | 1면 기사(2016년) | 68.01 | 15 | 208 |
| | | 정치 기사(2019년) | 43.97 | 7 | 85 |

### ② 기사 유형

기사 유형을 스트레이트, 분석·해설, 기획, 탐사, 사진, 인터뷰, 코너명 등 7개로 구분해 분석한 결과를 보면(<표 1-3> 참조), 한국 기사에서는 발생한 사건을 다루는 스트레이트 유형이 많고 분석·해설은 적은 것으로 나타났다. 구체적으로 한국의 경우 발생한 사건에 대한 정보를 중심으로 제공하는 스트레이트의 비율이 『조선일보』는 73.1%, 『한겨레』는 64.1%에 이르렀지만, 『뉴욕타임스』의 경우에는 23.0%에 불과

<표 1-3> 각국 신문별 대통령 기사 유형 (단위: %, 건)

| 매체 \ 항목 | | 스트레이트 기사 | 분석·해설기사 | 기획 기사 | 탐사 기사 | 사진 기사 | 인터뷰 기사 | 코너명 기사 | 합계 |
|---|---|---|---|---|---|---|---|---|---|
| 한국 신문 | 조선일보 | 73.1 (294) | 23.1 (93) | 1.2 (5) | 0 (0) | 0 (0) | 0.5 (2) | 2 (8) | 100 (402) |
| | 한겨레 | 64.1 (207) | 34.7 (112) | 0.3 (1) | 0 (0) | 0 (0) | 0.6 (2) | 0.3 (1) | 100 (323) |
| 뉴욕타임스 | | 23.0 (128) | 57.8 (322) | 7.4 (41) | 1.1 (6) | 0.2 (1) | 1.3 (7) | 9.3 (52) | 100 (557) |
| 평균(합계) | | 49.1 (629) | 41.1 (527) | 3.7 (47) | 0.5 (6) | 0.1 (1) | 0.9 (11) | 4.8 (61) | 100 (1282) |

했다. 즉 『뉴욕타임스』 기사는 발생한 사실만을 객관적으로 전달하는 스트레이트의 비중이 한국 기사의 절반에도 못 미치며, 발생한 사건과 이슈에 대해 분석하고 해설하는 기사가 절반 이상(57.8%)이라는 것이다. 특히 발생 사건이나 이슈에 대한 분석 · 해설이 아닌, 기자가 독자적으로 기획한 기사의 수는 『조선일보』가 5건, 『한겨레』가 1건에 불과한 반면, 『뉴욕타임스』는 41건이었다. 한편 『조선일보』와 『한겨레』에는 탐사 기사와 사진 기사는 아예 없었으며, 『뉴욕타임스』는 각각 6건, 1건이었다. 코너명 기사의 경우 『뉴욕타임스』는 52건(9.3%)이었으나 『조선일보』와 『한겨레』는 각각 8건, 1건에 불과했다.

이번 조사 결과를 좋은 저널리즘 연구회의 이전 조사 결과와 비교해서 보면(<표 1-4> 참조) 다소 복잡한 차이가 나타난다. 우선 『뉴욕타임스』의 경우 1면(2016년 조사) 및 정치면(2019년 조사)에 게재된 기사와 대통령 보도 분석이 큰 차이를 보이지 않았다. 즉 스트레이트 기사가

<표 1-4> 2016년과 2019년 조사 분석에서의 각국 신문별 기사 유형 (단위: %)

| 매체 \ 구분 \ 항목 | | | 스트레이트 기사 | 분석·해설기사 | 코너명 기사* | 피처 기사 | 기타 |
|---|---|---|---|---|---|---|---|
| 한국 신문** | 1면 기사 (2016년) | | 84.0 | 10.1 | 1.2 | 4.5 | 0.3 |
| | 조선일보 | 정치 기사 (2019년) | 45.7 | 42.8 | 0.0 | 0.0 | 2.5*** |
| | 한겨레 | 정치 기사 (2019년) | 48.2 | 49.6 | 0.7 | 0.0 | 1.4**** |
| 뉴욕타임스 | | 1면 기사 (2016년) | 20.8 | 59.7 | 1.4 | 18.1 | 0.0 |
| | | 정치 기사 (2019년) | 23.0 | 74.3 | 0.9 | 1.9 | 0.0 |

* 코너명 기사는 의견 기사의 수를 집계했다.
** 이는 당시(2016년) 한국 신문의 평균으로, 당시 한국 신문사 간 유의한 차이는 없었다.
*** 인터뷰 기사 6건이 '기타'에 포함되었다.
**** 인터뷰 기사 1건이 '기타'에 포함되었다.

20~23%였고, 분석·해설 기사는 50% 후반대에서 74%에 이르렀다. 2019년에 분석·해설 기사가 74%를 넘긴 것은 당시 분석에서 기획 기사나 탐사 기사 등을 모두 분석·해설 기사에 포함했기 때문으로 판단된다.

그러나 한국 신문의 경우에는 대통령 보도 중 스트레이트 기사의 비중이 1면(84.0%)에 비해서는 낮지만, 정치면(45.7%, 48.2%)에 비해서는 높은 것으로 나타났다. 이러한 결과는 한국 신문의 특성상 1면에 발생 위주의 사실을 다룬다는 점에서 타당한 것으로 판단된다. 또한 일간지에 게재된 정치 기사와 비교할 때 스트레이트 기사의 비중이 높고, 분석·해설 기사의 비중은 낮다는 것은 앞서 밝힌 바와 같이 대통령 보도에 대한 심층 취재보다 발언 중심으로 기사가 작성된다는 사실을 보여준다.

한편 일반적으로 취재원의 수는 기사의 심층성을 판단하는 기준으로 활용되는 만큼, 기사 유형에 따라 취재원의 수가 달라지는지를 분석했다. 그 결과 기사당 평균 취재원 수는 스트레이트 기사가 가장 적었고, 다음은 분석·해설 기사, 마지막이 기획 기사 순서였다. 스트레이트 기사의 경우 평균 취재원 수가 『조선일보』 2.38개, 『한겨레』 2.00개, 『뉴욕타임스』 4.66개였고 분석·해설 기사의 평균 취재원 수는 각각 3.53개, 3.00개, 9.05개 등이었다. 이러한 결과는 발생한 사실을 분석하고 설명하는(분석·해설) 기사에는 다양한 정보와 관점을 반영하며, 이 때문에 취재원 수도 많아진다는 사실을 보여준다.

인터뷰 기사의 경우에는 기사 작성 방식에서 한국 신문과 『뉴욕타임스』 사이에 큰 차이를 보였다. 예를 들어 『조선일보』는 해당 기간에 2건의 대통령 인터뷰 기사를 게재했는데, 두 인터뷰 모두 대통령의 발언을 고스란히 중계하는 데 그쳤다. 2018년 6월 21일에 게재된 기사는 문 전 대통령이 러시아의 국빈 방문을 앞두고 타스통신 등 러시아 언론과 합동 인터뷰한 내용을 보도한 것이었다. 8개 문장 중 6개 문장이 대통령 발언을 직접인용한 것이었고, 나머지 2개 문장 중 한 문장은 인터뷰했다는 사실을, 또 한 문장은 문 전 대통령의 러시아 방문 일정을 소개한 것이었다. 그만큼 대통령 발언에 대한 의존이 높다는 뜻이다. 이에 비해 『뉴욕타임스』의 인터뷰 기사는 대통령을 직접 만나 인터뷰하더라도 발언에 대한 분석과 비판을 곁들였다(“트럼프, 러시아 조사는 미국을 ‘매우 나빠 보이게’ 한다Trump Says Russia Inquiry Makes U.S. ‘Look Very Bad.’”, 2017. 12. 28.). 인터뷰 기사의 길이가 길어 대통령 발언을 충분히 소개하면서도, 이에 대한 다양한 평가와 분석을 덧붙인 것이다. 또한 대통령이 인터뷰의 주체가 아니라 대상이 된 사례도 있었다. 즉 대통령 인터뷰에서 보인 대통령의 행동을 전문가가 분석한 것이다(“대통령 악수의 모든 것All the President’s Handshakes”, 2017. 7. 14.). 이 경우 대통령을 주제로 했다는 점에서는 대통령 기사로 볼 수 있지만, 대통령의 발언을 그대로 받아쓴 기사와는 대통령에 대한 의존도가 전혀 다르다.

### 2) 기사의 내용

#### 기사 소재

그간 선행연구들은 한국의 대통령 보도에서 정책 관련 기사가 적다고 비판해왔다. 그러나 이번 조사 결과를 보면 한국 신문과 『뉴욕타임스』의 정책 기사 빈도에 큰 차이가 없는 것으로 나타났다. 구체적으로 선행연구의 분석 틀에 따라 기사 소재를 정책, 동정, 개인사, 정당/국회 관계, 선거, 외교, 대북 관계, 청와대 직원, 대통령 조사, 대통령 측근 조사, 기타 등 총 11개 항목으로 구분해 분석한 결과(<표 1-5> 참조), 한국의 경우 『조선일보』 46.8%, 『한겨레』 44.3%였으며 『뉴욕타임스』는 44.0%(245건)로 나타났다.

그러나 정책 기사 576건만을 다시 분석해보니(<표 1-6> 참조), 『뉴욕타임스』와 한국 신문 간 차이는 확연했다. 예를 들어 『뉴욕타임스』는

<표 1-5> 각국 신문별 대통령 기사 소재 (단위: %, 건)

| 매체＼항목 | | 국내 정책 | 동정 | 개인사 | 정당/ 국회 관계 | 선거 | 외교 | 대북 관계 | 청와대 직원 | 대통령 조사 관련 | 대통령 측근 (최순실) 조사 | 기타 | 합계 |
|---|---|---|---|---|---|---|---|---|---|---|---|---|---|
| 한국 신문 | 조선일보 | 46.8 (188) | 3.7 (15) | 1.0 (4) | 4.2 (17) | 0.7 (3) | 23.1 (93) | 7.0 (28) | 7.5 (30) | 0.2 (1) | 1.5 (6) | 4.2 (17) | 100.0 (402) |
| | 한겨레 | 44.3 (143) | 4.6 (15) | 0.6 (2) | 4.6 (15) | 0.0 (0) | 23.8 (77) | 11.5 (37) | 6.2 (20) | 0.0 (0) | 0.0 (0) | 4.3 (14) | 100.0 (323) |
| 뉴욕타임스 | | 44.0 (245) | 10.1 (56) | 2.9 (16) | 5.6 (31) | 4.5 (25) | 15.8 (88) | 0.7 (4) | 3.9 (22) | 0.5 (3) | 1.4 (8) | 10.6 (59) | 100.0 (557) |
| 평균(합계) | | 44.9 (576) | 6.7 (86) | 1.7 (22) | 4.9 (63) | 2.2 (28) | 20.1 (258) | 5.4 (69) | 5.6 (72) | 0.3 (4) | 1.1 (14) | 7.0 (90) | 100.0 (1282) |

한국 신문보다 정책 평가와 새로운 정책 도입에 대한 기사가 많았으며, 『조선일보』와 『한겨레』는 대통령의 일상적 업무와 인사 관련, 정책 평가, 특히 그중에서도 인사 관련 기사가 많았다. 또, 『조선일보』와 『한겨레』의 인사 관련 기사 대부분은 청와대 비서실장 및 홍보실장 등 청와대 관련 인사들에 대한 임명과 사표 수리 등의 내용을 다뤘으며, 대통령의 인사 스타일(예: 『조선일보』, "대통령, 믿는 사람 몇 명에 의존", 2005. 8. 20.)이나 청와대 내에서의 권력 관계(예: 『조선일보』, "왕 홍보수

<표 1-6> 각국 신문별 대통령 보도 정책 기사의 소재 (단위: %, 건)

| 매체＼항목 | | 새로운 정책 도입 | 일상적 업무 | 인사 관련 | 정책 평가 | 기타 | 합계 |
|---|---|---|---|---|---|---|---|
| 한국 신문 | 조선일보 | 26.1 (49) | 28.2 (53) | 23.9 (45) | 21.3 (40) | 0.5 (1) | 100.0 (188) |
| | 한겨레 | 26.6 (38) | 12.6 (18) | 37.8 (54) | 20.3 (29) | 2.8 (4) | 100.0 (143) |
| 뉴욕타임스 | | 33.5 (82) | 9.4 (23) | 17.1 (42) | 31.8 (78) | 8.2 (20) | 100.0 (245) |
| 평균(합계) | | 29.3 (169) | 16.3 (94) | 24.5 (141) | 25.5 (147) | 4.3 (25) | 100.0 (576) |

석", 2005. 8. 26.) 등이 주를 이뤘다. 또한 대통령의 특정 지역 방문과 같은 일상적 업무(예: 『한겨레』, "박 대통령, 고향 찾아 '창조경제'", 2004. 9. 16.)에 대한 기사도 적지 않았다.

### 기사의 목적

대통령 보도가 대통령 업무에 대한 평가 및 비판의 기능을 하는지, 아니면 단순히 대통령의 일방적인 주장을 홍보하는 데 그치는지 판단하기 위해 기사의 목적을 업무 평가와 정책 홍보로 나누어 분석해보았다(<표 1-7> 참조). 그 결과 정책 홍보와 관련한 기사의 비중이 한국 신문이 『뉴욕타임스』에 비해 2배 이상 높았다. 즉 대통령 보도 중 홍보 기사는 『조선일보』 기사의 24.1%, 『한겨레』 기사의 24.5%였지만, 『뉴욕타임스』는 11.5%에 불과했다.

<표 1-7> 각국 신문별 대통령 보도 목적 (단위: %, 건)

| 매체 \ 항목 | | 대통령 업무 평가 | 정책 홍보/공개 | 둘 다 아님 | 합계 |
|---|---|---|---|---|---|
| 한국 신문 | 조선일보 | 33.1<br>(133) | 24.1<br>(97) | 42.8<br>(172) | 100.0<br>(402) |
| | 한겨레 | 28.5<br>(92) | 24.5<br>(79) | 47.1<br>(152) | 100.0<br>(323) |
| 뉴욕타임스 | | 26.9<br>(150) | 11.5<br>(64) | 61.6<br>(343) | 100.0<br>(557) |
| 평균(합계) | | 29.3<br>(375) | 18.7<br>(240) | 52.0<br>(667) | 100.0<br>(1282) |

### 기사 논조

앞서와 같은 경향은 기사의 논조를 비교·분석한 결과에서도 확인할 수 있었다(<표 1-8> 참조). 『뉴욕타임스』와 한국 신문의 기사에서 평균적으로는 태도가 없는 기사가 대다수(83.5%)였으나, 부정적 기사 비율에서는 『뉴욕타임스』가 24.1%인 데 비해, 한국 신문 기사는 『조선일

<표 1-8> 각국 신문별 대통령 기사 논조 (단위: %, 건)

| 매체 \ 항목 | | 긍정 | 부정 | 중립 | 태도 없음 | 합계 |
|---|---|---|---|---|---|---|
| 한국 신문 | 조선일보 | 0.0<br>(0) | 4.0<br>(16) | 0.7<br>(3) | 95.3<br>(383) | 100.0<br>(402) |
| | 한겨레 | 0.3<br>(1) | 8.4<br>(27) | 0<br>(0) | 91.3<br>(295) | 100.0<br>(323) |
| 뉴욕타임스 | | 0.9<br>(5) | 24.1<br>(134) | 4.5<br>(25) | 70.6<br>(393) | 100.0<br>(557) |
| 평균(합계) | | 0.5<br>(6) | 13.8<br>(177) | 2.2<br>(28) | 83.5<br>(1071) | 100.0<br>(1282) |

보』와 『한겨레』가 각각 4.0%, 8.4% 등으로 크게 낮았다.

요약하면 기사의 내용 측면에서 두 나라 신문을 비교한 결과, 한국 신문은 정책 기사 중 대통령의 일상적 업무나 인사 관련 기사가 절반 이상으로 중요한 부분을 차지했으나 『뉴욕타임스』는 26.5%에 불과했다. 또한 『뉴욕타임스』가 『조선일보』와 『한겨레』보다 정책 평가를 자주 다뤘으며, 대통령을 더 부정적으로 다뤘다. 이에 비해 한국 신문은 대통령에 대한 부정적 기사가 10건 중 1건에도 미치지 못했는데, 이는 대통령을 인사권자로 여기기 때문인 것으로 풀이된다. 이러한 결과는 한국 신문의 기사가 대통령의 업무를 견제하거나 감시하는 기능을 하지 못할 가능성을 시사한다.

### 3) 독창성 혹은 취재의 독립성

대통령 보도에서 기사의 주도권이 기자에게 있는지, 혹은 취재 대상인 대통령에게 있는지는 기사의 품질을 평가하는 데 있어 중요하다. 이에 이번 조사에서도 대통령 보도의 독창성을 분석했다. 기사의 독창성은, ① 공개 정보를 토대로 보도했는지, ② 대통령이나 청와대 발표에만 의존해 보도했는지, ③ 개별 취재가 있었는지 등을 분석했다.

### 공개 정보

기사의 독창성은 대통령 기사가 청와대 혹은 백악관에서 공식적으로 공개된 정보를 활용했는지, 공개된 정보를 재가공했는지, 아니면 취재원인 청와대 혹은 백악관(대통령)이 제공한 정보가 아니라 기자가 단독 취재한 내용만으로 기사를 작성했는지를 분석했다(<표 1-9> 참조). 그 결과 공개된 정보는 『조선일보』 59.0%, 『한겨레』 47.7%였으며, 공개된 정보를 재가공한 기사의 비중은 『조선일보』 40.0%, 『한겨레』, 52.0%였다. 공개되거나 재가공된 정보가 아닌, 기자가 단독으로 취재한 '단독정보'는 『조선일보』 4건, 『한겨레』 1건에 불과했다. 이에 비해 『뉴욕타임스』는 51.7%(288건)가 공개된 정보 혹은 재가공된 정보가 아닌 단독정보에 기초해 작성됐다.

좋은 저널리즘 연구회가 수행한 '1면 기사를 대상으로 한 조사 결과'(<표 1-10> 참조)와 이번 조사 결과를 비교해보면, 단독정보에 기반한 기사의 비율은 낮은 것으로 나타났다. 한국 신문들이 1면에 단독정보를 주로 게재한다는 사실을 감안한다면 이 역시 타당한 결과로 판단된다.

<표 1-9> 각국 신문별 대통령 기사의 독창성 (단위: %, 건)

| 매체 \ 항목 | | 공개된 정보 | 재가공 정보 | 단독정보 | 합계 |
|---|---|---|---|---|---|
| 한국 신문 | 조선일보 | 59.0<br>(237) | 40.0<br>(161) | 1.0<br>(4) | 100.0<br>(402) |
| | 한겨레 | 47.7<br>(154) | 52.0<br>(168) | 0.3<br>(1) | 100.0<br>(323) |
| 뉴욕타임스 | | 16.7<br>(93) | 31.6<br>(176) | 51.7<br>(288) | 100.0<br>(557) |
| 평균(합계) | | 37.8<br>(484) | 39.4<br>(505) | 22.9<br>(293) | 100.0<br>(1282) |

<표 1-10> 2016년 각국 신문의 1면 기사 정보 성격 (단위: %)

| 매체 \ 구분 \ 항목 | | 공개된 정보 | 재가공 정보 | 단독정보 |
|---|---|---|---|---|
| 한국 신문* | 1면 기사 | 42.5 | 46.0 | 11.5 |
| 뉴욕타임스 | 1면 기사 | 2.8 | 12.5 | 94.4 |

* 이는 당시(2016년) 한국 신문의 평균으로, 당시 한국 신문사 간 유의한 차이는 없었다.

## 발언 혹은 발표 의존성

한국 대통령 보도가 어느 정도로 대통령 발언에만 의존해 작성되는지를 판단하기 위해 기사 중 대통령 발언의 비중이 3분의 2 이상을 차지하는 기사의 비중을 분석했다(<표 1-11> 참조). 그 결과 대통령 발언이 전체 기사의 3분의 2 이상을 차지한 기사는 한국 신문 기사의 경우 10건 중 1건가량이었으며(『조선일보』 10.2%, 『한겨레』 9.2%), 『뉴욕타임스』는 100건 중 1건가량(1.3%)이었다.

같은 맥락에서 기사의 3분의 2 이상을 청와대 혹은 백악관의 발표 내용으로만 채운 기사의 비중을 보면(<표 1-12> 참조), 한국 신문의 경우 『조선일보』 8.0%, 『한겨레』 8.9%였으나 『뉴욕타임스』는 1.6%였다.

<표 1-11> 각국 신문별 대통령 보도의 대통령 발언이
3분의 2 이상인 기사 비중 (단위: %, 건)

| 매체 \ 항목 | | 아님 | 2/3 이상 | 합계 |
|---|---|---|---|---|
| 한국 신문 | 조선일보 | 89.8<br>(361) | 10.2<br>(41) | 100.0<br>(402) |
| | 한겨레 | 90.7<br>(293) | 9.2<br>(30) | 100.0<br>(323) |
| 뉴욕타임스 | | 98.7<br>(550) | 1.3<br>(7) | 100.0<br>(557) |
| 평균(합계) | | 93.9<br>(1204) | 5.2<br>(67) | 100.0<br>(1282) |

<표 1-12> 각국 신문별 대통령 보도의 청와대·백악관 발표가 3분의 2 이상인 기사 비중 (단위: %, 건)

| 매체 \ 항목 | | 아님 | 2/3 이상 | 합계 |
|---|---|---|---|---|
| 한국 신문 | 조선일보 | 92.0<br>(369) | 8.0<br>(32) | 100.0<br>(401) |
| | 한겨레 | 91.0<br>(294) | 8.9<br>(29) | 100.0<br>(323) |
| 뉴욕타임스 | | 98.4<br>(548) | 1.6<br>(9) | 100.0<br>(557) |
| 평균(합계) | | 94.5<br>(1211) | 5.5<br>(70) | 100.0<br>(1281) |

이러한 결과는 한국 신문 기사 10건 중 1건, 『뉴욕타임스』는 100건 중 1건 정도에서 청와대나 백악관의 발표에 의존한 기사를 작성한다는 점을 보여준다.

### 추가 취재 여부

마지막으로 대통령 보도에서 추가 취재 내용을 포함한 기사의 비중을 보면(<표 1-13> 참조), 『조선일보』가 58.2%, 『한겨레』는 55.4%로 전

<표 1-13> 각국 신문별 대통령 보도의 추가 취재한 내용을 포함한 기사 비중 (단위: %, 건)

| 매체 \ 항목 | | 없음 | 있음 | 합계 |
|---|---|---|---|---|
| 한국 신문 | 조선일보 | 41.8<br>(168) | 58.2<br>(234) | 100.0<br>(402) |
| | 한겨레 | 44.6<br>(144) | 55.4<br>(179) | 100.0<br>(323) |
| 뉴욕타임스 | | 24.6<br>(137) | 75.4<br>(420) | 100.0<br>(557) |
| 평균(합계) | | 35.0<br>(449) | 65.0<br>(833) | 100.0<br>(1282) |

$\chi^2(2) = 47.672$, $p < .001$

체 기사의 절반 수준이었으나 『뉴욕타임스』는 75.4%로 이를 크게 웃돌았다.

### 4) 대통령 집권기에 따른 기사 분석

지난 20년 동안 두 나라의 대통령 보도가 어떻게 달라졌는지를 살펴보기 위해 분석한 대통령 기사의 빈도는, 각각 4명의 대통령 집권기별로 <표 1-14>와 같다. 대통령별로는 한국의 경우 문재인, 이명박, 노무현, 박근혜 전 대통령 순으로 많은 기사가 포함되었으며, 미국의 경우 트럼프 전 대통령 기사가 가장 많이 포함되었고, 다음은 오바마 전 대통령, 바이든 대통령, 부시 전 대통령의 순서였다.

<표 1-14> 각국 신문의 대통령 집권기별 대통령 기사 빈도 (단위: %, 건)

| 구분 \ 대통령(연도) | 노무현 (2005년) | 이명박 (2009년) | 박근혜 (2014년) | 문재인 (2018년) | 평균(합계) |
|---|---|---|---|---|---|
| 한국 기사 빈도 | 12.6 (162) | 14.9 (191) | 10.3 (132) | 18.7 (240) | 14.13 (725) |
| 구분 \ 대통령(연도) | 부시 (2002년) | 오바마 (2010년) | 트럼프 (2017년) | 바이든 (2021년) | 평균(합계) |
| 뉴욕타임스 빈도 | 7.7 (99) | 12.7 (163) | 14.4 (184) | 8.7 (111) | 10.88 (1282) |

#### 기사 길이

기사의 길이를 집권기에 따라 보면(<표 1-15> 참조), 분석 기간 『뉴욕타임스』 기사와 『조선일보』, 『한겨레』 기사의 길이는 전반적으로 길어진 경향을 보이는 것으로 나타났다. 구체적으로 노무현 전 대통령 집권기에는 대통령 기사가 평균 11.1개의 문장으로 구성됐으나, 문재인 전 대통령 집권기에는 기사의 문장 수가 14.7개로 평균 3.6개 더 길어졌다. 그리고 이러한 차이는 통계적으로 유의했다. 『뉴욕타임스』도 평균

<표 1-15> 각국 신문의 대통령 집권기별 대통령 기사 길이 (단위: 개)

| 매체 \ 구분 \ 대통령 | | 노무현 | 이명박 | 박근혜 | 문재인 |
|---|---|---|---|---|---|
| 한국 신문 | 평균 | 11.10 | 11.47 | 13.62 | 14.66 |
| | 표준편차 | 7.629 | 6.992 | 6.931 | 6.512 |
| $F(3,721) = 11.78$, $p < .001$ | | | | | |

| 매체 \ 구분 \ 대통령 | | 부시 | 오바마 | 트럼프 | 바이든 |
|---|---|---|---|---|---|
| 뉴욕타임스 | 평균 | 34.67 | 28.88 | 42.70 | 41.35 |
| | 표준편차 | 13.549 | 14.183 | 16.679 | 18.754 |
| $F(3,553) = 25.48$, $p < .001$ | | | | | |

34.7개에서 트럼프 집권기 42.7개, 바이든 집권기 41.4개 정도로 평균 6개 문장 이상 길어졌으며, 이러한 차이는 통계적으로 유의했다. 이는 이 기간에 인터넷과 뉴미디어 기술이 발전하면서 단순 정보 제공보다는 해설 등 깊이 있는 기사에 대한 요구가 두 나라에서 모두 높아진 데 따른 것으로 판단된다.

### 기사 유형과 논조

기사 유형을 대통령 집권기별로 분석해보면(<표 1-16> 참조), 『뉴욕타임스』의 경우에는 분석·해설 기사의 비중이 눈에 띄게 증가했지만, 한국은 박근혜 전 대통령 집권기를 제외하고는 큰 변화가 없었다. 한편 『뉴욕타임스』는 같은 기간 코너명 기사 수가 크게 줄었다. 특히 한국 신문의 경우 스트레이트 기사가 박근혜 전 대통령 집권기(47.0%)를 제외하고는 전반적으로 큰 차이가 없었다. 이러한 결과를 통해 일반적으로 전체 대통령 기사의 70% 정도는 대통령과 관련된 발생 사실을 전

<표 1-16> 한국 신문의 대통령 집권기별 대통령 기사 유형 (단위: %, 건)

| 유형 \ 대통령 | 노무현 | 이명박 | 박근혜 | 문재인 | 평균(합계) |
|---|---|---|---|---|---|
| 스트레이트 | 74.7 (121) | 69.9 (133) | 47.0 (62) | 77.1 (185) | 69.1 (501) |
| 분석·해설 | 22.2 (36) | 27.7 (53) | 50.0 (66) | 20.8 (50) | 28.3 (205) |
| 기획 기사 | 1.9 (3) | 0.5 (1) | 1.5 (2) | 0.0 (0) | 0.8 (6) |
| 탐사 기사 | 0.0 (0) | 0.0 (0) | 0.0 (0) | 0.0 (0) | 0.0 (0) |
| 사진 기사 | 0.0 (0) | 0.0 (0) | 0.0 (0) | 0.0 (0) | 0.0 (0) |
| 인터뷰 기사 | 0.6 (1) | 0.0 (0) | 0.0 (0) | 1.3 (3) | 0.6 (4) |
| 코너명 기사 | 0.6 (1) | 2.1 (4) | 1.5 (2) | 0.8 (2) | 1.2 (9) |
| 합계 | 100.0 (162) | 100.0 (191) | 100.0 (132) | 100.0 (240) | 100.0 (725) |
| $\chi^2(12) = 52.11$, $p < .001$ | | | | | |

달하는 것을 알 수 있다.

이어 한국 신문별로 대통령 집권기에 따라 기사 유형의 관계에 차이가 있는지를 추가로 분석했다(<표 1-17> 참조). 그 결과 신문별로 어떤 대통령인가에 따라 스트레이트 기사의 비중이 달라지는 경향을 발견할 수 있었다. 구체적으로 『조선일보』의 경우 노무현 · 이명박 · 박근혜 · 문재인 전 대통령 집권기에 작성된 대통령 기사 중 73.1%가 스트레이트였으며, 박근혜 전 대통령 집권기에는 스트레이트 기사 비율이 67.1%로 다소 낮았으나 대통령 집권기별로 큰 차이는 없었다.

그런데 『한겨레』의 경우 노무현 · 이명박 · 문재인 전 대통령 집권기에 65~78%의 기사가 스트레이트였으나 박근혜 전 대통령 집권기에는 스트레이트 기사가 24.2%였으며, 분석 · 해설 기사는 72.6%에 이르러 독특한 양상을 보였다. 이러한 차이는 스트레이트 기사가 단순히 대통

<표 1-17> 한국 신문에 따른 대통령 집권기별 대통령 기사 유형 (단위: %)

| 매체 \ 유형 \ 대통령 | | 노무현 | 이명박 | 박근혜 | 문재인 | 평균 |
|---|---|---|---|---|---|---|
| 조선일보 | 스트레이트 | 73.8 | 73.3 | 67.1 | 75.8 | 73.1 |
| | 분석·해설 | 22.3 | 21.9 | 30.0 | 21.0 | 23.1 |
| | 기획 기사 | 2.9 | 1.0 | 1.4 | 0.0 | 1.2 |
| 한겨레 | 스트레이트 | 76.3 | 65.1 | 24.2 | 78.4 | 64.1 |
| | 분석·해설 | 22.0 | 34.9 | 72.6 | 20.7 | 34.7 |
| | 기획 기사 | 0.0 | 0.0 | 1.6 | 0.0 | 0.3 |

령의 발언을 받아쓰는 대통령 중심적이라면, 분석·해설 기사는 그렇지 않을 가능성을 제기한다. 이에 기사의 유형에 따라 대통령에 대한 논조에 차이가 있는지를 분석해보았다. 그 결과 『조선일보』의 경우 부정적 논조의 기사 수는 스트레이트 기사 294건 중 1건, 분석·해설 기사 93건 중 14건이었다. 『한겨레』의 경우에도 대통령에 대한 부정적 논조의 기사 수는 스트레이트 기사가 202건 중 1건에 불과했으나, 분석·해설 기사는 112건 중 26건(23.2%)에 이르는 것으로 나타났다. 이러한 결과는 대통령에 대한 부정적 논조가 분석·해설 기사에서만 나타나며, 『한겨레』의 경우 박근혜 전 대통령 집권기에 분석·해설 기사를 많이 작성한 만큼 박 전 대통령에 대한 부정적 기사가 많았을 가능성을 제시한다.

이러한 가능성을 검증하기 위해 한국 신문별로 대통령 집권기에 따라 보도 논조에 차이가 있는지를 분석해보았다(<표 1-18> 참조). 그 결과 『조선일보』의 경우 부정적 논조의 기사 16건 중 8건은 노무현 전 대통령, 그리고 7건은 이명박 전 대통령 집권기에 작성되었으며, 1건은 문재인 전 대통령 집권기에 작성된 기사였다. 이에 비해 『한겨레』의 경우 부정적 논조의 기사 27건 중 15건은 박근혜 전 대통령, 그리고 9건은 이명박 전 대통령 집권기에 작성되었다. 즉 『한겨레』에서 작성된 부정적 논조의 기사 27건 중 24건(88.9%)이 정치적으로 보수당 출신의 대통령에 대한 기사였다. 결론적으로 『한겨레』의 경우 대통령에 대한 부정적 논조의 기사는 주로 분석·해설 기사에서 나오며, 대통령 집권기에 따라서는 박근혜·이명박 전 대통령 집권기에 집중됐다. 따라서 『뉴욕타임스』와 달리, 한국에서는 신문의 정파성에 따라 대통령에 대한 논조가 달랐던 것으로 볼 수 있다.

한편 『뉴욕타임스』의 대통령 집권기별 기사 유형을 보면(<표 1-19>

<표 1-18> 한국 신문에 따른 대통령 집권기별 대통령 기사 논조 (단위: %, 건)

| 매체 | 논조 \ 대통령 | 노무현 | 이명박 | 박근혜 | 문재인 | 평균(합계) |
|---|---|---|---|---|---|---|
| 조선일보 | 부정 | 7.8 (8) | 6.7 (7) | 0.0 (0) | 0.8 (1) | 4.0 (16) |
| | 중립 | 1.9 (2) | 1.0 (1) | 0.0 (0) | 0.0 (0) | 0.7 (3) |
| | 태도 없음 | 90.3 (93) | 92.4 (97) | 100 (70) | 99.2 (123) | 95.3 (383) |
| | 합계 | 100 (103) | 100 (105) | 100 (70) | 100 (124) | 100 (402) |
| | $\chi^2(6) = 15.74$, $p < .05$ | | | | | |
| 한겨레 | 긍정 | 0.0 (0) | 0.0 (0) | 0.0 (0) | 0.9 (1) | 0.3 (1) |
| | 부정 | 5.1 (3) | 10.5 (9) | 24.2 (15) | 0.0 (0) | 8.4 (27) |
| | 태도 없음 | 94.9 (56) | 89.5 (77) | 75.8 (47) | 99.1 (115) | 91.3 (295) |
| | 합계 | 100.0 (59) | 100.0 (86) | 100.0 (62) | 100.0 (116) | 100.0 (323) |
| | $\chi^2(6) = 33.81$, $p < .001$ | | | | | |

참조), 이 기간에 분석·해설 기사 수가 꾸준히 증가한 것으로 나타났다. 즉 분석·해설 기사의 경우 부시 전 대통령 집권기에는 32.3%였으나 오바마 전 대통령 52.1%, 트럼프 69.0%, 바이든 70.3% 등으로 꾸준히 증가한 것으로 나타났다. 이러한 변화는 기획 기사의 수를 감안해도 크게 다르지 않았다. 대신 코너명 기사의 수는 부시 전 대통령 집권기에는 전체의 약 40%였으나 이후 급격히 감소해 트럼프 전 대통령과 바이든 대통령 집권기에는 1건도 없었다. 그러나 코너명 기사가 대부분 분석·해설이나 전망 등의 기능을 담당했던 것을 감안하면 부시 전 대통령 집권기에도 분석·해설 기사의 비중은 전체의 70% 이상을 차지했던 것으로도 볼 수 있다.

또한 『뉴욕타임스』의 대통령에 대한 보도 논조를 보면(<표 1-20> 참조), 대통령 집권기별로 태도가 없는 기사가 대다수였으나 트럼프 전

<표 1-19> 『뉴욕타임스』의 대통령 집권기별 대통령 기사 유형 (단위: %, 건)

| 매체 | 유형 \ 대통령 | 부시 | 오바마 | 트럼프 | 바이든 | 평균(합계) |
|---|---|---|---|---|---|---|
| 뉴욕타임스 | 스트레이트 | 26.3<br>(26) | 36.2<br>(59) | 10.9<br>(20) | 20.7<br>(23) | 23.0<br>(128) |
| | 분석·해설 | 32.3<br>(32) | 52.1<br>(85) | 69.0<br>(127) | 70.3<br>(78) | 57.8<br>(322) |
| | 기획 기사 | 1.0<br>(1) | 3.7<br>(6) | 14.1<br>(26) | 7.2<br>(8) | 7.4<br>(41) |
| | 탐사 기사 | 0.0<br>(0) | 0.0<br>(0) | 3.3<br>(6) | 0.0<br>(0) | 1.1<br>(6) |
| | 사진 기사 | 0.0<br>(0) | 0.6<br>(1) | 0.0<br>(0) | 0.0<br>(0) | 0.2<br>(1) |
| | 인터뷰 기사 | 0.0<br>(0) | 0.0<br>(0) | 2.7<br>(5) | 1.8<br>(2) | 1.3<br>(7) |
| | 코너명 기사 | 40.4<br>(40) | 7.4<br>(12) | 0.0<br>(0) | 0.0<br>(0) | 9.3<br>(52) |
| | 합계 | 100.0<br>(99) | 100.0<br>(163) | 100.0<br>(184) | 100.0<br>(111) | 100.0<br>(557) |

$\chi^2(18) = 215.57$, $p < .001$

<표 1-20> 『뉴욕타임스』의 대통령 집권기별 대통령 기사 논조 (단위: %, 건)

| 매체 | 논조 \ 대통령 | 부시 | 오바마 | 트럼프 | 바이든 | 평균(합계) |
|---|---|---|---|---|---|---|
| 뉴욕타임스 | 긍정 | 0.0<br>(0) | 1.2<br>(2) | 0.0<br>(0) | 2.7<br>(3) | 0.9<br>(5) |
| | 부정 | 11.1<br>(11) | 12.9<br>(21) | 54.3<br>(100) | 1.8<br>(2) | 24.1<br>(134) |
| | 중립 | 3.0<br>(3) | 5.5<br>(9) | 2.7<br>(5) | 7.2<br>(8) | 4.5<br>(25) |
| | 태도 없음 | 85.9<br>(85) | 80.4<br>(131) | 42.9<br>(79) | 88.3<br>(98) | 70.6<br>(393) |
| | 합계 | 100.0<br>(99) | 100.0<br>(163) | 100.0<br>(184) | 100.0<br>(111) | 100.0<br>(557) |
| $\chi^2(9) = 149.47, p < .001$ | | | | | | |

대통령 집권기에는 부정적인 논조의 기사가 전체의 54.3%로 절반 이상을 차지했다. 이러한 수치는 부시 전 대통령 집권기의 11.1%, 오바마 전 대통령의 12.9%, 바이든 대통령의 1.8% 등과 비교할 때 매우 높은 것이다.

### 기사 소재

횡단적으로 분석한 결과에서는 한국 신문과 『뉴욕타임스』의 대통령 기사 중 정책을 다룬 기사의 비중에 큰 차이가 없었다. 그러나 대통령 집권기에 따라 분석한 결과에서는 서로 다른 양상을 보였다. 즉 대통령 집권기별로 대통령 관련 기사의 소재를 분석한 결과(<표 1-21>, <표 1-22> 참조), 정책 기사는 한국의 경우 대통령 집권기마다 비중이 다소 요동치기는 했으나 전반적으로 감소한 반면, 미국은 오히려 급증한 것으로 나타났다. 구체적으로 한국의 경우 노무현 전 대통령 집권기에는 국내 정책을 다룬 기사의 비중이 54.9%였으나, 이명박 전 대통령 집권기에는 44.0%로 다소 감소했고, 박근혜 전 대통령 집권기에 53.8%로 증가했다가 문재인 전 대통령 집권기에 36.3%로 크게 낮아졌다.

<표 1-21> 한국 신문의 대통령 집권기별 대통령 기사 소재 (단위: %, 건)

| 소재 \ 대통령 | 노무현 | 이명박 | 박근혜 | 문재인 | 평균(합계) |
|---|---|---|---|---|---|
| 국내 정책 | 54.9<br>(89) | 44.0<br>(84) | 53.8<br>(71) | 36.3<br>(87) | 45.7<br>(331) |
| 동정 | 3.1<br>(5) | 6.8<br>(13) | 1.5<br>(2) | 4.2<br>(10) | 4.1<br>(30) |
| 개인사 | 0.6<br>(1) | 1.6<br>(3) | 0.0<br>(0) | 0.8<br>(2) | 0.8<br>(6) |
| 정당/국회 관계 | 8.0<br>(13) | 2.6<br>(5) | 3.8<br>(5) | 3.8<br>(9) | 4.4<br>(32) |
| 선거 | 1.2<br>(2) | 0.0<br>(0) | 0.0<br>(0) | 0.4<br>(1) | 0.4<br>(3) |
| 외교 | 17.3<br>(28) | 28.8<br>(55) | 20.5<br>(27) | 25.0<br>(60) | 23.4<br>(170) |
| 대북 관계 | 1.2<br>(2) | 4.7<br>(9) | 4.5<br>(6) | 20.0<br>(48) | 9.0<br>(65) |
| 청와대 직원 | 8.6<br>(14) | 4.2<br>(8) | 5.3<br>(7) | 8.8<br>(21) | 6.9<br>(50) |
| 대통령 조사 관련 | 0.0<br>(0) | 0.5<br>(1) | 0.0<br>(0) | 0.0<br>(0) | 0.1<br>(1) |
| 대통령 측근 조사 | 1.2<br>(2) | 1.6<br>(3) | 0.8<br>(1) | 0.0<br>(0) | 0.8<br>(6) |
| 기타 | 3.7<br>(6) | 9.8<br>(13) | 0.8<br>(2) | 5.2<br>(10) | 4.3<br>(31) |
| 합계 | 100.0<br>(162) | 100.0<br>(191) | 100.0<br>(0) | 100.0<br>(240) | 100.0<br>(725) |

$\chi^2(30) = 112.04$, $p < .001$

이에 비해 『뉴욕타임스』의 경우 정책 기사의 비중은 대통령에 따라 달라졌지만, 전반적으로는 증가했다. 부시 전 대통령 집권기에는 전체 기사 중 정책 기사의 비중이 20.2%에 불과했으나, 오바마 전 대통령 집권기에는 50.3%, 트럼프 전 대통령 39.1%, 바이든 대통령 64.0% 등으로 증가했다. 한편 부시 전 대통령 집권기에는 외교 관련 기사가 전체의 39.4%를 차지했으나 이후에는 10% 안팎의 수준을 보였다. 이는

<표 1-22> 『뉴욕타임스』의 대통령 집권기별 대통령 기사 소재 (단위: %, 건)

| 소재＼대통령 | 부시 | 오바마 | 트럼프 | 바이든 | 평균(합계) |
|---|---|---|---|---|---|
| 국내 정책 | 20.2<br>(20) | 50.3<br>(82) | 39.1<br>(72) | 64.0<br>(71) | 44.0<br>(245) |
| 동정 | 4.0<br>(4) | 10.4<br>(17) | 12.0<br>(22) | 11.7<br>(13) | 10.1<br>(56) |
| 개인사 | 3.0<br>(3) | 1.2<br>(2) | 5.4<br>(10) | 0.9<br>(1) | 2.9<br>(16) |
| 정당/국회 관계 | 9.1<br>(9) | 7.4<br>(12) | 3.3<br>(6) | 3.6<br>(4) | 5.6<br>(31) |
| 선거 | 7.1<br>(7) | 7.4<br>(12) | 2.2<br>(4) | 1.8<br>(2) | 4.5<br>(25) |
| 외교 | 39.4<br>(39) | 8.6<br>(14) | 13.6<br>(25) | 9.0<br>(10) | 15.8<br>(88) |
| 대북 관계 | 0.0<br>(0) | 0.0<br>(0) | 1.6<br>(3) | 0.9<br>(1) | 0.7<br>(4) |
| 청와대 직원 | 2.0<br>(2) | 0.6<br>(1) | 7.6<br>(14) | 4.5<br>(5) | 3.9<br>(22) |
| 대통령 조사 관련 | 1.0<br>(1) | 0.0<br>(0) | 1.1<br>(2) | 0.0<br>(0) | 0.5<br>(3) |
| 대통령 측근 조사 | 0.0<br>(0) | 0.0<br>(0) | 4.3<br>(8) | 0.0<br>(0) | 1.4<br>(8) |
| 기타 | 14.1<br>(14) | 14.1<br>(23) | 9.8<br>(18) | 3.6<br>(4) | 10.6<br>(59) |
| 합계 | 100.0<br>(99) | 100.0<br>(163) | 100.0<br>(184) | 100.0<br>(111) | 100.0<br>(557) |
| $\chi^2(30) = 138.62, p < .001$ | | | | | |

부시 전 대통령 집권기에 발생한 이라크 전쟁 등의 국제 정세와도 관련된 것으로 보인다. 한편 정당과의 관계를 다룬 기사는 분석 기간에 두 나라에서 모두 감소했다.

두 나라의 신문별로 대통령 집권기에 따라 정책 기사의 구성이 어떻게 달라지는지만을 횡단적으로 분석한 결과(<표 1-23>, <표 1-25> 참조), 한국 신문들은 정책 기사 중 일상적 업무 및 인사와 관련된 기사가

<표 1-23> 한국 신문의 대통령 집권기별 대통령 보도 정책 기사 구성 (단위: %, 건)

| 구성 \ 대통령 | 노무현 | 이명박 | 박근혜 | 문재인 | 평균(합계) |
|---|---|---|---|---|---|
| 새로운 정책 도입 | 20.2<br>(18) | 31.0<br>(26) | 16.9<br>(12) | 35.6<br>(31) | 26.3<br>(87) |
| 일상적 업무 | 29.2<br>(26) | 22.6<br>(19) | 26.8<br>(19) | 8.0<br>(7) | 21.5<br>(71) |
| 인사 관련 | 31.5<br>(28) | 32.1<br>(27) | 39.4<br>(28) | 18.4<br>(16) | 29.9<br>(99) |
| 정책 평가 | 18.0<br>(16) | 13.1<br>(11) | 12.7<br>(9) | 37.9<br>(33) | 20.8<br>(69) |
| 기타 | 1.1<br>(1) | 1.2<br>(1) | 4.2<br>(3) | 0.0<br>(0) | 1.5<br>(5) |
| 합계 | 100.0<br>(89) | 100.0<br>(84) | 100.0<br>(71) | 100.0<br>(87) | 100.0<br>(331) |
| $\chi^2(12) = 46.36, p < .001$ | | | | | |

많았지만, 『뉴욕타임스』는 새로운 정책 도입 및 정책 평가와 관련된 기사가 많은 것으로 나타났다. 특히 한국의 경우 일상적 업무나 인사 관련 기사는 점차 줄고, 새로운 정책 도입이나 정책 평가와 관련한 기사는 증가했다. 그중에서도 문재인 전 대통령 집권기에는 새로운 정책 도입(35.6%)이나 정책 평가(37.9%)가 전체 기사 중 73.5%에 이르렀다.

한편 한국 신문별로 대통령 집권기에 따라 정책 기사의 구성이 어떻게 다른지 분석한 결과(<표 1-24> 참조), 『조선일보』의 경우 박근혜 전 대통령 집권기에는 일상적 업무(36.1%)와 인사 관련 기사(38.9%)가 많고 문재인 전 대통령 집권기에는 새로운 정책 도입(32.0%)과 정책 평가 기사(42.0%)가 많았다. 즉 정치적 성향이 신문의 정파성과 일치하는 박근혜 전 대통령 집권기와 일치하지 않는 문재인 전 대통령 집권기의 정책 기사 비율이 반대 양상으로 나타났다는 것이다. 이에 비해 『한겨레』의 경우 정책 기사의 소재별 비중이 대통령 집권기에 따라 유의한 차이를 보이지 않았다.

<표 1-24> 한국 신문에 따른 대통령 집권기별 대통령 보도 정책 기사 구성 (단위: %, 건)

| 매체 | 구성 \ 대통령 | 노무현 | 이명박 | 박근혜 | 문재인 | 평균(합계) |
|---|---|---|---|---|---|---|
| 조선일보 | 새로운 정책 도입 | 21.4<br>(12) | 32.6<br>(15) | 16.7<br>(6) | 32.0<br>(16) | 26.1<br>(49) |
| | 일상적 업무 | 33.9<br>(19) | 32.6<br>(15) | 36.1<br>(13) | 12.0<br>(6) | 28.2<br>(53) |
| | 인사 관련 | 21.4<br>(12) | 26.1<br>(12) | 38.9<br>(14) | 14.0<br>(7) | 23.9<br>(45) |
| | 정책 평가 | 23.2<br>(13) | 8.7<br>(4) | 5.6<br>(2) | 42.0<br>(21) | 21.3<br>(40) |
| | 기타 | 0.0<br>(0) | 0.0<br>(0) | 2.8<br>(1) | 0.0<br>(0) | 0.5<br>(1) |
| | 합계 | 100.0<br>(56) | 100.0<br>(46) | 100.0<br>(36) | 100.0<br>(50) | 100.0<br>(188) |
| $\chi^2(12) = 37.21$, $p < .001$ | | | | | | |
| 한겨레 | 새로운 정책 도입 | 18.2<br>(6) | 28.9<br>(11) | 17.1<br>(6) | 40.5<br>(15) | 26.6<br>(38) |
| | 일상적 업무 | 21.2<br>(7) | 10.5<br>(4) | 17.1<br>(6) | 2.7<br>(1) | 12.6<br>(18) |
| | 인사 관련 | 48.5<br>(16) | 39.5<br>(15) | 40.0<br>(14) | 24.3<br>(9) | 37.8<br>(54) |
| | 정책 평가 | 9.1<br>(3) | 18.4<br>(7) | 20.0<br>(7) | 32.4<br>(12) | 20.3<br>(29) |
| | 기타 | 3.0<br>(1) | 2.6<br>(1) | 5.7<br>(2) | 0.0<br>(0) | 2.8<br>(4) |
| | 합계 | 100.0<br>(33) | 100.0<br>(38) | 100.0<br>(35) | 100.0<br>(37) | 100.0<br>(143) |
| $\chi^2(12) = 20.13$, $p = n.s$ (0.065) | | | | | | |

『뉴욕타임스』의 대통령별 정책 기사 구성을 본 결과(<표 1-25> 참조), 기사의 소재별 비중에서 차이가 나타났다. 새로운 정책의 도입이나 정책 평가에 대한 기사는 꾸준히 증가해 바이든 대통령 집권기에는 두 항목에 해당하는 기사의 비중이 전체의 88.8%에 이르렀다. 특히 일

<표 1-25>『뉴욕타임스』의 대통령 집권기별 대통령 보도 정책 기사 구성 (단위: %, 건)

| 구성 \ 대통령 | 부시 | 오바마 | 트럼프 | 바이든 | 평균(합계) |
|---|---|---|---|---|---|
| 새로운 정책 도입 | 45.0<br>(9) | 35.4<br>(29) | 15.3<br>(11) | 46.5<br>(33) | 33.5<br>(82) |
| 일상적 업무 | 0.0<br>(0) | 12.2<br>(10) | 12.5<br>(9) | 5.6<br>(4) | 9.4<br>(23) |
| 인사 관련 | 15.0<br>(3) | 12.2<br>(10) | 34.7<br>(25) | 5.6<br>(4) | 17.1<br>(42) |
| 정책 평가 | 35.0<br>(7) | 19.5<br>(16) | 34.7<br>(25) | 42.3<br>(30) | 31.8<br>(78) |
| 기타 | 5.0<br>(1) | 20.7<br>(17) | 2.8<br>(2) | 0.0<br>(0) | 8.2<br>(20) |
| 합계 | 100.0<br>(20) | 100<br>(82) | 100.0<br>(72) | 100.0<br>(71) | 100.0<br>(245) |

$\chi^2(12) = 66.71$, $p < .001$

상적 업무와 관련한 기사가 오바마·트럼프 전 대통령 집권기에는 10%를 조금 웃돌았지만, 부시 전 대통령이나 바이든 대통령 집권기에는 극히 적었다는 점에서 한국 신문의 기사 작성 관행과는 차이를 보였다.

### 기사의 목적

대통령 보도가 권력에 대한 감시의 기능을 수행하는지를 분석하기 위해 기사의 목적을 분석한 결과(<표 1-26> 참조), 한국 신문의 경우 대통령의 업무 평가와 관련된 기사가 점차 줄어든 것으로 나타났다. 즉 대통령의 업무 평가를 위한 기사는 노무현 전 대통령 집권기에 35.8%에서 박근혜 전 대통령 집권기에 54.5%로 증가했으나 문재인 전 대통령 집권기에는 13.8%로 급감했다. 흥미로운 점은 홍보 목적의 기사도 노무현·이명박 전 대통령 집권기에는 각각 37.7%, 32.5%로 30% 이상이었으나, 문재인 전 대통령 집권기에는 14.2%로 감소했다는 사실

<표 1-26> 한국 신문의 대통령 집권기별 대통령 기사 목적 (단위: %, 건)

| 구성 \ 대통령 | 노무현 | 이명박 | 박근혜 | 문재인 | 평균(합계) |
|---|---|---|---|---|---|
| 대통령 업무 평가 | 35.8<br>(58) | 32.5<br>(62) | 54.5<br>(72) | 13.8<br>(33) | 31.0<br>(225) |
| 정책 홍보/공개 | 37.7<br>(61) | 32.5<br>(62) | 14.4<br>(19) | 14.2<br>(34) | 24.3<br>(176) |
| 둘 다 아님 | 26.5<br>(43) | 35.1<br>(67) | 31.1<br>(41) | 72.1<br>(173) | 44.7<br>(324) |
| 합계 | 100.0<br>(162) | 100.0<br>(191) | 100.0<br>(132) | 100.0<br>(240) | 100.0<br>(725) |
| $\chi^2(6) = 142.23$, $p < .001$ | | | | | |

이다. 이러한 결과는 아마도 대통령 보도 중 정책 기사가 급감한 데 따른 것으로 보인다(대통령 집권기에 따른 정책 기사의 비중은 노무현 54.9%, 이명박 44.0%, 박근혜 53.8%, 문재인 36.3% 등으로 나타났다).

『뉴욕타임스』의 집권기별 대통령 기사 목적을 분석한 결과(<표 1-27> 참조), 트럼프 전 대통령 집권기에는 업무 평가가 전체 기사 중 40.2%(74건)에 이를 만큼 가장 많았으며, 정책 홍보는 2.7%(5건)에 불과한 것으로 나타났다. 이에 비해 오바마 전 대통령 집권기에는 업무 평가 기

<표 1-27> 『뉴욕타임스』의 대통령 집권기별 대통령 기사 목적 (단위: %, 건)

| 구성 \ 대통령 | 부시 | 오바마 | 트럼프 | 바이든 | 평균(합계) |
|---|---|---|---|---|---|
| 대통령 업무 평가 | 15.2<br>(15) | 16.0<br>(26) | 40.2<br>(74) | 31.5<br>(35) | 26.9<br>(150) |
| 정책 홍보/공개 | 9.1<br>(9) | 17.2<br>(28) | 2.7<br>(5) | 19.8<br>(22) | 11.5<br>(64) |
| 둘 다 아님 | 75.8<br>(75) | 66.9<br>(109) | 57.1<br>(105) | 48.6<br>(54) | 61.6<br>(343) |
| 합계 | 100.0<br>(99) | 100.0<br>(163) | 100.0<br>(184) | 100.0<br>(111) | 100.0<br>(557) |
| $\chi^2(6) = 57.04$, $p < .001$ | | | | | |

사[16.0%(26건)]와 정책 홍보 기사[17.2%(28건)]가 유사한 비율로 게재됐다.

### 기사의 독창성

대통령을 다룬 보도가 공개된 정보로 작성된 것인지 여부는 기사의 독창성을 판단하는 데에 매우 중요하다. 앞서 횡단적 분석에서 한국 신문은 『뉴욕타임스』에 비해 공개된 정보나 공개된 정보를 재가공한 정보에 기초해 기사를 작성하는 비율이 매우 높다는 것을 밝힌 바 있다. 이러한 기사 작성 관행이 추세적으로 어떠한 변화를 겪었는지 알아보기 위해 시계열적으로 분석했다.

한국 대통령 기사의 독창성을 보면(<표 1-28> 참조), 공개된 정보를 토대로 작성한 기사의 비중은 점차 줄고, 재가공 정보를 토대로 한 기사의 비중은 점차 증가한 것으로 나타났다. 예를 들어 공개된 정보를 토대로 한 기사의 비중은 노무현 전 대통령 집권기에 63.6%에 이르렀지만, 문재인 전 대통령 집권기에는 47.9%였다. 이와는 반대로 재가공 정보를 토대로 한 기사의 비중은 노무현 전 대통령 집권기에 35.8%였고 문재인 전 대통령 집권기에는 52.1%였다. 이러한 변화는 긍정적으

<표 1-28> 한국 신문의 대통령 집권기별 대통령 기사 독창성 (단위: %, 건)

| 정보 \ 대통령 | 노무현 | 이명박 | 박근혜 | 문재인 | 평균(합계) |
|---|---|---|---|---|---|
| 공개된 정보 | 63.6<br>(103) | 61.8<br>(118) | 41.7<br>(55) | 47.9<br>(115) | 53.9<br>(391) |
| 재가공 정보 | 35.8<br>(58) | 37.7<br>(72) | 56.1<br>(74) | 52.1<br>(125) | 45.4<br>(329) |
| 단독정보 | 0.6<br>(1) | 0.5<br>(1) | 2.3<br>(3) | 0.0<br>(0) | 0.7<br>(5) |
| 합계 | 100.0<br>(162) | 100.0<br>(191) | 100.0<br>(132) | 100.0<br>(240) | 100.0<br>(725) |
| $\chi^2(6) = 28.67, p < .001$ | | | | | |

로 평가할 수 있으나 여전히 단독정보에 기초한 기사의 비중이 너무 낮다는 점은 아쉬운 대목이다.

『뉴욕타임스』가 보도한 대통령 기사의 독창성을 보면(<표 1-29> 참조), 한국 신문과 확연한 차이를 보임을 알 수 있다. 우선 단독정보에 기초한 기사의 비중이 한국에 비해 월등히 높을 뿐 아니라 공개된 정보를 토대로 작성한 기사의 비중도 점차 낮아졌다. 예를 들어 부시 전 대통령 집권기에는 공개된 정보를 토대로 작성한 기사의 비중이 16.2%였으나, 트럼프 전 대통령 집권기에는 8.7%, 그리고 바이든 대통령 집권기에는 6.3%로 떨어졌다. 단독정보에 기초한 기사의 비중은 트럼프 전 대통령 집권기에 39.1%로 다소 떨어졌지만, 바이든 대통령 집권기에는 다시 67.6%로 부시 전 대통령 집권기(73.7%) 다음으로 높았다.

아울러 대통령 기사의 독창성은 얼마나 다양한 취재원이 기사에 등장하는지를 기준으로도 가늠할 수 있다. 특히 한국 신문에서는 대통령의 발언으로만 작성된 대통령 보도 기사가 10% 안팎인 것으로 나타났다. 이에 이러한 관행이 지속된 것인지를 분석할 필요가 있다고 보았다.

한국 신문별로 대통령 발언에 의존한 대통령 보도의 비중을 보면

<표 1-29> 『뉴욕타임스』의 대통령 집권기별 대통령 기사 독창성 (단위: %, 건)

| 정보 \ 대통령 | 부시 | 오바마 | 트럼프 | 바이든 | 평균(합계) |
|---|---|---|---|---|---|
| 공개된 정보 | 16.2<br>(16) | 33.1<br>(54) | 8.7<br>(16) | 6.3<br>(7) | 16.7<br>(93) |
| 재가공 정보 | 10.1<br>(10) | 25.2<br>(41) | 52.2<br>(96) | 26.1<br>(29) | 31.6<br>(176) |
| 단독정보 | 73.7<br>(73) | 41.7<br>(68) | 39.1<br>(72) | 67.6<br>(75) | 51.7<br>(288) |
| 합계 | 100.0<br>(99) | 100.0<br>(163) | 100.0<br>(184) | 100.0<br>(111) | 100.0<br>(557) |

$\chi^2(6) = 106.40$, $p < .001$

<표 1-30> 한국 신문의 대통령 집권기별 대통령 발언에 의존한 기사 비중 (단위: %, 건)

| 비중 \ 대통령 | 노무현 | 이명박 | 박근혜 | 문재인 | 평균(합계) |
|---|---|---|---|---|---|
| 아님 | 85.8<br>(139) | 91.1<br>(174) | 93.2<br>(123) | 90.8<br>(218) | 90.2<br>(654) |
| 2/3 이상 | 14.2<br>(23) | 8.9<br>(17) | 6.9<br>(9) | 9.1<br>(22) | 9.8<br>(71) |
| 합계 | 100.0<br>(162) | 100.0<br>(191) | 100.0<br>(132) | 100.0<br>(240) | 100.0<br>(725) |
| $\chi^2(6) = 8.92$, $p = n.s$ | | | | | |

(<표 1-30> 참조), 3분의 2 이상을 의존해 보도된 기사의 비중은 노무현 전 대통령 집권기 14.2%에서 이명박 전 대통령 8.9%, 박근혜 전 대통령 6.9% 등으로 다소 낮아졌으나 문재인 전 대통령 집권기에는 다시 9.1%로 높아졌다. 이러한 결과는 전반적으로 대통령 발언에만 의존한 기사의 비중이 지난 4명의 대통령 집권기에 걸쳐 대체로 10% 안팎에 머물렀으며 집권기별로 차이가 없었음을 보여준다.

또한 한국 신문별로 청와대 발표에 의존한 대통령 보도의 비중을 보면(<표 1-31> 참조), 3분의 2 이상을 의존해 보도된 기사의 비중 역시 10% 안팎인 것으로 나타났다. 이에 이러한 경향이 대통령 집권기에

<표 1-31> 한국 신문의 대통령 집권기별 청와대 발표에 의존한 기사 비중 (단위: %, 건)

| 비중 \ 대통령 | 노무현 | 이명박 | 박근혜 | 문재인 | 평균(합계) |
|---|---|---|---|---|---|
| 아님 | 87.7<br>(142) | 86.4<br>(165) | 97.7<br>(129) | 95.0<br>(227) | 91.6<br>(663) |
| 2/3 이상 | 12.4<br>(20) | 13.6<br>(26) | 2.3<br>(3) | 5.1<br>(12) | 8.4<br>(61) |
| 합계 | 100.0<br>(162) | 100.0<br>(191) | 100.0<br>(132) | 100.0<br>(239) | 100.0<br>(725) |
| $\chi^2(6) = 21.39$, $p < .01$ | | | | | |

<표 1-32> 『뉴욕타임스』의 대통령 집권기별
대통령 발언에 의존한 기사 비중 (단위: %, 건)

| 비중 \ 대통령 | 부시 | 오바마 | 트럼프 | 바이든 | 평균(합계) |
|---|---|---|---|---|---|
| 아님 | 98.0<br>(97) | 98.2<br>(160) | 98.9<br>(182) | 100.0<br>(111) | 98.7<br>(550) |
| 2/3 이상 | 2.0<br>(2) | 1.8<br>(3) | 1.1<br>(2) | 0.0<br>(0) | 1.3<br>(7) |
| 합계 | 100.0<br>(99) | 100.0<br>(163) | 100.0<br>(184) | 100.0<br>(111) | 100.0<br>(557) |
| $\chi^2(3) = 2.37$, $p = n.s$ | | | | | |

따라 차이를 보이는지를 분석했다. 그 결과 노무현·이명박 전 대통령 집권기에는 해당 기사의 비중이 각각 12.4%, 13.6%로 10%를 웃돌았으나, 박근혜·문재인 전 대통령 집권기에는 각각 2.3%, 5.1%로 낮아진 것이 확인되었다. 이처럼 청와대 발표에만 의존한 기사의 비중이 낮아진 점은 긍정적으로 평가할 만하다.

『뉴욕타임스』의 대통령 보도 중 대통령 발표에 의존한 기사의 비중을 보면(<표 1-32> 참조), 3분의 2 이상을 의존해 보도된 기사는 그 비중이 워낙 낮았으며, 이러한 경향도 지난 4명의 대통령 집권기에 걸쳐 일정하게 유지된 것으로 나타났다.

한편 『뉴욕타임스』 대통령 보도 중 백악관 발표에 의존한 기사의 비중을 보면(<표 1-33> 참조), 3분의 2 이상을 의존해 보도된 기사는 거의 없거나 그 비중이 매우 낮았고, 이러한 경향은 대통령 집권기에 따라 차이를 보이지 않는 것으로 나타났다. 이러한 결과는 『뉴욕타임스』의 대통령 기사 중 백악관의 발표에만 의존해 게재된 기사는 거의 찾아보기 어렵다는 것을 시사한다.

마지막으로 대통령 기사의 독창성과 관련해 기사에 취재원이 제공한 정보 이외의 취재 내용이 포함되어 있는지를 분석했다(<표 1-34> 참조). 그 결과 한국에서는 개별 취재 내용을 포함한 기사의 비중이 점차

<표 1-33> 『뉴욕타임스』의 대통령 집권기별 백악관 발표에 의존한 기사 비중 (단위: %, 건)

| 비중 \ 대통령 | 부시 | 오바마 | 트럼프 | 바이든 | 평균(합계) |
|---|---|---|---|---|---|
| 아님 | 100<br>(99) | 95.7<br>(156) | 98.9<br>(182) | 100<br>(111) | 98.4<br>(548) |
| 2/3 이상 | 0.0<br>(0) | 4.3<br>(6) | 1.1<br>(2) | 0.0<br>(0) | 1.2<br>(9) |
| 합계 | 100.0<br>(99) | 100.0<br>(163) | 100.0<br>(184) | 100.0<br>(111) | 100.0<br>(557) |

$\chi^2(6) = 11.49$, $p = n.s$

증가한 것으로 나타났다. 즉 개별 취재 내용이 포함된 기사의 비중은 노무현 전 대통령 집권기에는 42.6%로 절반 이하였으나 이명박 49.7%, 박근혜, 61.4%, 문재인 70.0% 등으로 점차 증가했다. 이러한 변화는 기사의 독창성 측면에서 볼 때 긍정적으로 평가할 만하다.

한편 한국 신문에 따라 대통령 집권기별로 개별 취재 내용을 포함한 대통령 기사의 비중을 보면(<표 1-35> 참조), 흥미롭게도 『조선일보』의 경우 문재인 전 대통령 집권기에 개별 취재 내용이 포함된 기사의 비중이 가장 높았으며, 『한겨레』의 경우에는 박근혜 전 대통령 때 가장

<표 1-34> 한국 신문의 대통령 집권기별 개별 취재 내용을 포함한 기사 비중 (단위: %, 건)

| 비중 \ 대통령 | 노무현 | 이명박 | 박근혜 | 문재인 | 평균(합계) |
|---|---|---|---|---|---|
| 없음 | 57.4<br>(93) | 50.3<br>(96) | 38.6<br>(51) | 30.0<br>(72) | 43.0<br>(312) |
| 있음 | 42.6<br>(69) | 49.7<br>(95) | 61.4<br>(81) | 70.0<br>(168) | 57.0<br>(413) |
| 합계 | 100.0<br>(162) | 100.0<br>(191) | 100.0<br>(132) | 100.0<br>(239) | 100.0<br>(725) |

$\chi^2(3) = 35.40$, $p < .001$

<표 1-35> 한국 신문에 따른 대통령 집권기별
개별 취재 내용을 포함한 기사 비중 (단위: %, 건)

| 매체 \ 비중 \ 대통령 | | 노무현 | 이명박 | 박근혜 | 문재인 | 평균(합계) |
|---|---|---|---|---|---|---|
| 조선일보 | 없음 | 54.4<br>(56) | 51.4<br>(54) | 44.3<br>(31) | 21.8<br>(27) | 41.8<br>(168) |
| | 있음 | 45.6<br>(47) | 48.6<br>(51) | 55.7<br>(39) | 78.2<br>(97) | 58.2<br>(234) |
| | 합계 | 100.0<br>(103) | 100.0<br>(105) | 100.0<br>(70) | 100.0<br>(124) | 100.0<br>(402) |
| | $\chi^2(3) = 31.31, p < .001$ | | | | | |
| 한겨레 | 없음 | 62.7<br>(37) | 48.8<br>(42) | 32.3<br>(20) | 38.8<br>(45) | 44.6<br>(144) |
| | 있음 | 37.3<br>(22) | 51.2<br>(44) | 67.7<br>(42) | 61.2<br>(71) | 55.4<br>(179) |
| | 합계 | 100.0<br>(59) | 100.0<br>(86) | 100.0<br>(62) | 100.0<br>(116) | 100.0<br>(323) |
| | $\chi^2(3) = 13.86, p < .01$ | | | | | |

높았다. 예를 들어 『조선일보』의 경우, 이명박·박근혜 전 대통령 집권기에는 개별 취재 내용을 포함한 기사의 비중이 각각 48.6%, 55.7%였으나, 문재인 전 대통령 집권기에는 78.2%에 이르렀다. 하지만 『한겨레』는 개별 취재 내용을 포함한 기사의 비중이 박근혜 전 대통령 집권기에 67.7%로 가장 높았으며, 문재인 대통령 집권기에는 61.2%로 낮아졌다.

또 『뉴욕타임스』의 개별 취재 내용을 포함한 대통령 기사의 비중을 보면(<표 1-36> 참조), 전반적으로 그 비중이 『조선일보』와 『한겨레』에 비해서는 높았으나 부시·트럼프 전 대통령 집권기에는 특히 더 높았다. 즉 오바마 전 대통령과 바이든 대통령 집권기에는 개별 취재 내용을 포함한 기사의 비중이 각각 66.9%, 74.8%였으나, 부시·트럼프 전 대통령 집권기에는 각각 77.8%, 82.1%였다.

<표 1-36> 『뉴욕타임스』의 대통령 집권기별
개별 취재 내용을 포함한 기사 비중 (단위: %, 건)

| 비중 \ 대통령 | 부시 | 오바마 | 트럼프 | 바이든 | 평균(합계) |
|---|---|---|---|---|---|
| 없음 | 22.2<br>(22) | 33.1<br>(54) | 17.9<br>(33) | 25.2<br>(28) | 24.6<br>(137) |
| 있음 | 77.8<br>(77) | 66.9<br>(109) | 82.1<br>(151) | 74.8<br>(83) | 75.4<br>(420) |
| 합계 | 100.0<br>(99) | 100.0<br>(163) | 100.0<br>(184) | 100.0<br>(111) | 100.0<br>(557) |
| $\chi^2(3) = 11.13, p < .05$ | | | | | |

### SNS 활용 보도

한국 신문과 미국 『뉴욕타임스』에서 SNS를 활용해 취재한 내용이 포함된 대통령 기사의 비중을 분석한 결과(<표 1-37> 참조), 두 국가 모두 SNS를 취재원으로 활용하는 보도는 아직 시작 단계인 것으로 판단된다. 비록 한국 신문의 경우 인터넷이나 포털사이트 등에는 SNS의 내용을 그대로 옮겨놓은 기사가 많지만, 신문에는 이러한 기사를 게재

<표 1-37> 각국 신문의 대통령 집권기별
SNS 활용 취재 내용을 포함한 기사 비중 (단위: %, 건)

| 매체 \ 비중 \ 대통령 | | 노무현 | 이명박 | 박근혜 | 문재인 | 평균(합계) |
|---|---|---|---|---|---|---|
| 한국 신문 | 대통령 SNS | 0.0<br>(0) | 0.0<br>(0) | 0.0<br>(0) | 1.3<br>(3) | 0.4<br>(3) |
| | 청와대 사이트 | 1.9<br>(3) | 0.0<br>(0) | 0.0<br>(0) | 1.7<br>(4) | 1.0<br>(7) |
| 매체 \ 비중 \ 대통령 | | 부시 | 오바마 | 트럼프 | 바이든 | 합계 |
| 뉴욕타임스 | 대통령 SNS | 0.0<br>(0) | 0.6<br>(1) | 31.5<br>(58) | 3.6<br>(4) | 11.1<br>(62) |
| | 백악관 사이트 | 0.0<br>(0) | 2.5<br>(4) | 0.0<br>(0) | 0.0<br>(0) | 0.7<br>(4) |

하지 않는 것이다. 그럼에도 불구하고 앞서 취재원 분석에서 밝힌 바와 같이, 여전히 SNS를 취재원으로 활용한 보도에서 『뉴욕타임스』와 한국 신문 간에는 차이가 나타났다. 즉 미국 대통령은 자신이 국민에게 전달하고자 하는 메시지를 소셜미디어를 통해 전하고 있으며 신문은 이를 국민에게 전달하는 중계 역할을 맡고 있는 것이다. 이 과정에서 한국 신문은 대통령의 메시지를 그대로 옮기는 '전달자'의 역할을 한다면, 『뉴욕타임스』는 대통령이 발언한 내용을 토대로 그에 의미를 부여하는 '평가자'의 역할을 하고 있는 것으로 보인다.

## 3. 대통령 기사가 형식과 소재를 취하는 바른 방향

한국 신문의 대통령 보도는 대통령의 발언을 그대로 인용하거나 동정을 소개하는 등 일반적으로 시민들이 언론에 기대하는 역할을 제대로 수행하지 못한다는 비판을 받았다. 대통령이 업무를 제대로 수행하는지 평가하고 감시하기는커녕 발언을 전달하는 역할에 그쳤다는 것이다. 여기에 신문의 정파성 이슈까지 더해져 시민들은 이제 신문이 그들이 지지하는 대통령에만 우호적인 기사를 작성하는 것이 아닌가 하는 의구심과 불신을 보인다. 그렇다면 한국 신문의 대통령 보도는 과거의 잘못된 관행을 답습하고 있을까? 새로운 미디어 기술의 발전으로 대통령의 발언과 동선이 인터넷과 온라인 동영상으로 시민들에게 시시각각 전달되는 상황에서 우리의 대통령 보도는 어떻게 변화했을까? 또한 우리보다 좋은 저널리즘을 실천하는 『뉴욕타임스』는 대통령을 어떻게 보도할까?

이 연구는 이러한 질문에 답하고자 수행되었다. 즉 먼저 한국 신문의 대통령 보도 관행을 평가하고자, 더 나은 저널리즘을 실천하는 『뉴욕타임스』 기사와 비교·분석하고 한국 신문의 대통령 보도가 어떻게 변화했는지를 알아보았다. 이를 위해 한국과 미국에서 각각 대통령직을 가장 최근에 수행한 대통령 4명씩에 대한 보도를 분석했다. 그 결과 한국 신문의 대통령 보도는 『뉴욕타임스』와 기사의 형식 및 내용에서 큰 차이를 보였으며, 한국 신문의 대통령 보도 관행은 최근 20년 동안 크게 달라지지 않은 것으로 나타났다. 분석 결과는 크게 네 가지 쟁점으로 정리해볼 수 있다.

첫째, 한국 신문의 대통령 보도는 『뉴욕타임스』에 비해 짧고, 분석·해설하기보다는 발생 사실을 전달하는 데 그쳤다. 한국 대통령 보도는 노무현 전 대통령 집권기에 비해 문재인 전 대통령 집권기에 다소 길어졌지만, 여전히 한국 신문의 1면 기사나 정치 기사에 비해 평균 길이가 짧았다. 기사 유형 중 분석이나 해설 혹은 기획 기사는 10건 중 3건에 불과해 정치 기사(평균 4~5건)에 비해 적었다. 이러한 결과는 청와대를 출입하는 기자는 대통령을 분석 대상으로 여기지 않을 가능성을 시사한다. 특히 이러한 취재 및 기사 작성 관행은 최근 4명의 대통령을 거치는 동안 거의 달라지지 않은 것으로 나타났다. 『뉴욕타임스』의 기사 길이가 평균적으로 길어지고, 분석·해설 기사가 10건 중 7건으로 증가한 것과는 대조적이다.

둘째, 한국 신문과 『뉴욕타임스』의 대통령 보도는 기사 내용에서도 차이를 보였다. 기사 소재의 경우 정책 기사의 비중은 한국 신문과 『뉴욕타임스』가 모두 40%대로 큰 차이를 보이지 않았으나, 정책 기사만을 다시 분석한 결과 한국 신문은 대통령의 일상적 업무나 인사 관련 기사가 절반 이상이었지만 『뉴욕타임스』는 정책 기사가 70%에 가까웠다. 특히 한국의 경우에는 정책 기사의 비중이 점차 낮아졌으나 『뉴욕타임스』는 점차 증가한 것으로 나타났다. 이러한 결과는 한국의 경우 대통령 보도가 주로 대통령의 발언이나 방문 등과 같은 동선 소개 등에 머무는 반면, 『뉴욕타임스』는 정책에 대한 평가나 새로운 정책에 대한 소개에 주력한다는 사실을 보여준다. 이 때문에 목적이 대통령의 업무 홍보로 판단되는 기사의 비중이 한국은 24.3%였으나 『뉴욕타임스』는 11.5%였다.

셋째, 어떤 정보로 대통령을 보도하는가에서도 한국 신문과 『뉴욕타임스』 사이에는 극명한 차이를 보였다. 한국 신문은 단독정보보다는 공개된 정보 혹은 재가공된 정보에 기초한 기사가 99.3%였으나, 『뉴욕타임스』는 48.3%에 머물렀다. 이러한 수치는 좋은 저널리즘 연구회가 2016년 분석한 1면 기사 비율(단독정보 88.5%)과 비교해도 매우 낮다. 또한 한국 신문은 대통령 발언과 청와대 발표의 내용이 전체의 3분의 2 이상인 기사의 비율이 각각 10% 안팎이었다. 하지만 이러한 경향은 노무현 · 이명박 전 대통령 집권기에 비해 박근혜 · 문재인 전 대통령 집권기에 더 약해졌다. 이와는 대조적으로 『뉴욕타임스』는 대통령 발언과 백악관 발표의 내용이 기사의 3분 2 이상인 기사가 1%를 조금 웃돌아 거의 찾아보기 힘든 수준이었다. 이러한 사실은 한국 신문의 대통령 보도가 미국보다 대통령 혹은 청와대에 의존하는 비율이 높음을 보여준다.

넷째, 신문의 정파적 성향이 대통령 보도에서 확인된다. 우선 대통령에 대한 논조를 분석한 결과, 『뉴욕타임스』의 경우 트럼프 전 대통령에 대한 부정성이 두드러졌으나 이외에는 대통령별로 큰 차이가 없었다. 이에 비해 한국의 경우 『조선일보』는 부정성이 노무현 전 대통령 집권기에 두드러졌으며 『한겨레』는 이명박 · 박근혜 전 대통령 집권기에 두드러졌다. 흥미로운 점은 『조선일보』의 경우 박근혜 전 대통령 집권기에 단순 스트레이트 기사가 많았고, 『한겨레』는 이 시기에 분석 · 해설 기사가 많았다는 점이다. 『한겨레』의 경우 분석 · 해설 기사가 박근혜 전 대통령 집권기에는 72.6%에 이르렀다. 스트레이트 기사 중에는 부정적 논조의 기사가 거의 없으며 분석 · 해설 기사에서는 24.2%에 이른다는 점에서 『한겨레』는 박근혜 전 대통령에 대한 부정적 기사를 분석 · 해설 기사로 작성했을 가능성이 높은 것으로 보인다.

이번 조사 결과는 한국 『조선일보』와 『한겨레』의 대통령 보도가 대통령에 대한 의존도 측면에서 한 걸음도 나아가지 못했으며, 많은 기사가 공개된 정보나 이를 재가공한 정보만으로 구성된다는 점을 보여줬다. 이들 기사의 목적은 대통령이 수행하는 업무 능력에 대한 시민들의 이해를 높이거나 시민을 대신해 대통령의 권한을 감시하는 것이 아니라, 새로운 정책을 홍보하거나 소개하는 데에 그쳤다. 더욱이 그동안 학계에서 지적한 높은 의존도나 정책이 중심이 되지 않은 보도 등의 문제가 개선되지 못했다는 점에 사태의 심각성이 있다. 다시 말해 한국 신문은 적어도 대통령 보도에서 대통령을 분석 및 감시의 대상으로 여기지 않을 가능성을 보여줬다. 이는 시민들이 언론에 기대하는 역할을 한국 신문의 대통령 보도에서는 찾을 수 없다는 의미다.

## ▌부록

대통령 보도의 특징을 분석하기 위해 기사의 형식적 특징, 기사 내용, 그리고 독창성 등에 해당하는 변인을 선행연구를 토대로 측정했다. 각 변인에 대한 측정 방법은 다음과 같다.

### 1) 변인과 측정

#### 기본 정보

① 기사 출처: 기사가 게재된 신문사를 의미하며, 『조선일보』, 『한겨레』, 『뉴욕타임스』로 구분했다.

② 기사 제목: 해당 기사의 표제를 의미하며, 해당 기사의 주 제목을 직접 입력했다.

③ 작성한 기자 수: 바이라인에 적힌 기자의 수를 의미한다.

④ 기자 이름: 기사를 작성한 기자 이름을 의미한다.

⑤ 대통령 집권기: 분석 대상인 대통령의 이름으로 구분했다.

#### 기사의 형식적 특징

① 기사의 길이: 기사에 포함된 전체 문장의 수를 의미한다. 문장은 종결부호(마침표, 물음표, 느낌표 등)로 구분했다. 직접인용구 안에 있는 문장은 마침표, 물음표, 느낌표 등의 부호가 있더라도 문장 수에는 포함하지 않았다.

② 기사 유형: 게재된 기사가 작성된 형식으로 스트레이트 기사, 분석·해설 기사, 사진 기사, 인터뷰 기사, 코너명 기사(사설을 제외한 코너명 혹은 기자의 이름을 걸고 쓰는 기사), 기획 기사, 탐사 보도 기사, 기타 등으로 구분했다. 스트레이트 기사란 해당 날짜에 발표된 사항을 중심으로 사실 정보를 육하원칙에 따라 객관적으로

서술한 기사로 정의했다. 일반적으로 분석·해설 기사는 기획 기사에 포함될 수 있지만 이 연구에서는 구분했다. 즉 분석·해설 기사는 해당 날짜 혹은 일주일 정도의 시일 안에 발표된 개별 사실, 사건, 이슈를 중심으로 기사 작성자의 주관적 평가, 상황에 대한 분석과 해설을 포함한 기사로 정의했다. 기사에 '분석한다(된다)', '풀이한다(된다)', '해석한다(된다)', '…를 뜻한다고 볼 수 있다' 등 분석과 해설의 내용을 포함하는 동사를 이용한 문장이 사용되는지를 참고해 판단했다. 이에 비해 기획 기사는 알려진 사실을 토대로 최근의 발표에 의존하지 않고 자체적으로 기획한 내용을 작성한 기사라고 정의했다. 탐사 기사는 발표에 의존하지 않고 자체적으로 기획하고 취재한 기사이며, 특히 특정 사실을 '발굴'한 경우로, 주로 알려지지 않은 사실에 대한 비판적이고 고발적인 성격을 가진 기사로 정의했다. 사진 기사는 사진 설명 외 글로 작성된 관련 기사 없이 사진이 독립적으로 게재된 기사로, 캡션과 바이라인 등을 통해 사진의 출처가 정확히 명시된 정지된 영상의 기사다. 인터뷰 기사는 내용뿐 아니라 기사의 형식도 질의와 응답한 내용을 중심으로 작성된 기사다.

**기사 내용 분석**

① 기사 소재: 선행연구를 토대로 기사의 주 내용이 다루는 소재를 의미하며, 국내 정책(청와대 산하 기구 기사), 동정(단순 방문/어린이날 잔치 등), 개인사, 정당/국회와의 관계, 선거, 외교(정상회담/해외 순방), 대북 관계, 청와대 직원, 사정당국(검찰 경찰 등)의 조사 관련 기사, 대통령 측근의 사정당국 조사 관련 기사, 기타 등 11개 항목으로 구분했다.

② 정책 소재: 기사의 세부 주제가 정책일 경우에는 새로운 정책 도입, 일상적·통상적 업무 관련 브리핑, 인사 관련 기사, 정책에 대

한 평가, 기타 등으로 재분류해 코딩했다.

③ 기사 목적: 기사가 작성된 목적이 비판이나 감시인지 대통령에 대한 홍보인지를 알아보기 위해 기사 목적을 코딩했다. 대통령의 업무 관련 업적 평가, 새로운 정책에 대한 홍보 혹은 공개, 기타, 해당 없음 등 4개 항목으로 분류했다.

④ 대통령에 대한 논조: 이 연구에서는 기사에서 나타난 대통령에 대한 태도로 정의했다. 기사 전체에 대한 논조가 아닌 대통령에 대한 논조를 긍정, 부정, 중립(긍정+부정), 태도 없음 등 4개 항목으로 구분했다.

### 정보의 독창성 및 독립성

① 정보의 독창성: 정보의 독창성은 기사의 정보가 기자의 고유하고 독립적인 취재 활동으로부터 도출된 정도로 정의하고, 공개된 정보, 재가공 정보, 단독정보 등 3개 항목 중 하나로 코딩했다. 이 연구에서 공개 정보는 발표된 자료 혹은 모두에게 알려진 정보로, 재가공 정보는 발표된 자료나 공개된 정보 제시와 함께 해석이나 분석이 포함된 정보로 정의했다. 단독정보는 기자(또는 신문사)가 취재원에게 특정 정보를 단독으로 전달받은 정보로 정의했으며 기자가 발굴한 기획 기사, 특정 인물에 대한 인터뷰 등을 포함한다. 만일 하나의 기사가 공개된 정보, 재가공 정보, 단독정보를 모두 지닐 경우에는 독창성을 더 높은 것의 항목으로 코딩했다. 이 연구에서는 '단독정보 > 재가공 정보 > 공개된 정보' 순으로 독창성이 높은 것으로 정의했다.

② 대통령 발언 의존: 기사의 주요 내용이 대통령이 말한 내용만을 바탕으로 작성되었는지를 문장 단위로 확인하여, '아님' 혹은 '2/3 이상'으로 구분해 코딩했다.

③ 청와대(백악관) 의존: 기사의 주요 내용이 청와대(백악관)의 발표

내용만을 바탕으로 작성됐는지를 문장 단위로 확인하여 '아님' 혹은 '2/3 이상'으로 코딩했다.

④ SNS 출처: 기사를 구성하는 정보의 출처가 페이스북, 트위터 등 소셜미디어에서 인용됐는지를 확인해 '있음' 혹은 '없음'으로 코딩했다.

### 2) 변인별 신뢰도

각 변인에 대한 코더 간 신뢰도는 다음과 같다.

- 기사 출처: 1.000
- 기사 길이(문장 수): 0.991
- 작성 기자 및 협조자 수: 1.000
- 기사 유형: 0.976
- 소재: 0.911
- 정책 소재일 경우: 0.932
- 개인사 소재일 경우: 1.000
- 주제: 0.963
- 논조: 1.000
- 기사 전달 방식: 0.957
- 정보 독창성: 1.000
- 청와대 발표로만 이뤄진 기사인지 여부: 0.894
- 대통령의 개인 SNS: 0.747
- 청와대 청원 사이트 등 공식 사이트(백악관 사이트): 1.000

# 2장 한국과 미국 대통령 기사의 취재원

김지현 · 김창숙 · 이나연

시민이 정보를 얻기 위해 언론매체를 정보원으로 삼는 것처럼, 언론인은 취재원을 통해 정보를 얻고 그것으로 기사를 작성한다. 말하자면 취재원은 기사를 위한 핵심적인 정보원으로서(Tuchman, 1978), 뉴스란 '취재원이 그렇다고 말한바'라고 일컬어질 정도로(Sigal, 1986) 하나의 뉴스에서 지니는 중요도가 매우 크다. 누구를 취재원으로 삼았는가가 뉴스의 내용 전반에 영향을 주는 것은 물론이고, 나아가 어떤 취재원을 어떻게 활용했는가에 따라 뉴스의 질적 수준까지 달라질 수 있기 때문이다. 그런 이유로 저널리즘 학계에서는 뉴스에서 활용한 취재원을 분석해 언론이 얼마나 다양한 취재원을 활용하고 있는지, 혹은 취재원을 얼마나 투명하게 공개하고 있는지를 살펴보고, 그에 기반해 뉴스의 공정성과 균형성, 신뢰성 확보를 위한 제언을 해왔다(Brown, 1987; Hansen, 1991; Martin-Kratzer & Thorson, 2007; McComas & Trumbo, 2001; Purvis, 2015; 오해정 · 김경모, 2020; 이나연 · 김창숙 · 김지현, 2021). 언론 기사에서 다양한 취재원을 활용하는 것은 뉴스의 내적 다양성을 보장해 편향되지 않은 관점의 정보를 제공할 수 있게 하고, 취재원의 투명성은 뉴스의 정보가 얼마나 신뢰할 만한가를 독자에게 직접적으로 보여줄 수 있게 하므로 이는 민주주의 사회에서의 언론의 역할과 책무를 논의할 수 있게 하는 의미 있는 자료가 된다. 민주주의 사회에서의 언론의 본질적 책무는 권력을 감시하며, 다양하고 정확한, 신뢰할 수 있는 정보를 제공함으로써 건전한 여론 형성에 도움을 주는 데에 있다(Rosenstiel & Kovach, 2021).

이 장에서는 대통령 보도와 관련한 탐색적 연구를 진행하면서, 뉴스에 등장하는 취재원에 좀 더 집중해보고자 한다. 민주주의 사회에서 언론이 대통령 보도에 어떤 취재원을 주로 사용하는지, 얼마나 다양한 취재원을 활용하는지, 얼마나 투명하게 취재원을 보여주는지, 한국과 미국의 차이는 무엇인지를 실증적으로 분석해보고자 한 것이다. 대통령과 관련한 기존 연구들은 주로 기사의 전반적인 특성을 분석하면서 하위 분석 항목 중 하나로 취재원을 분석하는 방식으로 이루어진 경향이 있고(Eshbaugh-Soha & Peake, 2008; Farnsworth & Lichter, 2004; Groeling & Kernell, 1998; Ragas & Tran, 2013; Smoller, 1986), 이를 통해 대통령 관련 보도의 편향성이 존재함을 지적해왔다. 예를 들어 프랜스로스와 리히터(Franswroth & Lichter, 2004)는 로널드 레이건Ronald Reagan(1981년), 빌 클린턴Bill Clinton(1993년), 조지 W. 부시George W. Bush(2001년) 전 대통령의 임기 첫해 동안 ABC, CBS, NBC 저녁 뉴스 프로그램의 내용을 분석하여 TV 뉴스의 대통령 보도가 '행정부 취재원'을 주로 활용하는 경향이 있다는 결과를 제시했다. 또, 한국 『조선일보』와 미국 『뉴욕타임스』의 대통령 보도를 비교·분석한 이재경(2006)은 대통령 보도의 취재원이 대부분 대통령이나 대통령 관련인(대통령 참모 혹은 행정부 관료)에 집중된 경향이 있으며, 이는 『뉴욕타임스』보다 한국 신문에서 더욱 두드러짐을 지적했다. 그렇다면 이 연구 결과가 제시된 지 15년 이상이 흐른 요즘, 소셜미디어 등을 통해 정보를 얻는 복잡하고 다양해진 매체 환경 속에서 대통령 보도는 어떤 취재원을 주로 이용하며, 어떤 방식으로 취재원을 활용하고 있을까?

뉴스에서 공적 취재원만을 제한적으로 활용하는 관행은 정보를 제공하는 전체 취재원 풀pool을 좁히고, 궁극적으로 이는 국민이 이용하는 전체 뉴스 내용의 획일성을 높이는 결과를 가져올 수 있어 민주주의 사회에서 지니는 언론의 본질과 가치에 역행하는 결과를 낳는다. 이 문제에 대한 해결책은 사실 굉장히 명확하다. 다양한 취재원을 활용하면 된다. 뉴스에서 다양한 취재원을 통해 다양한 의견과 관점을 제공하면 시민들이 이성적 판단을 하는 데 도움을 줄 수 있다(Rosenstiel & Kovach, 2021). 이 연구의 첫 번째 분석 내용은 '취재원 다양성'이다. 구체적으로 이 연구에서는 대통령 보도의 취재원이 편향되어 있다는 기존 분석 결과에서 한 발 더 나아가, 대통령 보도에 등장하는 취재원의 종류를 귀납적으로 살펴보고, 해당 취재원 중 어떤 취재원이 얼마나 자주 등장하는지, 어떤 취재원은 거의 등장하지 않는지에 대한 질적 차원의 논의를 덧붙였다. 이는 대통령 보도에서의 취재원 편향성 극복을 위한 노력이 얼마나 이루어지고 있는가를 살펴보고, 한·미 간 비교·분석 결과를 통해 새로운 취재원에 대한 제고를 가능하게 하기 위함이다.

질적 분석은 취재원 종류 중 '전문가' 취재원과 '기타' 취재원에 집중했다. 기존의 분석 결과(이재경, 2006)와 이번 대통령 보도의 탐색적 분석 결과를 토대로 한 결정이다. 이재경(2006)의 연구에서는 『뉴욕타임스』와 한국 신문의 취재원 종류 중 '기타'의 비율에서 차이가 크다는 점이 강조된 바 있다. 구체적으로 『조선일보』 취재원 중 '기타'의 비율은 9.5%였으나, 『뉴욕타임스』 취재원 중 '기타'의 비율은 30.1%로 세 배 이상 차이가 났다. 또 해당 연구는 한국 신문과 달리 『뉴욕타임스』의 '기타' 취재원에는 각 분야의 전문가가 속해 있음에 주목했다. 한국 신문과 『뉴욕타임스』의 역대 대통령 보도를 비교·분석한 결과에서도 '전문가' 취재원과 '기타' 취재원의 활용 비율은 큰 차이를 보였다(<표 2-3> 참조). 따라서 한·미 대통령 기사의 취재원 활용을 정교하게 비교·분석하기 위해 연구자들은 『뉴욕타임스』가 활용한 '전문가' 취재원과 '기타' 취재원은 구체적으로 무엇인지, 귀납적으로 비교·분석했다. 이를 통해 취재원 다양성에 대한 논의가 좀 더 실증적 차원에서 이루어져 새로운 취재원에 대한 논의가 본격화되기를 바라는 마음이다.

취재원 관련 논의에서 또 하나의 중요한 축이 되는 것은 취재원 투명성이다. 기사에서 취재원을 투명하게 제시하는 것은 독자가 '진짜' 뉴스와 '가짜' 뉴스를 구별하게 해주는 가시적인 정보를 제공한다. 이를 통해 독자는 취재원 편향 정도를 판단할 수 있는 단서를 얻게 되고(김준형, 2022), 그에 따라 뉴스 정보에 대한 신뢰를 형성하게 된다(Sternadori & Thorson, 2009). 다양한 채널을 통해 정보가 생산·유통되는 환경 속에서 정보의 '신뢰성'이 핵심 화두로 떠오르는 요즘, 취재원을 투명하게 공개하는 이른바 '투명성의 규칙Rule of Transparency'의 중요성은 더욱 커지고 있다(김경모 외, 2021; 김준형 외, 2022). 다양한 취재원을 활용함으로써 다양한 의견과 관점을 전달하는 내적 다양성과 균형성을 확보했다면, 취재원을 투명하게 보여줌으로써 그것이 신뢰할 만한 정보임을 증명할 수 있게 되는 것이다. 이 연구에서는 취재원 투명성을 살펴보기 위해서 기사에서 활용된 실명 취재원과 익명 취재원 수, 그리고 투명 취재원 대비 익명 취재원의 비율을 분석했다. 일반적으로 『뉴욕타임스』에서 활용되는 취재원의 수는 한국 신문에 비해 월등히 높은 경향이 있으므로(김경모·박재영·배정근·이나연·이재경, 2018; 김준형 외, 2022), 단순 취재원 수를 비교·분석하는 것만으로는 의미 있는 결과물을 제시하기 어렵다. 따라서 연구자들은 투명 취재원과 익명 취재원의 비율을 분석함으로써 상대적 수치를 살펴보았다.

이와 더불어 이 연구에서는 기사에서 익명 취재원을 사용할 수밖에 없는, 부득이한 상황을 고려한 추가 분석을 실시했다. 언론은 뉴스의 공익성이나 국민의 알권리보다 우선시되는 다른 부득이한 사유, 이를테면 '취재원 보호'와 같은 이유로 취재원을 투명하게 드러내기 어려운 상황에 처하기도 한다(Blankenburg, 1992). 이때 언론은 취재원을 익명으로 표기하는 선택을 하는데, 이런 경우라도 익명 취재원 사용으로 인한 부작용을 최소화하기 위해 국내외 신문은 윤리 강령이나 기사 작성 가이드라인 등을 통해 익명 취재원 사용 기준을 구체적으로 제시하고 있다(Duffy & Freeman, 2011; 박재영, 2007). 익명 취재원을 활용할 때 '익명으로 취재원을 다룬 이유를 충분히 설명해야 한다' 혹은 '익명 취재원을 사용한 동기가 사회적으로 공론화될 수 있을 만큼 중요한 사안이어야 한다'라는 준수 사항을 두는 것을 예로 들 수 있다(Boeyink, 1990; 이나연 · 김창숙 · 김지현, 2021에서 재인용). 익명 취재원의 활용이 어쩔 수 없는 것이라면 그 이유를 충분히 설명하는 것이 정보의 신뢰성을 해치지 않는 저널리즘 윤리이자 독자를 위한 최소한의 장치가 되는 것이다. 이러한 논의를 기반으로 연구자들은 대통령 보도에서 취재원을 익명으로 처리했을 경우, 취재원이 제공한 정보가 내부 고발이나 비판적인 성격을 지니는지의 여부, 그리고 익명 취재원 사용의 이유를 충분히 설명하고 있는지의 여부 등을 분석했다.

연구자들은 이렇게 대통령 보도에서의 취재원 활용 현실을 실증적으로 비교 · 분석하여 보여줌으로써 취재원 다양성과 투명성이 어떻게 구현되고 있으며, 어떻게 구현될 수 있는지에 대한 현실적 시사점을 제공하고자 한다. 분석 결과를 기반으로 대통령 보도가 대통령 권력에 대한 비판과 견제, 감시의 기능을 하고 있는지, 건전한 여론 형성을 위한 공론장으로 기능하는지, 현 민주주의 정치 체제하에서 이러한 보도가 갖는 의미는 무엇인지에 대한 논의를 덧붙였다.

## 1. 대통령 기사의 취재원 분석 방법

이 연구의 분석 기간, 대상, 기사의 기본 정보는 앞 장과 동일하다. 이에 취재원과 관련된 항목(취재원 수, 취재원 종류, 취재원 투명성, 익명 취재원의 민감성, 익명 취재원 사용 이유 설명 유무)에 대해 조작적 정의를 하고 분석했다. 취재원의 수는 직접 세어서 숫자를 입력하는 방식으로 코딩했고, 취재원의 종류와 익명 · 실명 여부는 『뉴욕타임스』의 취재원 수를 고려해 기사당 13번째 취재원까지 코딩했다. 그리고 취재원이 익명일 경우에는 취재원의 민감성과 익명 사용 이유에 대한 설명 유무를 추가로 코딩했다. 각 항목에 대한 구체적인 조작적 정의와 분석 방식은 이 장 끝의 [부록]에 담았다.

## 2. 대통령 기사의 취재원 분석 결과

취재원은 기사의 핵심 구성요소로서 어떤 취재원을 취재하는가가 어떤 기사를 작성하는가를 결정할 만큼 중요하다. 따라서 두 나라의 대통령 보도 차이를 비교하기 위해 연구자들은 신문별 취재원을 상세하게 분석했다. 가장 먼저 총 취재원 수를 분석한 결과(<표 2-1> 참조), 한

<표 2-1> 각국 신문별 대통령 보도에서 총 취재원 수 (단위: 개, %)

| 매체 \ 구분 | | 평균 | 표준편차 |
|---|---|---|---|
| 한국 신문 | 조선일보 | 2.61 | 1.90 |
| | 한겨레 | 2.35 | 1.71 |
| 뉴욕타임스 | | 7.85 | 4.62 |
| 합계 | | 4.82 | 4.27 |

$F(2, 1279) = 373.40, p < .001$

<표 2-2> 각국 신문의 대통령 집권기별 대통령 보도에서 총 취재원 수 (단위: 개, %)

| 매체 | 항목 \ 대통령 | 노무현 | 이명박 | 박근혜 | 문재인 | 평균 |
|---|---|---|---|---|---|---|
| 한국 신문 | 평균 | 2.25 | 2.41 | 2.49 | 2.86 | 2.54 |
| | 표준편차 | 1.937 | 1.717 | 1.767 | 2.723 | 2.163 |

$F(3, 721) = 3.03, p < .05$

| 매체 | 항목 \ 대통령 | 부시 | 오바마 | 트럼프 | 바이든 | 평균 |
|---|---|---|---|---|---|---|
| 뉴욕타임스 | 평균 | 7.80 | 6.82 | 9.04 | 7.43 | 7.85 |
| | 표준편차 | 4.600 | 4.672 | 4.422 | 4.506 | 4.622 |

$F(3, 553) = 7.36, p < .001$

국 신문과 『뉴욕타임스』의 대통령 기사에서 활용한 취재원 수에 큰 차이가 있음을 확인했다. 구체적으로 기사 하나당 『조선일보』는 평균 2.61개, 『한겨레』는 2.35개의 취재원을 사용했다. 반면에 『뉴욕타임스』는 평균 7.85개의 취재원을 사용해, 한국 신문에 비해 3배가량 많은 취재원을 활용하는 것으로 나타났다.

신문에 따라 대통령 집권기별로 사용한 취재원 수에 차이가 있는가를 살펴본 결과(<표 2-2> 참조), 한국 신문의 경우 시간이 흐를수록 취재원을 좀 더 많이 활용하는 양상을 보였다. 구체적으로 노무현 전 대통령 집권기에는 2.25개였으나, 이명박 전 대통령 2.41, 박근혜 전 대통령 2.49, 문재인 전 대통령 2.86개였다. 반면 『뉴욕타임스』는 오바마 전 대통령 집권기에 6.82개로 가장 적은 취재원을 활용한 것으로 나타났고, 트럼프 전 대통령 집권기에는 9.04개로 가장 많은 취재원을 사용한 것을 확인했다. 부시 전 대통령 집권기에는 기사당 평균 7.80개, 바이든 대통령 집권기에는 7.43개의 취재원을 활용했다.

### 1) 취재원 다양성

대통령 보도에서 『조선일보』와 『한겨레』, 『뉴욕타임스』가 얼마나 다양한 취재원을 활용하고 있는가를 살펴본 결과(<표 2-3> 참조), 국내외 정치 기사를 분석한 선행연구의 결과와 유사하게 대통령 기사도 대통령과 청와대에 과도하게 의존하는 것으로 나타났다. 구체적인 분석

<표 2-3> 각국 신문별 대통령 보도에서 취재원 종류 (단위: %, 개)

| 종류 \ 매체 | 한국 신문 | | 뉴욕타임스 | 평균(합계) |
|---|---|---|---|---|
| | 조선일보 | 한겨레 | | |
| 대통령 | 11.9<br>(173) | 12.5<br>(133) | 8.4<br>(390) | 9.7<br>(696) |
| 청와대/백악관 관계자 | 24.0<br>(348) | 28.0<br>(299) | 15.7<br>(729) | 19.2<br>(1376) |
| 각료/공직자 | 3.8<br>(55) | 2.9<br>(31) | 7.4<br>(345) | 6.0<br>(431) |
| 국회의원 | 4.1<br>(60) | 6.1<br>(65) | 11.8<br>(545) | 9.4<br>(670) |
| 지자체장 | 0.6<br>(9) | 0.1<br>(1) | 0.8<br>(37) | 0.7<br>(47) |
| 행정부 | 6.3<br>(92) | 3.3<br>(35) | 7.3<br>(338) | 6.5<br>(465) |
| 검찰·경찰·법원 | 1.0<br>(15) | 0.6<br>(6) | 0.8<br>(39) | 0.8<br>(60) |
| 기업인/경제인 | 0.9<br>(13) | 0.7<br>(7) | 2.4<br>(113) | 1.9<br>(133) |
| 시민단체 | 0.6<br>(8) | 0.6<br>(6) | 2.4<br>(113) | 1.8<br>(127) |
| 교수 | 2.4<br>(35) | 1.5<br>(16) | 1.1<br>(53) | 1.5<br>(104) |
| 전직 정치인 | 0.8<br>(12) | 0.4<br>(4) | 3.7<br>(170) | 2.6<br>(186) |
| 언론매체 | 0.4<br>(6) | 0.6<br>(6) | 6.1<br>(284) | 4.1<br>(296) |
| 타국 대통령 | 1.9<br>(28) | 1.9<br>(20) | 1.2<br>(57) | 1.5<br>(105) |

| 종류 \ 매체 | 한국 신문 | | 뉴욕타임스 | 평균(합계) |
|---|---|---|---|---|
| | 조선일보 | 한겨레 | | |
| 타국 각료/공직자 | 2.0<br>(29) | 1.4<br>(15) | 1.5<br>(71) | 1.6<br>(115) |
| 타국 주요인사 | 0.8<br>(12) | 0.6<br>(6) | 0.4<br>(20) | 0.5<br>(38) |
| 국회 관계자 | 0.1<br>(2) | 0.2<br>(2) | 1.9<br>(88) | 1.3<br>(92) |
| 해외 언론 | 0.5<br>(7) | 0.5<br>(5) | 0.1<br>(6) | 0.3<br>(18) |
| 인터넷 사이트 | 0.3<br>(5) | 0.2<br>(2) | 0.4<br>(20) | 0.4<br>(27) |
| 정치평론가 등 전문가 | 1.2<br>(18) | 2.3<br>(25) | 5.6<br>(261) | 4.3<br>(304) |
| 일반 시민 | 1.9<br>(28) | 0.6<br>(6) | 1.8<br>(84) | 1.6<br>(118) |
| 기타 | 1.0<br>(15) | 0.4<br>(4) | 7.0<br>(325) | 4.8<br>(344) |
| 정당 | 5.4<br>(79) | 4.8<br>(51) | 1.6<br>(75) | 2.9<br>(205) |
| 미상* | 27.7<br>(402) | 30.2<br>(323) | 10.1<br>(470) | 16.7<br>(1195) |
| 합계 | 100.0<br>(1451) | 100.0<br>(1068) | 100.0<br>(4633) | 100.0<br>(7152) |

* 익명으로 되어 있어 그 종류를 판별하기 어려운 취재원은 미상으로 코딩함.

결과를 보면, '대통령'과 '청와대(백악관) 관계자' 취재원은 『뉴욕타임스』의 경우 24.1%, 『조선일보』와 『한겨레』의 경우 각각 35.9%, 40.5%로 한·미 신문 모두에서 가장 두드러진 취재원으로 나타났으나 그 비율을 살펴봤을 때 한국 신문이 미국보다 10~15% 이상 더 많았다.

한·미 신문은 대통령 보도에서 행정부와 각료를 취재한 기사 비중의 차이도 컸다. 『조선일보』가 행정부와 각료/공직자를 취재원으로 삼은 비율은 10.1%(147건), 『한겨레』는 6.2%(66건)였으나 『뉴욕타임스』는 14.7%(683건)로 훨씬 높았다. 기사당 평균 취재원 수가 『뉴욕타임스』에서 압도적으로 많았기 때문에 취재원 수로 따지면 훨씬 큰 차이를 보였다. 한·미 신문은 국회의원, 전직 정치인, 언론매체, 정치평론가 등 전문가를 취재원으로 삼은 비율에서도 큰 차이를 보였다. 구체적으로 국회의원을 취재원으로 활용한 비율을 살펴보면, 『조선일보』가 4.1%(60건), 『한겨레』가 6.1%(65건)였으나 『뉴욕타임스』는 11.8%(545건)로 한국 신문의 2배가량 많았다. 전직 정치인을 취재원으로 사용한 비율도 『조선일보』는 0.8%(12건), 『한겨레』는 0.4%(4건)인 반면, 『뉴욕타임스』는 3.7%(170건)로 한국 신문보다 3배가량 높았다. '언론매체'를 취재원으로 활용한 비율은 더 큰 차이를 보였다. 『조선일보』는 0.4%(6건)의 기사에서, 『한겨레』는 0.6%(6건)의 기사에서 언론매체를 취재원으로 사용했으나 『뉴욕타임스』는 6.1%(284건)의 기사에서 언론매체를 취재원으로 활용했다. 약 6배의 차이를 보인 것이다. 취재원의 종류를 분류한 기준은 한국 신문 기사를 귀납적으로 살펴본 결과에서 온 것이지만, 항목별 비율에서 『뉴욕타임스』가 『조선일보』나 『한겨레』보다 월등히 높은 비율로 각 취재원의 활용도를 보여주었다. 『뉴욕타임스』는 하나의 대통령 보도에서 한국 신문에 비해 좀 더 다양한 취재원을 적극적으로 활용하고 있었다.

한편 미국의 오바마·트럼프 전 대통령의 활발한 소셜미디어 및 인터넷을 활용한 소통 전략에도 불구하고, 『뉴욕타임스』가 소셜미디어를 취재원으로 활용하는 빈도는 낮았다(1장 <표 1-37> 참조). 대통령 개인의 SNS를 취재원으로 활용한 기사의 비율은 『뉴욕타임스』가 11.1%(62건)였으나 『조선일보』는 0건(0%), 『한겨레』는 3건(0.9%)에 불과했다. 다만 대통령의 개인 SNS를 취재한 기사에서도 『뉴욕타임스』는 『한겨레』와 차이를 보였다. 구체적으로 살펴보면, 『한겨레』 3건의 경우 사실상 대통령의 발언으로만 이뤄진 기사였다. 예를 들어 『한겨레』가 2018년 5월에 보도한 "평화가 일상이었으면"이라는 제목의 기사는 문 전 대통령이 취임 1년을 맞아 밝힌 소회를 보도한 것인데, 9개 문장 중 7개는 대통령이 개인 소셜미디어에 적은 내용을 그대로 옮긴 것이었다. 그리고 나머지 2개 문장도 청와대가 취임 1년 동안 접수한 민원의 현황을 밝힌 내용이었다. 이에 비해 『뉴욕타임스』는 대통령의 소셜미디어를 활용해 보도하더라도 이를 인용한 문장은 하나의 기사 중 1~2개에 불과해 한국 신문과 큰 차이를 보였다. 또한 청와대의 국민청원 사이트나 백악관 사이트의 발표를 인용한 기사의 비중은 두 나라가 모두 1% 이내에 머물렀다(한국 신문 7건, 『뉴욕타임스』 4건).

각국의 대통령 집권기별 취재원 종류를 분석한 결과(<표 2-4> 참조), '청와대 관계자'를 취재원으로 활용한 비율이 노무현[25.5%(134건)] · 이명박[28.6%(186건)] · 문재인[28.0%(247건)] 전 대통령 집권기에는 상대적으로 큰 차이가 없었던 반면, 박근혜 전 대통령 집권기에는 17.4%(80건)으로 매우 적었던 것을 확인할 수 있다. 반면 '행정부'나 '국회의원'을 취재원으로 활용한 비율은 전체 집권기 중 박근혜 전 대통령 집권기에 가장 높았다[각 6.3%(29건), 10.2%(47건)]. '정치평론가 등의 전문가'를 취재원으로 활용한 비율은 문재인 전 대통령 집권기에 2.6%(23건)로 가장 높았다.

<표 2-4> 각국 신문의 대통령 집권기별 대통령 보도에서 취재원 종류 (단위: %, 개)

| 매체 | 종류 \ 대통령 | 노무현 | 이명박 | 박근혜 | 문재인 | 평균 (합계) |
|---|---|---|---|---|---|---|
| 한국 신문 | 대통령 | 10.5 (55) | 12.5 (81) | 13.7 (63) | 12.1 (107) | 12.1 (306) |
| | 청와대 관계자 | 25.5 (134) | 28.6 (186) | 17.4 (80) | 28.0 (247) | 25.7 (647) |
| | 각료/공직자 | 3.6 (19) | 1.5 (10) | 2.6 (12) | 5.1 (45) | 3.4 (86) |
| | 국회의원 | 6.3 (33) | 4.0 (26) | 10.2 (47) | 2.2 (19) | 5.0 (125) |
| | 지자체장 | 0.0 (0) | 0.0 (0) | 2.0 (9) | 0.1 (1) | 0.4 (10) |

| 매체 \ 종류 \ 대통령 | | 노무현 | 이명박 | 박근혜 | 문재인 | 평균 (합계) |
|---|---|---|---|---|---|---|
| 한국 신문 | 행정부 | 5.1 (27) | 4.0 (26) | 6.3 (29) | 5.1 (45) | 5.0 (127) |
| | 검찰 · 경찰 · 법원 | 0.6 (3) | 1.2 (8) | 1.5 (7) | 0.3 (3) | 0.8 (21) |
| | 기업인/경제인 | 1.3 (7) | 1.1 (7) | 1.1 (5) | 0.1 (1) | 0.8 (20) |
| | 시민단체 | 1.0 (5) | 0.2 (1) | 0.0 (0) | 0.9 (8) | 0.6 (16) |
| | 교수 | 2.3 (12) | 1.8 (12) | 3.0 (14) | 1.5 (13) | 2.0 (51) |
| | 전직 정치인 | 0.6 (3) | 0.0 (0) | 0.2 (1) | 1.4 (12) | 0.6 (16) |
| | 언론매체 | 0.6 (3) | 0.6 (4) | 0.9 (4) | 0.1 (1) | 0.5 (12) |
| | 타국 대통령 | 1.0 (5) | 1.4 (9) | 0.2 (1) | 3.7 (33) | 1.9 (48) |
| | 타국 각료/공직자 | 0.6 (3) | 3.5 (23) | 1.1 (5) | 1.5 (13) | 1.7 (44) |
| | 타국 주요 인사 | 0.2 (1) | 1.1 (7) | 0.9 (4) | 0.7 (6) | 0.7 (18) |
| | 국회 관계자 | 0.2 (1) | 0.2 (1) | 0.0 (0) | 0.2 (2) | 0.2 (4) |
| | 해외 언론 | 0.0 (0) | 0.3 (2) | 0.9 (4) | 0.7 (6) | 0.5 (12) |
| | 인터넷 사이트 | 0.6 (3) | 0.0 (0) | 0.0 (0) | 0.5 (4) | 0.3 (7) |
| | 정치평론가 등 전문가 | 0.8 (4) | 2.0 (13) | 0.2 (1) | 2.6 (23) | 1.6 (41) |
| | 일반 시민 | 3.4 (18) | 0.3 (2) | 2.2 (10) | 0.5 (4) | 1.3 (34) |
| | 기타 | 0.8 (4) | 2.0 (13) | 0.9 (4) | 0.0 (0) | 0.8 (21) |
| | 정당 | 4.6 (24) | 4.3 (28) | 6.3 (49) | 5.6 (49) | 5.2 (130) |
| | 없음 | 30.8 (162) | 29.4 (132) | 28.6 (240) | 27.2 (240) | 28.8 (725) |
| | 합계 | 100.0 (526) | 100.0 (650) | 100.0 (461) | 100.0 (882) | 100.0 (2519) |

| 매체 \ 종류 \ 대통령 | | 부시 | 오바마 | 트럼프 | 바이든 | 평균 (합계) |
|---|---|---|---|---|---|---|
| 뉴욕타임스 | 대통령 | 9.2 (75) | 8.7 (104) | 8.1 (139) | 8.1 (72) | 8.4 (390) |
| | 청와대 관계자 | 19.6 (160) | 15.8 (89) | 15.7 (268) | 12.0 (107) | 15.7 (724) |
| | 각료/공직자 | 10.9 (89) | 4.4 (53) | 5.6 (96) | 11.9 (106) | 7.4 (344) |
| | 국회의원 | 8.5 (69) | 17.1 (205) | 9.3 (159) | 12.5 (112) | 11.8 (545) |
| | 지자체장 | 0.5 (4) | 1.4 (17) | 0.4 (6) | 1.1 (10) | 10.8 (37) |
| | 행정부 | 10.3 (84) | 5.5 (66) | 7.0 (119) | 7.6 (68) | 7.3 (337) |
| | 검찰 · 경찰 · 법원 | 0.7 (6) | 0.4 (5) | 1.5 (25) | 0.1 (1) | 0.8 (37) |
| | 기업인/경제인 | 1.8 (15) | 2.6 (31) | 1.2 (20) | 3.4 (30) | 2.1 (96) |
| | 시민단체 | 0.4 (3) | 1.2 (14) | 3.2 (54) | 4.7 (42) | 2.4 (113) |
| | 교수 | 1.1 (9) | 0.9 (11) | 1.3 (23) | 1.1 (10) | 1.1 (53) |
| | 전직 정치인 | 1.5 (12) | 2.6 (31) | 5.1 (88) | 4.4 (39) | 3.7 (170) |
| | 언론매체 | 2.8 (23) | 4.9 (59) | 11.0 (188) | 1.3 (12) | 6.1 (282) |
| | 타국 대통령 | 2.9 (24) | 0.9 (11) | 0.8 (14) | 0.9 (8) | 1.2 (57) |
| | 타국 각료/공직자 | 4.8 (39) | 1.0 (12) | 0.6 (11) | 1.0 (9) | 1.5 (71) |
| | 타국 주요 인사 | 1.0 (8) | 0.0 (0) | 0.5 (8) | 0.3 (3) | 0.4 (19) |
| | 국회 관계자 | 1.1 (9) | 3.8 (45) | 1.5 (26) | 0.9 (8) | 1.9 (88) |
| | 해외 언론 | 0.0 (0) | 0.0 (0) | 0.2 (4) | 0.2 (2) | 0.1 (6) |
| | 인터넷 사이트 | 0.1 (1) | 0.3 (3) | 0.3 (5) | 0.0 (0) | 0.2 (9) |
| | 정치평론가 등 전문가 | 3.8 (31) | 4.1 (49) | 7.3 (124) | 6.5 (58) | 5.7 (262) |

| 매체 \ 종류 \ 대통령 | | 부시 | 오바마 | 트럼프 | 바이든 | 평균 (합계) |
|---|---|---|---|---|---|---|
| 뉴욕타임스 | 일반 시민 | 2.2 (18) | 1.5 (18) | 2.0 (35) | 1.5 (13) | 1.8 (84) |
| | 기타 | 4.9 (40) | 8.3 (99) | 7.9 (135) | 8.4 (75) | 7.6 (349) |
| | 정당 | 1.7 (14) | 3.0 (36) | 1.1 (19) | 0.7 (6) | 1.6 (75) |
| | 없음 | 10.1 (82) | 11.8 (142) | 8.4 (144) | 11.4 (102) | 10.2 (470) |
| | 합계 | 100.0 (815) | 100.0 (1200) | 100.0 (1710) | 100.0 (893) | 100.0 (4618) |

또 『뉴욕타임스』의 경우 대통령 집권기별로 큰 차이를 보인 취재원은 '국회의원', '언론매체', '타국 각료/공직자', '국회 관계자'로, 먼저 '국회의원'의 경우 오바마 전 대통령 집권기에 취재원으로 가장 많이 활용되었고[17.1%(205건)], 바이든 대통령 집권기에는 12.5%(112건), 트럼프·부시 전 대통령 집권기에 각각 9.3%(159건), 8.5%(69건) 정도였다. '언론매체'의 경우 트럼프 전 대통령 집권기에 월등하게 활용되었고[11.0%(188건)], 오바마 전 대통령 4.9%(59건), 부시 전 대통령 2.8%(23건), 바이든 대통령 집권기에는 1.3%(12건)로 적었다. 반면 '타국 각료/공직자'는 부시 전 대통령 집권기에 가장 많이 사용되었고[4.8%(39건)], '국회 관계자'는 오바마 전 대통령 집권기에 3.8%(45건)로 가장 많이 활용된 것으로 나타났다.

전술한 바와 같이 이 연구는 한국 기사를 대상으로 한 선행연구를 토대로 취재원을 구분했기에 한국 신문 기사에 사용된 취재원의 종류를 대체로 모두 포함할 수 있었다. 하지만 『뉴욕타임스』에서 '전문가' 취재원이나 '기타'로 코딩된 항목이 상대적으로 한국 신문에 비해 높았고, 한국 신문과 달리 『뉴욕타임스』의 '기타' 취재원에는 각 분야의 전문가가 속해 있었다는 분석 결과(이재경, 2006)와 이 연구에서 『뉴욕타임스』의 '기타' 취재원 비율이 7.6%(349건)에 이르렀다는 점을 기반으로 두 항목에 대한 추가적인 분석을 실시했다.

### 전문가 취재원

연구자들은 취재원 분석을 통해 '전문가' 취재원의 활용 비율에서 한국 신문과 『뉴욕타임스』 간 두드러진 차이가 있었다는 것에 주목하고 전문가 취재원을 좀 더 세밀하게 검토하고자 했다. 이를 위해 전문가 취재원을 먼저 기관(집단)과 인물(개인)로 분류하고, 이후 구체적인 유형을 나누는 작업을 거쳤다. 분류 항목을 추출하기 위해서는 '전문가(직업적 전문인)'로 코딩된 항목을 귀납적으로 살펴본 후 직업이 최대한 구체적으로 드러날 수 있도록 했다. 그 결과 직업적 전문인으로 분류된 유형 중 『뉴욕타임스』에서 기관 취재원으로 활용된 비율은 3.3%였고, 나머지는 모두 인물 취재원이었으며, 『조선일보』와 『한겨레』의 경우에는 모두가 인물 취재원이었다(<표 2-5> 참조).

『뉴욕타임스』에서 활용한 전문가 '기관' 취재원은 연구센터, 협회 혹은 위원회, 여론조사기관, 법률회사, 감염병 관련 위원회, 비밀정보부 등으로 구성되어 있었다(<표 2-6> 참조). 연구센터의 경우 '퓨리서치센터Pew Research Center', 여론조사기관은 '프랭크 런츠Frank Luntz'라는 공화당의 여론조사기관이 취재원으로 등장한 사례였다. 법률 관련 기업

<표 2-5> 각국 신문별 대통령 보도에서 전문가 취재원 대분류 (단위: %, 건)

| 매체 \ 항목 | 인물 | 기관 | 합계(평균) |
|---|---|---|---|
| 조선일보 | 100<br>(18) | – | 100.0<br>(18) |
| 한겨레 | 100<br>(25) | – | 100.0<br>(25) |
| 뉴욕타임스 | 96.7<br>(261) | 3.3<br>(9) | 100.0<br>(268) |

<표 2-6> 『뉴욕타임스』의 대통령 보도에서
전문가 취재원 중 '기관' 취재원 세부 분류 (단위: %, 건)

| 구분 | 합계 |
|---|---|
| 연구센터 | 22.2<br>(2) |
| 협회/위원회 | 33.3<br>(3) |
| 여론조사기관 | 11.1<br>(1) |
| 법률회사 | 11.1<br>(1) |
| 감염병위원회 | 11.1<br>(1) |
| 비밀정보부 | 11.1<br>(1) |
| 합계 | 100.0<br>(9) |

의 경우 백악관이 입법에 대한 찬성을 주장할 때 일반적으로 인용하는 회사라는 설명과 함께 등장했다. 그리고 감염병위원회는 '미국소아과학회 감염병위원회the committee on infectious diseases for the American Academy of Pediatrics'였다.

전문가 취재원으로 등장한 개개인을 좀 더 세밀하게 살펴본 결과(<표 2-7> 참조), 『조선일보』, 『한겨레』와 『뉴욕타임스』 간 유형의 차이는 매우 컸다. 구체적으로 『뉴욕타임스』는 30여 개(명)의 다양한 전문가를, 『조선일보』는 7개, 『한겨레』는 8개의 해외 관련 및 일반 전문가를 활용하고 있었다. 『조선일보』에는 '일반 전문가'가 가장 많이 등장했고(33.3%), 다음으로는 '기관/협회/센터의 장'이 16.7%(3건)로 많았다. 『한겨레』가 가장 많이 등장시킨 전문가 취재원은 '기관/협회/센터의 장'이었고[36.0%(9건)], 다음으로는 '일반 전문가'[24.0%(6건)], '연구기관 관계자'[16.0%(4건)]가 많았다. 『뉴욕타임스』의 경우에는 취재원 중 '기관/협회/센터의 장'이 13.8%(36건)로 가장 많았고, '일반 전문가'가

<표 2-7> 각국 신문별 대통령 보도에서
전문가 취재원 중 '인물' 취재원 세부 분류 (단위: %, 건)

| 세부 분류 \ 매체 | 한국 신문 | | 뉴욕타임스 |
|---|---|---|---|
| | 조선일보 | 한겨레 | |
| 전직 청와대/백악관 관료 | — | — | 3.4<br>(9) |
| 전직 정부부처 관료 | 11.1<br>(2) | — | 5.4<br>(14) |
| 연구기관 관계자 | 11.1<br>(2) | 16.0<br>(4) | 4.2<br>(11) |
| 해외 관련 전문가 | 5.6<br>(1) | 8.0<br>(2) | 2.3<br>(6) |
| 협회 관계자 | — | — | 1.1<br>(3) |
| 전 정부 관계자 | 5.6<br>(1) | — | — |
| 전략가 | — | — | 4.2<br>(11) |
| 컨설턴트 | — | — | 1.5<br>(4) |
| 자문가 | — | — | 3.4<br>(9) |
| 비평가 | — | 4.0<br>(1) | 6.9<br>(18) |
| 일반 전문가 | 33.3<br>(6) | 24.0<br>(6) | 10.3<br>(27) |
| 기관/협회/센터의 장 | 16.7<br>(3) | 36.0<br>(9) | 13.8<br>(36) |
| 작가 | — | — | 2.7<br>(7) |
| 강사 | — | — | 0.4<br>(1) |
| 변호사 | 5.6<br>(1) | — | 7.7<br>(20) |
| 분석가 | — | — | 6.1<br>(16) |
| 병원 관계자 | — | 4.0<br>(1) | 1.5<br>(4) |
| 건강 관련 전문가* | 5.6<br>(1) | — | 5.7<br>(15) |

| 세부 분류 \ 매체 | 한국 신문 | | 뉴욕타임스 |
|---|---|---|---|
| | 조선일보 | 한겨레 | |
| 국립 기관의 장 | — | — | 2.7<br>(7) |
| 로비스트 | — | — | 1.9<br>(5) |
| 종교인 | — | — | 1.5<br>(4) |
| 칼럼니스트 | — | — | 0.4<br>(1) |
| 에디터 | — | — | 1.5<br>(4) |
| 대선 캠페인 관계자 | — | — | 0.4<br>(1) |
| 학자 | — | — | 4.2<br>(11) |
| 국방/안보전문가 | — | 4.0<br>(1) | 1.1<br>(3) |
| 연구자 | — | — | 3.1<br>(8) |
| 일반 대변인 | — | — | 0.4<br>(1) |
| 국제기구 관계자 | 5.6<br>(1) | — | 1.5<br>(4) |
| 해외 언론사 기자 | — | 4.0<br>(1) | — |
| 언론인 | — | — | 0.4<br>(1) |
| 합계 | 100.0<br>(18) | 100.0<br>(25) | 100.0<br>(261) |

* 일반 전문가의 경우, '전문가들', 혹은 '한 전문가', '또 다른 전문가'와 같은 형태로 인용되었으나 병원 및 건강과 관련한 전문가(의사 혹은 역학자)의 경우 명확한 직함과 이름이 드러난 형태로 인용되어 있었으며, 유의미한 빈도수가 확인되어 별도의 유형으로 분류했다.

10.3%(27개)로 두 번째로 많았다. 전반적으로 기관/협회/센터의 장을 전문가 취재원으로 삼는 경우가 많다는 것은 공통적이지만, 전문가 취재원 유형의 다양성에 있어서 『뉴욕타임스』와 한국 신문 간에는 큰 차

이가 있다는 것을 확인할 수 있다.

연구기관의 관계자나 (누군지 모를 익명의) 전문가, 그리고 기관/협회/센터의 장 이외에 또 어떤 유형의 전문가가 대통령 보도에서 활용되고 있을까? 전술한 바와 같이 『뉴욕타임스』에서 가장 빈번하게 등장한 전문가는 '기관/협회/센터의 장'이었고, 인용된 전문 분야의 범위가 매우 넓었다. 예를 들어 '전직 외교관이자 현재 비영리단체의 회장', '라틴아메리카 전문가이자 연구기관의 이사', '독립적인 연구 단체인 초당적 정책 센터의 이민 정책 책임자', '형사 사법 조치에 대해 바이든 캠프에 컨설팅을 해주었던 정의행동네트워크Justice Action Network의 연방국장' 등이 기관/협회/센터의 장으로 기사에 인용되었다. 반면 『조선일보』와 『한겨레』는 대부분 '연구소장(가령 통일연구원장, 한국사회여론연구소장 등)'을 '기관/협회/센터의 장'으로 인용했다.

한편 『뉴욕타임스』는 '전직 백악관 관료'나 '전직 정부부처 관료'를 취재원으로 삼은 비율이 8.8%(23건)였는데, 이처럼 현직 관료가 아닌 전직 관료를 취재원으로 삼는 사례는 한국의 대통령 관련 보도에서는 흔치 않았다(『조선일보』 2건이 유일했다). 『뉴욕타임스』에 등장한 전직 관료는 주로 법무부 고위직 출신이나 기사 내용과 관련된 업무를 했던 인물(예: 버락 오바마 대통령 시절 보건복지부 차관보였던 니콜 루리 박사Dr. Nicole Lurie)이었다. 이들은 기사에서 주로 현재의 이슈에 대한 또 다른 관점을 제시하는 등의 역할을 하는 것으로 확인되었다. 예를 들어 "트럼프 행정부는 베네수엘라에 대한 새로운 제재를 저울질하고 있다Trump Administration Is Weighing New Sanctions Against Venezuela"(2017. 7. 18.)라는 제목의 기사에서 오바마 행정부 관료였던 마이클 카밀레리Michael Camilleri는 트럼프 행정부의 조치로 인해 발생할 수 있는 위험 등을 구체적으로 설명하는 역할을 했다. '변호사' 역시 『뉴욕타임스』에서 빈번하게 등장한 전문가 취재원이었는데[7.7%(20건)], 이 경우 '이민 전문 변호사', '트럼프 대통령의 변호사', '다수의 피해자를 대변하는 변호사' 등 기사의 맥락에 맞춰 필요한, 특정 분야를 전문으로 하는 변호사가 다양하게 등장했다. 반면 한국 신문 기사에서 등장한 변호사는 『조선일보』의 '한 원로변호사'가 유일했다.

『뉴욕타임스』 기사에는 한국 신문에 잘 등장하지 않는 취재원도 눈에 띈다. 예를 들면 '로비스트'다. '로비스트'에는 '베테랑 공화당 로비스트 찰스 블랙Charles Black', '환경보호 유권자 연맹의 수석 로비스트 사라 치에포Sara Chieffo', '민주당 로비스트', '산업 로비스트' 등 다양한 분야의 로비스트가 포함되었다. 기사 내에서 '로비스트'는 전문가로서 사안과 상황을 평가·논평하며 의견을 제시하는 역할을 하는 것으로 나타났다. 구체적으로, "'내가 바로 여기 있다!' 후임자를 찾기 위해 고심하는 중에 숀 스파이서가 말했다I'm Right Here!' Sean Spicer Says While Toiling to Find Successor"(2017. 6. 20.)라는 제목의 기사는 트럼프의 새로운 공보관이 공석이라는 내용을 골자로 하는데, 이 기사에서 '베테랑 공화당 로비스트인 찰스 블랙'은 "도널드 트럼프가 자기 자신을 위한 최고의 대변자임은 분명하지만, 대통령이 모든 사안에 대해 자기변호를 하는 것은 불가능하기에 충직한 다른 누군가가 필요하다."라고 지적했다. 또, "바이든의 예산 전반에 걸쳐 인종적 형평성을 향상시키려는 노력Efforts to Advance Racial Equity Baked In Throughout Biden's Budget" (2021. 5. 29.)이라는 제목의 기사에서 '환경보호 유권자 연맹의 수석 로비스트 사라 치에포'는 "수십 년 동안 환경적 인종차별을 받아온 유색인종과 저소득 지역사회에 사상 최대 규모의 투자를 하자는 이 행정부의 제안이 지니는 중요성은 아무리 강조해도 지나치지 않다."라고 언급했다.

정리하면, 30여 개의 전문가를 활용한 『뉴욕타임스』의 사례를 통해 유형의 다양성뿐만 아니라 특정 유형 내에서의 다양성 또한 존재한다는 것을 알 수 있다. 이를테면 『뉴욕타임스』에 등장하는 변호사는 '한 변호사'가 아니라 '이민 전문 변호사'다. 막연한 혹은 포괄적인 기관장급의 전문가가 아닌, 기사 내용에 실질적인 정보를 제공할 수 있는 전문성을 지닌 취재원을 취재한다는 것, 그러한 취재원을 다양하게 확보한다는 점이 『뉴욕타임스』의 전문가 취재원 활용에서 가장 눈에 띈 특징이라 할 수 있다.

**기타 취재원**

한국 신문과 『뉴욕타임스』의 취재원을 비교했을 때 눈에 띄는 또 다른 특징 중 하나는 바로 '기타' 취재원의 활용이다. 앞서 이재경(2006)의 연구에서 '기타'로 분류된 취재원은 『조선일보』에서 9.5%, 『뉴욕타임스』에서 30.1%가 발견됐다. 『조선일보』의 기타 취재원은 외국 대통령, 청와대 출입기자였고, 『뉴욕타임스』는 외국의 국가원수(대통령, 총리 등), 미국의 정치 전문가, 언론인, 시민단체 등이었다. 여기서 『조선일보』와 『뉴욕타임스』의 취재원 중 '기타' 항목의 수가 3배 이상 차이가 나는 것은 연구자가 취재원을 분석할 때 설정한 항목이 한국 신문에서 관찰된 취재원을 바탕으로 했기 때문이다. 이는 『뉴욕타임스』가 한국 신문에서 일반적으로 등장하는 취재원이 아닌 취재원을 많이 사용한다는 의미로, 이러한 취재원이 구체적으로 무엇인지 살펴볼 필요성을 제기한다.

유사한 결과가 이번 대통령 보도 분석에서도 나타났다. 『조선일보』와 『한겨레』에서 발견된 '기타' 취재원은 각각 1.0%(15건), 0.4%(4건)에 불과했지만, 『뉴욕타임스』는 7.0%(325건)였다. 이에 연구진은 '기타' 취재원을 '인물'과 '자료'로 구분하고 『뉴욕타임스』에서 관찰된 취재원을 총 33개의 세부 항목으로 구분해 이 '기타' 취재원이 구체적으로 무엇인지 확인했다(<표 2-8> 참조).

『뉴욕타임스』의 기타 취재원 중 인물 취재원은 '영부인 등 대통령 가족'인 경우가 20.3%(16건)로 가장 많은 비중을 차지했고, '대통령과 사적 관계에 있는 측근'이 13.9%(11건)로 두 번째로 많은 비중을 차지했다. 영부인 등 대통령 가족은 트럼프·부시 전 대통령 집권기에 특히 많

<표 2-8> 각국 신문별 대통령 보도에서
'기타' 취재원 중 '인물' 취재원 세부 분류 (단위: %, 건)

| 세부 분류 \ 매체 | 한국 신문 | | 뉴욕타임스 |
|---|---|---|---|
| | 조선일보 | 한겨레 | |
| 영부인 등 대통령 가족 | 7.7<br>(1) | — | 20.3<br>(16) |
| 대통령 측근(사적 관계) | — | 50.0<br>(1) | 13.9<br>(11) |
| 사안에 찬성 의견을 가진 인물 | — | — | 11.4<br>(9) |
| 정부 지지자 | 7.7<br>(1) | — | 2.5<br>(2) |
| 음모론자 | — | — | 1.3<br>(1) |
| 관료의 측근, 동료 | 7.7<br>(1) | — | 3.8<br>(3) |
| 해외 이해관계자 | 23.1<br>(3) | — | 3.8<br>(3) |
| 정부 기관 관계자 | 15.4<br>(2) | — | 5.1<br>(4) |
| 회의 참석자 | — | — | 7.6<br>(6) |
| 보수주의자들 | — | — | 3.8<br>(3) |
| 배우 | — | — | 3.8<br>(3) |
| 정부 비판자 | — | — | 2.5<br>(2) |
| 활동가 | — | — | 1.3<br>(1) |
| 경제계 관계자 | 7.7<br>(1) | — | — |
| 기타 | 30.8<br>(4) | 50.0<br>(1) | 19.0<br>(15) |
| 합계 | 100.0<br>(13) | 100.0<br>(2) | 100.0<br>(79) |

이 인용됐는데, 예를 들어 트럼프의 사위인 재러드 쿠슈너Jared Kushner, 딸인 이방카 트럼프Ivanka Trump, 아들인 도널드 트럼프 주니어Donald Trump Jr.와 43대 조지 W. 부시 전 대통령의 부인인 로라 부시Laura Bush, 그의 아버지인 41대 대통령 조지 H. W. 부시George H. W. Bush와 어머니인 바버라 부시Barbara Bush 등이다. 자유 무역, 파리 협정, 이민 등 특정 사안에 '찬성 의견을 가진 인물'[11.4%(9건)], '정부 지지자'[2.5%(2건)], '정부 비판자'[2.5%(2건)], '보수주의자들'[3.8%(3건)] 등 다양한 이해관계자를 등장시키고 이들의 의견을 기사에 반영했다. 특정 사안에 찬성 의견을 가진 인물도 '기타 인물' 취재원으로 활용된 점이 특징적이다. 『조선일보』에서 사용한 '기타 인물' 취재원은 국민권익위원장에 이재오 전 한나라당 최고위원이 내정됐다는 내용의 기사에 등장한 이재오의 측근, 이명박 전 대통령과 만남을 가진 반기문 UN 사무총장, 박근혜 전 대통령의 아버지인 박정희 전 대통령, 아셈회의에서 나온 북한 측의 발언, 청와대 내부 사정에 밝은 한 인사 등이었다. 『한겨레』는 원전 수주 기사에 인용된 정부 소식통, 이명박 전 대통령이 개인적으로 세운 재단의 이사장 등이 '기타 인물'에 속했다. 한국 신문은 공통적으로 소속이나 배경이 명확하지 않은 '소식통', '인사' 등 익명의 취재원이 '기타 인물'에 포함되었음을 알 수 있다.

'기타' 취재원을 좀 더 세밀하게 살펴보면, 『뉴욕타임스』가 한국 신문에 비해 사안에 대해 알 만한 취재원을 폭넓게 고려하고 있다는 것, 훨씬 다양한 이해관계자를 취재원으로 활용한다는 것, 그리고 쉽게 취재할 수 없는 인물들도 취재하고 있다는 것을 알 수 있다. 예를 들어 대통령과 사적 관계에 있는 측근, 회의에 참석한 인물, 관료의 측근이나 동료는 '동료' 혹은 '그와 가까운 인물' 등으로 표현되어 인용되고 있고, 대통령을 인터뷰했던 작가, 사안에 대해 이야기를 나눈 인물도 취재원으로 활용되고 있다. 이들은 사안과 직접적으로 관련은 없지만 정보를 알고 있을 것으로 추정되는 인물들이다. 또 해외 이해관계자에서는 부시 전 대통령이 인도네시아에서 발생한 테러 공격에 대해 알카에다의 소행인 것으로 보인다고 말했다는 "부시, '공격 패턴'이 알카에다에 대한 의심을 키운다Bush Says 'Pattern of Attacks' Raises Concern About Qaeda"(2002. 10. 14.)라는 제목의 기사에서 오사마 빈 라덴, 즉 테러 집단의 네트워크와 연결된 그룹의 리더인 제마 이슬라미아Jemaah Islamyah가 내용을 부인하는 발언을 하는 취재원으로 활용되고 있다. 사안에 대한 이해관계자도 마찬가지다. 정부 지지자, 정부 비판자, 보수주의자, 사안에 찬성 의견을 가진 인물 등은 직위나 직책을 가진 인물은 아니었지만, 사안의 이해관계자 혹은 수혜자라는 측면에서 취재원으로 등장했다. 예를 들어 정부에 대한 비판자는 부시 전 대통령이 워싱턴으로 돌아와 경기 부양책을 놓고 세금 인상과 관련해 민주당과 싸움을 벌이면서 비용에 대해 이견을 보이고 있다는 내용의 기사에서 "일부 부시의 비판가some Bush critics"라는 이름으로 인용됐다.

'기타'로 분류된 취재원 중 '자료'인 것도 매우 다양했다(<표 2-9> 참조). 자료의 유형을 구분해봤을 때, 『뉴욕타임스』에서 2건 이상이 등장한 유형은 18개였다. 대표적으로 많이 사용된 '기타 자료'는 보고서였고[19.9%(49건)], 법안이 13.0%(32건)로 두 번째로 많이 사용되었다. 특히 보고서는 이주 아동 쉼터에 대한 보고서, 대통령 부채감면위원회가

<표 2-9> 각국 신문별 대통령 보도에서
'기타' 취재원 중 '자료' 취재원 세부 분류 (단위: %, 건)

| 세부 분류 \ 매체 | 한국 신문 | | 뉴욕타임스 |
|---|---|---|---|
| | 조선일보 | 한겨레 | |
| 보고서 | 50.0<br>(1) | 50.0<br>(1) | 19.9<br>(49) |
| 법안 | — | — | 13.0<br>(32) |
| 여론조사 결과 | 50.0<br>(1) | 50.0<br>(1) | 11.8<br>(29) |

| 세부 분류 \ 매체 | 한국 신문 | | 뉴욕타임스 |
|---|---|---|---|
| | 조선일보 | 한겨레 | |
| 계획서·제안서 | — | — | 7.7<br>(19) |
| 편지·서한·이메일 | — | — | 6.1<br>(15) |
| 정부부처 문서 | — | — | 4.5<br>(11) |
| 보도자료·광고 | — | — | 4.5<br>(11) |
| 협정문·합의문·조약 | — | — | 4.9<br>(12) |
| 기타 | — | — | 3.7<br>(9) |
| 메모 | — | — | 3.3<br>(8) |
| 백악관 연설문 | — | — | 2.4<br>(6) |
| 통계자료 | — | — | 2.4<br>(6) |
| 비디오 | — | — | 2.4<br>(6) |
| 책 | — | — | 2.0<br>(5) |
| 브리핑자료 | — | — | 1.2<br>(3) |
| 기록물 | — | — | 1.2<br>(3) |
| 사진 | — | — | 0.8<br>(2) |
| 국회 결의안 | — | — | 0.8<br>(2) |
| 정부 예산안 | — | — | 0.4<br>(1) |
| 자체 분석 자료 | — | — | 0.4<br>(1) |
| 합계 | 100.0<br>(2) | 100.0<br>(2) | 100.0<br>(246) |

작성한 보고서 등 행정부에서 작성한 보고서부터 연구·학술 단체, 병원, 연방정부 기관, 민간 전문가 집단이 제작한 보고서 등 출처가 매우 다양했다(<표 2-10> 참조).

<표 2-10> 대통령 보도에서 기타 취재원 중 보고서의 출처 (단위: %, 건)

| 출처 | 예시 | 빈도 |
|---|---|---|
| 행정부 | - US Customs and Border Protection<br>- The Centers for Disease Control and Prevention<br>- The C.I.A. and the Defense Intelligence Agency<br>- The Texas Department of Transportation<br>- A State Department<br>- The Civil Rights Office<br>- The Special Inspector General for Afghanistan Reconstruction<br>- The Defense Intelligence Agency<br>- The Justice Department<br>- Home land security<br>- Migrant Child Shelters<br>- The president's debt-reduction commission<br>- State Department | 36.2<br>(17) |
| 연구·학술 단체<br>(의회 포함) | - Chris Edwards of the Cato Institute, a libertarian research organization in Washington<br>- The Pew Research Center<br>- Sweden's crime prevention council<br>- The nonpartisan Congressional Budget Office<br>- The Congressional Research Service<br>- The Brookings Institution 2<br>- The Washington Office on Latin America, a research organization that pushes for human rights<br>- The Lancet<br>- The Library of Congress for the National Intelligence Council<br>- A series of studies by city's mayor, Joseph A. Curtatone, who has promoted a local program called Shape Up Somerville<br>- The Republican National Committee<br>- The nonpartisan Partnership for Public Service<br>- The Center for American Progress | 34.0<br>(16) |
| 병원 | - The Johns Hopkins data in a 200-page document | 2.1<br>(1) |
| 연방정부기관 | - The Federal Reserve Bank of San Francisco<br>- The Federal Intelligence Agency<br>- FBI | 6.4<br>(3) |

| 출처 | 예시 | 빈도 |
|---|---|---|
| 경제연구소 | - Moody's Analytics | 2.1<br>(1) |
| 민간 전문가<br>/전문가 집단 | - A team of anti-Trump lawyers<br>- The commission chairman<br>- Health Care for America Now<br>- Independent experts have analyzed the major health care proposals in Congress<br>- National Action Network | 10.4<br>(5) |
| 기타(언론사) | - MSNBC show<br>- Documents obtained by The New York Times<br>- Politico<br>- The pro-Trump website Breitbart | 8.5<br>(4) |
| 합계 | | 100.0<br>(47) |

법안 역시 상원 법안, 하원 법안, 연방법, 민주당이 낸 법안, 의료보험법, 줄기세포와 관련하여 월요일에 발표된 판결문, 'S.B. 8'이라 알려진 텍사스의 법 등이 기사에 취재원으로 동원되었다. 이들 보고서와 법안 자료는 대체로 전문가나 고위 관리 등에 의해 정교한 데이터를 바탕으로 작성된 문서로서, 확정된 사실이라는 측면에서 봤을 때 말을 인용하는 것보다 사실일 가능성이 더 높은 취재원으로, 기사 내용의 신뢰도를 높이는 데도 일조한다고 볼 수 있다.

『뉴욕타임스』에서 여론조사 결과는 11.8%(29건)가 등장했는데, 이는 한국에서도 '기타'로 분류된 항목에서 종종 발견된 취재원이었다. 이외에도 『뉴욕타임스』는 편지 · 서한 · 이메일[6.1%(15건)], 메모[3.3%(8건)] 등 사적인 자료를 비롯해 비디오, 사진, 책 등 다양한 유형의 정보를 취재원으로 활용하고 있었다. 특히 트럼프 전 대통령이 성경 다음으로 훌륭한 책이라고 추켜세운 본인의 베스트셀러 『거래의 기술*The Art of the Deal*』(1987)은 그가 정부 정책에 대해 어떤 생각을 갖고 있는지, 협상에 어떤 자세로 임하는지 등을 나타내는 여러 기사에서 인용되고 있었다. 또 2010년 오바마 전 대통령이 프라하에서 핵무기를 제거하는 방향으로 정책을 전환하겠다는 내용의 연설을 발표했다는 기사에서는 8년 전인 2002년 부시 전 대통령이 작성한 관련 문서가 취재원으로 등장해 두 정책의 차이점을 드러내는 데 활용되었다. 비디오는 주로 대통령이 개인 SNS에 올린 비디오였으며, 편지의 경우 백악관 위원회의 리더에 의해 석유 회사로 보내진 편지, 오바마의 18단락으로 작성된 편지, 클린턴 관련 문제에 대한 법무부 조사에 공화당 의원들이 공식 요청의 답변으로 작성한 편지 등이 인용되고 있었다. '기타 자료' 취재원 유형 중 1건만 등장한 것은 다시 '기타'로 분류했는데, 『뉴욕타임스』의 자체 분석 자료, 정부 예산안, 터키와 미국의 관계 개선을 지지하는 논평 등이었다.

이처럼 '기타' 취재원의 유형이 다양하게 등장하고 있는 것은 그만큼 신문이 해당 사안에 대한 정보를 찾기 위해 다양한 영역을 탐색하고 있다는 것을 나타낸다. 연구진은 기초 분석에서 한국 신문이 주로 사용하고 있는 뉴스 취재원을 중심으로 총 21개의 유형을 구분해 기사에 나타난 취재원을 분석했고, 한국 신문의 경우 이들 취재원 유형에서 크게 벗어나지 않았지만, 『뉴욕타임스』는 '기타'로 분류된 항목까지 합하면 60여 개 유형의 취재원을 활용한 것을 알 수 있었다.

### 2) 취재원 투명성

대통령 보도에서 『뉴욕타임스』는 평균 7.85개의 취재원을 활용했고, 『조선일보』 2.69개, 『한겨레』 2.35개를 활용한 것으로 나타났다. 이들 취재원을 얼마나 투명하게 제시하고 있는가를 살펴보기 위해 한 기사에 사용된 총 취재원 수, 실명 취재원 수, 익명 취재원 수를 분석한 결과, 한·미 간 큰 차이를 확인할 수 있었다(<표 2-11> 참조).

『뉴욕타임스』의 경우, 총 취재원 중 76.4%(3187건)가 실명으로 활용됐다. 이는 한 기사에서 평균 6개 취재원이 실명임을 의미한다. 이에

<표 2-11> 각국 신문별 대통령 보도에서 취재원 투명성 (단위: %, 건)

| 매체 \ 투명성 | | 실명 | 익명 | 합계 |
|---|---|---|---|---|
| 한국 신문 | 조선일보 | 59.0<br>(618) | 41.0<br>(430) | 100.0<br>(1048) |
| | 한겨레 | 63.9<br>(476) | 36.1<br>(269) | 100.0<br>(745) |
| 뉴욕타임스 | | 76.8<br>(3187) | 23.2<br>(961) | 100.0<br>(4148) |
| 평균(합계) | | 72.1<br>(4281) | 27.9<br>(1660) | 100.0<br>(5941) |

비해 『조선일보』와 『한겨레』는 각각 59.0%(618건), 63.9%(476건)가 실명이었고, 이는 한 기사당 1.6, 1.5개 취재원이 실명임을 의미한다. 익명 취재원은 『뉴욕타임스』에서 활용한 총 취재원의 23.2%(961건), 『조선일보』 41.0%(430건), 『한겨레』 36.1%(269건)로 나타났다.

취재원 투명성을 대통령 집권기에 따라 구분해 살펴본 결과에 따르면 한국 신문의 경우 대통령 집권기별로 큰 차이가 없었으나, 『뉴욕타임스』는 집권기별 차이가 통계적으로 유의한 것으로 나타났다(<표 2-12> 참조). 구체적으로 『뉴욕타임스』의 실명 취재원 수는 트럼프 전 대통령 집권기에 가장 많았고(7.39개), 부시 전 대통령 집권기에 가장 적었다(4.57개). 오바마 전 대통령 집권기에는 실명 취재원이 기사당 4.98개로 부시 전 대통령과 비슷했고, 바이든 대통령 집권기에는 6.48개로 부시·오바마 전 대통령보다 높았다.

익명 취재원의 수를 살펴본 결과(<표 2-13> 참조), 역시 『조선일보』와 『한겨레』는 집권기별 차이가 없었으나 『뉴욕타임스』는 집권기별로 차이가 컸다. 특히 부시 전 대통령 집권기에 익명 취재원 비율이 월등히 높았고(3.23개), 오바마·트럼프 전 대통령 집권기에는 각각 1.79개, 1.65개로 비슷한 수준을 보였다. 바이든 대통령 집권기에는 기사 하나

<표 2-12> 각국 신문의 대통령 집권기별 대통령 보도에서 실명 취재원 수 (단위: 개, %)

| 매체 \ 구분 \ 대통령 | | 노무현 | 이명박 | 박근혜 | 문재인 | 평균 |
|---|---|---|---|---|---|---|
| 한국 신문 | 평균 | 1.41 | 1.43 | 1.50 | 1.71 | 1.53 |
| | 표준편차 | 1.50 | 1.44 | 1.48 | 1.18 | 1.384 |

$F(3,721) = 2.15$, $p = n.s$

| 매체 \ 구분 \ 대통령 | | 부시 | 오바마 | 트럼프 | 바이든 | 평균 |
|---|---|---|---|---|---|---|
| 뉴욕타임스 | 평균 | 4.57 | 4.98 | 7.39 | 6.48 | 6.00 |
| | 표준편차 | 3.10 | 3.41 | 3.62 | 3.44 | 3.62 |

$F(3,553) = 21.36$, $p < .001$

당 익명 취재원이 0.80개로 가장 적었다.

실명과 익명 취재원의 비율을 계산해본 결과(<표 2-14> 참조), 한국 신문은 1.61, 『뉴욕타임스』는 3.33이었다. 실명 취재원 대비 익명 취재원의 비율(A/B)은 값이 클수록 취재원 투명성이 더 높다는 것을 의미한다. 이를 고려하면 『뉴욕타임스』가 한국 신문에 비해 기사 하나당 전체 취재원 대비 실명 취재원을 활용하는 비율이 2배 이상 높다는 것을

<표 2-13> 각국 신문의 대통령 집권기별 대통령 보도에서 익명 취재원 수 (단위: 개, %)

| 매체 \ 구분 \ 대통령 | | 노무현 | 이명박 | 박근혜 | 문재인 | 평균 |
|---|---|---|---|---|---|---|
| 한국 신문 | 평균 | 0.84 | 0.98 | 0.99 | 0.97 | 0.95 |
| | 표준편차 | 1.27 | 1.11 | 1.16 | 1.03 | 1.13 |

$F(3, 721) = 0.64$, $p = n.s$

| 매체 \ 비중 \ 대통령 | | 부시 | 오바마 | 트럼프 | 바이든 | 평균 |
|---|---|---|---|---|---|---|
| 뉴욕타임스 | 평균 | 3.23 | 1.79 | 1.65 | 0.80 | 1.80 |
| | 표준편차 | 3.03 | 2.11 | 1.69 | 1.31 | 2.18 |

$F(3, 553) = 25.13$, $p < .001$

<표 2-14> 각국 신문의 대통령 집권기별
대통령 보도에서 실명/익명 취재원 비율 (단위: odds)

| 매체 \ 항목 \ 대통령 | | 노무현 | 이명박 | 박근혜 | 문재인 | 평균 |
|---|---|---|---|---|---|---|
| 한국 신문 | 실명 취재원(A) | 1.41 | 1.43 | 1.50 | 1.71 | 1.53 |
| | 익명 취재원(B) | 0.84 | 0.98 | 0.99 | 0.97 | 0.95 |
| | A/B | 1.68 | 1.46 | 1.52 | 1.76 | 1.61 |
| 매체 \ 항목 \ 대통령 | | 부시 | 오바마 | 트럼프 | 바이든 | 평균 |
| 뉴욕타임스 | 실명 취재원(A) | 4.57 | 4.98 | 7.39 | 6.48 | 6.00 |
| | 익명 취재원(B) | 3.23 | 1.79 | 1.65 | 0.80 | 1.80 |
| | A/B | 1.41 | 2.78 | 4.48 | 8.1 | 3.33 |

의미한다. 한국 신문의 대통령 집권기별 분석 결과를 보면 문재인 전 대통령 집권기에 취재원 투명성 값이 가장 높았으며(1.76), 이명박 전 대통령 집권기에 가장 낮았다(1.46). 『뉴욕타임스』의 대통령 집권기별 분석 결과는 바이든 대통령 집권기의 취재원 투명성이 8.1로 압도적으로 높았고, 트럼프 · 오바마 전 대통령 집권기에는 각각 4.48, 2.78이었다. 한편 부시 전 대통령 집권기에는 1.41로 한국 신문과 비슷한 수치를 보여 실명 취재원 비율이 상대적으로 낮았음을 알 수 있다.

익명 취재원이 기사에서 어떻게 활용되고 있는가를 살펴본 결과에 따르면(<표 2-15> 참조), 사안에 대한 '비판'을 하는 경우가 『뉴욕타임스』에서는 전체의 11.7%(112건)였으나 『조선일보』는 1.9%(8건), 『한겨레』는 1.9% (5건)로 매우 적었다. 내부 고발의 역할을 한 경우는 『뉴욕타임스』에서 1.9%(18건)였으나 『조선일보』는 1건(0.2%), 『한겨레』는 1건도 없었다. 나머지 익명 취재원은 특별한 이유 없이 익명으로 활용된 것이었다.

익명 취재원 사용 시 취재원 민감성을 대통령 집권기에 따라 분석한 결과(<표 2-16> 참조), 한국 신문의 경우 문재인 전 대통령 집권기에는

<표 2-15> 각국 신문별 대통령 보도에서
익명 취재원 사용 시 취재원 민감성 (단위: %, 건)

| 항목 / 매체명 | 내부 고발 등 | 단순 비판 | 성격 없음 | 합계 |
|---|---|---|---|---|
| 조선일보 | 0.2<br>(1) | 1.9<br>(8) | 97.9<br>(422) | 100.0<br>(431) |
| 한겨레 | 0.0<br>(0) | 1.9<br>(5) | 98.1<br>(264) | 100.0<br>(269) |
| 뉴욕타임스 | 1.9<br>(18) | 11.7<br>(112) | 86.5<br>(831) | 100.0<br>(961) |
| 평균(합계) | 1.2<br>(19) | 7.5<br>(125) | 91.3<br>(1,517) | 100.0<br>(1,661) |

<표 2-16> 각국 신문의 대통령 집권기별 대통령 보도에서
익명 취재원 사용 시 취재원 민감성 (단위: %, 건)

| 매체 | 항목 / 대통령 | 노무현 | 이명박 | 박근혜 | 문재인 | 평균<br>(합계) |
|---|---|---|---|---|---|---|
| 한국<br>신문 | 내부 고발 등 | 0.7<br>(1) | 0.0<br>(0) | 0.0<br>(0) | 0.0<br>(0) | 0.1<br>(1) |
| | 단순 비판 | 2.9<br>(4) | 3.2<br>(6) | 2.3<br>(3) | 0.0<br>(0) | 1.9<br>(13) |
| | 성격 없음 | 96.4<br>(135) | 96.8<br>(182) | 97.7<br>(127) | 100<br>(242) | 98.0<br>(686) |
| 합계 | | 100<br>(140) | 100<br>(188) | 100<br>(130) | 100<br>(242) | 100.0<br>(700) |
| 매체 | 항목 / 대통령 | 부시 | 오바마 | 트럼프 | 바이든 | 평균<br>(합계) |
| 뉴욕타임스 | 내부 고발 등 | 0.0<br>(0) | 0.7<br>(2) | 4.8<br>(14) | 2.3<br>(2) | 1.9<br>(18) |
| | 단순 비판 | 12.7<br>(39) | 12.3<br>(34) | 13.4<br>(39) | 0.0<br>(0) | 11.7<br>(112) |
| | 성격 없음 | 87.3<br>(268) | 87.0<br>(241) | 81.7<br>(237) | 97.7<br>(85) | 86.4<br>(831) |
| 합계 | | 100.0<br>(307) | 100.0<br>(277) | 100.0<br>(290) | 100.0<br>(87) | 100.0<br>(961) |

특별한 이유 없이 익명 취재원이 활용된 비율이 100%(242건)였고, '비판' 성격을 지닌 익명 취재원이 활용된 비율은 이명박 전 대통령 집권기에 3.2%(6건), 노무현 전 대통령 2.9%(4건), 박근혜 전 대통령 2.3%(3건)였다. 『뉴욕타임스』의 경우, '비판'적 성격을 지닌 익명 취재원의 비율이 트럼프 전 대통령 집권기에 13.4%(39건)로 가장 높았고, '내부 고발' 성격을 지닌 익명 취재원의 비율도 4.8%(14건)로 이 기간에 가장 높았다. '내부 고발' 성격의 익명 취재원 비율은 바이든 대통령 기사에도 2.3%(2건)였던 반면, 부시 전 대통령 기사에서는 0%였다. 부시 · 오바마 전 대통령 집권기에는 '비판'적 성격을 지닌 익명 취재원 비율이 각각 12.7%(39건)와 12.3%(34건)로 비슷했다.

익명 취재원 사용 시 설명의 유무를 각국 신문별로 분석한 결과에 따르면(<표 2-17> 참조), 한국 신문의 경우 익명 취재원을 사용한 이유를 설명하지 않은 비율이 100%였지만, 『뉴욕타임스』는 6.1%(59건)의 기사에서 추가 설명을 덧붙인 것으로 나타났다.

이를 다시 대통령 집권기별로 분석한 결과(<표 2-18> 참조), 『뉴욕타임스』에서 트럼프 전 대통령 집권기에 익명 취재원을 사용한 이유를 설명한 비율이 12.4%(36건)로 가장 높았고, 바이든 대통령 집권기에도 11.5%(10건)의 기사에서 익명 취재원의 사용 이유를 설명했다. 반면

<표 2-17> 각국 신문별 대통령 보도에서 익명 취재원 사용 시 설명 유무 (단위: %, 건)

| 매체명 \ 항목 | | 설명 있음 | 설명 없음 | 합계 |
|---|---|---|---|---|
| 한국 신문 | 조선일보 | 0.0<br>(0) | 100.0<br>(431) | 100.0<br>(431) |
| | 한겨레 | 0.0<br>(0) | 100.0<br>(269) | 100.0<br>(269) |
| 뉴욕타임스 | | 6.1<br>(59) | 93.9<br>(902) | 100.0<br>(961) |
| 합계 | | 3.6<br>(59) | 96.4<br>(1602) | 100.0<br>(1661) |

<표 2-18> 각국 신문의 대통령 집권기별
대통령 보도에서 익명 취재원 사용 시 설명 유무 (단위: %, 건)

| 매체 \ 항목 \ 대통령 | | 노무현 | 이명박 | 박근혜 | 문재인 | 평균(합계) |
|---|---|---|---|---|---|---|
| 한국 신문 | 설명 있음 | 0.0<br>(0) | 0.0<br>(0) | 0.0<br>(0) | 0.0<br>(0) | 0.0<br>(0) |
| | 설명 없음 | 100.0<br>(140) | 100.0<br>(188) | 100.0<br>(130) | 100.0<br>(242) | 100.0<br>(700) |
| 합계 | | 100.0<br>(140) | 100.0<br>(188) | 100.0<br>(130) | 100.0<br>(242) | 100.0<br>(700) |
| 매체 \ 항목 \ 대통령 | | 부시 | 오바마 | 트럼프 | 바이든 | 평균(합계) |
| 뉴욕타임스 | 설명 있음 | 0.7<br>(2) | 4.0<br>(11) | 12.4<br>(36) | 11.5<br>(10) | 6.1<br>(59) |
| | 설명 없음 | 99.3<br>(305) | 96.0<br>(266) | 87.6<br>(254) | 88.5<br>(77) | 93.9<br>(902) |
| 합계 | | 100.0<br>(307) | 100.0<br>(277) | 100.0<br>(290) | 100.0<br>(87) | 100.0<br>(961) |

오바마 전 대통령 집권기에는 4.0%(11건)로 상대적으로 낮았고, 부시 전 대통령 집권기에는 익명 취재원 사용 이유를 설명한 비율이 0.7%(2건)로 가장 낮았다.

## 3. 대통령 기사가 취재원을 활용하는 바른 방향

뉴스는 취재원이 말한 바이며, 취재원의 질이 곧 기사의 질을 결정한다. 이 말을 토대로 한국 신문과 미국 『뉴욕타임스』 대통령 보도의 취재원 다양성 및 투명성을 살펴본 결과, 한국 신문의 대통령 보도는 『뉴욕타임스』에 비해 취재원 다양성과 투명성 면에서 모두 부족한 것으로 나타났다. 총 취재원 수를 살펴봤을 때, 한국 신문인 『조선일보』와 『한겨레』는 각각 2.61개, 2.35개로 차이가 없었지만, 『뉴욕타임스』

는 한국 신문의 3배 정도인 7.85개였다. 그나마 다행인 것은 대통령 집권기별로 구분해봤을 때 한국 대통령 보도의 취재원 수가 꾸준히 증가하고 있다는 점이다.

취재원 종류의 경우, 한국 신문은 대통령과 청와대 관계자를 인용한 비율이 두 신문 모두 35% 이상으로 나타났지만, 『뉴욕타임스』는 24% 정도로 10%포인트 정도 비중이 적었다. 또한 한국 신문 보도에서 대통령과 청와대 외에 주로 인용되고 있는 취재원은 국회의원(5.1%), 행정부(4.8%), 정당(5.1%) 정도이며 모두 그 비율이 5% 안팎에 머무르고 있지만, 『뉴욕타임스』에서는 각료/공직자(7.4%), 국회의원(11.8%), 행정부(7.3%), 언론매체(6.1%), 정치평론가 등 전문가(5.6%), 기타(7.0%) 등 6개 집단이 모두 5% 이상 인용된 취재원이었다. 즉 한국 신문의 취재원 다양성은 대통령 보도에 인용된 취재원의 다양성 측면에서 봤을 때 『뉴욕타임스』에 비해 부족한 편이고, 특정 취재원, 특히 대통령과 청와대 관계자 취재원에 편중되어 있었다. 이를 구체적으로 살펴보기 위해 직업적 전문가 취재원과 기타 취재원으로 분류된 취재원을 살펴봤을 때도 『뉴욕타임스』는 추가적으로 72개 항목으로 재분류할 수 있을 정도로 다양한 집단이 취재원으로 활용되고 있었다. 그만큼 『뉴욕타임스』는 대통령 보도와 관련해 다양한 이해관계자를 발굴해 취재하고 있으며, 이를 통해 대통령의 통치 행위를 다각도로 살펴보고 있음을 알 수 있다.

전문가 집단에서도 한국 신문은 교수나 연구원 등 특정 집단을 집중적으로 인용하는 것이 발견됐다. 이에 비해 『뉴욕타임스』의 전문가 취재원은 전직 백악관·정부부처 관료, 변호사, 비평가, 협회 관계자 등 다양했다. 이처럼 다양한 취재원을 사용해 대통령을 보도한다는 것은 기사가 취재원에 의존하고 취재원의 말을 전달하는 것에 그치는 것이 아니라, 기자가 중심이 되어 사안을 종합적으로 조망함으로써 언론이 시민을 위해 믿을 만한 뉴스를 생산하기 위한 역할을 수행한다는 것을 의미한다. 또한 이러한 보도 방식은 이용자에게 다양한 집단에 의해 대통령 권력에 대한 견제가 이루어지는 것으로 인식하게 만드는 효과도 있다.

취재원의 투명성 측면에서 살펴봤을 때도 『조선일보』와 『한겨레』는 실명 취재원이 각각 59.0%, 63.9%, 『뉴욕타임스』는 76.8%였다. 한국 신문과 『뉴욕타임스』는 시간이 갈수록 실명 취재원의 수가 증가하는 추세로 나타났지만, 한국 신문의 경우 그 변화는 20년간 0.3 정도의 차이에 불과할 정도로 증가세가 미미했다. 또한 『뉴욕타임스』는 익명 취재원 수가 줄어드는 경향이 나타났으나, 한국 신문은 약간 증가하는 추세로 나타나고 있다. 이렇게 사용되는 익명 취재원은 내부 고발이나 비판 등 불가피한 상황으로 인해 사용된 것인 경우는 2% 이내였고, 대부분은 민감한 취재원이 아님에도 불구하고 익명으로 사용되고 있었다. 익명 취재원 사용 시 이유를 밝힌 것도 없었다. 이에 비해 『뉴욕타임스』는 익명 취재원을 사용하면서 이유를 밝힌 것이 부시 전 대통령 집권기에는 0.7%였으나 바이든 대통령 집권기에는 11.5%까지 증가했다. 이를 통해 『뉴욕타임스』는 한국 신문에 비해 취재원 투명성이 높고, 점차 더 개선되어가는 모습을 보이고 있음을 알 수 있다.

이러한 대통령 보도의 품질을 일반 뉴스의 품질과 비교해 봤을 때, 대통령과 청와대는 언론사 내에서도 가장 중요하게 다뤄지는 취재원·취재처임에도 불구하고 품질은 더 낮은 것으로 나타났다. 좋은 저널리즘 연구회(김경모·박재영·배정근·이나연·이재경, 2018)가 분석한 한국 신문 일반 뉴스의 취재원 수는 평균 3.33개인 데 비해 대통령 뉴스의 취재원 수는 평균 2.52개다. 또 일반 뉴스의 실명 취재원은 평균 2.4개인 데 비해 대통령 뉴스의 실명 취재원 수는 평균 1.52개다. 또한 한국 신문은 대통령과 청와대 관계자에 주로 의존하고 있어 취재원 다양성과 관점의 다양성을 기대하기 어려운 상황이다. 취재원의 질이 곧 기사의 품질을 결정한다고 볼 때, 한국 신문 대통령 보도의 품질은 한국 신문 일반 뉴스에 비해서도 뒤처지는 모습이다.

이처럼 취재원 측면에서 나타난 한국 대통령 보도는 결과적으로 언론에 의해 대통령 권력에 대한 견제와 비판, 감시가 적절히 이뤄지고 있지 않다는 것을 보여준다. 대통령과 청와대 관련 취재원이 주로 인용되고 있는 상황, 행정부의 수장인 대통령 권력에 대해 공식적으로 비판 및 견제의 역할을 하는 사법부와 입법부 취재원이 부족한 상황 등은 삼권 분립이라는 민주주의 제도를 바탕으로 견제되고 있는 대통령 권력의 모습을 재현한다고 보기 어렵다. 또한 행정부와 입법부 등 공적인 기관 이외의 취재원이 매우 드물다는 점도 대통령 권력이 제도적으로 비판·견제받지 않고 있는 것처럼 재현되는 효과가 있다. 대통령과 청와대 관계자, 행정부, 각료와 공직자, 정당, 국회의원 외 어떤 취재원도 대통령 보도에 활용되는 비율이 2%를 넘지 않고 있다. 그나마 교수 집단이 가장 많이 인용되어 1.95% 정도이고, 정치평론가 등 전문가 역시 1.75% 정도만 인용되고 있다. 타국의 대통령, 각료/공직자, 주요 인사의 경우 각각 1.9%, 1.7%, 0.7%를 차지하고 있는데, 이들은 외교적 행사나 상황에 의해 인용되었을 가능성이 높다. 결과적으로 한국 대통령 보도에 대통령 권력과 그 주변이 아닌 취재원의 비율은 모두 합쳐도 전체 취재원의 5%에 미치지 못하는 수준인 것이다.

또한 전문가 취재원과 기타 취재원의 활용 비율을 자세히 살펴봤을 때, 한국 신문은 취재원을 선택할 때 신뢰도보다는 접근 또는 인용의 용이성을 중심으로 판단하고 있는 것으로 추정된다. 즉 한국 신문의 취재원은 주로 인물 취재원에 치중되어 있어, 일단 한번 관계를 형성해 놓으면 취재가 쉬운 대상일 수 있다. 그러나 자료인 취재원은 내용을 읽고 파악해 인용할 만한 내용을 찾는 데 시간이 더 많이 소요된다. 하루에 기자 한 명이 작성하는 기사가 『뉴욕타임스』는 1건, 한국 신문은 3~4건인 업무 환경의 차이가 바로 이처럼 활용되는 취재원 유형에도 영향을 미치는 것으로 추정된다. 그러나 인용되는 취재원의 종류를 함께 고려해보면, 한국 신문이 취재원을 인용할 때 관행적으로 취재되어 오던 유형을 반복해 사용하고 있으며, 취재원의 가치나 신뢰도에 대한 판단은 부족한 것이 주요 원인으로 파악된다. 취재원의 신뢰도가 곧 기사의 신뢰도로 이어진다는 점을 고려하면 한국 신문은 인물 취재원의 발언보다 사실성이 더 높은 수준인 자료 취재원을 더 적극적으로 활용해야 한다.

취재원의 투명성 역시 대통령 보도에서 보완되어야 할 부분이다. 한국 대통령 보도에서는 대통령과 청와대 관계자, 행정부와 입법부 취재원들을 주로 취재원으로 활용하고 있는데, 이들은 사실상 공적인 인물이다. 즉 이들은 보호해야 할 필요성이 없는 취재원으로, 이들의 발언 역시 공적인 것임에도 불구하고 익명으로 사용하는 이유조차 기술되지 않은 채 익명으로 활용되고 있는 것이다. 관행적으로 쓰이고 있는 이러한 익명 취재원들은 공적인 발언에 대한 책임을 불분명하게 하고, 대통령 보도의 투명성을 손상시켜 기사의 신뢰도를 낮추며, 신문이 권력자에 의해 애드벌룬[1]으로 이용당할 가능성을 높이게 된다.

신문사는 정부를 감시하는 자유로운 보도기관으로, 정부에게는 기회가 있을 때마다 알릴 의무가 있음을, 그리고 권력에 한계가 있음을 일깨워줌으로써 민주주의를 지탱하는 역할을 수행해야 한다. 제도적인 측면에서 언론의 자유가 보장되고 이전보다 자유로운 취재와 다양한 방식의 정보 수집이 가능한 상황에서, 기존 취재 보도 관행으로부터 벗어나지 못하고 있는 한국의 대통령 보도 관행은 민주주의 정치 제도 및 시민에 대한 의무와 관련하여 책임을 다하고 있는지 되돌아볼 필요가 있다. 역사적으로 한국 신문은 대통령의 권력에 대한 비판과 감시를 통해 독재 권력을 무너뜨리고 민주주의를 바로 세우는 강력한 원동력

---

1 정치 기법 중 하나로, 여론의 향배를 슬쩍 떠보고 대응하기 위해 파격적인 이슈를 던져 보는 정치적 술수를 말한다.

이 된 경험을 갖고 있다. 세계 곳곳에서 권위주의 권력이 등장하고 사회는 양극화되어가는 요즘, 한국 신문은 대통령에 대한 상시적인 감시와 견제, 비판의 역할을 수행하여 권력이 적절히 행사될 수 있도록, 그리하여 민주주의 정치가 발전할 수 있도록 기능해야 할 것이다.

## ▌부록

한국과 미국 대통령 보도에서 취재원 사용의 특징을 분석하기 위해 살펴본 각 변인과 측정 방법, 그리고 변인별 신뢰도는 다음과 같다.

### 1) 변인과 측정

① 취재원 수: 기자가 '적극적으로 접촉'하여 취재 행위를 한 대상의 수이다. 적극적인 접촉의 대표적인 사례는 취재원의 발언이 기사에 직간접적으로 인용된 경우다. 취재원인지 가늠하기 어려운 경우에는 문장의 주어가 명확하게 나타나 있는지를 확인하여, 있는 경우에는 취재원이 있는 것으로 파악했다. 하지만 주어가 없는 '…것으로 전망된다'와 같은 피동형 문장의 경우에는 취재원이 없는 것으로 간주했다. 동일 취재원이 반복적으로 등장할 경우에는 취재원 1개로 계산했다. 예를 들어 '홍길동 씨'라고 표기한 이후에 '홍 씨'라고 다시 쓰더라도 취재원은 1개로 보았다. 또, '…가 ~라고 말했다/진술했다'라는 표현이 있더라도 그 말을 누군가가 기자에게 전달한 경우라면, 그 말의 화자가 아니라 전달자를 취재원으로 보았다. 기자는 전달자를 실제로 접촉했기 때문이다. 등장한 취재원을 직접 세어 숫자로 입력했다.

② 취재원 종류: 취재원의 종류는 기존 취재원 보도에서 구분된 취재원 종류와 한국 대통령 보도에 등장하는 취재원을 확인하고 대통령, 청와대 대변인·홍보수석 등 청와대 인물, 각료 및 공직자, 국회의원, 지자체장, 행정부, 검찰·법원·경찰, 기업인·경제인, 시민단체, 교수, 전직 정치인, 언론매체, 다른 나라 대통령, 정당, 다른 나라 각료 및 공직자, 다른 나라의 주요 인사, 국회관계자(국회의원 보좌관 등), 타국 언론(해외 언론), 인터넷 사이트, 정치평론

가·컨설턴트·사진작가 등 직업적인 전문가, 일반 시민, 기타 등 총 22개 항목으로 분류해 코딩했다. 『뉴욕타임스』의 취재원 수를 고려해 기사당 13번째 취재원까지 '취재원의 종류', '실명·익명 여부', '익명일 경우 사용 이유 설명 유무' 등을 코딩했다.

③ 취재원 투명성: 기사에 등장하는 취재원 가운데 실명·익명으로 인용된 경우를 의미한다. 동일한 취재원이 여러 번 인용된 경우 한 번이라도 실명이 언급되었다면 '실명' 취재원으로 코딩했다. 여타 연구에서 단체명 등으로 인용된 취재원의 경우 '준실명'으로 분류했으나, 이번 연구에서는 투명성의 기본 원칙이 반복 재현 가능성이라는 점에 있다는 것에 근거해, 해당 취재원을 직접적으로 파악할 수 없는 것으로 판단하여 '익명'으로 코딩했다.

④ 익명 취재원의 민감성: 취재원이 익명으로 인용되었을 경우, 기사에 언급된 내용과 취재원의 성격을 파악해서 '내부 고발', '단순 비판적 성격의 발언', '성격 없음'으로 구분해 코딩했다.

⑤ 익명 취재원 사용 이유 설명 유무: 취재원이 익명으로 인용되었을 경우, 기사 내에서 취재원을 익명으로 사용한 이유를 설명하고 있는지 여부를 확인해 '배경설명 있음', '배경설명 없음'으로 구분해 코딩했다.

### 2) 변인별 신뢰도

각 변인에 대한 신뢰도Krippendorff's α는 다음과 같다.

- 취재원 수: 0.888
- 취재원 투명성: 0.846
- 익명 취재원 사용 이유 설명: 0.858
- 취재원 종류: 0.801
- 익명 취재원 민감성: 0.853

# 3장 『조선일보』와 『뉴욕타임스』 대통령 보도의 변화, 2003~2022

이재경

## 1. 『조선일보』와 『뉴욕타임스』 대통령 보도 비교의 의미

연구년으로 미국 뉴저지의 럿거스대학교에 가 있었던 2003년에 동년 자료로 『조선일보』와 『뉴욕타임스』의 대통령 보도 관행을 분석한 바 있다(이재경, 2006). 당시 매일 현지에서 아침에 배달되어온 『뉴욕타임스』를 세밀하게 읽으며, 우리 신문과는 무엇이 어떻게 다른지 기사를 중심으로 확인하는 작업을 시도했다. 모든 기사를 살펴봤지만, 논문은 그중 대통령 보도에 대해 썼다. 정치 저널리즘 영역에서도 대통령 보도가 차지하는 상징성이 컸고, 학문적 중요도 역시 더 높았기 때문이다. <표 3-1>은 그 작업의 결론 부분에 제시했던 자료다. 한국과 미국 두 나라를 대표하는 신문인 『조선일보』와 『뉴욕타임스』가 각자 대통령을 보도하는 기사에서 드러내는 저널리즘적 특징을 비교언론학적 comparative journalism 관점에서 정리한 내용이다. 블럼러와 매클라우드,

로젠그런(Blumler, McLeod, & Rosengren, 1992)은 한 나라의 관행은 다른 나라의 제도화된 행동과 비교해 조명할 때 더 명료하게 그 특성을 드러낸다고 언급하며 비교언론학의 효용성에 대해 설명했다.

2003년까지만 해도 두 신문 모두 기본적으로 종이 신문이 중심이 되는 아날로그 바탕의 편집국을 운영하고 있었다. 1990년대에 인터넷이 등장하고, 광고 시장을 중심으로 디지털 파괴(Kovach & Rosenstiel, 2021) 현상이 급속하게 확산하기는 했어도, 2000년대 초반에는 『뉴욕타임스』도 어떻게 디지털 시대에 대처해야 할지에 대해 명료한 전략을 세우지 못한 상태였다. 다시 말하면 2003년 상황에서 두 신문을 비교하는 일은 기본적으로 인쇄신문을 전제로 한 분석이었다. 같은 종이 신문들이지만, 세밀하게 살펴본 두 신문의 대통령 보도가 보이는 특징에는 분명한 차이가 있었다. 그 핵심은 '대통령을 대상으로 취재할 때 무엇이 기사가 돼야 하는가' 하는 점과 '기사를 어떻게 써서 독자에게 전달해야 하는가'에 대한 내용이었다. 이에 따라 <표 3-1>에서는 기사에 대한 두 신문의 제도화된 인식을 요목별로 정리했다.

이를 통해 확인할 수 있는 차이는 두 신문이 각자 확연히 다르게 제도화시킨 기사에 대한 생각이다. 이는 무엇이 기사인가에 대한 기본 인

<표 3-1> 『조선일보』와 『뉴욕타임스』의 저널리즘 모델

| 요목 \ 매체명 | 조선일보 | 뉴욕타임스 |
|---|---|---|
| 기사 길이 | 짧은 저널리즘<br>short journalism | 긴 저널리즘<br>long journalism |
| 현실 인식 방식 | 단순 사실 중심<br>simplistic view of reality | 사실의 복합성 전제<br>complex view of reality |
| 대통령 기사 구조 | 개인 중심 기사 쓰기<br>person-centered story | 견제와 균형이 반영된 기사 쓰기<br>pluralized story structure |
| 편집 방식 | 조합식 구성<br>mosaic make-up | 통합적 기사 중심<br>integrated story approach |

출처: 이재경(2006).

식의 차이를 의미한다. 『조선일보』의 대통령 기사는 대체로 대통령이 누구를 만나거나 어떠한 행사에 참여해 어떠한 내용의 연설을 했다는 등의 파편적인 사실들을 중심으로 구성돼 있었다. 그에 비해 『뉴욕타임스』는 기본적으로 현실의 복합성을 전제로 했다. 대부분 기사에 정책적 쟁점이나 법안 등이 녹아 있고, 그러한 대상에 대한 서로 다른 관점을 반영하려는 노력이 담겨 있었다. 이러한 인식의 차이는 두 신문이 사용하는 취재원 다양성의 차이와 인용문의 차이 등에서 구체적 현실로 확인됐다.

기사에 대한 기본 개념의 차이는 다시 기사의 구조를 확연히 다르게 만드는 요인이 된다. 『조선일보』의 대통령 기사들은 대부분 대통령 개인의 언행을 중심으로 쓰였다. 그에 비해 『뉴욕타임스』 기사들은 야당 인사나 이해관계자, 학계 전문가들을 한 기사 속에 고정적으로 포함해 견제와 균형의 역학 구조를 각각의 기사에 반영하는 관행을 유지했다. 두 신문 기사 특성의 이러한 차이는 반허스트와 머츠(Barnhurst & Mutz, 1997)가 제시한 이벤트 중심기사event-centered reporting 및 맥락을 담는 긴 기사long journalism의 주요 특성들과 그대로 일치한다. 다시 말하면 『조선일보』의 대통령 기사들은 대체로 단일 사건, 이벤트 중심의 기사 형태를 유지하는 데 비해, 『뉴욕타임스』 기사들은 사안에 관계되는 역사적·상황적 맥락을 담으려 노력하는 긴 저널리즘의 특성을 강하게 드러낸다는 뜻이다.

2006년 연구(이재경, 2006)에서는 이러한 차이가 한국 언론에 제기하는 두 가지 문제를 제시했다. 하나는 이러한 한국적 저널리즘 모델이 기자들의 성장과 전문성 강화에 부정적 요인이라는 점이다. 단순 사실 중심의 기사 쓰기 관행과 정치인 개인 언행 중심의 보도 방식은 기사를 만들어내는 과정이 간단하고 쉽다. 그러나 이러한 기사 쓰기 관행은 기자가 종합적 사고 역량을 키우거나, 문제 현상에 대한 분석과 판단 능력을 발전시키는 데는 크게 도움이 되지 않는다. 그러한 의미에서

『뉴욕타임스』가 실천하는, 맥락을 고려하는 긴 저널리즘을 체계적으로 연구해 도입할 필요가 있다는 제안도 했다. 필자는 이러한 보도 관행이 한국 정치 기자가 전문성을 심화하지 못하는 근본적인 원인일 수도 있다고 판단했기 때문이다.

2003년 비교 작업의 두 번째 함의는 이러한 특징을 가진 기사를 읽는 독자들로 구성된 시민사회가 치르게 되는 비용의 문제였다. 『조선일보』 방식의 기사는 독자가 읽으면 매우 쉽게 소화되고 이해되는 특징을 갖는다. 그러나 그와 함께, 특히 정치 문제를 다루는 기사의 경우 지극히 정파적인 현실 인식을 조장하는 부정적 효과가 있는 것 또한 사실이다. 한 취재원의 언행이 중심이 되는 기사는 구조적으로 파편적일 수밖에 없고, 자극적일 가능성도 더 높다. 상대편이나 제삼자의 관점이 배제되기 때문에 더욱 그러하다. 게다가 모자이크식 편집에 의해 야당이나 반대 세력의 입장을 별도의 기사로 취급할 경우 신문이 의지와 관계없이 갈등을 증폭시키는 역할을 되풀이하는 악순환에 빠지게 된다. 이벤트 중심적 기사의 특성이 정치에 대한 독자들의 인식을 파편적·정파적으로 유도할 수 있다는 뜻이다.

셔츤(Schudson, 1995, pp. 59-62)은 미국 신문의 경우 1900년부터 1930년 사이에 기자들이 속기사the stenographer나 단순기록자the recorder에서 뉴스의 해석자the interpreter of the news로 자신들의 역할을 진화시켰다고 주장했다. 이러한 진화의 핵심 요소는 요약형 리드summary lead의 사용이 새로운 지배적 기사 쓰기 관행으로 자리 잡은 변화라고 그는 설명했다.

> 이러한 기사들의 등장은 새로운 정치 현실을 반영할 뿐 아니라, 새로운 저널리즘의 현실을 반영하기도 한다. 기자는 더 이상 단순히 문서나 메시지를 전달하는 사람이 아니다. 기자는 이제 뉴스의 해석자the interpreter of the news가 됐다. 이러한 새로운 역할은 기자

> 로 하여금 그가 듣고 본 사실을 기사로 쓰도록 하는 데 그치지 않고, 듣지 못한 내용, 보지 못한 것, 그리고 의도적으로 제외된 내용들까지도 기사에 쓸 수 있도록 허용한다(Schudson, 1995, p. 62).

셔츤의 주장에 따르면, 미국 저널리즘에서 이처럼 맥락과 관점의 다원성을 강조하는 적극적인 해석자로서의 기자관이 자리 잡은지는 거의 100년에 이른다. 하지만 안타깝게도 2003년 자료를 통해 분석한 『조선일보』의 기사들에서는 독립적 해석자라기보다는 단순 기록자적인 기자관이 더 지배적으로 관찰됐다.

## 2. 『조선일보』와 『뉴욕타임스』의 비교 연구 및 결과

대통령 보도에 대한 연구는 대통령제가 가장 오래 유지돼온 미국에서 활발하게 진행돼왔다. 대통령과 언론의 관계에 대한 역사적 분석(Cornwell, 1959; 1965; Grossman & Kumar, 1981), 수사적 대통령제의 의미(Ceaser, Thurow, Tulis, & Bessette, 1981), 텔레비전 시대의 대통령 보도(Farnsworth & Lichter, 2006; Hallin & Mancini, 1994; Kaid & Foote, 1985), 그리고 미디어가 중심이 되는 미디어 정치 시대의 전개(Edelman, 1988; Graber, 1982; Neustadt, 1990; Nimmo & Combs, 1983) 등이 주요 연구 주제였다.

한국에서는 1990년대 중반부터 대통령 보도 연구와 비교 저널리즘 연구가 시도돼왔다. 대학원 논문들(이재경 · 김연미, 1997; 이재경 · 김진미, 2000; 장현주, 2002; 전수정, 1996) 중심으로 시작된 비교 연구는 당시 초기적인 자료의 수집과 비교에 그친 경우가 많았다. 2003년 『조선일보』와 『뉴욕타임스』의 대통령 보도 비교 작업도 예외가 아니었다.

두 신문이 대통령 기사를 보도하는 방식을 비교 · 분석한 지 19년이

지났다. 돌아보면 2000년대 초반 20년은 세계 저널리즘 생태계를 혁명적으로 바꾸어버린 시간이었다. 세계적인 선도 매체들은 예외 없이 디지털 중심의 뉴스 제작 체계로 혁신했다. 종이 신문 구독자는 급격한 감소세를 지속해오고 있고, 『뉴욕타임스』나 『워싱턴포스트』 등 디지털 생태계에서 성공하는 신문들은 모두가 온라인 유료독자의 확보에 성공한 매체들뿐이다.

2007년 무렵부터는 페이스북과 트위터, 유튜브, 인스타그램 등 새롭게 등장한 소셜네트워크서비스들이 뉴스 생태계를 장악해가기 시작했다. 신문과 방송, 통신사 등이 주도하던 뉴스의 생산·유통 시장에 과거엔 상상할 수 없었던 구조 변화가 일어났다. 1인 뉴스 생산자가 대거 등장하고, 전통 매체를 거치지 않고 메시지를 직접 발신하는 정치인·연예인·경제인 등 각 분야의 소위 인플루언서라고 불리는 발신자들이 폭발적으로 늘어났다.

코바치와 로젠스틸(Kovach & Rosenstiel, 2021)이 '디지털 파괴digital disruption'라고 이름 붙인 이러한 추세는, 특히 종이 신문의 경우 급격한 광고 수입의 감소 현상을 만들어내 생존의 위기 상황으로 이어졌다. 1970년 1,748개에 달하던 미국의 지역신문은 2020년이 되자 1,260개로 줄었다(Djordjevic, 2021). 또한 2010년 4,400만 부에 달했던 미국의 신문 발행 부수는 2020년 2,500만 부 정도까지 줄었다(Pew Research Center, 2021). 『조선일보』도 2003년 230만을 넘던 유료독자가, 2019년 한국 ABC 협회 자료를 보면 여전히 한국 시장에서는 1위의 자리를 지키고 있을지언정 116만 명 수준으로 반토막이 났다.

지난 20여 년 동안 진행돼온 이러한 매체 생태계의 혁명적 변화는 『조선일보』와 『뉴욕타임스』의 대통령 보도에 어떠한 방식으로든 영향을 주었을까? 『조선일보』는 이 디지털 파괴의 격동기를 지나며 대통령 기사를 취재하고 제작하는 방식에 변화를 시도했을까? 디지털 독자의 유료화 면에서 획기적인 성공을 거두고 있는 『뉴욕타임스』가 대통령 보도를 다루는 방식에는 그간 어떠한 변화가 있었을까?

이러한 질문들이 이번 작업에서 2003년에 실시한 비교 연구를 다시 그대로 되풀이해보려는 동기였다. 그래서 이 연구는 2022년 자료를 가지고 19년 전과 똑같은 비교 작업을 시도했다. 분석 대상 매체와 유목, 분석 기간 등의 선택을 전에 했던 작업과 똑같이 맞추었다. 그래야 20년 가까운 시간의 변화가 두 신문의 대통령 보도를 어떻게 변화시켰는지 확인해볼 수 있기 때문이다. 디지털 혁신에 성공한 『뉴욕타임스』의 변화를 보려는 의지도 당연히 있었다. 하지만 더 중요한 것은 한국 저널리즘을 대표하는 유력지인 『조선일보』의 상태를 확인하는 일이었다. 『조선일보』의 사례를 통해 한국 저널리즘의 전반적인 상황을 유추해볼 수 있다고 생각했다. 이 작업은, 지난 19년 동안 『조선일보』는 대통령 보도에서 어떠한 진화를 이루어냈는지, 아니면 의미 있는 변화를 보여주지 못했는지를 『뉴욕타임스』 사례와의 비교를 통해 확인하며, 앞으로 한국 언론의 대통령 보도가 해결해야 할 실무적인 과제들은 무엇인지를 찾아보려는 시도이기도 하다.

### 1) 『조선일보』와 『뉴욕타임스』의 비교 연구

이번 분석의 연구문제는 2003년 작업과 마찬가지로 다음의 네 가지로 구성됐다.

- 연구문제1: 대통령 보도의 양과 현저성은 『조선일보』와 『뉴욕타임스』 보도에서 어떻게 비교되는가?
  - 1-1. 두 신문은 하루에 평균 몇 개의 대통령 관련 기사를 보도하는가?
  - 1-2. 하루에 보도되는 기사 가운데 1면에 게재되는 기사는 각각 몇 개인가?

• 연구문제2: 『조선일보』와 『뉴욕타임스』의 대통령 취재진 운용은 어떻게 비교되는가?

2-1. 대통령을 보도하기 위해 배치된 기자는 몇 명씩인가?

2-2. 대통령 취재팀 구성원 사이에 역할 분담은 어떻게 이루어지는가?

2-3. 개별 기자는 하루에 몇 개 정도의 기사를 게재하는가?

• 연구문제3: 『조선일보』와 『뉴욕타임스』 기사의 글쓰기 및 구조적 특성은 어떻게 비교되는가?

3-1. 대통령 관련 기사 유형과 유형별 빈도는 어떻게 비교되는가?

3-2. 기사의 길이는 어떻게 비교되는가?

3-3. 취재원 사용 방식은 어떻게 비교되는가?

3-4. 직접인용의 사용 방식은 어떻게 비교되는가?

• 연구문제4: 19년 전과 비교할 때, 두 신문의 대통령 보도 방식에서 발견되는 변화의 특징은 어떻게 비슷하거나 다른가?

**분석 대상 신문**

이 연구를 위해 선택한 신문은 『조선일보』와 『뉴욕타임스』이다. 이번 작업은 2003년의 분석을 19년의 시차를 두고 다시 시도하는 일이기 때문에 이 두 신문을 그대로 선택했다. 2003년에 『조선일보』를 선택한 가장 중요한 이유는 분석 당시 발행 부수가 서울에서 발행되는 신문 가운데 가장 많았기 때문이다(232만 부, 2003. 6. 기준). 또 편집국의 규모도 가장 큰 편에 속했다(박재영, 2004, 11쪽). 2020년대에 들어 발행 부수는 거의 절반으로 줄었지만, 『조선일보』는 여전히 가장 많은 부수를 판매하는 신문이다.

『뉴욕타임스』는 미국 대통령 보도를 분석한 거의 모든 연구가 분석 대상으로 다뤘기 때문에 이 연구에서도 선택했다. 『뉴욕타임스』는 아돌프 옥스Adolph Ochs가 인수한 1896년부터 역사기록자the newspaper of record적인 편집 방침으로 미국을 대표하는 신문으로 자리 잡아왔다. 2000년대 초 100만 부가 넘던 종이 신문의 발행 부수는 현재는 80만 부가 안 되는 수준으로 감소했다. 그러나 디지털 유료구독자는 900만을 넘어선 상태다(Robertson, 2022; wikipedia). 이 신문은 취재 보도의 행위 기준 측면에서는 여전히 미국 언론계를 선도한다고 인정받는 신문이기도 하다.

### 분석 대상 기간

2003년 연구가 선택한 분석 대상 기간은 4월부터 6월까지의 3개월간이다. 분석 기간을 이렇게 정한 이유는 취재기자를 기준으로 분석 대상 기사를 선정하기로 한 방법의 특성과, 그에 따른 자료수집의 어려움 때문이다. 분석 대상을 대표성 있는 표집 방법으로 정할 경우 날짜가 장기간에 걸쳐 분산되어서 구조적으로 기자 개개인의 취재 활동의 특징을 조사하기 어려운 문제가 발생한다. 자료를 집중적으로 접촉할 수 있었던 연구년 기간의 특수성도 이 기간의 선택에 작용했다.

2022년의 작업은 2003년 분석 틀을 그대로 가져오기로 해서 역시 2022년 4월부터 6월까지를 분석 기간으로 선택했다. 2022년 작업에서 고려했던 특별한 사항은 한국의 대통령 선거였다. 윤석열 대통령이 5월에야 정식으로 취임했기 때문에 4월은 당선자 신분이었다. 다행인 점은 『조선일보』의 대통령 취재진이 모두 4월 이전부터 윤 대통령을 계속 취재해온 점이다. 그래서 현직은 아니지만 당선자 신분일 때 취재한 한 달 남짓의 활동 기간을 분석 기간에 포함시켰다. 현직은 아니지만 그에 준하는 신분이었고, 기사의 주목도 면에서는 오히려 현직보다 더 관심을 받는 처지여서 이 연구 작업의 취지에 어긋나지 않는다고 판단했다.

### 분석 기사의 선택

이 연구에서 사설과 외부칼럼은 분석 대상에서 제외했다. 물론 대통령을 신문이 어떻게 보도하는가를 종합적으로 파악하려면 사설도 분석 대상에 포함시켜야 한다. 그러나 이 연구는 의견 기사보다는 일반 뉴스의 취재 체제와 보도 방식에 주목하기 때문에 사설을 포함시키지 않았다. 한편 기사의 수집은 두 신문의 온라인 서비스를 이용해 실시했다. 대통령 관련 기사의 판단은 사전 작업을 통해 지면에 등장하는 기자들 가운데서 청와대와 백악관을 출입하는 기자를 확인한 뒤, 그들의 이름을 가지고 분석 대상 기간에 게재된 기사를 찾아내는 방식을 취했다.

### 분석 유목과 세부 분석 요령

분석 유목은 2003년 작업과 같이 크게 8개로 나누었다. 여기에는 대통령 관련 기사의 수에서부터 전담 취재기자의 수, 보도되는 기사의 종류와 각 기사에 사용된 취재원의 수, 그리고 기사에 사용된 인용의 수 등을 포함했다. 기명으로 기록된 취재기자를 기준으로 분석 기사를 선택했기 때문에 대상 기사를 고르는 일은 두 신문의 홈페이지에서 어려움 없이 처리할 수 있었다. 기자당 기사 건수를 세는 작업에서 복수의 기자가 공동으로 작성한 기사의 처리가 문제가 됐는데, 『조선일보』와 『뉴욕타임스』 모두 대통령 담당 기자가 포함돼 있을 경우 그 기자가 1개의 기사를 쓴 것으로 계산했다.

신문별 일일 기사 생산 개수의 경우는 3개월 동안 생산된 전체 기사 수를 신문이 발간된 일수로 나누어 계산했고, 기사의 종류는 두 신문이 명시적으로 사용하는 기사 양식을 드러내는 제목, 예를 들면 '조선데스크'나 '기자수첩' 또는 '백악관 편지White House Letter'나 '뉴스 해설News Analysis' 등을 기초 자료로 사용했다. 또, 기사의 길이를 측정하는 작업은 『조선일보』는 글자 수를 사용하는 데 비해 『뉴욕타임스』는 단어 수를 기본 단위로 하기 때문에 공통의 기준을 확보하기 위해 문장

수를 세는 방식으로 접근했다. 취재원은 실명 취재원과 익명 취재원의 수를 각각 셌으며 기사에 활용한 인용의 개수는 명시적으로 따옴표를 사용한 직접인용문을 분석 대상으로 했다.

### 2) 『조선일보』와 『뉴욕타임스』의 비교 연구 결과

#### 대통령 기사 수 비교

이 연구를 위해 표집한 2022년 기사는 모두 354개로, 『조선일보』 기사가 244개, 『뉴욕타임스』 기사는 110개였다. <표 3-2>는 표집한 두 신문의 기사 수를 정리한 내용이다. 2003년과 2022년 자료를 비교가 가능하도록 함께 제시했다. 기사를 수집한 날짜는 모두 78일이었고, 일요일은 수집에서 제외됐다. 두 신문 모두 기사 수가 크게 줄어든 것으로 확인되는데, 『조선일보』는 19년 전에 비해 63개의 기사가 줄었고, 『뉴욕타임스』는 49개 기사가 줄었다.

<표 3-3>은 두 신문이 월별이나 주별, 일별로 몇 개 정도의 대통령

<표 3-2> 『조선일보』와 『뉴욕타임스』에서 표집한 기사 수 (단위: 건)

| 매체명 \ 연도 | 2003년 | 2022년 |
|---|---|---|
| 조선일보 | 307 | 244 |
| 뉴욕타임스 | 159 | 110 |

<표 3-3> 『조선일보』와 『뉴욕타임스』의 일별·주별·월별 대통령 보도 기사 빈도 (단위: 건)

| 연도 | 매체명 \ 구분 | 전체 기사 수 | 월별 기사 평균 | 주별 기사 평균 | 일일 기사 평균 |
|---|---|---|---|---|---|
| 2003년 | 조선일보 | 307.00 | 102.30 | 23.60 | 3.90 |
| | 뉴욕타임스 | 159.00 | 53.00 | 12.20 | 1.70 |
| 2022년 | 조선일보 | 244.00 | 81.33 | 18.77 | 3.13 |
| | 뉴욕타임스 | 110.00 | 36.67 | 8.46 | 1.41 |

기사를 게재하는지를 정리한 자료다. 이 표를 보면, 2022년 『조선일보』는 월평균 81.3개 정도의 대통령 기사를 게재했고, 주별로는 18.8개, 하루에는 평균 3.1개의 기사를 게재했다. 2003년과 비교하면 하루에 1개 정도 줄어든 기사를 생산해온 것으로 판단된다. 『뉴욕타임스』는 한 달에 대통령 기사를 평균 36.7개, 일주일에는 8.5개 정도 게재하는 것으로 집계됐다. 하루에는 1.4개 정도를 게재해, 이틀에 3개 정도의 대통령 기사를 써내는 것으로 추산된다. 기사량은 두 신문 모두에서 줄었지만, 『조선일보』 보도에서 대통령 기사가 차지하는 비중은 『뉴욕타임스』에 비해 2배 이상 큰 것으로 판단된다.

<표 3-4>는 1면에 게재된 기사들을 집계한 내용이다. 2022년 『조선일보』는 전체 대통령 기사 244개 가운데 48개를 1면에 게재했다. 그래서 대통령 기사의 1면 게재 비율이 20%에 이른다. 이는 2003년의 14.3%에 비해 1.4배가량 늘어난 비율이다. 대통령 기사들이 당선 직후라서 더 주목받았을 가능성도 있다. 그런가 하면 『뉴욕타임스』는 대통령 기사의 1면 게재율이 23.6%로 집계돼, 2003년의 22% 수준과 크게 달라지지 않은 상황을 보여준다. 『조선일보』에서는 이틀에 한 번, 『뉴욕타임스』에서는 사흘에 한 차례 정도 대통령 관련 기사가 신문 1면에 게재되고 있는 것으로 확인된다.

가장 주목받는 지면은 디지털 시대에도 여전히 1면이다. 대통령 기

<표 3-4> 『조선일보』와 『뉴욕타임스』의 1면 대통령 보도 기사 (단위: 건, %)

| 연도 | 매체명 \ 구분 | 전체 기사 수 | 주별 1면 기사 수 | 일일 1면 기사 수 | 1면 기사 비중 |
|---|---|---|---|---|---|
| 2003년 | 조선일보 | 44.00 | 3.38 | 0.56 | 14.30 |
| | 뉴욕타임스 | 35.00 | 2.69 | 0.38 | 22.00 |
| 2022년 | 조선일보 | 48.00 | 3.69 | 0.62 | 19.60 |
| | 뉴욕타임스 | 26.00 | 2.00 | 0.33 | 23.64 |

사의 1면 배치 비율은 『조선일보』의 경우 19년 전에 비해 크게 늘었다. 이번 조사 결과를 보면, 대통령 기사 셋 가운데 하나는 1면에 게재됐다. 아마도 신임 대통령이 당선자 신분으로 있었던 시간이 분석 기간에 포함돼 평상적인 기간보다 더 주목을 받은 것으로 판단된다.

### 대통령 취재진 비교

2003년과 비교해 큰 변화를 보여주는 요소가 취재진이다. <표 3-5>에서 볼 수 있듯이, 『조선일보』는 3명의 기자가, 그리고 『뉴욕타임스』는 6명의 기자가 대통령 취재팀으로 활동하고 있는 것으로 조사됐다. 2003년 4명이던 『조선일보』는 1명이 줄었고, 3명이던 『뉴욕타임스』는 3명이 늘어 공식적으로 배치된 대통령 취재 인력이 『조선일보』의 2배가 됐다. 또한 역할 분담 방식에서도 『뉴욕타임스』는 분명한 변화가 눈에 들어온다. 『조선일보』 취재진은 최경운 기자를 팀장으로 김은중·김동하 기자가 모두 대통령실의 행사와 정책 행보 등을 매일 상황에 따라 역할 분담하며 취재하는 듯 보인다. 홈페이지에 있는 개별 기자 소개를 보아서는 뚜렷한 역할 분담 구조를 확인할 수는 없다.

그에 비해 『뉴욕타임스』는 각 기자의 분담 영역을 각자의 전문성과 연계해 분명하게 지정해서 운영한다. 이러한 취재 영역 분담은 『뉴욕타임스』 홈페이지에 소개되는 각 기자의 개인 소개 페이지를 보면 명

<표 3-5> 『조선일보』와 『뉴욕타임스』의 대통령 보도 취재기자

| 연도 \ 매체명 \ 구분 | | 취재기자 |
|---|---|---|
| 2003년 | 조선일보 | 김민배(선임기자), 신정록, 정우상, 최원규 |
| | 뉴욕타임스 | Richard Stevenson, David Sanger, Elizabeth Bumiller |
| 2022년 | 조선일보 | 최경운, 김은중, 김동하 |
| | 뉴욕타임스 | Peter Baker, Michael Shear, Zolan Kanno-youngs, Katie Rogers, David Sanger, Jim Tankersley |

료하게 알 수 있다. 피터 베이커Peter Baker 기자는 전체 백악관 보도를 지휘하는 팀장 역할chief White House correspondent을 맡고 있고, 마이클 쉬어Michael Shear 기자는 대통령실 일 가운데 특히 국내 정책 분야domestic policy를 책임진다. 데이비드 생어David Sanger 기자는 백악관 정책 중에서도 국가안보 분야White House and national security correspondent에 집중하고 있고, 짐 탱커슬리Jim Tankersley 기자는 경제 문제economic policy, 졸란 카노영스Zolan Kanno-Youngs 기자는 국내 정책domestic policy과 극단주의자 문제homeland security and extremism, 케이티 로저스Katie Rogers 기자는 백악관과 관련된 생활 및 영부인 문제life in the Biden administration, 문화적 의제Washington culture, 국내 정책domestic policy 등을 주로 담당한다.

편집국 내 다른 부서 기자들과의 공동 취재 현황은 두 신문 모두 2003년에 비해 더 활성화된 현실을 보여준다. 2003년 26명의 타 부서 기자들과 공동취재를 실시했던 『조선일보』 대통령 취재팀은, 2022년 같은 기간 동안 모두 29명의 다른 취재 분야 기자들과 공동 바이라인을 사용한 것으로 조사됐다. 한편 『뉴욕타임스』는 2003년에 같은 기간 동안 16명의 타부서 기자와 함께 기사를 썼다면, 2022년에는 같은 기간에 46명으로 그 수가 늘은 것으로 조사됐다.

### 기자별 출고 기사 수 비교

각 기자가 쓰는 기사량의 변화는 <표 3-6>에 정리돼 있다. 이 표를 보면 알 수 있듯이, 『조선일보』 기자들의 출고량은 팀장인 최경운 기자의 경우 2003년의 신정록 기자와 비교하면 크게 줄었지만, 다른 두 기자의 기사 수는 오히려 조금씩 늘어난 모습을 보여준다. 인력이 줄어든 현실도 작용한 듯 보인다. 그에 비해 『뉴욕타임스』 기자들의 개인별 출고량은 전체적으로 절반 이하로 줄었다. 2022년에는 가장 많은 기사를 쓴 사람이 마이클 쉬어 기자인데, 3개월 동안 모두 30개의 기사를 쓴 것으로 조사됐다. 2003년 데이비드 생어 기자는 같은 기간 60개의

<표 3-6> 『조선일보』와 『뉴욕타임스』의 대통령 보도 기자별 기사 수 (단위: 건, %)

| 연도 | 매체명 (구분) | 기자명 | 기사 수 | 비중 |
|---|---|---|---|---|
| 2003년 | 조선일보 | 김민배 | 5 | 1.6 |
| | | 신정록 | 142 | 46.3 |
| | | 정우상 | 83 | 27.0 |
| | | 최원규 | 82 | 26.7 |
| | | 합계 | 307 | 100.0 |
| | 뉴욕타임스 | Richard Stevenson | 41 | 25.8 |
| | | David Sanger | 62 | 39.0 |
| | | Elisabeth Bumiller | 56 | 35.2 |
| | | 합계 | 159 | 100.0 |
| 2022년 | 조선일보 | 최경운 | 59 | 24.2 |
| | | 김은중 | 96 | 39.3 |
| | | 김동하 | 89 | 36.5 |
| | | 합계 | 244 | 100.0 |
| | 뉴욕타임스 | Peter Baker | 23 | 20.9 |
| | | Michael D. Shear | 30 | 27.3 |
| | | David E. Sanger | 20 | 18.2 |
| | | Zolan Kanno-youngs | 19 | 17.3 |
| | | Jim Tankersley* | 9 | 8.2 |
| | | Katie Rogers** | 9 | 8.2 |
| | | 합계 | 110 | 100.0 |

* Jim Tankersley는 5월 31일부터 6월 30일까지 기사 작성.
** Katie Rogers는 4월 1일부터 5월 8일까지 기사 작성.

기사를 출고했다. 종합해보면 일일 기사의 개인별 출고량은 『조선일보』의 경우 2003년과 큰 변화 없이 하루 1개 정도로 나타난 데 비해, 『뉴욕타임스』는 하루 0.3개 정도의 기사를 쓰는 것으로 조사됐다. 이는 『뉴욕타임스』의 경우 대통령 취재기자들이 사흘에 1개 정도 기사를 쓰고 있다는 의미다.

한 가지 대비되는 현상은 『뉴욕타임스』는 경력이 많은 선배 기자들이 써내는 기사 수가 젊은 기자들보다 많고, 『조선일보』의 경우는 반대로 젊은 두 기자가 각각 출고하는 기사의 양이 팀장인 최경운 기자가 써내는 기사량보다 크게 많았다는 점이다. 이러한 현상의 원인은 취재 영역 안에서의 기사 배분 방식의 차이 때문으로 보인다. 『뉴욕타임스』가 각 기자의 취재 영역을 백악관 안에서도 구체적으로 분리해 상대적으로 독립적 책임제를 운영하는 데 비해, 『조선일보』는 여전히 팀장이 강한 지휘권을 행사하며, 그날그날 대통령과 관련된 이벤트를 중심으로 기사를 배분하는 방식을 유지하는 것으로 판단된다.

#### 다른 영역 담당 기자와 공동 작성 기사 수 비교

다른 출입처 기자와 공동 바이라인으로 기사를 출고하는 현실에도 두 신문 사이에 구조적 차이가 나타났다. <표 3-7>을 보면, 『조선일보』는 각 기자가 단독으로 쓴 기사가 80%이고, 타 영역 출입기자와 함께 쓴 기사는 20% 정도인 것으로 조사됐다. 공동 바이라인이 늘고는 있지만, 여전히 혼자 쓰는 기사가 대부분인 현실을 보여준다. 그런가 하면 『뉴욕타임스』는 다른 영역 취재기자와 공동으로 쓰는 기사의 비율이 58% 수준에 이른다. 단독으로 쓰는 기사보다 협업 기사의 비중이 더 크다는 뜻이다.

『조선일보』에서 협업적 기사가 느는 현상은 바람직한 변화로 보인다. 그러나 여전히 그 비중이 20% 선에 그치는 점은 깊은 성찰이 필요해 보인다. 거의 60%의 기사를 타 영역 취재기자들과 공동으로 취재하는 『뉴욕타임스』의 대통령 보도 양상은, 기본적인 접근법에서 기사가 대통령의 말이나 대통령실의 행사에 집중하는 성격을 띠지 않는다는 차이점을 분명하게 보여준다. 다만 『조선일보』의 경우 취임 초기 대통령실을 취재하는 특성이 작용했을 수는 있다. 이 기간에는 어느 나라

<표 3-7> 『조선일보』와 『뉴욕타임스』의
2022년 단독 및 공동 대통령 보도 기사 (단위: 건)

| 구분<br>매체명 | 기자명 | 전체 | 단독 | 공동 |
|---|---|---|---|---|
| 조선일보 | 최경운 | 59 | 48 | 11 |
| | 김은중 | 96 | 82 | 14 |
| | 김동하 | 89 | 67 | 22 |
| | 합계 | 244 | 197 | 47 |
| 뉴욕타임스 | Peter Baker | 23 | 12 | 11 |
| | Michael D. Shear | 30 | 12 | 18 |
| | David E. Sanger | 20 | 6 | 14 |
| | Zolan Kanno-youngs | 19 | 4 | 15 |
| | Jim Tankersley | 9 | 5 | 4 |
| | Katie Rogers | 9 | 7 | 2 |
| | 합계 | 110 | 46 | 64 |

에서든 작은 조직의 변화나 새로운 인물의 임명 등 단발성 기사가 크게 주목받을 가능성이 높기 때문이다.

### 유형별 기사 분포 비교

<표 3-8>은 일반 기사와 특별히 코너 제목이 달린 기사들의 분포를 비교해 정리한 내용이다. 이 유형별 기사 분포에서는 두 신문 모두 큰 변화를 확인하지 못했다. 일반 뉴스성 기사가 『조선일보』에서는 97.1%, 『뉴욕타임스』에서는 93.6%를 차지한 것으로 조사됐다. 『뉴욕타임스』의 경우 제목이 달린 코너들이 과거에 비해 줄어드는 추세가 아닌가 하는 느낌이 들었다. 코로나 감염병 상황이라든가 1월 6일 미의회 난입사태 같은 특별한 주제를 연속적으로 다루는 디지털 기사들은 『뉴욕타임스』에서 새롭게 나타나는 추세였다.

『뉴욕타임스』에서 2003년 매주 등장하던 '백악관 편지White House

<표 3-8> 『조선일보』와 『뉴욕타임스』의 대통령 보도 기사 유형 (단위: 건, %)

| 연도 | 매체명 | 유형 | 기사 수 | 비중 |
|---|---|---|---|---|
| 2003년 | 조선일보 | 뉴스 | 296 | 96.4 |
| | | 조선 데스크 | 5 | 1.6 |
| | | 기자 수첩 | 5 | 1.6 |
| | | 정치 인사이드 | 1 | 0.3 |
| | | **합계** | 1307 | 100.0 |
| | 뉴욕타임스 | News | 142 | 89.3 |
| | | White House Letter | 11 | 6.9 |
| | | White House Memo | 3 | 1.9 |
| | | Political Memo | 1 | 0.6 |
| | | Washington Talk | 1 | 0.6 |
| | | News Analysis | 1 | 0.6 |
| | | **합계** | 159 | 100.0 |
| 2022년 | 조선일보 | 뉴스 | 237 | 97.1 |
| | | 기자의 시각 | 3 | 1.2 |
| | | 정치 인사이드 | 2 | 0.8 |
| | | 터치! 코리아 | 1 | 0.4 |
| | | 최경운이 만난 사람 | 1 | 0.4 |
| | | **합계** | 244 | 100.0 |
| | 뉴욕타임스 | News | 103 | 93.6 |
| | | NEWS ANALYSIS | 4 | 3.6 |
| | | WASHINGTON MEMO | 2 | 1.8 |
| | | WHITE HOUSE MEMO | 1 | 0.9 |
| | | **합계** | 110 | 100.0 |

Letter' 코너는 2022년에는 찾을 수가 없었다. '워싱턴의 말Washington Talk' 코너도 2022년 기사에서는 발견되지 않았다. 나머지 코너들은 유지되고 있었고, '뉴스 해설News Analysis' 코너는 더 자주 기사가 게재됐

다. 『조선일보』에서는 '조선데스크' 기사를 찾을 수 없었고, '기자수첩'은 '기자의 시각'으로 코너 이름을 바꾼 듯 보였다.

### 대통령 기사의 길이 비교

<표 3-9>는 대통령 기사의 평균 길이를 측정해 정리한 자료다. 2003년 『조선일보』 대통령 기사의 평균 길이는 15.7문장이었으나, 2022년 자료를 가지고 살펴본 기사의 길이는 평균 19.1문장으로 조사됐다. 지난 19년 사이 평균 4문장 정도 기사 길이가 늘어난 셈이다. 짧은 기사는 3문장짜리가 있었고, 긴 기사는 50문장에 달하는 경우도 발견됐다. 한편 『뉴욕타임스』는 2003년 평균 30문장 길이의 기사를 출고하는 것으로 조사됐으며, 2022년에는 평균 44.8문장으로 조사돼, 다시 크게 길어진 것으로 집계됐다. 『뉴욕타임스』의 경우 과거에 비해 50% 정도 길이가 늘어, 기사에 투입되는 정보량이 현저하게 확대된 것을 확인할 수 있다. 짧은 기사는 12문장이었고, 『뉴욕타임스』가 게재한 가장 긴 기사는 93문장의 기사였다.

이 조사 결과를 보면, 19년의 시간이 지나며 두 신문의 대통령 기사 길이의 차이는 더 크게 벌어졌다. 『조선일보』 기사가 3~4문장 길어진 데 비해 『뉴욕타임스』 기사는 14문장이나 더 길어졌기 때문이다. 이 정도 차이는 언어 특성의 차이일 수 없다. 두 신문은 2003년에도 그랬지만, 19년이 지나며 대통령 기사라는, 신문이 생산하는 비슷한 제품

<표 3-9> 『조선일보』와 『뉴욕타임스』의 대통령 보도 기사 길이(문장 수) (단위: 개)

| 연도 | 매체명 (구분) | 평균 | 가장 짧은 기사 | 가장 긴 기사 |
|---|---|---|---|---|
| 2003년 | 조선일보 | 15.7 | 2 | 20 |
| | 뉴욕타임스 | 30.5 | 11 | 154 |
| 2022년 | 조선일보 | 19.1 | 3 | 50 |
| | 뉴욕타임스 | 44.8 | 12 | 93 |

<표 3-10> 『조선일보』와 『뉴욕타임스』의 2022년 대통령 보도 기사 유형별 기사 길이(문장 수)(단위: 건, 개)

| 연도 | 매체명 (구분) | 유형 | 기사 수 | 기사 길이 |
|---|---|---|---|---|
| 2022년 | 조선일보 | 뉴스 | 237 | 18.9 |
| | | 기자의 시각 | 3 | 25.7 |
| | | 정치 인사이드 | 2 | 28.0 |
| | | 터치! 코리아 | 1 | 38.0 |
| | | 최경운이 만난 사람 | 1 | 95.0 |
| | | 합계 | 244 | 19.1 |
| | 뉴욕타임스 | News | 103 | 44.5 |
| | | NEWS ANALYSIS | 4 | 52.0 |
| | | WASHINGTON MEMO | 2 | 44.0 |
| | | WHITE HOUSE MEMO | 1 | 48.0 |
| | | 합계 | 110 | 44.8 |

의 기본 성격에서 전혀 다른 기준을 가지고 제품을 만들고 있다고 보는 편이 타당하다.

2022년 기사 유형별 길이의 현황은 <표 3-10>에 정리돼 있다. 코너 제목이 달린 기사들은 과거와 비교할 때 두 신문 모두에서 별다른 차이를 관찰하기 어려웠다.

### 취재원 사용 현황 비교

<표 3-11>은 개별 기사당 사용된 취재원 수를 조사한 내용이다. 『조선일보』의 경우 한 기사에 사용한 취재원은 평균 2.6개로 조사돼, 2003년에 비해 0.5개 정도 늘어났다. 『뉴욕타임스』는 기사에 사용된 취재원 수가 2022년 자료에서는 6.3개로 확인됐다. 2003년 7.5개에서 기사당 1개 정도의 취재원을 덜 사용한 것으로 판단된다. 2003년 『뉴욕타임스』 7.5개 대 『조선일보』 2.1개였던 상황보다는 『조선일보』의

<표 3-11>『조선일보』와『뉴욕타임스』의 대통령 보도 기사별 취재원 수 평균 (단위: 개)

| 연도 \ 매체명 (구분) | | 기사별 취재원 수 평균 |
|---|---|---|
| 2003년 | 조선일보 | 2.1 |
| | 뉴욕타임스 | 7.5 |
| 2022년 | 조선일보 | 2.6 |
| | 뉴욕타임스 | 6.3 |

취재원 수가 늘고『뉴욕타임스』는 줄었다. 그러나 근본적으로 2~3개의 취재원을 가지고 기사를 쓰는 신문과 6~8개 취재원을 가지고 하나의 기사를 쓰는 신문의 저널리즘은 기사의 품질 면에서 커다란 차이가 있음을 부인할 수 없다.

<표 3-12>는『조선일보』와『뉴욕타임스』가 실명 취재원을 대통령 기사에서 어느 정도 비중으로 쓰고, 또 익명 취재원은 어느 정도 비중으로 쓰는지를 조사한 결과다.『조선일보』는 2003년 66.7%였던 실명 취재원의 비중이 2022년에 53.4%로 크게 줄었다. 반면에『뉴욕타임스』는 48.7%였던 실명 취재원 비중이 2022년에는 78.7%로 2배 가까이 늘었다. 이는 상당히 대비되는 결과다. 그러다 보니『조선일보』는 대통령 기사 취재원의 절반 가까이인 46.6%가 익명으로 사용된 것으

<표 3-12>『조선일보』와『뉴욕타임스』의 대통령 보도 기사
실명·익명 취재원 사용 비중 (단위: %)

| 연도 \ 매체명 (구분) | | 실명 취재원 | 익명 취재원 | 합계 |
|---|---|---|---|---|
| 2003년 | 조선일보 | 66.7 | 33.3 | 100.0 |
| | 뉴욕타임스 | 48.7 | 51.3 | 100.0 |
| 2022년 | 조선일보 | 53.4 | 46.6 | 100.0 |
| | 뉴욕타임스 | 78.7 | 21.3 | 100.0 |

로 조사됐다. 이는 2003년 3개 가운데 하나 정도의 취재원이 익명이었던 것과 달리, 2022년에는 2개 가운데 한 취재원을 익명으로 사용하게 되었다는 의미다. 『뉴욕타임스』는 대통령 기사에서 사용되는 익명 취재원의 비중이 21.3% 수준에 그쳤다.

코바치와 로젠스틸(Kovach & Rosenstiel, 2021)에 따르면, 디지털 시대에 뉴스의 신뢰도는 기사의 투명성에 의해 좌우된다. 그래서 그들은 어쩔 수 없이 익명으로 기사를 써야 하는 경우에는 투명하게 밝히지 못하는 이유를 독자가 알 수 있도록 기자가 기사에서 설명할 의무가 있다고 강조한다. 이러한 저널리즘 원칙의 관점에서 보면, 『조선일보』에서 보여주는 실명 취재원 사용의 후퇴 현상은 한국 언론의 신뢰도와 관련해 심각한 걱정거리가 아닐 수 없다.

특히 익명 취재원 가운데도 '일각'이란 표현은 불투명성의 극치를 보여주는 무책임한 취재원 밝히기 방식이다. 문제는 이러한 표현이 '외교가 일각', '민주당 일각', '정치권 일각', '여권 일각', '국민의 힘 일각', '대통령실 일각' 등 대통령 보도 기사에서 무차별적으로 사용되고 있는 현실이다. 이번 조사 결과를 보면 이 '일각'이란 표현은 『조선일보』가 사용한 전체 익명 취재원 가운데 4% 정도의 비중을 차지했다.

이러한 『조선일보』 상황과는 현저히 다르게, 『뉴욕타임스』는 모든 익명 취재원의 경우 왜 이름이나 신원을 밝힐 수 없는 사정인지를 기사 안에서 예외 없이 설명하는 기사 쓰기를 제도화했다. 2003년 제이슨 블레어Jayson Blair 기자가 여러 신문의 기사를 날조한 것이 드러나 심각한 신뢰도의 추락을 경험한 뒤로, 『뉴욕타임스』는 독자의 신뢰에 가장 중요한 요소가 기사의 투명성이라는 사실을 모든 기자가 숙지하여 실천하도록 다양한 제도 개선책을 만들어 적용해왔다. 『뉴욕타임스』에서 익명 취재원에 대한 예외 없는 배경 설명은 이제 모든 기사에서 실천되는 원칙이 됐다. 확인하기 어려운 정보가 뉴스로 순식간에 확산하는 디지털 세상에서 이러한 기사 쓰기 원칙은 『뉴욕타임스』의 신뢰도를 유지하게 만드는 가장 중요한 요소 가운데 하나다.

### 사용된 취재원 종류 분포 비교

<표 3-13>은 대통령 기사에 사용되는 취재원의 종류를 정리한 내용이다. 『조선일보』의 경우 2003년 70% 정도였던 대통령 자신을 포함한 대통령 참모들의 비중이 2022년에는 크게 축소돼 47.6%로 조사됐다. 특히 2022년의 경우 대통령을 직접 취재원으로 사용하는 비중은 16%로 2003년 19.1%에서 3%포인트 정도 줄었고, 대통령 참모들을 취재하는 비중도 50%에서 31.6%로 감소한 것으로 집계됐다. 반면에 2003년에는 전혀 등장하지 않았던 야당 취재원이 2022년에는 9.6%로 증가했고, 2003년에 7.1% 수준이었던 여당 취재원은 2022년에 18.1% 비중으로 크게 는 것으로 조사됐다. 비정치권 전문가나 이해당사자들이 취재원으로 등장하는 기타 부문의 비중은 2003년 9.5%에서 소폭 늘어 2022년에는 12.1%로 조사됐다.

『뉴욕타임스』의 경우는, 대통령이 취재원으로 등장하는 비중은 2003년 8.8%에서 2022년에는 12.2%로 조금 늘어났다. 그러나 백악관 참모들이 등장하는 비중은 10%포인트 가까이 줄어 2022년에는 11.4% 정도에 머물렀다. 행정부 관료와 여당 취재원의 비중은 각각 8.3%포인트, 3.8%포인트 줄어든 반면, 야당 관련 인사가 등장하는 경우는 2003년 0.9%에서 2022년 6.0%로 5.1%포인트 늘었고, 특히 기

<표 3-13> 『조선일보』와 『뉴욕타임스』의 대통령 보도 기사 취재원 유형 분포 (단위: %)

| 연도 | 매체명 \ 구분 | 대통령 | 대통령 참모 | 행정부 관료 | 여당 | 야당 | 기타 | 합계 |
|---|---|---|---|---|---|---|---|---|
| 2003년 | 조선일보 | 19.1 | 50.0 | 14.3 | 7.1 | 0.0 | 9.5 | 100.0 |
| | 뉴욕타임스 | 8.8 | 21.2 | 28.3 | 10.6 | 0.9 | 30.1 | 100.0 |
| 2022년 | 조선일보 | 16.0 | 31.6 | 12.6 | 18.1 | 9.6 | 12.1 | 100.0 |
| | 뉴욕타임스 | 12.2 | 11.4 | 20.0 | 6.8 | 6.0 | 43.6 | 100.0 |

타 영역 취재원이 크게 늘어 전체 취재원의 43.6%나 차지했다. 기타 취재원에서 가장 큰 비중을 차지하는 사람들은 각 분야 전문가들로 15.3%를 차지했고, 외국의 지도자나 관료가 9.5%, 국방 및 안보 관련자가 4.6% 정도 활용된 것으로 조사됐다.

### 인용문 사용 현황 비교

<표 3-14>는 각 기사에서 인용되는 직접인용문의 수를 집계한 내용이다. 2003년 『조선일보』는 대통령 기사 하나에 평균 3.9개의 취재원 인용문을 사용했으나, 2022년에는 평균 7.2개로 조사돼 2배에 가까운 증가 상황을 보여준다. 『뉴욕타임스』는 2003년 기사당 평균 12.8개의 인용문을 사용했는데, 2022년에는 이 수가 15.8개로 나타났다. 기사 하나에 3개 정도의 인용문이 증가한 셈이다. 이러한 인용문의 급격한 증가는 트위터나 페이스북, 인스타그램 등 SNS의 일상화가 주요한 원인인 것으로 추정된다. 『조선일보』 기사 가운데 가장 인용문이 많은 기사는 23개의 인용문을 활용했고, 『뉴욕타임스』는 34개 인용문을 사용한 기사가 가장 많은 인용문을 사용한 경우였다.

<표 3-15>는 인용문의 주체가 누구인지에 따라 각각의 비중을 정리한 자료다. 2003년 자료를 보면 『조선일보』와 『뉴욕타임스』 모두에서 대통령이 인용되는 비중이 압도적으로 높았다. 『조선일보』는 44.9%였고 『뉴욕타임스』는 더 높아서 46.4%를 차지했다. 2022년 자

<표 3-14> 『조선일보』와 『뉴욕타임스』의 대통령 보도 기사 인용문 수 (단위: 개)

| 연도 | 매체명 \ 구분 | 인용 수 평균 | 최소 인용 수 | 최대 인용 수 |
|---|---|---|---|---|
| 2003년 | 조선일보 | 3.9 | 0 | 12 |
| | 뉴욕타임스 | 12.8 | 0 | 51 |
| 2022년 | 조선일보 | 7.2 | 0 | 23 |
| | 뉴욕타임스 | 15.8 | 1 | 34 |

<표 3-15> 『조선일보』와 『뉴욕타임스』의 대통령 보도 기사 인용 주체별 분포 (단위: %)

| 연도 \ 매체명 \ 구분 | | 대통령 | 대통령 참모 | 행정부 관료 | 여당 | 야당 | 기타 | 합계 |
|---|---|---|---|---|---|---|---|---|
| 2003년 | 조선일보 | 44.9 | 30.8 | 5.01 | 9.0 | 0.0 | 10.3 | 100.0 |
| | 뉴욕타임스 | 46.4 | 12.5 | 16.1 | 3.6 | 0.5 | 20.8 | 100.0 |
| 2022년 | 조선일보 | 13.7 | 28.5 | 12.7 | 19.9 | 13.0 | 12.2 | 100.0 |
| | 뉴욕타임스 | 14.3 | 9.3 | 16.4 | 9.1 | 7.7 | 43.2 | 100.0 |

료에서는 대통령의 비중이 공통적으로 급격히 내려왔다. 『조선일보』의 경우 이 비중은 13.7%, 『뉴욕타임스』는 14.3%로 조사됐다. 대통령 참모들의 경우는 조금씩 비중이 줄어든 것으로 나타났는데, 『조선일보』는 28.5%, 『뉴욕타임스』는 9.3%로 조사됐다.

반면에 대통령 기사에서 정당, 특히 야당 사람들의 인용문 비중은 『조선일보』와 『뉴욕타임스』에서 모두 괄목할 만큼 늘어났다. 『조선일보』의 경우 야당 인사의 인용문 비중이 13.0%로 조사됐고, 『뉴욕타임스』는 7.7%의 인용문이 야당 인사들의 말이었던 것으로 조사됐다. 전문가나 이해당사자 등 기타로 분류된 일반 인사들의 인용문은 『조선일보』의 경우는 소폭 증가해 12.2%, 『뉴욕타임스』는 2003년 20% 정도에서 2022년에는 2배 이상 늘어 전체 인용문 가운데 43.2%를 차지했다.

이는 기사에 실리는 목소리의 다원화가 두 신문에서 모두 진행되는 현실을 보여주는 자료다. 이러한 자료는 특히 디지털 세상, 소셜네트워크 시대가 펼쳐지며, 과거 국가원수인 대통령이 그 자신과 관련된 기사를 거의 독단적으로 지배해왔던 관행이 이제 더는 지속되지 않는다는 현실을 보여주는 증거이기도 하다.

## 3. 『조선일보』와 『뉴욕타임스』의 대통령 보도 비교에서 드러난 차이점

이 연구는 기사의 내용은 전혀 보지 않았다. 즉 진보/보수 등 정치적 성향이나, 친정권/반정권 등 논조의 경향성은 이 연구의 관심사가 아니었다. 대신 이 연구는 관행으로 정착된 저널리즘 제도로서의 취재 체제와 대통령 기사의 기본적 제작 기준을 확인해보려는 목적으로 시도되었다. 『조선일보』와 『뉴욕타임스』는 한국과 미국을 대표하는 신문으로 선택되었으며, 2003년에 한 차례 비교 작업을 했기 때문에 이번에는 지난 19년의 변화를 측정해보기 위해 같은 두 신문을 같은 방식으로 분석했다. 19년의 시간이 만들어낸 결과의 비교는 두 신문의 대통령 보도 방식의 차이가 더 크게 벌어졌음을 보여준다.

### 1) 대통령 취재진의 차이

가장 눈에 띄는 차이는 대통령 취재진의 규모이다. 『조선일보』는 2003년 4명이던 대통령 취재진이 2022년에는 3명으로 준 것으로 조사됐다. 에디터급 기자가 한 사람 줄었는데, 이는 큰 변화라기보다는 인력 재배치 과정에서 일어난 과도기적 상황일 수도 있어 보인다. 정리하면 『조선일보』의 대통령 취재진은 19년 동안 큰 변화가 없었다. 또한 취재진이 일을 나누는 방식에서도 눈에 띄는 변화는 찾지 못했다. 다른 출입처 기자들과 공동취재 기사가 늘어난 것 정도가 취재진과 관련해 확인할 수 있었던 변화였다.

2003년 이후 『뉴욕타임스』는 공식적으로 백악관에 배치된 기자의 수가 3명에서 6명으로 2배 늘었다. 이는 상당히 큰 구조적 변화이다. 이와 같은 조직 확장은 대통령 관련 뉴스를 다루는 『뉴욕타임스』의 기본 정책이 달라졌음을 보여주는 근거가 될 수 있다. 나아가 이번 분석을 통해, 『뉴욕타임스』는 각 취재기자가 다루는 대통령 관련 뉴스의 영역을 세분화해 취재팀을 운영한다는 사실도 확인할 수 있었다. 특히 국제 문제와 안보, 경제정책 등을 전문적으로 다뤄온 기자들을 대통령실에 배치해 대통령실에서 출고되는 해당 분야 기사의 품질을 높여가는 시도가 인상적이었다. 이는 전체 취재 인력이 2003년 1,200명 규모에서 2022년에는 1,700명 수준으로 확장된 『뉴욕타임스』 인력의 여유가 만들어낸 결과일 수도 있다. 『조선일보』는 같은 기간 전체 편집국 인력의 규모에 큰 변화가 없었다.

### 2) 기사 길이의 차이

이번 연구에서 확인한 두 번째 차이는 대통령 기사의 길이다. 2022년 기사들을 비교한 결과 『조선일보』의 대통령 기사는 244개 기사의 평균 길이가 19.1문장이었다. 2003년 15.7문장보다 3.4문장이 길어졌다. 한 가지 정도 정보나 관점을 추가할 수 있는 만큼 기사가 늘어난 셈이다.

한편 『뉴욕타임스』는 2003년 평균 30.5문장이던 기사 길이가 2022년에는, 110개 기사의 평균을 내보니 44.8문장으로 확인됐다. 19년 사이 무려 14문장이 길어졌다는 뜻이다. 14문장이면 2003년 『조선일보』 기사 하나의 평균 길이만큼이 길어졌다는 뜻이다. 과거와 비교할 때 전혀 다른 차원의 기사를 쓰게 됐다고 생각해볼 수도 있다. 사실과 관점 등이 19년 전에 비해 50% 정도 더 추가될 수 있는 만큼의 공간이 늘었다고 볼 수 있다.

기사 길이는 기사의 내러티브 구조와 사용되는 정보의 양을 결정하는 가장 중요한 요소다. 기사가 길면 기자는 취재의 양을 늘려야 하고, 더 많은 정보를 기사 속에 배치하는 이야기 구조에 대해서도 더 깊은 고민을 해야 한다. 취재원의 다원성이 늘고, 그들의 목소리를 직접 소개할 수 있는 공간도 확장되며, 따라서 기사에 담기는 관점의 다양성도 강화될 수밖에 없다.

### 3) 기사 투명성의 차이

세 번째로 눈에 띄는 차이는 기사의 투명성의 차이다. 투명하게 쓴 기사는 기자가 어떠한 과정을 거쳐서, 어떠한 취재원의 증언을 바탕으로 기사를 썼는지를 독자에게 정직하게 드러내는 기사다. 코바치와 로젠스틸(Kovach & Rosenstiel, 2021)은 기사의 투명성을 소시지 만들기에 빗대어 설명한다. 그들은 소비자가 소시지를 믿고 사게 하려면 그것이 어떠한 재료를 토대로 어떻게 만들어졌는지 소비자가 객관적으로 확인할 수 있도록 보여주어야 하듯이, 기사 쓰기도 그렇게 해야 한다고 말했다. 곧 뉴스를 소비하는 수용자에게 투명한 기사의 핵심 요소는 취재 경로와 취재원을 명료하게 드러내주는 일이다.

2022년 『조선일보』 대통령 기사에서 사용된 취재원 가운데 이름이나 직책을 분명하게 드러낸 투명 취재원의 비중은 53.4%였다. 전체 취재원의 절반이 조금 넘는 셈인데, 2003년에는 이 비율이 66.7%였다. 19년이 지나며 13%포인트 정도 기사의 투명성이 후퇴한 것이다. 정보를 제공한 사람이 누구인지, 뭘 하는 사람인지를 알기 어려웠던 익명 취재원은 2003년 33.3%였으나, 2022년에는 이 비율이 46.6%로 13.3%포인트 늘었다. 『조선일보』의 대통령 기사에서는 정보의 출처를 제대로 밝히지 않는 기사 쓰기가 19년 전에 비해 더 빈번해졌다는 뜻이다.

『뉴욕타임스』는 2003년 대통령 기사의 익명 취재원 비중이 51.3%였다. 그러나 2022년에는 그 비중이 크게 줄어 21.3%로 조사됐다. 반대로 48.7%에 그쳤던 실명 취재원 비중은 78.7%로 대폭 강화됐다. 10개 취재원 가운데 2개만 익명을 사용하는 정도로 『뉴욕타임스』의 기사 투명성이 강화된 사실을 확인할 수 있다. 『뉴욕타임스』가 보여주는 또 다른 뚜렷한 변화는 취재원의 실명이나 직책 등을 밝힐 수 없는 사정이 있을 때, 예외 없이 그 배경을 기사 안에서 설명해준다는 사실이다. 안전에 위협이 될 수 있거나, 생계에 피해를 줄 수 있거나, 아니면 신분이 불안해질 수 있거나 하는 이유 등이 『뉴욕타임스』 기사에서 자주 제시되는 익명 취재원 사용의 이유들이다.

『조선일보』의 대통령 취재기자들은, 분석 결과가 보여주듯이 매일 1개 이상의 기사를 써내야 할 정도로 업무 강도가 강하다. 이 연구에서는 지면에 인쇄된 기사만을 조사 대상으로 했지만, 온라인에 올려야 하는 기사들까지 고려하면 그들의 취재 여건은 다른 어느 영역을 취재하는 기자들보다도 여유가 없을 것으로 판단된다. 『뉴욕타임스』 기자들이 사흘에 1개 정도 기사를 쓰면 되는 상황하고는 질적으로 크게 다른 현실이라는 의미다. 하지만 그러한 현실 여건을 고려하더라도 기사의 신뢰도를 높이는 것은 소홀히 할 수 없는 일이다. '일각에서는'이나 '관계자' 같은 취재원을 사용해, 믿을 수 없는 기사들을 출고하는 일은 저널리즘의 존재 기반을 스스로 무너트리는 선택이 될 수 있다.

## 4. 『조선일보』가 『뉴욕타임스』에 뒤지는 원인

<월간조선>의 박지현 기자가 라파엘 라시드Raphael Rashid라는 영국 기자를 인터뷰한 기사가 2022년 8월 21일 <조선닷컴>에 게재됐다. 라시드 기자는 프리랜서로, 12년째 서울에 살며 『가디언』, 『뉴욕타임스』, 『텔레그라프』 등 해외 유수 매체에 기사를 기고하는 사람이다. 고려대학교에서 한국학 석사과정을 마쳤고, 2022년에는 『우리가 보지 못한 대한민국』이라는 책을 출간하기도 했다.

박지현 기자는 인터뷰에서 "한국에서 가장 객관적인 언론은 어디라

고 생각하는지?"를 물었다. 라시드 씨의 답변은 "미안하지만, 없다."였다. 36세 영국 기자가 진단하는 한국 언론의 민망한 현주소였다. 인터넷 매체를 모두 제외하고, 서울에서 뉴스를 생산하는 주요 언론사만 해도 통신사와 신문, 방송사를 합하면 30개가 넘는다. 그렇게 많은 한국 언론사 가운데 객관적인 매체는 없다고 그는 단언했다. 그는 이어서 한국 언론 환경에 대한 자신의 생각을 더 자세하게 표현했다.

> 팩트체크의 누락, 과장과 표절, 추측성 기사, 언론윤리의 부재… 중대한 부분은 차치하고 한국 언론은 익명성에 너무 많이 기댄다. '업계 관계자'가 도대체 누구냐. 실명이 없는 기사를 언제까지 신뢰할 수 있나. 영미의 대형 언론사에서는 보도 시 취재원의 생명에 지장이 있는 경우를 제외하고는 무조건 실명을 쓴다.

박 기자가 인용한 라시드 씨의 말이다. 외국인은 한국의 언론 현실을 세밀하게 이해하기가 어려울 수 있다. 한국 사회는 한 걸음만 건너면 누구인지를 알 수 있을 정도로 촘촘하게 연결된 구조라서, 개인의 인격권을 보호하려면 더 엄밀한 보안 조치가 필요하기도 하다. 그러나 한국인의 눈에는 보이지 않는 우리 언론의 민낯이 라시드 기자 같은 이방인에게는 쉽게, 또 명료하게 드러날 수 있는 것도 사실이다.

『조선일보』 기사들의 경우처럼, 한글로 쓴 기사는 한국이라는 시장 안에서 주로 한국 수용자들이 소비한다. 그러다 보니 한국 독자들에게 한국의 저널리즘은 마치 호흡하는 공기처럼 자연의 일부인 듯 느껴지기도 한다. 신문과 방송이 제공하는 기사들을 독자는 자연의 일부처럼 받아들여 무비판적으로 소비하게 된다는 뜻이다. 그러나 라시드 씨 같은 이방인은 처지가 다르다. 전혀 다른 제품인 영국과 미국식 저널리즘에 익숙한 상태에서 한국의 저널리즘 생태계에 들어온 사람이다. 공기의 질이 다름을 예민하게 느낄 수밖에 없다. 더구나 자신이 기사를 생산하는 기자이니 민감도는 더 큰 게 당연하다.

한국 저널리즘에 대한 영국인 라시드 씨의 냉정한 평가는 지난 19년 사이 『조선일보』와 『뉴욕타임스』의 대통령 기사가 어떠한 변화를 보였는지 분석한 이 작업의 결과를 실증적 차원에서 보완해준다고 생각한다. 안타깝지만 한국을 대표하는 『조선일보』와 미국의 유력 신문인 『뉴욕타임스』 기사의 품질 차이는 19년 전에 비해 더 크게 벌어졌다. 취재진의 규모와 역할 분담 방식도 크게 달라졌다. 무엇이 이러한 결과를 만들었을까? 한국의 국력이나 기업 기술 경쟁력, 1인당 소득 등은 2003년에 비해 비교할 수 없이 좋아졌다. 하지만 왜 저널리즘은, 한국의 신문은 다른 분야와 달리 선진국과의 격차를 좁히거나 앞서가기는커녕 오히려 늘려가고 있는가?

### 1) 디지털 전략의 부재

필자가 보는 핵심 요인은 크게 두 가지다. 하나는 디지털 전략의 실패다. 제대로 된 디지털 전략이 없었다고 볼 수도 있다. 『조선일보』는 2003년에 디지털 유료구독자가 없었고, 2022년이 됐어도 단 1명의 디지털 유료구독자도 확보하지 못했다. 네이버와 카카오로 양분돼 있는 한국식 포털 생태계에서 독자적인 디지털 전략을 효과적으로 추진해오지 못한 결과다. 온라인 독자의 관심을 유도하기 위한 24시간 뉴스팀의 가동 정도가 그나마 지속적으로 추진해온 디지털 전략이었다고 할 수 있다. 이들은 네이버 플랫폼에서의 이익을 극대화하기 위해 회사 조직을 나누고, 자회사를 만들고 하는 실험만 되풀이해왔다. 핵심이 되는 독자들의 뉴스 소비 행태에 대한 정밀한 자료 축적이나, 해외 선진 매체들의 디지털 전략에 대한 지속적인 학습과 자료 축적, 그리고 SNS가 주도하는 뉴스 소비 방식에 적합한 기사 양식의 개발 등의 분야에서는 주목할 만한 결과를 보여준 사례가 거의 없다.

『뉴욕타임스』는 지난 6월에 끝난 2022년 2사분기 3개월 동안에만 18만 명의 디지털 독자를 추가했다(Robertson, 2022). 이 신문의 2022년 6월말 현재 디지털 유료구독자 수는 900만 명에 달한다. 물론 『뉴욕타임스』의 경우도 종이 신문의 유료독자는 계속 줄어왔다. 2022년 6월 말 현재, 종이 신문의 구독자 수는 76만 명에 그치는 것으로 보도됐다. 2021년 같은 기간에 비해 7%포인트 줄은 수치다. 그러나 디지털 구독자의 상황은 전혀 다르다. 로버트슨 기자의 기사를 보면, 2025년 목표는 1,500만 디지털 유료구독자의 확보다.

영어 신문이라는 강점을, 그래서 추가적인 노력 없이 해외 지도층 독자를 확보할 수 있다는 장점을 고려하더라도 『뉴욕타임스』의 디지털 전략의 성공은 쉽게 이루어진 것이 아니다. 지난 20여 년간 아서 G. 설즈버거Arther G. Sulzberger 사주와 딘 베케이Dean Baquet 편집인executive editor을 비롯한 회사의 핵심 인력들이 다양한 연구와 실험, 그리고 실패의 경험을 바탕으로 디지털화의 성공을 만들어냈다. 그 과정에서 제작된 혁신 리포트Innovation Report 2개(The New York Times, 2014; 2017)는 인터넷에 공개되며 전 세계 언론계의 주목을 받기도 했다. 이 보고서들은 에디터들과 현장 기자들이 오랜 시간 연구 조직을 운영하며 급변하는 디지털 뉴스 생태계에서 『뉴욕타임스』가 어떻게 변신해야 하는가를 탐구해온 결과물이자, 오늘날 『뉴욕타임스』의 성공을 이끌어낸 디지털 전략의 지침서들이다.

### 2) 저널리즘에 대한 연구와 혁신의 부재

『조선일보』가 뒤지는 두 번째 요인은 자체 연구 개발 조직이나 노력이 존재하지 않는 점이다. 한국 신문 업계에는, 1896년 『독립신문』이 창간된 뒤 130여 년이 지났지만, 어느 신문에도 기사를 연구하거나 새로운 미디어 환경이 저널리즘에 미치는 영향을 체계적으로 분석하는 연구소가 설치된 사례가 없다. 1990년대 후반 『조선일보』에 미디어연구소가 만들어져 유사한 작업을 진행하긴 했으나 몇 년 지나지 않아 그러한 기능이 작동하지 않는 상태로 조직의 명맥만 유지하고 있다.

『뉴욕타임스』는 2003년의 제이슨 블레어 사태 같은 심각한 윤리위반 문제가 벌어지거나, 디지털 대전환 같은 커다란 환경 변화를 앞두게 되면 기민하게 문제를 분석하고 대응책을 마련하는 대책 조직Task Force을 만들어 장단기적 대응책을 준비하고, 그 내용을 편집국 인력 전원을 대상으로 교육해왔다. 디지털 생태계에서 『뉴욕타임스』가 세계의 어느 매체보다도 앞서갈 수 있는 원동력은 이러한 적극적인 연구 및 개발 노력이다. 더불어 『뉴욕타임스』의 또 다른 강점은 이러한 혁신 노력의 결과물을 독자들에게도 공개하는 점이다. 그러한 접근 전략의 바탕에는 독자의 신뢰가 신문의 존립에 가장 중요한 가치라는 판단이 깔려 있다.

한국의 경제와 사회 각 부문이 선진국 문턱에 다다르도록 발전할 수 있었던 동력도 정부가 1960년대 이래 주도해온 다양한 연구 개발 노력의 결과였다. 반도체 산업의 약진, 조선 산업과 디스플레이 산업의 도약 등도 연구 개발 노력이 없이는 현재 수준의 성취를 이룰 수 없었을 것이다. 안타깝게도 한국의 언론계는 이러한 선진화를 위한 연구 개발 체제에서 가장 뒤떨어져 있는 산업 분야다. 40~50년 전 종이 신문의 기사 틀이 디지털 시대에도 큰 변화 없이 그대로 유지되고 있고, 편집국의 편제나 인력 상황도 이 연구의 대통령실 취재진 구조가 보여주는 대로 20년 전의 모습을 그대로 유지한다. 문제는, 디지털 생태계는 과거 라디오의 등장이나 텔레비전의 등장이 가져온 변화와는 차원이 다른 도전이라는 점이다. 이제 종이 신문의 구독자를 확장하는 일은 불가능한 과제가 됐다. 『조선일보』도 성장을 고민한다면 디지털 생태계에서의 유료구독자를 확장하는 것이 반드시 필요하다. 매우 세밀한 독자 소비 행태의 조사가 필요하고, 새로운 기사의 조건과 유형들에 대한 실험들도 치밀하게 진행해야 한다. 또, 기자들의 역량을 강화하기 위한 노력도 소홀해서는 안 된다.

## 5. 대통령이 아니라 시민을 위한 기사 쓰기로

『조선일보』와 『뉴욕타임스』의 대통령 기사와 취재진을 비교해본 결과 한국과 미국을 대표하는 두 신문이 대통령을 보도하는 방식에는 커다란 차이가 있음을 확인했다. 취재진 규모와 기사의 길이, 사용하는 관점의 다양성, 그리고 취재원 투명성 등의 현격한 차이는 결국 '기사를 통해 전달되는 행위의 주체는 누구인가' 그리고 '기사는 누구를 위해 작성되는가'의 문제와 긴밀하게 연결된다는 점을 확인하게 한다.

기사의 특징으로 드러나는 『조선일보』 대통령 기사의 주체는 여전히 대통령이다. 『조선일보』 기사를 읽으면 대통령이 말하고, 회의를 주재하고, 행사를 관장한다. 장관 후보를 결정하고, 보좌관을 교체하기도 한다. 19년 전에도 대통령 기사를 그러한 방식으로 작성했고, 2022년 새로운 대통령을 취재하는 방식도 이 틀에서 크게 벗어나지 않는다. 이러한 기사 쓰기 방식에서 기자의 존재는 주로 보도자료를, 또 취재원의 전언을 받아쓰는 사람이다. 기자가 그 내용에 질문을 제기하거나 내용을 검증하려 시도하는 경우는 거의 존재하지 않는다. 그러한 관행이 유지되기 때문에 기사는 길 필요가 없다. 그리고 취재원의 투명성보다는 전달되는 메시지가 더 중요하다. 이렇게 보면, 제왕적 대통령제를 2022년에도 유지케 해주는 버팀목 가운데 하나가 대통령 보도일 수도 있겠다는 생각마저 하게 된다.

반대로 『뉴욕타임스』는 기자가 기사의 흐름을 주도한다. 대통령을 모시는 방식으로가 아니라 독자가 대통령의 생각을, 행동을, 정책 결정 과정을 더 잘 이해할 수 있도록 대통령을 다양한 관점에서 조명하는 접근법을 택한다. 말하는 대통령이 아니라 기사를 읽는 독자를 우선시하기 때문에 취재 과정의 투명성이 중요해진다. 말하는 사람의 정체성을 가능한 한 잘 보이게 드러내야 하고, 그러지 못하는 상황이면 왜 못하는지를 설명해야 한다. 기사가 길어질 수밖에 없는 접근법이다.

『저널리즘의 기본원칙*The Elements of Journalism*』(Kovach & Rosenstiel, 2021)은 "저널리즘의 일차적인 목적은 시민이 자유로울 수 있고, 그들이 자치를 시행할 수 있도록 필요한 정보를 제공하는 데 있다."라고 분명하게 제시한다. 쉽게 풀어 말하면, 기사는 시민을 위해, 또 독자를 위해 만들어진다는 뜻이다. 그러나 한국의 대통령 보도 기사들은 여전히 과거 권위주의 시대 기사의 틀을 벗지 못했다. 무비판적으로 유지해온 관행의 문제다. 이제 민주주의의 발전을 위해, 그리고 디지털 시대에 적합한 뉴스 모델을 찾아가기 위해서라도 대통령 보도 기사에 대한 근본적인 성찰이 필요한 시점이다.

# 2부

## 대통령은 어떻게 소통하며, 미디어는 이를 어떻게 보도하는가

# 4장 브리핑의 정치학

## 청와대/대통령실과 백악관의 커뮤니케이션 직제 및 기능 비교 연구

문영은

미국 백악관 뉴스에서 흔히 볼 수 있는 푸른 배경의 방. 이곳의 공식 명칭은 '제임스 S. 브래디 프레스 브리핑룸James S. Brady Press Briefing Room'이다. 이 9평 남짓의 작은 방에서 전 세계의 경제, 외교, 안보의 성패를 좌우하는 정보들이 언론을 통해 전파된다. 이 공간은 제2차세계대전 이후 반세기가 넘는 시간 동안 특별한 구조상의 변화 없이 백악관의 핵심 공간으로 기능해왔다.[1] 백악관에서 3년 반 동안 대변인press secretary[2]을 역임한 오바마 정부의 제이 카르니Jay Carney[3]는 기자들과의 프레스 브

1 1981년 레이건 전 대통령 당시 총격을 받고 다리가 마비된 제임스 S. 브래디James S. Brady 전 대변인을 기리기 위해 2006년 빌 클린턴에 의해 개칭됐다. 닉슨 대통령 때까지 수영장으로 사용하던 것을 개조해 만들었는데, 몇 번의 개보수를 거치긴 했으나 구조상의 큰 변화는 없다(Jacobs, 2015).

2 미국에서 'Press secretary'는 한국의 대변인 역할이다.

3 제이 카르니는 전직 기자 출신이다. 그는 정계에 발을 들이기 전 『마이애미 헤럴드*The Miami Herald*』를 거쳐 『타임스』에서 20년 이상을 현역 기자로 활동했다. 2005년부터는

리핑 자리에서 자신의 역할을 다음과 같이 설명했다.

> 백악관에는 수많은 직책이 존재하지만, 그중에서도 대변인은 대단히 독특한 성격의 자리입니다. 저는 대통령의 메시지를 보다 명료하게 전달하도록 그를 위해 일하는 사람이지만, 동시에 기자 여러분의 임무를 돕기 위해 이 자리에 있는 사람이기도 합니다. 제가 일하는 대변인실이 프레스 브리핑룸과 대통령 집무실인 오벌 오피스 중간에 위치하는 것은 상당히 상징적입니다. 저는 이 위치가 제 일의 본질이 무엇인가를 말해준다고 생각합니다(C-SPAN, 2011. 5. 5.).

실제로 백악관 기자들은 대변인이 기자인 자신들을 위해 일해야 한다는 관념을 상당히 오랜 기간 학습해왔다. 대부분의 브리핑은 서로의 이름을 불러가며 훈훈한 분위기 속 유머가 곁들여져 진행되지만(유머는 미국의 프레스 브리핑에서 효율적인 진행을 위해 매우 중요한 요소다), 제대로 된 답변이 나오지 않을 경우 기자들과 대변인 간 피 튀기는 설전도 비일비재하다.[4] 조지 W. 부시 전 대통령 시절, 대통령의 '두뇌'로 불렸던 칼 로브Karl Rove 정치고문이 대량살상무기담당 CIA 비밀요원에 관해

---

워싱턴 지역 보도국장D.C. bureau chief을 역임했다. 이후 언론계를 떠나 바이든 당시 부통령 당선인의 커뮤니케이션 디렉터 자리에 발탁됐다가 오바마 당선 후 백악관 대변인이 됐다. 존 F. 케네디John F. Kennedy 전 대통령과 린든 B. 존슨Lyndon B. Johnson 전 대통령의 대변인직을 맡았던 피에르 샐린저Pierre Salinger 역시 『샌프란시스코 크로니클*San Francisco Chronicle*』의 기자였다. 이처럼 미국에서 역시 언론인 출신 대변인이 전혀 없는 것은 아니다. 다만 현직으로 일하다 바로 백악관 대변인으로 발탁되는 경우는 거의 없고, 언론계를 떠난 후 캠프에서 커리어를 쌓다가 선거에서 승리하면 백악관으로 들어가는 경우가 대부분이며, 그 수가 한국에 비해 현저히 적어 손에 꼽을 뿐이다.

4 미국의 정치기자들에게도 백악관 취재가 쉬운 일만은 아니다. 기자들에게 자기홍보를 위해 많은 정치인이 카메라 앞에 설 준비가 되어 있는 의회와는 다르게 백악관 대변인실 직원 외의 사람들은 쉽사리 입을 열지 않아 미국 정치부 기자들에게도 가장 까다로운 출입처로 통한다. 때문에 미국 언론사 정치부에서는 초년생 기자들은 의회로 많이

누설한 리크 게이트Leak gate가 터졌을 때 일이다. 당시 백악관 대변인이었던 스캇 매클러랜Scott McClellan을 향한 기자들의 훈계는 대변인의 역할에 대한 예시로 자주 회자된다. 매클러랜 대변인이 “지금 공개하기에 적절치 않다.”라고 답변을 회피하자 기자들은 “스캇, 이건 도대체 말이 안 된다. 기자들 앞에서 말하지 않기로 결정했다고? 그럼 지금 당신이 연단에 서 있는 이유가 뭔가?”, “당신은 미국 국민들에게 더 자세한 설명을 해야 하는 자리에 있다. 로브가 연루됐나, 되지 않았나 이 자리에서 대답하라. 말을 못 한다면 하지 못하는 이유에 대해서라도 자세하게 설명하라.”라며 무섭게 몰아붙였다. 대변인은 기자들에게 단순 발표만을 하는 것이 아니라 현안에 대한 백악관의 의사결정 과정을 보다 상세하게 설명해주어야 한다는 서로 간의 공유된 믿음이 있다는 뜻이다.

한국 대통령실 기자들의 상황은 어떨까? 이들의 불만은 이따금씩 질문에 회피하는 대변인에 대한 유감과는 근본적으로 다른 것으로 보인다. 청와대/대통령실 출입기자의 인터뷰를 담은 세 편의 기사에서 기자들은 다음과 같이 분통을 터뜨린다(김성후, 2008; 김달아, 2022. 4. 19.; 노지민, 2022. 5. 10.).

> “개인적으로 청와대 취재 환경은 엉망이다. 100점 만점에 10점도 주고 싶지 않다. 청와대의 특수성을 감안하더라도 기자와 청와대 간 쌍방 소통은 거의 없다고 봐야 한다.”
>
> “국민이 정말 궁금한 부분은 기자라는 중간 매개자를 통해서 해소할 수 있는데, 애초에 만나려는 의지가 없었던 거 같다. 심지어 막판엔 회피하는 것 같다는 느낌도 들었다. 코로나가 좋은 핑계가 된 것 같다.”

---

보내고 백악관의 경우 말단 직원까지 모조리 꿰고 있는 베테랑 기자들을 보내는 경향성이 두드러진다.

"대통령의 고뇌가 대외 메시지에 담겨야 하는데 스피커들이 제대로 전달하기에는 한계가 있었다."

"참모들이 대통령의 이야기를 어느 정도까지 밝힐지 논의하는 과정 자체가 너무 길었다."

"실컷 설명해놓고 뒤늦게 엠바고라고 한다. 그럴 거면 뭐하러 브리핑하나."

"기성 언론에 대한 선입견이나 피해의식을 가지고 있어서 언론보다는 SNS, 대국민 소통을 더 중요시한 것 같다."

다시 말해 발표한 것만 받아쓰는 저품질 정치기사와 게으른 취재 관행은 어쩌면 온전히 기자들의 탓이라기보다, 그들의 취재 반경을 제한하는 구조적 원인이 따로 있다는 이야기다. 이러한 맥락에서 이 글은 기사 지면이 소위 대통령 '복심'들의 구중궁궐 뒷얘기로 가득 차는 이유, 기자들이 권력 감시는커녕 질문 자체를 못 하게 만드는 대통령실 내부 커뮤니케이션 시스템에 대한 의문에서 출발했다. 다른 한편으로, 디지털 쓰나미가 불러온 새로운 뉴스 생산 시스템으로 인해 졸지에 기하급수적으로 늘어난 기자들의 요구에 부응해야 하는 처지에 처하게 된 것은 한국 대통령실만의 사정이 아니다. 대통령을 취재하는 기자 인력을 어떻게 새롭게 운용할 것인지에 대한 필연적 고민은 국가를 막론하고 보편적이라는 뜻이다. 이러한 상황에서 한국과 미국 두 나라 권력의 최정점에서 청와대/대통령실과 백악관의 대변인(미국의 경우 '프레스 세크리터리Press Secretary'), 홍보·국민 소통수석(미국의 경우 '커뮤니케이션 디렉터Communication Director')을 포함한 커뮤니케이션 담당자들은 기자들에게, 그리고 넓게는 국민들에게 어떠한 형태로 대통령의 생각과 정책을 발표하는가?

한 정권의 소통 구조는 각 나라 대통령의 성격을 규정한다(Kumar, 2007). 정보화 시대에는 뉴스가 만들어지는 방식의 기술적 변화를 지나치게 강조하기 쉽다. 하지만 쿠마는 기술의 변화는 부차적인 것일 뿐 대통령과 백악관 참모들이 기자들을 대하는 방식에는 반복되는 패턴이 있다고 강조한다(Kumar, 2020). 언론의 관심사와 압력에 대응하는 방법, 언제, 어느 직책이, 어디서, 어떻게 언론을 만나는지, 혹은 뉴미디어 환경에 조직적으로 대응하는 방식은 기술의 변화에도 불구하고 되풀이된다는 것이다(Kumar, 2020). 이러한 구조에 대해 이해하려면 대통령의 커뮤니케이션 오피스에 대한 포괄적 접근이 필요하다. 따라서 이 장에서는 국가별 직제부터 기자 관리, 정례화된 소통 형식, 청와대/대통령실 및 백악관이 생산하는 메시지의 성격을 탐구한다.

## 1. 커뮤니케이션 조직으로서의 대통령제[5]

### 1) 백악관 커뮤니케이션의 역사적 변천

백악관은 하나의 브랜드(대통령)와 하나의 제품(대통령의 정책)을 홍

---

5 대통령과 언론·미디어의 관련성을 이 글에서 모두 다루기에는 지면의 한계상 적절하지 않다고 판단해 가장 핵심적인 몇 가지 사례만 언급한다. 실제로 미국에서 정권별 미디어 기술과 언론의 관계를 다룬 저서들은 모두 300페이지 이상의 방대한 양의 정보를 담고 있다. 대표적인 저서로는 닉슨부터 클린턴 시절까지 커뮤니케이션 조직의 변화에 초점을 맞춘 존 몰티즈John Maltese(2000)의 *Spin control*, 『뉴욕타임스』의 피터 베이커Peter Baker 기자와 마사 쿠마Martha J. Kumar가 저자로 참여한 *Columns to Characters: The Presidency and the Press Enter the Digital Age*(2017), 데이비드 라이프David Michael Ryfe의 *Presidents in Culture*(2005), 레이건 때부터 오바마까지 20년 이상 백악관을 출입한 케네스 월시Kenneth Walsh가 쓴 *Feeding the Beast*(1997) 등이 참고할 만하다. 소설 형태이지만 개혁 시대 테어도어 루스벨트Theodore Roosevelt와 하워드 태프트William Howard Taft의 대비를 통해 대통령제에서 커뮤니케이션의 영향력을 그린 *Bully Pulpit: The Golden age of Journalism*(Goodwin, 2013)도 추천한다. 당시 대통령-언론 관계의 일상적 모습을 담은 생생한 묘사로 문단은 물론 학계에서도 호평을 받았으며, 미국 정치학도들에게는 필수 도서로 꼽힌다.

보하기 위해 고안된 거대한 홍보 조직이다. 스핀닥터spin doctor 혹은 선동가로 폄하되던 이들은 이제 어엿한 캠페인 전략가로서 그 영향력을 확대해왔다. 대변인직에 해당하는 프레스 세크리터리의 경우 프랭클린 루스벨트Franklin Roosevelt 집권기에 공식 명함을 얻게 됐고, 우드로 윌슨Woodrow Wilson 시절 첫 프레스 브리핑이 시작됐다. 커뮤니케이션 오피스는 1969년, 리처드 닉슨Richard Nixon 전 대통령 당시 문을 열었다 (Maltese, 2000).

대언론 업무 중 가장 중요한 것은 기자들의 등록과 출입 문제다. 1896년 3명의 출입기자로 출발했던 것(Kumar, 1997, p. 24)에서 나아가 레이건 시대에 이르러서는 약 1,700명의 기자가 하드패스hard pass를 갖게 됐다(Speaks & Pack, 1988, p. 258). 하드패스는 백악관 단지 내에서 눈에 띄게 착용할 수 있는 플라스틱 카드 명찰로 기자가 다섯 가지 구체적인 요건을 충족하면 프레스 오피스의 권고에 따라 경호실에서 2년간 발급하도록 한다. 첫째, 기자는 워싱턴지국이 있는 보도기관에서 일할 것, 둘째, 기자는 백악관을 취재할 필요성을 증명하는 워싱턴지국장의 편지가 있을 것, 셋째, 기자는 워싱턴 지역에 거주해야 할 것, 넷째, 기자는 의회 프레스 갤러리 출입권을 갖고 있을 것, 다섯째, 기자는 경호국의 조사에 기꺼이 협조해야 할 것 등이다. 2007년 조사 당시에는 약 800명의 기자가 하드패스를 들고 있었다(Kumar, 2007. p. 24). 그리고 그 수는 2010년에 2,000명 이상으로 늘어났다(Keating, 2010). 한편 정기 출입증인 하드패스는 없지만 백악관을 취재하고 싶은 기자들을 위해, 하루 전 전화를 걸어 자신이 작성하고 있는 기사에 대해 말하고, 생년월일과 SSN 번호를 알려주면 프레스 오피스에서 출입을 할 수 있도록 데이패스day pass를 내준다.

다만 하드패스를 가진 기자 전원이 모두 하루에 백악관에 들어오는 것은 아니다. 평일 백악관 내에 상주하는 기자는 카메라기자를 포함해 100명 남짓이며, 로테이션하는 인원까지 계산해도 400~500명 정도다

(Kumar, 2008). 『뉴욕타임스』의 백악관 취재 반장Chief White House correspondent인 피터 베이커는 결국 대변인실(프레스 오피스)의 이야기는 이미 공개된 내용이거나 풀 취재Press Pool로 파악할 수 있는 내용이기에 "다른 기자들이 쫓지 않는 독창적인 뉴스를 위해서는 대통령 참모들이 아닌 백악관 밖의 사람들을 취재"한다고 설명했다(Baker, 2005).[6]

라디오, 텔레비전, 인터넷, 소셜미디어 시대를 거치며 의회를 건너뛰고 국민들에게 직접 호소하는 패턴은 미국 대통령제에서도 두드러졌는데(Ceaser, Thurow, Tulis, & Bessette, 1981; Tulis, 2017), 예를 들어 프랭클린 루스벨트 대통령은 당시 가정마다 보급된 라디오의 황금기라는 시대적 배경에 힘입어 "대통령이 당신의 집에 방문해 화롯가에서 소소한 대화를 나누고자 합니다."라는 친근한 오프닝 멘트로 연설을 전개하며 대공황 시기 미국의 경제 문제에 대해 <노변정담Fireside chat>을 진행했고, 텔레비전 시대로 넘어오며 케네디와 닉슨의 텔레비전 토론은 화면에 비치는 자신감, 애티튜드와 시선 처리 같은 이미지 정치의 중요성을 상기시켰다. 나아가 정치가 점점 오락의 형태를 취하게 되면서 정치는 쇼 비즈니스와 만나, 대통령이 쇼 프로에 출현해 색소폰 연주를 하거나 MTV 포럼에서 십대들의 질문을 받는 등 엔터테인먼트 대통령제의 시대가 열렸다(Williams & Deli Carpini, 2011). 클린턴 행정부는 정부에 대한 접근성과 투명성을 강화한다는 명목으로 이후 'FirstGov.gov' 웹사이트를 런칭했고, 오바마 행정부는 구글 모더레이

---

6 트럼프 대통령 당시 대변인실에서 자신들의 입맛에 맞지 않는 기자들의 출입을 막기 위해 꺼내든 카드도 이 '상주 날짜 수'였다. 이전에도 하드패스 충족 기준은 있었으나, 적극적으로 이를 근거로 출입을 박탈한 경우는 드물다. 하드패스를 지니려면 180일 중 적어도 90일 동안 기자들이 백악관에 있어야 하는 룰(충족하지 못할 경우 6개월 출입증이나 데이패스를 발급받는 식)을 새로 만들었는데, 주요 일간지의 백악관 출입기자 대부분이 이 새 기준을 충족하지 못해 백악관 출입을 못 할 위기에 처해 한동안 소란이 일었다(Ingram, 2019). 대부분의 기자는 백악관 밖에서 활동하기 때문이다.

터와 같은 플랫폼을 활용해 온라인 타운홀 미팅을 개최함으로써 참여 민주주의의 새로운 정치 지형을 열었다.

이와 같은 미디어 기술 혁신에 따라 자연스레 홍보실과 대변인실의 주요 임무는 어떻게 정권의 목표를 담은 메시지를 당대에 새롭게 등장한 미디어의 성격에 맞게 재디자인해 전달할 것인지로 변화하게 됐다. 또한 타깃 수용자층을 예측하고 이에 맞게 적절한 이벤트를 연출해 대통령의 등장을 조율하는 일도 이들의 주요 임무로 자리하게 됐다. 커뮤니케이션 팀 역시 까다로운 기자들을 상대하는 것보다 쉽고 가벼운 방식으로 대통령의 아젠다를 전달하는 방법을 선호하기 시작했고, 이러한 새로운 미디어 환경은 정치 정보의 주요 원천으로서의 전문기자직에 도전하는 것이었다. 실제로 오바마 정부 시절 커뮤니케이션 오피스의 잦은 소셜미디어 포스팅 및 블로거들과의 교류를 두고 기자들의 불평이 터져나왔다. 시민 자치에 필수적인 대통령 정보가 제도권에서 훈련된 기자들 앞에 나와 어려운 질문에 대답하는 방식이 아니라, 소셜미디어 지지자들 앞에서 정권이 원하는 방식으로 우회적 대답만 내놓는 것이 결코 민주주의에 도움이 되지 않는다는 이유에서였다.

실제 미디어 기술 발달은 전통적인 언론 역할의 퇴행을 부추겼을까? 커리어의 대부분을 미국 대통령 커뮤니케이션에 대해 연구해온 미국의 정치학자 마사 쿠마Martha J. Kumar는 과연 트럼프 대통령의 트위터 정치가 미국 대통령 역사에 있어 열외자였는지에 의문을 던지며, 1913년부터 1953년까지 대통령 기자회견은 대통령들이 정기적으로 기자들의 질문을 받는 유일한 통로였지만 임기가 지남에 따라 단독 회기는 점점 줄어가는 패턴을 보인다고 설명했다. 대신, 질문을 회피할 기회가 더 많은 외국 정상과의 15분가량의 짧은 공동 기자회견, 혹은 대통령이 백악관의 사우스론에서 마린원 헬리콥터를 오르내릴 때 기자들의 몇 가지 질문에 대답하는 비공식적 세션[7](혹은 루스벨트룸에서 풀 기자단만으로 제한되는 만남)으로 대체되었다는 것이다. 이러한 방식은 선별된

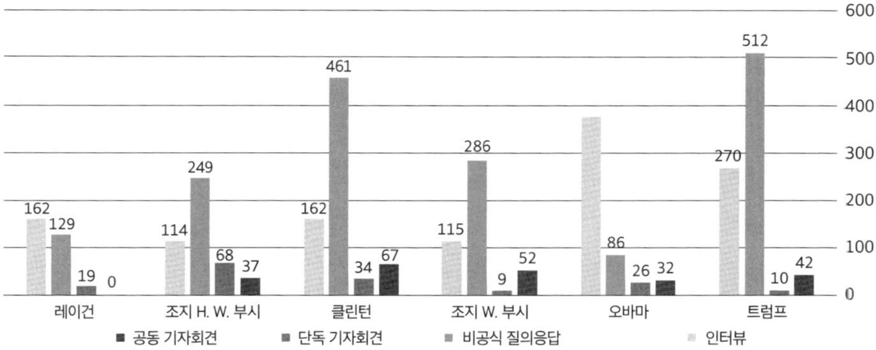


<그림 4-1> 마지막 32개월 동안 기자-대통령 커뮤니케이션 방식

출처: Kumar(2020, p. 3).

대통령의 모습만을 텔레비전에 내보일 수 있으므로, 연설만큼이나 대중의 여론을 움직이기 편리하기 때문이다.

### 2) 한국 대통령 커뮤니케이션의 역사적 흐름

이승만 정부부터[8] 최근 집권한 윤석열 정부에 이르기까지, 각 대통령실은 정권의 특색과 기술적 요인을 고려해 언론과 국민에게 대통령의 정책과 비전을 전달해왔다. 유신독재부터 군부독재에 이르기까지

---

7 이동 동선이 외부에 노출되는 잠깐의 시간을 이용해 취재하는 방식이다. 최근 윤석열 대통령의 도어스테핑doorstepping도 비슷한 전략을 사용한다.

8 최경운(2010)에 따르면, 이승만 대통령의 첫 공보비서관은 '성북동 비둘기'의 시인 김광섭이었다. 당시 그는 진정서를 검토하고 사상 대책을 마련하며, 정보를 수집하는 등 민정을 폭넓게 관장했다. 대변인의 직함을 처음 쓴 것은 윤보선 대통령 시절이다. 4·19 혁명 이후 경무대에서 청와대로 명칭 변경이 이루어지면서 국무원령 제66호로 대통령 비서실 직제를 제정하고 대변인 직제를 신설했다. 박정희 정부의 첫 청와대 대변인은 군인 출신인 이후락이었다. 5·16 이후 공보실장을 했던 그는 1963년 민정 출범과 함께 비서실장으로 발탁됐다. 이후 마땅한 대변인을 찾지 못하자 한동안 비서실장과 대변인을 겸직하기도 했다(최경운, 2010. 7. 30.).

정권 나팔수의 오명을 썼던 공보수석의 주요한 역할 중 하나는 청와대 출입기자들을 관리·감독하는 일이었다. 노태우 대통령 당시까지만 해도 청와대에서 직접 청와대 출입기자의 신원조회를 했다. 일가친척 중 월북하거나 행방불명된 인물이 있는 자, 대학 시절 시위 전력이 있는 자 등 기타 부적격자로 판명되면 청와대에서 출입을 거부할 수 있었다(박승희, 1999). 대신 이 관문을 통과하면 권력자들과 호형호제하며 한 식구로서의 위상을 누리게 되는데, 이때 출입기자 수는 10명 남짓에 불과했으며, 공보수석은 수시로 기자실을 찾아 사랑방 좌담회를 열곤 했다(박승희, 1999).

1990년 문을 연 춘추관은 기존 『조선일보』, 『중앙일보』, 『동아일보』, 『한국일보』, 『경향신문』, KBS, MBC, 연합통신 등 17개 언론사에만 출입을 허가했던 것을, 춘추관의 개관과 함께 『한겨레』를 포함해 62개 언론사로 대상 범위를 넓혀 문호를 개방했다. 문민정부 시절에는 정무수석실에 있던 국정홍보비서관이 장기적인 홍보 전략을 세우게 하고 공보수석실이 실질적인 집행을 하도록 했으며, 춘추관 담당은 보도지원으로 명칭을 바꾸었다(매일경제, 1994. 1. 13.). 김대중 정부에서는 출입 여부 승인 제도를 완전히 폐지하고, 취재기자를 선정하는 것도 언론사에 권한을 넘겨 청와대 공보수석실에 통보만 하도록 했다. 대신에 꺼낸 카드는 비서실 방문 취재 활동 금지였다. 매체별로 1명씩 총 30여 명이 주로 박지원 정무수석이나 문희상 정무수석 방으로 모여 서로 다른 청와대 인사를 분담한 뒤 공유하는 풀 시스템을 가동했는데, 청와대 경내 비서동은 오전 10~11시와 오후 4~5시 2회만 출입이 가능하도록 제한했다(김광덕, 2006; 문동성, 2017; 박승희, 2014). 비서실의 업무에 지장을 준다는 이유에서였다.

참여정부는 기존 기자실 제도를 없애고 개방형 브리핑 제도를 도입해 언론과의 관계에 가장 말도 많고 탈도 많았던 시기였다. 출입기자를 허가제가 아닌 등록제로 바꿔 인터넷 및 지역매체에 문호를 개방했고,

이에 청와대 등록 기자 수는 400여 명으로 늘어났으며 춘추관 1층 기자실 개인 부스도 100개가 됐다.[9] 주류 언론의 지원 없이 인터넷의 힘으로 당선된 정치적 아웃사이더political outsider 정권이었던 만큼(Onishi, 2004. 6. 13.), 지역 · 인터넷 언론에게도 취재 권리를 평등하게 나눠준 것이다. 청와대 홍보관계자와 출입기자들만 접근할 수 있는 인터넷 사이트인 'e-지원e-知園'(이후 'e-춘추관' 개설)을 만들어 정부 자료를 업로드하기도 했다. 대변인 브리핑을 활성화하기 위해 홍보수석(차관급)과 대변인(1~2급)을 분리하는 조치도 취했다. 윤승용 홍보수석은 "국정홍보처가 정부 정책의 홍보를 담당했고, 청와대 수석은 그야말로 대통령과 관련된 일만 맡았다."라고 했다(이중근, 2019). 그러나 기자들은 정례 브리핑이 전 정부에 비해 활성화된 것은 사실이지만 도입 취지와 달리 그 내용은 부실했으며, 수석 · 보좌관회의는 비공개한 채 원하는 메시지만 발표하는 단순 홍보의 장으로 전락했다고 말한다(윤태곤, 2019; 전승훈, 2007, p. 4, p. 7; 한균태 외, 2007). 또한 이 시기부터 출입기자들의 비서실 출입이 원천적으로 봉쇄돼 면회 허가가 없이는 비서실을 출입할 수 없는 기자들의 '춘추사'(절), '춘추옥'(감옥) 시대가 열렸다(김광덕, 2006; 허원순, 2003).

이명박 대통령은 참여정부 취재 시스템을 존속하면서 비서동 출입은 제한하고, 정례 브리핑을 통해서는 공식 입장을 내보내는 체제를 굳혔다. 최금락 홍보수석은 "총리실과 문화부에서 각각 홍보 조정을 위한 역할을 나눠 맡았다가 이런 이원화가 비효율적이라고 해서 문화부에 국민소통실을 신설해 국정홍보 조정 체계를 일원화했다."라고 소개했다. 대통령 비서실 직제에 '디지털 소통'이 등장하기 시작한 것도

9 이 가운데 청와대의 각종 행사에 기자단을 대표해 풀 취재에 나설 수 있는 기자는 총 112명(중앙 펜기자 45명, 지역 언론 기자 34명, 사진 · TV 카메라기자 33명)이다. 김대중 정부 시절 청와대 출입기자가 총 100명을 넘지 않았던 사실과 비교하면 청와대 등록기자는 3배 이상 증가한 것이다.

이때다. 2008년 광우병 파동으로 온라인 커뮤니티에서 점조직으로 커진 촛불시위에 놀란 청와대가 온라인 여론을 담당할 필요성을 절감했기 때문이다(김현아, 2022). 이후 이 직위는 소셜미디어를 담당하는 '뉴미디어비서관'으로 새롭게 바뀌었는데, 김철균 전 '다음커뮤니케이션' 부사장, 문재인 정부 시절에는 정혜승 '카카오' 부사장, 다음커뮤니케이션 본부장 출신인 최형우 서강대학교 커뮤니케이션학부 교수 등 주로 '다음·카카오' 혹은 '네이버'와 같은 포털·플랫폼 업계에서 잔뼈가 굵은 전문가들이 이 자리를 거쳤다.

문재인 정부에서의 소위 홍보 체제에는 직제의 변화가 두드러졌다. 국정홍보비서관은 각 부처 홍보담당자와의 소통을 통해 정책 홍보에 집중하고, 홍보기획의 경우 국정 전반에 걸친 홍보를 기획하는데, 주로 미디어 정책을 다룬다고 김의겸 전 대변인은 설명했다(성연철, 2018. 7. 26.). 또한 뉴미디어비서관실이 디지털소통센터로 개편되어 더욱 다양한 콘텐츠를 공격적으로 생산하기 시작했다. 쌍방향 소통을 강화하겠다며 국민청원은 물론 사랑채에 오픈스튜디오를 차려(조소영, 2018, p. 12, p. 13) '11시 50분 청와대입니다', 'B컷', '청와대 Live' 등 고유 콘텐츠를 생산해왔다. 청와대 뉴미디어비서관실에는 "재밌고 진지하면서도 호소력 있으며 확산력 있는 콘텐츠"라는 문구가 붙었다. 정혜승 뉴미디어비서관은 국민청원과 같은 온라인 플랫폼의 활성화를 통해, "다음 '아고라'에서 착안해 아고라가 못했던 것, 아쉬운 경험을 개선해 국민의 배설구 역할이라도 기꺼이 담당하고 싶다."라는 포부를 밝히기도 했다(손기영, 2018).

## 2. 한국과 미국의 대통령 커뮤니케이션 연구 방법

한국과 미국에서 대통령실의 커뮤니케이션은 앞서 살펴보듯, 대국민 메시지를 총괄하고, 정책 및 대통령 동정에 대한 홍보를 포괄적으로 맡는 국민소통·홍보수석실Office of Communication, 기자들과의 공식·비공식 만남을 통해 대통령의 메시지를 전달하는 대변인실Office of Press Secretary로 크게 나누어 볼 수 있다.[10] 두 나라의 대변인실이 어떠한 조건에서 기자들을 만나는지, 그들에게 전달하는 메시지는 어떻게 다른지를 조사하는 것은 결국 대변인실이 스스로의 역할 의식을 어떻게 내면화해왔는지를 가늠하는 척도가 된다. 또한 대통령 홍보실이 디지털 미디어 환경에서 어떤 콘텐츠를 생산하고 있는지 살피는 것은 각 나라의 정권이 기술을 이해하는 방식에 대해 짐작할 수 있게 하는 통로이기도 하다. 이와 같은 가정 아래 연구문제는 다음과 같이 설정했다.

- 연구문제 1: 두 나라의 대통령실은 대언론/대국민 커뮤니케이션을 위해 어떻게 조직을 운영하고 업무를 분담하는가?
- 연구문제 2: 두 나라의 일일 브리핑daily briefing은 어떠한 차이를 갖는가?
- 연구문제 3: 두 나라 대통령실에서 국민과의 직접 소통을 위해 운영하는 소셜미디어(유튜브) 채널의 내용은 어떠한 차이를 갖는가?

연구 방법은 질적 연구의 한 형태인 문서 분석document analysis을 사용했다. 문서 분석은 연구자가 자료를 해석하여 온라인 자료를 포함한

10 백악관 및 청와대/대통령실의 하부 조직은 각 정권의 정치적 이권과 정체성에 따라 변형을 거쳤다. 일반적으로 미국에서는 빌 클린턴 등 민주당 대통령이 들어서면 대통령 본인이 구심점 역할을 하되 백악관 직원 개개인이 대통령에게 직접 보고하게 하고, 유연성과 함께 시시각각으로 변하는 환경에 민첩하게 대처하는 적응력을 강조하는 경향이 강했다. 반면 조지 W. 부시와 같은 공화당 대통령들은 짜여진 구조적 틀 안에서의 위계적 질서를 통한 통제를 선호한다고 알려졌다(Kumar, 2020). 그러나 직제와 정권 성향의 관계 탐구가 이 글의 목표는 아니므로, 여기서는 현재 한국과 미국의 조직 형태만 두고 비교한다.

각종 문서를 분석하고, 평가 주제를 중심으로 비슷한 자료의 군집을 통합, 보다 큰 척도의 의미 단위를 만들어내는 방법이다. 이때 사용되는 문헌의 유형은 공식 기록, 개인 문서, 물리적 증거 세 가지로 나눌 수 있다(O'Leary, 2014). 이 글에서는 미디어 기술 발달에 따른 대통령 커뮤니케이션 지형의 급격한 변화와 함께, 홍보수석의 변화된 책임과 역할을 조명하기 위해 다음 세 가지 자료 수집을 병행했다(Bowen, 2009).

첫째, 전·현직 백악관 출입기자들과 홍보수석, 대변인실, 홍보실 직원들의 회고록이나 잡지 기고문, 논문과 저술, 칼럼 등이다. 이 문헌 자료들은 홍보수석과 기자들 간의 역학관계를 가늠하기 위한 근거로서 중요한 역할을 했다. 둘째, 실제 브리핑의 형식과 질을 평가하기 위해 브리핑 현장을 녹화한 영상 3개월 분량(2022년 3월, 4월, 7월)을 분석했다. 5월과 6월의 경우 새 대변인 인선이 이루어진 시기임을 고려해 분석에서 제외했다. 한국의 경우 KTV '청와대 브리핑' 섹션에서, 미국의 경우 C-SPAN 'White House daily briefing' 섹션에서 추출했다. 이 분석에서는 영상의 길이, 홍보수석의 발언 내용과 형태, 기자들의 질문 수 등 브리핑 형태를 포괄적으로 분석에 포함했다.[11] 영상의 길이와 기자의 질문 수 등은 전체 영상을 대상으로 분석하고, 브리핑 세부 내용의 경우 두 나라 브리핑의 구조적인 차이를 가장 잘 드러내 보여주는 예시로 선별해 제시했다. 셋째, 두 나라 정부 홈페이지를 분석해 각국 정부가 미디어를 활용하여 언론 및 국민과 어떻게 소통하고 있는지를 살펴보았다. 청와대/대통령실과 백악관의 웹사이트를 기본 토대로, 소

11 백악관 브리핑의 경우, 베이츠(Bates, 2020)가 사용한 방식과 같은 5단계 방법론이나 기자들의 질문에 담긴 어휘-문법에 바탕을 둔 인지 분석cognitive analysis이 사용되기도 한다(Schubert, 2012). 그러나 이 글에서는 방법론적 엄밀성을 통해 사회과학적 타당도를 높이는 것보다 두 나라 정부가 브리핑을 하는 형식과 내용을 통해 대변인 및 홍보실의 역할과 운영 방식을 구조적으로 드러내 보여주는 것에 초점을 맞췄다.

셜미디어(유튜브) 계정에 올라온 2018년 1월부터 2022년 5월까지의 미디어 콘텐츠 종류를 범주화하고, 이 중 홍보수석실이나 대변인실에서 직접 생산해 유튜브에 업로드한 콘텐츠의 경우 추가 분석을 실시했다. 또한 이 세 카테고리의 자료는 질적 연구의 타당도와 신뢰도를 높이고자 서로의 비교 근거로서 교차 검증 용도로 사용됐다.

두 번째와 세 번째 연구문제의 대상으로 삼은 자료들의 해당 집권 시기는, 미국의 경우 바이든 정부, 한국의 경우 문재인 정부와 윤석열 정부다. 연구가 시작된 2022년은 한국에서 대선이 치러진 시기였고, 연구가 진행된 2022년 여름 당시에도 조직 슬림화 등 정부의 재개편이 진행 중이었기에 직제가 안정화되지 않은 상황을 고려해 전 정부인 문재인 정부까지 대상에 포함했다. 미국의 경우 트럼프 정부를 포함하지 않은 이유는 미국 대통령학·정치커뮤니케이션학 학자들이 트럼프 전 대통령의 커뮤니케이션 방식, 리더십, 설득 방식 등을 지극히 예외적으로 정의하고 있으며, 심지어 그는 미국 정체성의 특정한 유형을 구성하고(Heidt, 2019), 특히나 언론과의 관계 설정에 있어 부시, 오바마, 바이든 정부와 비교해 예외적인 상황들의 연속이었던 점을 고려하여 연구 대상으로 적합하지 않다고 판단, 비교를 통한 맥락을 제공하는 데에만 사용하고 실제 분석에서는 제외했다.

## 3. 청와대/대통령실 커뮤니케이션 조직 직제와 기능 비교

### 1) 모두가 대통령의 스피커?: 청와대/대통령실과 백악관의 커뮤니케이션 담당자들

대통령 비서실의 직제는 대통령령 제25489호에 규정돼 있다. 대통령 비서실에는 정무직인 수석비서관을 두며, 그 아래로 각 수석 산하에 2~6명의 비서관이, 이 비서관실에는 5~10명의 행정관이 근무한다. 기본적으로 ① 대변인은 언론 대응, ② 홍보수석은 정책홍보(문체부 산하 국민소통수석실[12]과 함께 전반적 국정 활동 홍보 총괄 및 기획), ③ 뉴미디어비서관실[13](문재인 정부 시절 디지털소통센터)은 별도로 마련된 스튜디오에서 대국민 홍보기획, 이렇게 세 축의 구조를 정립했다고 알려졌다. 그러나 실제로는 업무 구분이 명확하지 않을 때가 많다는 게 청와대/대통령실 출입기자들의 이야기다. 일이 많아지면 국민소통수석과 춘추관장이 업무 구분 없이 언론 대응 전면에 뛰어드는 일도 흔하다. 윤영찬 전 홍보수석은 기존 홍 수석 업무 외 뉴미디어 업무를 함께 관장하기도 하고, 대변인실 업무인 "청와대 출입기자들의 단체 채팅방에 합류하는 기민함을 선보이기도 하며" 언론과의 커뮤니케이션을 도맡았다(최수영, 2017. 5. 11.). 윤석열 정부에서 역시 최영범 전 홍보수석과 현 김은혜 홍보수석이 나서 브리핑하는 모습을 어렵지 않게 볼 수 있다. 즉 이론상의 역할은 정해져 있으나, 실제 업무상에서는 그때그때 현안에 따라 유동적으로 대응한다는 이야기다.

게다가, 비서관급 이상의 고위직(대변인, 부대변인, 국정홍보비서관, 홍보기획비서관, 춘추관장, 디지털소통센터장(구 뉴미디어비서관))은 직책 및 연락처를 알 수 있지만, 실제 행정을 담당하는 실무자들인 행정관들의 전화번호는 청와대/대통령실 출입기자들도 "과거 정당 출입 때 알던 인맥이나 이런저런 취재를 통해 알음알음 재주껏(?) 파악해야 하는" 웃

12 국민소통수석실은 SNS 채널 운영 방향을 총괄하며 우호적 SNS 여론, 외신 보도 보고, 소셜미디어 홍보 콘텐츠를 기획한다고 알려졌다. 실질적인 계정 운영은 각 부처의 대변인실이 맡고 있으나 문체부 소통실이 전체적인 관리 방향을 정하는 형식이다. 사실상 예전 국정홍보처의 역할을 담당한다.

13 기존 홍보수석실 산하에 있던 뉴미디어비서관 자리는 윤석열 정부에서 홍보수석실 산하가 아니라 시민사회수석실 산하로 만들어진 디지털소통비서관으로 변형돼 개편됐다. 현 윤석열 정부는 홍보수석실 산하에 4명의 비서관(홍보기획, 해외홍보, 대외협력, 뉴미디어) 및 대변인이 있고, 문재인 정부 시절 홍보수석실 산하에 있던 국정홍보비서관은 국정기획수석실 산하로 옮기는 것으로 개편됐다(<그림 4-2> 참조).

지 못할 상황에 처해 있다(남승모, 2022. 7. 25.). 임기 초반이라는 특성도 있겠지만, 현 대통령실 기자들은 행정관의 이름과 직책을 공개하지 않는 것은 물론, 공식적 언론 발표 이외에는 고위직 연락처도 제공하지 않고 있는 상황이다. 한 기자는 이러한 폐쇄적 분위기가 "말을 만드는 부작용"을 초래한다고 말한다. "여권 고위 관계자에게서 청와대 내부 동향을 듣고 고위 인사에게 확인차 청와대 기류에 대해 물으면 '누구의 청와대? ○○○의 청와대, 아니면 △△△의 청와대?' 하고 되묻곤 했다."라며 "특정인의 전언에만 의존해야 하는 취재 환경이 청와대 내부의 호가호위를 만들었던" 것은 아닌지 반문한다(남승모, 2022. 7. 25.). 실제로 실무자들의 연락처를 쉽사리 알 수 없는 상황에서 이를 보강하기 위해 이전 출입처인 정당이나 인맥을 통한 비공식적 외곽 취재가 확산할 수밖에 없는 현실이다(강준구, 2019).

백악관에서 일하는 모든 실무자는 지위 여하를 막론하고 말단 직원까지 이름과 직책을 모두 공개하는 것이 원칙이다. 백악관 역시 기본적으로 대변인Press secretary과 소통·홍보수석Communication Director은 긴밀히 협력하지만, 그 임무에 있어서 엄격한 구분이 있다. 대변인실Office of Press Secretary의 경우 지역 언론을 일일이 상대하기보다, 정기적으로 출입하는 워싱턴에 기반을 둔 기자들을 위해 특화되어 있다. 행정부로부터 공식적인 답변을 받고, 그들의 시책에 대한 배경 정보를 제공하며, 공식 정보 세션의 녹취록을 배포해 그날의 뉴스거리를 제공하고, 이 정보에 대한 기자들의 질의에 응하는 단기적인 목표에 충실한다. 홍보실Office of Communication의 수장인 홍보수석Communication Director의 경우, 보다 포괄적으로 정부의 메시지가 분명하고 성공적으로 전달되었는지 커뮤니케이션의 전반적 측면을 다룬다. 다시 말해 프레스 오피스가 주로 사후 대응에 집중하는 반면, 커뮤니케이션 오피스는 장기 계획에 방점을 두는 것이다. 이는 전혀 다른 속성의 일이기 때문에 백악관은 이 두 업무를 명확히 분리해왔다(Kumar, 2007; Maltese,

2000).[14]

언론에 관한 업무는 전적으로 대변인실에 맡겨 업무를 분담하는데, 일례로 현 디렉터인 케이트 베딩필드Kate Bedingfield의 경우 브리핑룸에 거의 등장하지 않는다. 그가 모습을 비춘 것은 올해 3월 젠 사키Jen Psaki 대변인이 코로나 확진 판정을 받았을 때가 유일했다.[15] 또한 인터넷과 뉴미디어의 중요성이 커짐에 따라 대통령의 비전을 대중에게 전달하기 위해 인터넷, 특히 페이스북과 트위터 같은 소셜미디어 사이트를 활용하는 쪽으로 영역을 확장했는데, 오바마 정부가 들어서며 소셜미디어 업무량이 많아지자 소셜미디어 전략팀은 디지털 전략실Office of Digital Strategy로 격상돼 백악관의 내용을 페이스북, 트위터, 유튜브, 스냅챗, 인스타그램 등 다양한 소셜미디어 플랫폼에 올렸다.[16] 이외에도 우리나라는 각 수석실 산하 행정관이 무슨 일을 하는지 알 수 없는 반면, 백악관의 경우 <그림 4-2>가 보여주듯, 방송 미디어 국장Director of Broadcast Media, 아프리카계 미국인 관련 미디어 국장Director of African-American Media, 히스패닉계 미국인 관련 미디어 국장Director of Hispanic Media처럼 세분화되어 오피스의 규모를 투명하게 알 수 있다. 각 직책

---

14 그러나 예외적인 경우가 있었는데, 트럼프 대통령 당시에 스테파니 그리셤Stephanie Grisham은 대변인press secretary, 홍보수석Director of Communications, 영부인 홍보직까지 모두 겸임했다. 실제로 프레스 브리핑을 진행하지 않는 초유의 사태(미국에서는 일일 브리핑을 진행하지 않는 것은 직무 유기며 초유의 사태에 해당한다)가 벌어졌으며, 기자들은 "트럼프 정부에서는 대변인이 사실 정보를 제공하는 것보다 어떤 대가를 치르더라도 트럼프를 보호하는 데만 관심이 있다. 이 나라 역사에서 대변인 자리가 갖는 책임과 역사를 알지도 못하고 알 노력조차 하지 않는다."라며 비판의 목소리를 높였다.

15 실제로 베딩필드는 오프닝에서 "여러분이 연단에서 매일 보는 빨간머리(젠 사키 대변인을 지칭함)는 아니지만 그래도 저랑 잘 어울려주기 바라요."라고 말했다. 홍보수석격인 'Communication director'는 좀처럼 대변인의 주요 업무인 프레스 브리핑을 주도하는 일이 없다는 증거다(C-SPAN, 2022. 3. 29.).

16 오바마 시절 20명가량의 직원이 이 디지털 전략실에서 일하며 트위터 계정을 관리했다(Baker, 2020). 트럼프 정부 시절 이 조직의 장인 댄 스카비노는 소셜미디어 국장Director of Social Media라는 이름으로 불렸으며, 바이든 정부에서 다시 디지털 전략실Office of Digital Strategy이라는 명칭으로 돌아갔다.

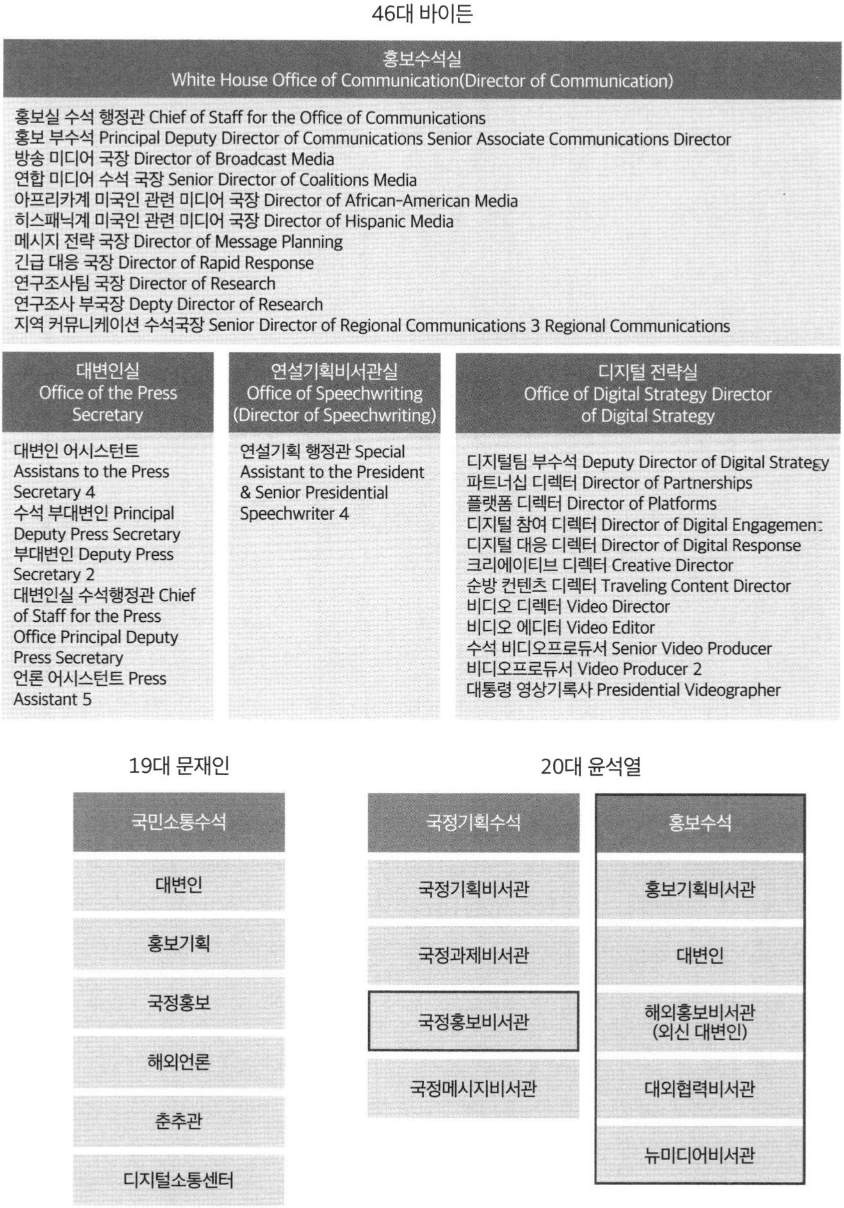


<그림 4-2> 청와대/대통령실과 백악관의 커뮤니케이션 관련 조직

* 미국의 경우 각 업무를 하는 담당자의 직책이 상세하게 나뉘어 공개된다. 백악관의 공공참여부Office of Public Engagement/Public Liasion도 넓게는 커뮤니케이션 조직으로 보아야 한다는 견해도 있으나, 주로 이익단체를 통해 이벤트를 기획하는 점을 들어 이번 분석에서는 제외했다.

의 명칭이 업무의 범위를 명확하게 구분하고 있는 셈이다.

쿠마는 언론을 담당하는 프레스 오피스와 홍보를 담당하는 커뮤니케이션 오피스의 업무 분담이 명확하지 않으면 정보에 대한 통제력이 떨어지고 전략적인 계획이 수행되기 어렵다고 봤다. 대변인이 기자들의 대통령 정보 제공과 관련된 요구 사항을 지속적으로 처리하는 동시에 전략 기획 기능을 통제할 수 없기 때문이다.

### 2) 만남의 약속: 취재진-대변인 간 공식적·비공식적 소통 형식 비교

문재인 정부의 경우 집권 초반 기자들과의 스킨십에 적극적이었는데, 브리핑 601건, 보도자료 240건을 배포하고 청와대 기자단과 대통령 내외의 일정 풀 취재는 536건에 달했다. 정보량이 많아진 것은 사실이나 수적으로 늘어난 기자들을 컨트롤하기 위해 출입기자 공지방, 풀 기자단 단톡방, 국내 언론 단톡방, 기자단과 대변인단 간 질의응답방 등 대변인과 기자단이 사용하는 카카오톡 단체 채팅방이 우후죽순 생겨났다가(강준구, 2019; 강태경, 2018; 문동성, 2017) e-춘추관이 다시 생기며 사라졌다.[17] 청와대 대변인은 매일 오후 2시 춘추관(윤석열 정부의 경우 1층 기자실)을 찾아 청와대/대통령실 현안 전반에 대해 간략히 설명하고 기자들과 일문일답을 갖는 것으로 되어 있지만, 임기 초 장담해왔던 '브리핑 정례화' 약속은 늘 임기 말에는 지켜지지 않아 도대체 대변인이 어디 있느냐는 볼멘소리가 터져 나오는 경우가 태반이다(노지민, 2022. 9. 7.; 송호균, 2008. 9. 17.).[18] 문재인 정부의 박경미 대변인

17 탄핵 정국 이후 조기 대선으로 혼선을 줄이고 청와대와 기자들 간 소통을 강화하기 위해 언론사별로 2~4명의 기자가 들어와 300명이 넘는 출입기자들과 춘추관장, 대변인, 소통수석을 비롯한 주요 참모들이 카카오톡 단체 채팅방들을 비상 연락망으로 사용했다. 이후 80일 정도 이 단톡방 체제를 운영했다(김성곤, 2017).

역시 임기 말이 되자 서면 브리핑으로 정례 브리핑을 대체하는 경우가 급격히 늘어났고, 윤석열 정부의 경우 출범 후 반 년이 채 되지 않았는데도 "일상적 브리핑은 한 손에 꼽"게 됐으며 강인선 대변인이 실제 브리핑에 선 횟수는 8월 21일부터 9월 중순까지 네 차례에 그쳤다. 기자들은 이재명 부대변인도 브리핑으로 찾아보기 어렵다고 말하고 있다(노지민, 2022. 9. 7.). 상대적으로 활발해진 건 서면 브리핑이다. 2주 동안 김은혜 홍보수석 3회, 강인선 대변인 9회, 이재명 부대변인 2회의 서면 브리핑이 나왔다. 대통령실 측 입장 표명만 받아 들고 취재해야 하는 상황이 한국 기자들에게는 일상인 셈이다.

브리핑이 실제로 열린다 해도 대변인의 짧은 발표와 간단한 질의응답만이 형식적으로 이루어져, 현안의 실체적 진실이나 깊이 있는 배경 설명보다도 이미 언론에 나온 내용을 단순 확인하는 일이 부지기수다(강준구, 2019). 게다가 대변인단은 전화도 잘 받지 않은 채 정례 브리핑으로 답변을 미루고 정작 브리핑에선 '정보가 없다'거나 '모르겠다'는 답변으로 일관했다고 기자들은 회고한다. 임기 초에는 (대변인 외) 수석·보좌관 등과의 브리핑도 활성화하겠다고 밝혔으나 지켜지는 경우는 거의 없다(김광덕, 2006).

백악관에서 일일 브리핑은 임기 초와 임기 말을 가리지 않고 지켜져야 하는 약속이다. 서면 브리핑으로 대체한다고 피하는 경우는 당연히 찾아볼 수 없다. 비가 오나 눈이 오나 특별한 사안이 없어도 주말을 제외하고는 매일 만나야 한다는 약속은 깰 수 없다(심지어 대변인이 코로나에 확진돼도 다른 커뮤니케이션 오피스 직원이 브리핑을 한다). 보다 구체적으로는 2021년 기준, 주말과 공휴일을 제외한 247일의 평일 중 대변인실이 일일 브리핑을 가진 날은 약 89%였다. 대변인실은 총 226

---

18 참여정부는 대변인 브리핑을 활성화하기 위해 홍보수석(차관급)과 대변인(1~2급)을 분리하는 조치도 취했다. 청와대는 홈페이지와 대통령 참모들의 개인 블로그 등을 통해 알리고 싶은 내용을 전하기도 했다.

회의 일일 브리핑을 수행했고, 에어포스원에서의 브리핑(개글)의 경우 46회(젠 사키 대변인이 19회, 장피에르 대변인이 23회, 기타 다른 관계자들이 4회) 열린 것으로 보고됐다(Kumar, 2021).

이러한 규칙은 비공식적 소통에서도 한·미 간에 차이를 보이는데, 클린턴 전 대통령과 조지 W. 부시 전 대통령 집권기 초반까지만 해도 비공식적으로 대변인과 기자들 간의 만남은 '개글gaggle' 혹은 '확장 개글expanded gaggle'이었다. 오후 2시 정례 브리핑은 네트워크 저녁 뉴스 프로그램을 진행하는 기자들의 요구에 초점을 맞췄다면, 그보다 이른 시간에 빠르게 기삿거리를 원하는 AP, AFP, 로이터, 블룸버그 등 4대 네트워크 통신사 기자들, 혹은 오후의 공식 브리핑에서 질문 기회를 얻지 못하는 외신(가령 Middle Eastern News Broadcasting, Saudi Press Agency, BBC 등)을 위한 배려였던 것이다(C-SPAN, 2010. 5. 11.; Franzich, 2018). 오전 9시경 열려 "하루 일정의 로드맵roadmap for the day"(Kumar, 2007, p. 228)으로 불렸던 이 개글 미팅은, 기자들에게는 오후 공식 브리핑 시간 전까지 그날 브리핑 주제에 대해 감을 잡고 자료를 조사할 시간을 벌 수 있게 해주고(Franzich, 2018), 특별한 사건이 없는 날에는 따로 준비하고 있는 피처기사 주제에 대해 질문할 수 있는 기회가 되어주었다. 대변인실 직원들에게는 기자들의 예상 질문에 대한 답변을 준비할 시간을 주었기에 서로 간 윈윈 전략으로 불리곤 했다(Franzich, 2018; Kumar, 2001).

그러나 쿠마는 필자와의 인터뷰에서 조지 W. 부시 대통령 정권 이후, 뉴스 미디어 제작 환경이 오전 마감이나 오후 마감 개념이 따로 없이 24시간 7일 내내 돌아가는 시스템으로 급격히 변화하면서 개글의 의미와 성격이 달라졌다고 설명한다(Kumar, 2022. 12, 14.). 기사 마감 시간의 편의를 맞춰주기 위한 15분 개글은 열리지 않는 대신, 현재 바이든 정부에서는 대통령 순방 시 에어포스원에서 일일 브리핑을 대체하는 소통 형식을 개글이라고 칭한다.[19]

쿠마는 실제로 백악관 내부에서 참여관찰을 시작한 레이건 정부 이래 백악관의 언론 운영은 점점 더 복잡해졌다고 말한다. 레이건과 조지 H. W. 부시 시대에 기자들은 하루에 한두 건의 기사를 썼지만, 현 2022년의 기자들은 전혀 다른 리듬으로 살고 있다는 것이다. 많은 뉴스 기관이 종일 백악관을 스트리밍하기도 하고, 기자들은 기사가 인쇄된 형태로 나오기 전에 언론사 웹사이트에 올려야 하며, 또 하루 종일 트위터에 속보성 트윗을 날린다. 일부 기자의 경우 계약을 맺은 텔레비전에서 정치 전문가로 활동하며 그들의 기사에 대해 소개하고 패널들과 토론하기도 한다. 예를 들어 『뉴욕타임즈』의 백악관 선임 특파원인 피터 베이커는 MSNBC나 PBS의 <워싱턴 위크 인 리뷰Washington Week in Review> 쇼와 같은 코너에 출연해 논평하기도 하며, 저자로 참여해 백악관 취재에 대한 책을 집필하기도 한다. 오늘날 개글의 의미와 성격이 달라진 것은, 이처럼 24시간 7일 내내 돌아가는 뉴스 사이클의 환경에서 예전과 같이 하루 브리핑 일정을 미리 고지하고 기자들의 질문을 수합하는 일이 무의미하다는 상호 간의 합의가 있었던 것이다.

오전 개글이 없어진 대신 보완적 형태의 소통이 활발해졌는데, 백악관의 비공식적 소통 방식을 이해하려면 기본적으로 프레스 오피스Office of Press Secretary가 운영하는 방식을 이해해야 한다. 대변인실 오피스Office of Press Secretary는 크게 세 하부 조직으로 나뉜다. 먼저 웨스트윙 브래디룸 뒤쪽으로 두 개 층으로 나뉜 ① 상층 언론 영역Upper Press Office과 ② 하층 언론 영역Lower Press Office, 그리고 백악관 부속 건물인 ③ 아이젠하워 행정동 건물Eisenhower Executive Office Building: EEOB에 있는 프레스 오피스가 이 세 축을 담당한다.

대변인의 오피스는 대변인의 업무 조율과 일정 조정에 초점을 맞춘

19 트럼프 전 대통령 시절, 이 개글이 종종 브리핑을 대체하는 수단으로 열리기도 했으나 그 성격은 이전 정부들의 개글과15분는 다르다.

<표 4-1> 백악관과 청와대/대통령실의 브리핑 비교

| 구분 | 백악관 | 청와대/대통령실 |
|---|---|---|
| 공식 브리핑 | - 철저하게 정례화된 브리핑. 백악관의 하루 일정으로 고정돼 있음.<br>- 주말, 그리고 기자들과의 비공식적 만남이 고정된 날들을 제외하고 정례화된 일일 브리핑만 월 평균 15회 이상. 대변인 브리핑 이후 40~50분가량의 질의응답, Q&A 세션까지 모두 C-SPAN에 공개. | - '정례' 브리핑의 명칭이지만, 실제로는 유동적으로 운영됨(정권별로 상이).<br>- 임기 초에는 매일 진행하지만 임기 말로 갈수록 뜸해짐. 서면 브리핑으로 대체하는 경우 잦아짐.<br>- KTV에 공개하는 영상은 월 3~4회로 지극히 제한적.<br>- 질의응답은 KTV에 공개되지 않음. |
| 비공식 소통의 기회 | - 웨스트윙 하층 언론Lower Press에게 기사의 주제에 따라 법조, 경제, 이민, 환경 등 전문 분야별로 나눠진 행정관을 찾아 면담 진행. | - 전화·꾸미 취재.<br>- 간헐적으로 기자들과의 간담회. 임기 초에는 월 4회 정도, 임기 말이 되면서 감소.<br>- 비서실에 출입이 불가하고 전화 면담도 어렵기 때문에 당 외곽을 통한 인맥 취재. |
| 비공식 소통의 규칙 | - 에어포스원에서 진행하는 개글의 경우 오프 카메라Off camera가 원칙임.[20] 녹음은 가능하며, 이는 모두 기록으로 남기 때문에 발언의 화자를 특정할 수 있음. 개글 종료 이후 백악관 홈페이지에 게시. | - 백브리핑과 딥백브리핑은 청와대/대통령실 고위 관계자로 처리해야 한다는 암묵적 원칙. |
| 기자 인력 운용 | - 이메일을 통한 브리핑 자료는 매체를 구분하지 않고 모두 배포.<br>- 브리핑이 열리는 제임스 브래디룸은 49석. 소규모 언론사들도 참석은 가능하나 지정 좌석이 없을뿐더러, 주요 언론사의 오랜 경력의 기자들에게 우선 질문권이 주어짐.<br>- 출입기자 간 철저한 커리어별, 출입 기간별 차등 및 서열화. | - 문재인 정부 초 2017년 9월 기준 청와대 출입 매체 수는 181개사, 출입기자는 345명이었으며, 현 윤석열 정부에서는 2022년 7월 기준 대통령실 출입 매체 수 128개사, 출입기자 233명(장슬기·노지민, 2022. 7. 9.)에 이르는 출입기자단.[21] |
| 공간적 요소 | - 주요 매체의 경우 기자들과 대변인이 같은 건물(웨스트윙)에 위치해 실제로 대변인실 책상을 몰래 뒤지다 출입이 영구 정지된 사례도 있음. 지역 매체의 경우라도 웨스트윙 하부층Lower Press에는 요청 시 접근 가능. | - 청와대는 춘추관과 본관, 참모진의 여민관이 모두 분리(도보로 10분 거리).<br>- 기자들은 비서동 출입 불가.<br>- 윤석열 정부의 경우 청사 1층 국민소통관. |

다. 나아가 전체 백악관 비서진들과 함께 언론 대응 기조를 결정하거나, 타 행정부 대변인실과 언론 대응의 일관성을 어떻게 유지할 것인지 논의하고 일일 브리핑의 내용을 통해 대통령의 아젠다가 언론에 가장 효

과적으로 전달될 수 있도록 전략적 언론 대응 디자인에 집중한다. 반면 브래디룸 오른쪽에 위치하는 하층 언론Lower Press 오피스에서는 보다 실무적인 일들을 처리한다. 브리핑 현장에서의 질문들은 대변인이 답변하지만, 브리핑 이외에 수많은 기자의 정책 질문에 대한 요구를 응대하고, 소수만 수용할 수 있는 루스벨트룸에서의 면담을 위한 풀 기자를 선정하며, 일정을 조율하는 것 등은 모두 이 하층 영역 직원들의 몫이다. 즉 이 공간은 백악관에서 '기자들을 맞이하는 첫 번째 방어선first line of defense in dealing with reporters'인 셈이다. 기자들은 외부에서 전화를 걸든 이 하부층으로 들어서든 간에 아주 짧은 시간 내에 자신들의 정보 요구를 충족할 수 있을 것으로 기대한다(Kumar, 2017). 이 곳에서는 세 명의 부대변인Deputy Press Secretary이 일하고 있고,[22] 네 명의 'Assistant Press Secretary'(대변인실 서기관격)와 'Special Assistant to Press Secretary'(대변인실 선임행정관격), 'Press Assistant'(언론 어시스턴트/언론 담당 행정관격) 등이 일하고 있다.[23] 이들은 각각 경제, 사법, 이민 등 각자의 전문 분야별로 다양하게 나뉘기 때문에 기자들이 자신이 취재하는 기사의 내용에 따라 해당 비서관을 찾아가 언제든 이야기하기 편리하게 되어 있다. 쿠마는 오전에 열리던 15분 개글이 없어지면

---

20 그러나 트럼프 대통령 때 숀 스파이서Sean Spicer 대변인은 녹화는 물론이고 녹음도 하지 못하도록 제한했다. CNN이 프레스 개글을 비디오 없이 오디오로 생중계하려고 하자 스파이서 대변인이 오디오 녹음까지 차단한 것이다. 다만 이는 매우 예외적인 상황으로, 기본적으로 에어포스원에서의 개글은 기록이 남는 온 레코드가 원칙이다. 또한 트럼프 시절 확장 개글을 악용하기도 했는데, CNN과 『뉴욕타임스』 등 트럼프 대통령에게 호의적이지 않은 언론사의 경우 가짜 뉴스fake news라는 이유로 철저히 배제시켰다(Rocheleau, 2017. 2. 24.).

21 개방형 브리핑 제도의 기조 유지하에 청와대 출입 비표를 받은 기자 약 400명으로, 각 언론사를 향한 일대일 보도에는 소극적인 대신 디지털소통센터를 통한 대국민 직접 홍보를 강화했다. 출입기자의 허들은 점점 낮아져, 춘추관 기존 출입기자 246명에서 30명의 추가 출입이 허가됐다(강준구, 2019).

22 정권별로 부대변인의 오피스 위치는 상층 및 하층에 변화가 있다.

23 행정관의 수 역시 정권별 · 시기별로 변화는 있다(Kumar, 2022. 12. 14.).

서 오히려 이러한 백악관의 행정관-기자 간 소통이 이전보다 더 빈번하게 이루어지고 있다고 설명했다. 또한 이 행정관들은 기자들과의 미팅을 통해 더 세밀하고 전문적인 설명이 필요할 경우, 해당 실무자와 기자들을 이어주는 연결책facilitator 역할을 담당하기도 한다고 설명했다(Kumar, 2022. 12. 14.). 새로 백악관에 출입하고 싶어 하는 기자들을 위해 하층 언론 영역 직원들은 각 기자가 출입을 요청할 때마다 작성하는 서류를 검토하고, 이를 아이젠하워 행정동 건물의 비밀 서비스 부서로 전송해 보안 요원들이 받아보도록 하는 일도 담당한다(<표 4-2> 참조).

백악관을 취재하고 싶어 하는 언론사가 많은 만큼, 아이젠하워 행정동에서는 전문 언론이나 워싱턴 D.C. 지역 외 언론들의 요구를 처리하는 역할도 맡는다.[24] 그러나 필요가 인정된 경우 젠 사키 전 대변인을 포함한 대변인실 직원들은 바이든 대통령의 취임 초부터 2021년 여름까지 기간에 이 아이젠하워 행정동 건물에서 지역 뉴스 매체와 1,000건 이상의 인터뷰를 했다(Downie Jr., 2022. 1. 3.). 취재 기회에 있어 차등은 존재하지만 군소 매체라고 해서 취재를 못 하는 것은 아니라는 뜻이다.

<표 4-2>를 보면, 백악관의 경우 같은 대변인실 안에서도 업무 분담이 자세하게 세분화되어 업무 지침이 마련되어 있는 반면, 한국에서는 전화 취재나 꾸미 취재처럼 개인 및 특정 그룹이 접촉하는 미팅을 제외하면 전체 기자를 대상으로 하는 비공식적 세션은 간헐적으로 진행되는 간담회 혹은 공식 브리핑 이후 이어지는 백브리핑 정도다. 간담회

24 백악관에서는 매체별, 그리고 출입기자의 출입 기간 및 커리어별로 철저한 차등이 존재한다. 브래디룸의 기자 좌석 배치나 질문 순서 등도 암묵적으로 정해져 마이너 매체 혹은 해외 언론의 경우에는 쉽사리 질문권을 받기 힘들다. 브리핑룸의 좌석 또한 49석으로 정해져 있기에 해당 매체가 아닌 경우 서서 듣거나, 모든 메이저 매체의 질문을 다 마치고도 시간이 남을 경우에만 한두 가지 질문을 하는 것이 허용되는 식이다.

<표 4-2> 백악관 대변인실의 구조 및 업무 분담

| 웨스트윙 상층 대변인실Upper Press Office |
|---|
| 대변인Press Secretary, 대변인실 수석 행정관Press Office Chief of Staff, 대변인 비서Assistants to the Press Secretary 등.<br>- 대변인 일정 조정 및 전반적인 언론 관련 업무 총괄<br>- 백악관 주요 비서실 및 비서관들에게 언론 대응 지침 전달<br>- 기자들이 대변인에게 직접 인터뷰를 요청할 경우 대변인-기자 간 일정 조율<br>- 정례 브리핑을 위한 정보 수집 및 진행<br>- 전문잡지(예: 『타임즈*The Times*』, 『US 뉴스 앤드 월드 리포트*US News and World report*』, 『뉴스위크*Newsweek*』 등)와 대변인 간의 주간 인터뷰 조율<br>- 행정부 타 부서의 대변인실과 언론 조정에 관한 협동 및 업무 분담 조정 |
| **웨스트윙 하층 프레스 오피스Lower Press Office** |
| 부대변인Deputy Press Secretaries, 전문 분야별(예: 법조, 경제, 이민, 환경 등)로 나뉜 대변인실 행정관들(Assistant Press Secretary, Press Assistant 등)(Kumar, 2022. 12. 14.).<br>- 백악관 출입기자들의 24시간 컨트롤, 공식 답변 배포, 기자 질문 응대<br>- 대통령 순방 시 대변인이 백악관에 남아 있어야 하는 경우 순회 언론 비서로 활동<br>- 대통령 집무실과 루스벨트룸에서의 행사를 취재할 풀 기자 선정 및 일정 조정<br>- 백악관 이스트룸, 로즈 가든, 사우스론 등에서 언론 이벤트가 있을 경우 조명 설치를 포함해 언론이 원활하게 방송할 수 있도록 준비<br>- 기자들이 브리핑룸 외의 장소(예: 아이젠하워 행정동 건물)에서 이벤트가 있을 경우 기자들의 이동을 에스코트<br>- 하드패스 등 기자들의 출입을 관리하고, 언론사별 기자 인원을 확인하여 보안과에 이들의 정보를 넘기는 업무, 특정 행사를 위해 백악관에 출입하는 기자 인원 파악<br>- 공식 성명서 공개 및 발표<br>- 대통령에 관련된 업데이트된 일정 및 정보를 매일 기자들에게 배포<br>- 풀 기자들의 속기록을 다른 기자들에게 배포 |
| **아이젠하워 행정동 프레스 오피스EEOB Press office** |
| 지역 운영을 담당하는 언론 담당 행정관, 방송·라디오·인터넷·전문잡지 뉴스 담당자 등<br>- 백악관 직원들의 언론 출연 허가 및 일정 조율<br>- 라디오 그룹 및 개별 기자를 위한 백악관 고위 직원과의 세션을 포함하여 라디오 서비스를 조직<br>- 뉴스 요약 준비<br>- 정례 브리핑, 대통령 성명, 연설을 포함한 백악관 공식 발표를 백악관 홈페이지에 업로드<br>- 전문 분야에 따라 선택된 기자 그룹에 정책 정보를 이메일로 배포<br>- 아이젠하워 행정동 건물에 위치한 스튜디오의 유지 보수 및 이벤트 준비<br>- 지역 뉴스 기관에 질문에 대한 응답 및 정보 제공 |

* Kumar(2017). White House Transition Project에서 발췌해 재구성함.

야 대변인실이나 수석실에서 개최해야 열리고 횟수가 그리 잦지도 않기에 그 주도권은 온전히 대변인실에 달려 있다. 백브리핑의 경우 여기서 나온 정보들은 '당국자'나 '관계자'로 하여 기사를 써야 하고, 딥백브리핑에서 한 얘기는 '…로 알려졌다'는 식으로 기사에 등장시켜야 하는 것이 암묵적인 규칙이다(문동성, 2017; 최승영, 2022. 5. 10.). 참모진은 "기자들이 비공개를 원한다."라고 하며 핑계를 기자들에게 돌리지만, 기자들 입장에서는 "비공개라도 하지 않으면 답을 들을 기회가 없기 때문에 규칙에 응할 수밖에 없다."고 한다. 관계자발 기사의 남발과 핵관의 의중에 대한 소문 따위가 기사가 되는 관행의 근본적인 원인이 기자들의 탓만은 아닌 것이다(노지민, 2022. 5. 13.).

또한 한국의 경우 정권별, 인사별로 다르기도 하거니와 대변인실 내 업무 분담 상황을 알 수 있는 공식적인 기록은 찾을 수 없다. 임기 내내 유동적으로 상황이 바뀌거나 인력이 재배치되어 "춘추관장, 비서관과 행정관까지 언론과 접촉하면서 설익은 메시지가 나가는 경우"가 더러 생기곤 한다(강준구, 2019). 또한 박수현 전 대변인이 "대통령과 브리핑 내용을 상의하지 않는다.", "대통령에게 사전 브리핑을 하거나 내용을 미리 알린 적이 한 번도 없다. 자율권이 보장된 행복한 대변인이었다."(구혜영, 2018)라고 회고한 것과는 대조적으로 백악관의 경우, 대통령과 다른 참모들에게 브리핑의 내용을 고지해주는 미팅은 대변인 하루 일정의 핵심을 차지한다. 대통령을 포함한 전 행정부 조직이 언론과의 커뮤니케이션 내용에 대해 인지하고 있도록 하는 것을 중요하게 생각하기 때문이다. 이러한 과정을 통해 정제되지 않은 메시지가 중구난방으로 발설되는 것을 막아 전 행정부가 팀으로 효율적인 커뮤니케이션의 목적을 달성하도록 한다.[25] 이는 사람이 지배하기보다 시스템이

25 백악관의 경우, 자신의 정책 관련 아젠다가 확실히 있다면 장관들이 기자들을 자주 만나긴 하지만, 기본적으로 대변인실 외 직원들은 인터뷰에 쉽사리 응해주지 않는다고

움직이게 만든다는 직업윤리와 철학이 조직을 지배하고 있다는 뜻이기도 하다.

청와대에서는 이따금 깜짝 피자 · 햄버거 간담회가 간헐적으로 열리기도 하는데, 사전 조율 없이 비서실장이나 사회 · 홍보수석들이 춘추관에 방문해 진행된다. 비보도 전제의 이 간담회는 자주 오지 않는 기회인 만큼 마감과 관계없이 몇백 명의 기자로 문전성시를 이룬다(문동성, 2017). 자연스레 대변인과 기자 사이에 밀도 깊은 이야기가 오갈 리 만무하다. 동시에 춘추관에서는 정작 얼굴을 보지 못하는 기자들도 있는데, 이들은 단톡방이나 e-춘추관에 올라오는 자료만을 받아 기사를 작성하기 때문이다(김태경, 2017). 청와대 시절 참모진들이 일하는 여민관에의 출입은 금지되어 있었고, 풀 기자로 선정되지 않고는 다른 사무실을 방문하는 데 제약이 따랐으며, 오후는 주로 전화 취재를 하지만 전화로 응답받을 수 있는 경우는 극히 제한적이었다. 한 기자는 이렇게 소통 창구 자체가 다변화되어 있지 않은 현실을 다음과 같이 이야기하고 있다.

> 백브리핑과 간담회로 청와대 내부 사정을 제대로 이해하긴 힘들다. (…) 공개된 자리에선 불가능한 내밀한 취재를 해야 할 경우도 생기는데, 기자 측에서 생각할 수 있는 접촉 수단은 현재 전화 통화밖에 없다. 전화는 받지 않으면 그만이다. 청와대 출입기자는 청와대 경내 출입이 금지돼 있다. 근접 풀 기자로 선정될 경우 경내에서 대통령 일정을 취재할 수 있지만 질문을 하거나 다른 사무실을 방문하는 등 자유롭게 행동할 수 없다. 참모진이 춘추관을 찾

---

백악관 기자들은 증언한다(Garrett, 2014. 5./6.). 청와대/대통령실과 비슷한 환경이라고 볼 수 있으나, 백악관의 경우 비록 기자들이 원하는 답은 우회적으로 내놓을지라도 일일 브리핑이 매일 고정되어 있으며, 어느 매체나 행정관들을 통해 직접 면담이 가능하다는 점이 다르다.

지 않는 한 출입기자가 이들을 만나기 어렵다는 뜻이다.

> 춘추관은 사전에 해당 브리핑 내용과 관련이 없는 질문을 금지한다고 통보했다. 다른 현안을 질문하기 위한 기자간담회가 필요한 상황이지만 조 수석은 "현재 하고 있는 일이 언론에 전달되면 안 되는 성격이라 말을 할 수 없다."라는 식이다. 그는 "저한테 전화를 하지 말고 국민소통수석에게 하라."라고 말했다. 정작 국민소통수석은 말할 권한도 없고 제대로 알지 못한다. 기자들은 임종석 비서실장 등 참모진에게 조국 수석과의 간담회를 수차례 건의했지만 조 수석은 묵묵부답이었다. 임종석 비서실장, 조현옥 인사수석, 김수현 사회수석도 전화를 받지 않는다. 윤영찬 국민소통수석도 박수현 대변인이 임명된 후 전화 응대 횟수가 줄었다. 문재인 정부 청와대 출입기자들은 자조 섞인 목소리로 "전화를 받으면 오히려 그게 이상한 상황"이라고 말하면서 하염없이 부재중 전화만 참모진의 휴대전화에 남기고 있는 실정이다(문동성, 2017).

한편 미국의 경우 앞서 말한 대변인-홍보수석 간 업무에 있어 엄격한 구분은 존재하지만, 주택·도시개발부 장관, 상무장관, 교육부 장관, 젠더 정책 고문 등이 프레스 브리핑에 대변인과 동석해 정책의 세부사항과 임기 내 목표를 공유하고, 한 시간 동안 기자들의 질문에 답하는 모습은 백악관 기자들에게 익숙한 일이다.[26]

---

26 실제로 2021년의 경우 117차례는 대변인이나 부대변인이 단독 브리핑을 했지만, 61차례는 15명의 캐비넷 장관 및 백악관 직원이 단골로 등장해 정책에 대한 심도 있는 설명을 진행했다(Kumar, 2021, p. 2).

### 3) 브리핑의 규칙:
### 과정과 맥락의 브리핑 vs. 일방적인 대통령 동정 낭독

청와대/대통령실과 백악관의 브리핑 형식 및 내용을 살피기 위해 문재인 정부의 두 달 치(2022년 3~4월)와 윤석열 정부(2022년 7월), 그리고 같은 기간 바이든 정부 3개월 치 대변인실 브리핑 영상을 KTV와 C-SPAN을 통해 조사해보았다. 기본적으로 한국의 경우, 문재인 정부 시절에는 박경미 전 대변인과 박수현 당시 청와대 국민소통수석이 진행했고, 윤석열 정부의 경우 강인선 대변인과 최영범 홍보수석이 브리핑을 진행했다. 미국은 3~4월의 경우 젠 사키 대변인이 진행했는데, 백악관 브리핑의 특징은 전문가나 담당 실무자를 자주 동석시킨다는 것이다. 우리에게 친숙한 국립 전염병연구소 소장인 앤서니 파우치Anthony Fauci 소장 이외에도 해당 샘플링 기간 내에는 부통령의 수석 경제 정책 고문 제레드 번스타인Jared Bernstein, 의사이자 의료정책 전문가인 아쉬스 자Ashish Jha M.D., 수석부대변인Principal Deputy Press Secretary인 크리스 미거Chris Meagher 등이 사키 대변인과 함께 단상에 올랐다. 사키 대변인의 사임 후 최초의 흑인 성소수자 여성 대변인이 된 카린 장피에르Karine Jean-Pierre 대변인 역시 백악관 국가경제위원회 위원장Director of the National Economic Council인 브라이언 디즈Brian C. Deese, 젠더정책위원회Gender Policy Council 젠 클라인Jenn Klein 국장, 백악관 안보비서관National Security Advisor 제이크 설리번Jake Sullivan과 함께 등장했다. 그는 전문적 지식을 요하는 현안의 경우 해당 전문가가 직접 나서서 발표하게 해, 이를 기자들에게 신뢰를 줄 수 있는 전략으로 사용했다. 또한 이러한 전문가와 수석들은 단순히 발표 내용만 읽고 끝내는 것이 아니라, 브리핑 후 직접 나서서 50여 분간 기자들의 질의에 적극적으로 응대한다. 대변인단이 사안을 명확하게 파악하지 못하는 경우 이를 보완할 만한 장치도 마땅치 않아 난감한 적이 많았다는 청와대 출입기자의 증언과는 대비되는 모습이다(강준구, 2020). 청와대/대통령실의 경우도 이따금 장관이나 안보실장이 브리핑을 하는 경우가 없지는 않으나, 그 빈도에 있어 백악관에 비할 바가 못 된다.

미국 일일 브리핑의 경우 샘플링한 3개월 내에 평균 약 51분간, 총 45번의 일일 브리핑이 열렸다. 주말과 확장 개글이 열리는 날, 그리고 순방 일들을 제외하면 오로지 공식적인 이름의 일일 브리핑만 매일 진행한 셈이다. 각 브리핑에서 몇 명의 기자가 질문했는지를 세어보면, 평균 19명에게서 질문을 받는 것을 영상을 통해 확인할 수 있다. 질의응답이 브리핑의 핵심 부분인 만큼 서면으로 자료만 보내는 브리핑은 있을 수 없다. 사전에 이메일로 전달한 기본 브리핑 자료를 모두가 인지하고 있다는 가정하에 실제 일일 브리핑이 진행된다. 가장 많은 기자의 질문이 있었던 날은 바이든 대통령과 중국 지도부의 우크라이나 전쟁에 관한 전화 회담이 있었던 날로, 해당 회담의 내용에 관하여 30명의 기자가 질문을 던졌다. 참석하지 않은 기자들을 제외하고 브래디룸 안의 거의 모든 기자에게 질문 기회가 간 셈이다.

한국의 경우 문재인 정부 시절 2022년 3월과 4월 두 달간 박경미 대변인 3회, 박수현 국민소통수석 1회로 총 4회의 브리핑만이 KTV에 공개됐다. 윤석열 정부에서는 7월 한 달간 5번의 브리핑에 더해 김성한 국가안보실장 1회, 최영범 홍보수석 1회 브리핑이 열렸다. 한국은 평균적으로 2분 50초가량 대변인이 준비된 발표문을 읽은 기록만이 남아 있다. 물론 이는 KTV를 통해 공개된 자료에 불과하며, 녹화되지 않은 분량에서 기자와 대변인 간 질의응답이 얼마나 활발하게 오갔는지는 포함되지 않았기 때문에 절대적인 비교 수치가 될 수는 없다. 그러나 공개된 자료만으로도 가늠할 수 있는 것은 백악관과 한국 대변인실-기자 간 소통의 양은 현저한 차이가 있다는 것이다. 한국의 경우 대면 브리핑이 없는 날은 주로 e-춘추관을 통해 서면 브리핑을 게시하지만, 단순히 업로드만 하는 서면 브리핑이 대면 브리핑을 대신할 만큼의 소통의 질을 담보할 리 없다. 이는 커뮤니케이션의 질에서도 차이가 날 수밖에 없는 구조다.

두 나라에서 가장 비슷한 성격의 브리핑 내용을 선별해보았다. 미국에서는 7월 13일 바이든 대통령이 중동으로 순방을 떠났고, 한국에서는 7월 27일 인도네시아 대통령이 공식 방한해 정상회담을 진행했다. 7월 11일 카린 장피에르 대변인은 제이크 설리번 국가안보보좌관과 함께 '바이든 대통령은 내일 이스라엘과 요르단강 서안, 사우디아라비아로 순방을 떠나 주요 중동 정상회의에 참석할 것'이라는 내용을 기자들 앞에서 브리핑했다. 이를 김성한 국가안보실장의 7월 25일 대통령실 브리핑 내용과 비교해보았다. <표 4-3>은 대통령실과 백악관의 브리핑 내용을 비교한 것이다.

<표 4-3> 대통령실과 백악관의 브리핑 형식·내용 비교

| 구분 | 대통령실 공식 브리핑<br>(윤석열 정부) | 백악관 공식 브리핑<br>(바이든 정부) |
|---|---|---|
| 형식 | 평균 3분. 서면 브리핑 내용을 그대로 대변인이 읽는 형태. | 평균 51분. 사안에 따라 질의응답 포함 최대 83분 진행.<br>질의응답 내용까지 모두 C-SPAN에서 생중계. 편집 없이 그대로 유튜브 채널에 게시. |
| 질의<br>응답 | 공개 X | 라이브로 모두 생중계.<br>평균 19명(최대 31명) 기자 질문(거의 모든 기자가 답변에 대해 팔로우업 질문을 하기 때문에 질문 수는 40개에 육박). |
| 브리핑<br>내용<br>예시 | - **대통령 관련 일정**: 인도네시아 대통령, 7월 27~28일 공식 방한.<br>- **일정의 내용**: 한국-인도네시아 정상회담 통해 방산·인프라·경제안보 협력 논의/인도·태평양 전략과 아세안 협력 등 국제 문제 협의.<br>- **상대국의 외교적 위상**: 인도네시아는 아세안 인구의 41%…아세안 GDP의 34% 차지 / 인도네시 | - **대통령 관련 일정**: 바이든 대통령, 내일 이스라엘과 요르단강 서안, 사우디아라비아로 순방을 떠나 주요 중동 정상회의에 참석.<br>- **대통령 순방의 의미**: 오늘날 미국의 역할이 20년 전 이라크 전쟁 전과 다르다는 것을 의미.<br>- **순방의 외교적 맥락**: 이번 방문은 5월 인도-태평양 정상들과, 6월 초 미주정상회의에서 중남미 정상들과, 6월 말 주요 7개국G7 및 나토NATO 정상회의에서 유럽 정상들과 잇따라 접촉한 데 따른 것.<br>- **대통령 순방의 목적**: 우리가 중동에 집중적으로 관여할 필요가 있는 것은 바로 세계가 지정학적 경쟁을 벌이고 있으며, 특히 인도-태평양과 유럽 |

| 구분 | 대통령실 공식 브리핑<br>(윤석열 정부) | 백악관 공식 브리핑<br>(바이든 정부) |
|---|---|---|
| 브리핑 내용 예시 | 아는 아세안 핵심국이자 우리와 특별 전략적 동반자 관계.<br>- **대통령 일정 의미**: 양국 정상, 인도네시아 대통령 방한 전에도 사전 전화 통화. 인도네시아 대통령 방한은 우리 정부의 '아세안 외교'의 시작을 알리는 신호탄. | 에서 더욱 치열해지고 있기 때문. 중동의 지역적 안정화와 미국 및 미국 국민의 국익에 이익을 주기 위함.<br>- **순방 지역들에 관한 바이든 대통령의 기본 기조**: 미국을 위협하는 테러에 덜 호의적인 지역으로 인식.<br>- **대통령 순방으로 인해 얻을 수 있는 국가적 이익**: 러시아의 우크라이나와의 전쟁이 일어나는 순간에 세계 에너지 안보 문제를 해결한다는 차원에서는 도움. 전임자 시절 단절되었던 팔레스타인과 외교 관계를 재정립 → 이로 인한 국가적 이익: 팔레스타인에 대한 약 5억 달러의 지원 회복.<br>- **과거 순방 지역과 관련한 외교적 맥락**: 18개월 전 예멘 전쟁과 현 상황의 비교, 3개월 이상의 휴전. 미국의 전투 임무를 종료하고 이라크에 주둔하는 자국의 군사력을 이전하는 것을 포함하여, 그들의 능력을 현저하게 저하시키면서, IS에 대한 압력을 계속 가하기 위함. 금융 및 식량 안보, 사이버 및 신흥 기술, 정보 및 보안 협력에 이르기까지 관계 전반에 걸쳐 긴밀히 협력.<br>- **기타**:<br>• 지난 정부 외교 정책과의 연관성<br>• 협력의 내용<br>• 국민들이 주의 깊게 봐야 할 관전 포인트<br>• 순방이 가져올 수 있는 대중동 외교 영향: 러시아-우크라이나 전쟁에 미칠 영향<br>• 대통령의 구체적 일정과 예상 성명 내용<br>• 대통령의 출발하기 전, 현 상황 |

* 브리핑 내용 예시의 경우, 순방 및 외교정책이라는 가장 비슷한 토픽 예시를 사용했다. 한국의 경우 대변인이 직접 브리핑한 내용은 아니기 때문에 일상적인 브리핑 예시로는 적절하지 않을 수 있으나, 두 나라 브리핑 양식의 특징을 드러내 보여주는 목적에 맞게 선별했다.

이 표에서 볼 수 있듯, 장피에르 대변인과 설리번 국장은 중동 정상과의 만남 행위 그 자체만이 아니라, 전후 미국과 중동 외교 관계의 역사적 맥락, 이 순방이 미국 국민에게 가져올 국가적 이익, 정책적 효율성, 순방이 갖는 국가로서의 도덕적 상징성, 이를 극대화하기 위한 행정부의 준비 과정, 구체적 일정 공유를 통한 대통령의 외교 제반에 대한 목표, 전 정권과의 연속성 및 비연속성과 같은 순방의 폭넓은 맥락을 짚어준다. 마치 회사 직원이 오너에게 보고하듯 의사결정 과정과 현

상황을 상세히 보여주는 것이다. 젠 사키 대변인 역시 덴버대학교 정치학과 학생들과의 대화에서 "후보 시절에는 경마식으로 캠프 지지율의 오르내림과 같은 내용을 많이 다루었지만, 취임 이후에는 백악관에서의 결정이 전 세계에 엄청난 영향을 불러올 것을 알기에 의사결정 과정의 면면을 최대한 자세히 보여주어 우리가 그 결정을 할 수밖에 없는 이유"를 설명하는 것이 주요 목표라고 설명했다. 자연스럽게 기자들의 질문 내용도 심화할 수밖에 없다. 브리핑 후 기자들의 송곳 질문이 이어졌다. CNN의 케이틀린 콜린스Katlin Collins 기자는 바이든 대통령 선거 캠페인 중 그가 사우디아라비아에 대한 생각을 피력한 적이 있었는데, 당시와 현재 상황의 차이에 대해 지적했다. 또 다른 기자는, 실제로 사우디와 아랍에미리트는 석유 생산량이 제한적이라는 것이 나토 담화를 통해 입증된 것이나 다름없는 상황에서 바이든 행정부가 이 순방으로부터 얻을 수 있는 현실적 실현 가능 이익, 사우디아라비아가 기름값을 낮추기 위해 충분한 기름을 실제로 생산하고 있다고 행정부가 판단하고 있는지에 대해 질문했다. 이날 설리번은 총 21명의 기자로부터 쏟아지는 질문에 답해야 했다.

이에 반해 대통령실의 경우, 브리핑의 주요 내용은 대통령이 어디를 방문해 누구를 어느 행사에서 만났고, 무슨 말을 했는지 등 대통령의 동정에 그친다. 스크립트는 평균 6문장 정도로 매우 짤막하기 때문에 대변인이나 수석이 천천히 '낭독'해도 3분이 채 넘지 않는 경우가 태반이다. 이외에도 대통령의 소회와 다짐(예: 진상규명 반드시 필요…사건 진실 밝혀낼 것, 2031년까지 반도체 인력양성 '15만 명 이상') 혹은 "대통령, 빨리 임시국무회의 열어 예비비 처리하라고 지시", "장관들이 방송·신문 등 언론에 자주 등장해야"와 같은 질책 내용이 브리핑 내용을 채웠다. 이러한 2분 내의 이벤트 공지 및 대통령 지시사항 전달은 사실상 이미 기자들에게 배포된 보도자료에서 조금도 나아간 바가 없는 내용이다. 그저 대통령이 '중요한 일을 하시고 있으니 알아들으라'는 불친절한 브리핑을 진행하고 있는 동안, 미국의 기자들은 브리핑에서의 풍부한 정보를 통해 심화된 질문을 다양한 경로로 마음껏 할 수 있는 자유를 누리고 있는 것이다. 브리핑이 존재하기는 하지만 사실상 불통의 상황을 실제 기자들의 회고에서도 확인할 수 있다(노지민, 2022. 5. 13.).

> "민감하거나 현안에 대한 것이 아니어서 소통으로 보기엔 어려웠다."
>
> "대통령이 정제된 말을 하고, 그에 대한 설명은 다른 사람(대변인, 소통수석 등) 이야기를 통해 들어야 하니까 어떤 식으로 의사결정이 이뤄졌는지 알 수가 없었다."

#### 4) 미디어 기술에 대한 동상이몽: "청와대/대통령실 뉴스룸"의 함정

그렇다면 두 나라는 대국민 메시지를 전달하기 위해 소셜미디어를 어떻게 활용하고 있을까? 뉴미디어비서관실(디지털소통센터)과 바이든 정부의 디지털전략실Office of Digital Strategy에서 제작하는 유튜브 콘텐츠 영상을 비교해보았다. 바이든의 경우, 당선 전 후보 시절의 채널인 <Joe Biden>과 취임 이후 유튜브 채널 <The White House>는 아예 분리되어 있다. 영상의 성격 역시 당선 전후가 판이하게 나뉜다. 후보 시절에는 트럼프 대통령과의 정책 비교, '바이든-해리스' 팀을 뽑아야 하는 이유, 투표를 독려하는 캠페인 'Our Voice. Our Vote!' 등이 눈에 띈다. 캠페인 영상은 마치 한 편의 영화처럼 편집기술을 활용해 투표를 독려하는 내용의 영상인 경우가 많지만, 대통령 당선 이후 영상은 그 성격에 있어 확연한 차이를 보인다. 예를 들어 일일 브리핑의 경우 대변인의 발표 후 기자들과의 질의응답을 포함해 1시간이 넘는 경우가 많지만, 이는 그대로 편집 없이 업로드된다. 댓글 기능은 막아두었는데, 이는 백악관 유튜브 그 자체가 공론장이 되지 않으려는 노력의 일환으로 보인다. 또한 첫 번째 카테고리가 바이든이면, 두번째 카테고리는 카멀라 해리스Kamala Harris 부통령의 영상 위주로 담았다. 또한 '캐비닛 참모진' 및 '전문가들의 주간 담화Weekly Conversation'도 한 카테고리를 차지했다. 백악관이라는 제도가 한 사람으로 대표되는 것이 아니라 부통령을 포함한 캐비닛의 여러 국무위원으로 조직된 합의체라는 점을 간접적으로 보여주는 것이라고 할 수 있다. 정책 홍보의 경우 자체 제작 영상을 편집해 만들었는데, 후보 시절의 영상들이 감성적 호소를 위해 음악과 짧은 프레임을 이어붙여 만든 영상이었다면, 대통령 취임 후 자체 홍보 영상은 주로 장관 및 전문가들의 정책 설명, 지지자 영상, 참모진 질의응답, 취임 1년 기념 축하 영상 및 질 바이든 Jill Biden 여사의 미국 백악관 트리 전통을 설명하는 영상 정도다.

바이든 행정부는 백악관 건물 사진을 채널 프로필 사진으로 해놓은 것과 다르게 연구가 진행된 2022년 8월 기준 윤석열 대통령 유튜브 채널은 프로필 사진 자체가 윤석열 대통령 얼굴 사진으로 되어 있다(이후 11월에는 대통령실 문장 로고로 교체되었다). 채널 이름도 '대한민국 대통령실'이 아닌 <윤석열>이다. 또한 대선 후보, 인수위 시절부터 운영해온 개인 채널을 그대로 사용했다. 정치인 자격으로서의 윤석열 개인의 유튜브 채널이 곧 대통령실 유튜브인 셈이다. 여기서는 각종 국무회의, 간담회 등 공식 행사에서 대통령 발언을 쇼츠shorts 형식으로 편집해 업로드하는 코너가 채널에서 가장 많은 분량을 차지한다.

문재인 전 청와대 유튜브 채널의 특징은 자체 홍보 영상의 비중이 바이든 대통령이나 윤석열 대통령과 비교해 높다는 것이다. 청와대에서 직접 제작하기 때문에 기존 언론들이 다루지 못하고 청와대 내부자들만 알 수 있는 비하인드컷이나 대통령의 개인적 일상을 편집한 영상, 서신이나 선물 등 청와대만의 콘텐츠를 공개하는 뒷이야기들이 주를 이루었다. 뉴미디어비서관실에서 제작한 '11시 50분' 영상의 경우에는 해외언론비서관이 출연해 한국 신문에 외신 보도가 잘못 인용되

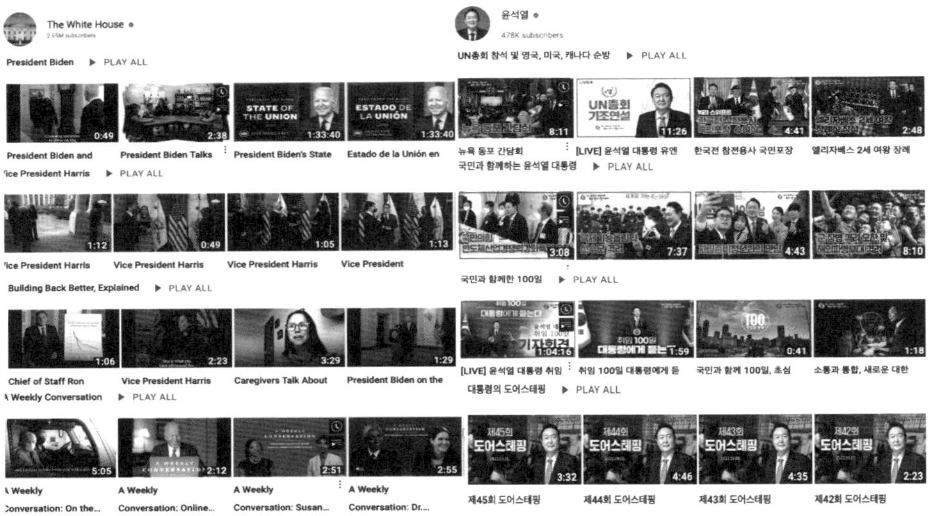


<그림 4-3> 백악관 유튜브 채널과 대통령실 유튜브 채널(윤석열 개인 이름 채널 운영)
(2022년 8월 기준)

* 백악관의 경우 첫 줄은 바이든 대통령, 둘째 줄은 해리스 부통령, 셋째·넷째 줄은 캐비닛 참모진과 전문가들의 행정부 정책 홍보 위주로 담은 반면, 청와대의 경우 첫 줄부터 넷째 줄까지 모두 윤석열 대통령 콘텐츠로 집중돼 있다.

었다며 스스로 팩트체크를 진행하기도 하고, 국민청원에 대한 청와대 수석 및 비서관, 부처 장관들의 답변도 이 코너에서 이뤄졌다. 초반에는 김선 행정관이 진행하다 뉴미디어비서관실 정혜승 비서관이 진행자로 나서기도 했다. 정혜승 전 뉴미디어비서관은 홍보 영상을 만들 때 “자막이 없고 짧게 이어 붙이며 웅장한 음악이 깔리는” 트럼프 전 대통령의 스타일을 추구했다고 한다(정혜승, 2022).

문재인 전 대통령 당시 청와대 홈페이지에는 ‘청와대 뉴스룸’이 있었다. 이는 박근혜 전 대통령 때부터 있었던 명칭이지만, 문재인 정권에서 이를 적극적으로 활용했다. ‘한국판 뉴딜 스페셜’, ‘청와대가 전합니다’, ‘청와대 이야기’, ‘영상’, ‘카드뉴스’, ‘세계의 시선’, ‘청와대 일기’ 등의 다양한 콘텐츠가 올라왔다. 특히나 청와대 뒷이야기에 관한 정보

<표 4-4> 청와대와 백악관 유튜브 채널 내용 비교

| 국가 | 대통령 | 콘텐츠명 | 내용 |
|---|---|---|---|
| 한국 | 문재인 | 대통령의 말 | 공식 행사에서의 대통령 연설. |
| | | LIVE / 함께 봐요! | 각종 기념식이나 국제 행사 등 생방송으로 중계되는 영상. |
| | | 11시 50분 청와대입니다 | 디지털소통센터가 담당하고 있으며 평일 청와대 공식 페이스북과 유튜브에서 생중계되는 정부 홍보 영상<br>-송경화 행정관의 외신 팩트체크.<br>-국민청원 답변 등. |
| | | 청와대 브리핑 | 2~3분가량의 대변인 브리핑 낭독. |
| | | 한국판 뉴딜 | 광고 형식으로 한국판 뉴딜의 주요 축인 그린 뉴딜, 디지털 뉴딜을 소개하는 영상. |
| | | 청와대 가이드 문재인입니다 | 대통령이 직원들에게 청와대 곳곳을 소개하는 영상. |
| | | 청쓸신잡 | 청와대에 대한 쓸데없는 신비로운 잡학사전. 예능 프로그램 <알쓸신잡>을 패러디해 청와대 참모진의 격무와 문재인 대통령 내외의 해외 순방 뒷얘기를 전하는 자체 제작 프로그램. |
| | 윤석열 | 대통령 주재 수석비서관 회의, 국무회의 | 정기 회의를 촬영한 5분 이내의 녹화 영상으로 대통령 연설, 모두발언 부분만 편집해 업로드. |
| | | 도어스테핑 | '윤석열 대통령 출근길 현장 소통 Q&A' 또는 '출근길 즉문즉답.' |
| | | 윤니크Yoonique | 행사별 대통령 주요 발언 모음. |
| | | 청와대 개방 | 변화와 성과를 알리기 위한 영상을 제작·업로드. |
| | | 공간이 바뀌면 변하는 것들 I 용산 대통령실 | 용산 대통령실을 홍보하는 2분 분량의 영상. |
| | | 주간윤석열 | 기타 후보 시절 영상들을 함께 업로드. |
| | | 인수위 브리핑 | 인수위 시절 대변인의 브리핑 내용을 업로드. |
| | | 석열이형네 밥집 | 국민의 힘 대선 후보 당시 선거 대책 본부에서 기획한 웹 예능으로, 윤석열 현 대통령이 식당 주인으로 변신해 워킹맘, 청년층 등에게 밥을 해주며 대화하는 프로그램. |
| 미국 | 바이든 | ※ 바이든 대통령과 해리스 부통령 영상으로 나뉨 | |
| | | 공식 연설 풀영상 | - |
| | | Daily Briefing | 대변인 브리핑 내용 풀 영상으로, 최대 약 1시간 30분 분량을 대변인이 브래디룸에 들어오는 순간부터 나갈 때까지 통편집으로 매일 업로드. |

| 국가 | 대통령 | 콘텐츠명 | 내용 |
|---|---|---|---|
| 미국 | 바이든 | COVID Briefings | 코로나19 사태 이후 백악관 코로나19 대응팀과 공공보건 관련 전문가들이 영상에 출연해 코로나19 현황, 백신접종 현황 등을 업데이트. |
| | | A weekly conversation | 매주 바이든 정부 관계자들의 영상을 업로드. 환경보호국 지나 매카시 국장, 바이든 정부의 정책 고문들이 등장해 각종 법안과 그 배경에 대해 알기 쉽게 설명. |
| | | One year of Biden-Harris | 1분 안팎의 분량으로 제작된 영상들로, 바이든 정부 취임 1년을 맞이해 업로드. |
| | | Building Back Better, Explained | 대규모 지원 법안인 'Building Back Better, Explained' 법안 설명, 행정부 관계자들과 외부 전문가들의 설명 영상. |
| | | Happy Holidays | 크리스마스, 추수감사절 등 미국의 주요 명절 때마다 업로드되는 백악관의 축하 영상, 질 바이든 여사의 올해의 백악관 크리스마스트리 설명 등. |

도 많은데, 이 때문에 기자들이 이를 받아 쓸 수밖에 없는 구조로 굳혀졌다. 실제로 이렇게 언론이 취재할 수 없는 범위의 자체 제작 영상을 올리는 것으로 한때 기자들과 마찰을 빚기도 했다. 지난 2017년, 트럼프 전 대통령 방한 당시 문재인 대통령이 캠프 험프리스를 깜짝 방문해 한참 행사 분위기가 고조되었을 때 일이다. 청와대 춘추관과 출입기자 간사들 사이 팽팽한 긴장감이 감돌았다. 이 취재는 문체부가 선정한 몇몇 매체에만 허락됐고, 박수현 전 대변인은 두 정상의 깜짝 만남을 페이스북 생중계로 내보냈다. 충분한 사전 고지 없이 일어난 터라 선정되지 못한 언론사 기자들은 박 전 대변인의 페이스북 생중계만을 보며 이를 따라 쓸 수밖에 없었고, 이 사안이 그렇게까지 보안이 중요한 사안이냐며 불만이 터져 나왔다. 청와대 출입기자 간사단은 이러한 페북 생중계는 명백히 청와대 자체 콘텐츠 제작에 해당하며, 이는 기자들의 업무 영역 침해일 뿐 아니라 자신들은 취재 역차별을 당하고 있는 것이라고 항의했고, "'뉴미디어 콘텐츠 가이드라인'을 만들라 요구"했다. 기자들은 청와대 뉴미디어비서관실을 사실상 내부 경쟁 매체로 규정

한 것이다(이재진, 2017. 11. 15.).

실제로 청와대는 이외에도 각종 고유 콘텐츠인 '청쓸신잡(청와대에 대한 쓸데없는 신비로운 잡학사전)' 등 대통령실에서 국민에게 청와대 내부 사정을 알려주는 영상들을 생산했다. 정혜승 전 뉴미디어비서관은 "(우리는) 언론과 경쟁하지 않으며 미디어가 아니다. 국민과 소통을 책임지는 부서다."라며 선을 그었다. 회고록 형식의 저서에서 그는 "우리는 청와대 뉴스룸인데, 왜 청와대가 만든 콘텐츠를 받아서 기사화하면 안 되는 걸까. 보도자료, 혹은 대변인 브리핑 외에 다른 콘텐츠로 소통하는 것은 변화한 미디어 환경에서 당연한 수순인데 말이다."(정혜승, 2020, 216-217쪽) 라고 밝히기도 했다. 정 전 비서관이 말하는 것처럼 대통령이 소셜미디어를 사용해 국민과 소통하는 것은 세계적 흐름이 맞다. 미국 국민 역시 한 시대를 풍미하는 새로운 매체가 출현해 대통령제와 만나서 독특한 순간을 그려내는 것을 목도해왔다. 달라진 미디어 환경에 정부도 언론도 국민도 함께 적응해나가는 과정을 겪고 있는 것이다. 그러나 미국에서는 백악관이 언론보다 한 발짝 먼저 자신들의 접근권을 이용해 라이브 방송을 내보냄으로써 언론이 이를 받아쓰게 하는 일은 좀처럼 벌어지지 않는다(트럼프의 소셜미디어 사용이라는 예외적 변수를 제외하고는 말이다). 젠 사키 대변인이 인스타그램 팔로워들과 소통하며 질의응답을 진행하기도 하지만, 이는 어디까지나 모두 공개된 정보 기반이라 유수 언론들이 이를 받아써야 할 하등의 이유가 없다. 하지만 한국의 경우는 이와 다르다. 부실한 브리핑이 반복되고, 비서실은 함부로 출입이 불가능하며, 만남의 기회가 온전히 대변인실에 달려 있는 상황에서 소셜미디어에 의존해 이를 베껴 쓰는 것은 어쩌면 지푸라기라도 잡자는 시도일 수도 있다는 이야기다. 기자들과의 소통의 양과 질이 담보되지 않은 상황에서 청와대/대통령실 내부자가 언론의 영역까지 뉴미디어 환경을 핑계 삼아 선을 스리슬쩍 넘기 시작하면, 결국 기자들은 홍보자료를 기사 형태로 바꿔주는 타이피스트가 될 수밖에 없는 상황에 처하게 된다.

## 4. 결론 및 논의: 대통령 커뮤니케이션과 민주주의 원칙

한국 대통령 대부분은 당선 후 백악관 체제로의 개혁을 이야기했다. 노태우 대통령이 미국식 기자회견을 도입하겠다며 1990년부터 생방송 기자회견을 시도했고, 김대중 대통령 역시 미국식 모델을 따라 2년차까지 매달 정례 기자간담회를 열기도, '국민과의 대화'라는 텔레비전 프로그램을 기획하기도 했다. 노무현 대통령은 모든 기자에게 열려 있는 백악관 브리핑 시스템을 만들겠다며 개방형 브리핑 제도를 시행했다. 트럼프 정부의 댄 스카비노Dan Scavino 백악관 미디어국장은 문재인 정부의 소셜미디어 가이드라인이었으며, 윤석열 현 대통령은 웨스트윙west wing 같은 수평적 공간을 만들겠다며 청와대를 박차고 나오기까지 했다. 현실은 어땠을까? 청와대 커뮤니케이션은 백악관의 그것과 닮아가는 과정을 띄게 되었을까?

서구적 모델을 도입하면 그 나라의 모습처럼 되기보다 특이한 한국적 변종을 낳게 된다. 쌓아온 전통과 문화, 역사적 맥락이 빚어낸 실무자들의 해석 및 행동양식이 같지 않기 때문이다. 노태우 대통령의 '미국식' 프레스 브리핑은 기자들의 질의 내용과 순서까지 철저히 짜 맞춘 각본 아래 이루어졌고, 실제로는 녹화방송이었으나 이를 생중계로 둔갑해 방송하는 웃지 못할 상황이 벌어졌다(김영배, 1990). 노무현 대통령의 개방형 브리핑제는 비서동 방문 취재를 원천 봉쇄해 실제로는 '단절형' 브리핑을 불러왔으며(김광덕, 2006; 허원순, 2003), 규모만 커진 기자단에 깊이 있는 취재와 질의응답은 먼 이야기가 됐다. 문재인 정부의 적극적 트럼프 따라 하기식 소셜미디어 콘텐츠 생산은 받아쓰기 기사를 양산하는 데 일조했고, 윤석열 정부의 용산 집무실로 출입하는 기자들은 보안을 이유로 카메라와 녹음, 테더링을 금지하는 앱을 설치해야 한다는 제약 때문에 한동안 기자들은 대통령실이 제공하는 자료에만 의존해야 하는 상황을 겪으며 논란이 일기도 했다(유창재, 2022. 5. 13.). 1990년대 청와대 출입기자가 후진적 청와대 소통 방식에 탄식하며 "우리의 모든 수준이 그러하다. (…) 청와대 춘추관에서 살펴본 우리의 관행은 세계 어느 나라에서도 예가 없는 독특한 것들이 많다."(조순용, 1999, 15쪽)라고 쓴 것도 같은 의미였을 것이다.

이러한 맥락에서 이 장에서는 서로 다르게 설정된 대변인과 기자·국민의 관계 측면에서 소통의 양과 질, 언론의 접근권과 범위, 대국민 직접 커뮤니케이션 채널의 실제 운영 모습과 메시지 내용을 살펴봤다. 분석 결과가 보여주듯, 두 국가의 소통을 책임지고 있는 담당자들의 기능과 업무는 외형적으로는 비슷해 보일지 모르나, 깊이 들여다보면 팀의 구성과 업무 분담 방법, 내용, 기자의 취재 접근권 허용 방식 등에 있어 현격한 차이가 있음을 알 수 있다.

미국의 건국 이념이며 존립 기초인 국민주권, 그리고 이 관계가 가능하기 위한 제4부로서의 언론에 대한 헌법의 정신은 실제 현실에서 이루어내기 어려운 이상처럼 보인다. 그러나 적어도 백악관의 경우 기구들의 독립적 역할 분담과 루틴화된 시스템, 취재 창구의 다변화를 통해 소통의 양을 보장하고, 전문성을 갖춘 기자들을 상대하기 위한 양질의 정보 제공 및 전문가 활용을 통해 이 이상을 구현하려는 노력을 들여왔음을 알 수 있다. 국민의 주권성을 현실화하기 위해 커뮤니케이션 담당자들이 고용인과 피고용인의 관계에서 대통령과 관련해 국민에게 '보고'해야 하는 메시지가 무엇인지 오랜 기간 고민하고 학습해온 결과다. 쿠마는 *C-SPAN Washington Journal*에 출연해 결국 대중이 언론에 기대하는 것은 정부에 대한 가능한 한 많은 정보라며(C-SPAN, 2007. 8. 17.), 대통령의 지지율에 타격이 될 만한 내용도 직접, 가능한 한 빨리 공유하고, 왜 이런 일이 일어나고 있는지, 그것에 대한 대통령의 행동에 다른 옵션은 무엇이 있었는지, 그것이 왜 최악을 피하기 위한 최선의 선택지였는지 등 결정 과정의 이면을 낱낱이 공개하는 것이 효과적인 대통령 커뮤니케이션의 열쇠라고 주장했다.

오늘날 대한민국이 추구하는 정치적 체계는 서구의 그것과 매우 비슷하다. 실제로 한국과 미국은 직제 구조와 역할 분담, 뉴미디어의 활용 등에서 외형적으로 유사한 모습을 갖추었다. 그럼에도 불구하고 연구 결과는 대통령 커뮤니케이션이 무엇이어야 하는지에 대한 청와대/대통령실의 근본적 고민이 결여되어 있음을 여실히 드러내 보여준다. 대변인이 대통령의 말이나 하루 일정 공지를 기자들 앞에서 또박또박 읽으면 되는 것으로 생각하는 것이다. 높은 품질의 기사가 생산되려면 정보의 활로가 충분하게 열려 있어야 하고, 좋은 질문이 나오려면 브리핑 자체에서 주는 정보의 품질도 담보되어야 한다. 악조건을 모두 갖추고 기자들에게 왜 미국 기자들처럼 취재하지 못하느냐, 취재원은 왜 늘 제한적이며 발로 뛰는 기사가 나오지 않느냐는 타박이 공허하게 학계 내에서만 맴도는 까닭이 여기에 있다. 걸핏하면 "우리 편 맞아?", "우리 출입기자님들도 국정에 협조를 해야지, 한 배를 탔는데." 같은 소리를 듣고, 회사에서는 "불편하게 만들지 말고, 회사와 연결 역할을 잘하란 말이야."와 같은 미션을 국장에게 부여받는(박재훈, 2013) 환경에서 기자들이 양질의 대통령 기사를 쓸 수 있을까? 한국 근현대사를 통틀어 나타난 시민의 힘, 그리고 평화적 시위를 통한 정권 교체라는 민주적 성과를 자랑하는 국가적 위상에도 불구하고, 언론이 제 기능을 못해온 데에는 정치 뉴스의 깊이와 전문성을 키우지 못하도록 설계된 환경을 제공해온 청와대/대통령실의 책임이 크다. 현재로 올수록 기자들의 권력에 대한 접근권은 향상되기는커녕 늘어난 매체와 기자 수를 핑계로 점점 퇴보해왔다고 해도 과언이 아니기 때문이다.[27]

---

27 청와대를 오래 출입한 한 기자에 따르면, "YS, DJ 시절에는 청와대 출입기자들이 '이발

이 글에서 다룬 세 번째 연구문제인 청와대/대통령실과 백악관의 소셜미디어 활용의 경우 역시, 두 나라가 표면적으로는 비슷해 보이지만, 엄밀하게 말해 백악관의 경우 홍보와 언론의 아슬아슬한 경계를 최대한 살려가며 언론은 언론으로 기능하도록 공론장의 역할을 지켜준다는 점에서 한국과 차이를 갖는다고 할 수 있다. 대통령의 공식 일정과 정책에 대한 홍보 영상은 두 국가에 모두 존재하지만, 홍보수석이나 디지털미디어수석이 진행자로 나서 중요한 외교적 순간을 라이브로 송출하고 언론에게 받아쓰게 하는 일은 백악관에선 좀처럼 벌어지지 않는다. 매일 열리는 프레스 브리핑을 편집 없이 그대로 올리는 것도 어쩌면 언론의 역할을 그대로 인정하려는 노력의 일환일 수 있다. 백악관 출입기자 케네스 월쉬의 회고록 추천사 "야수에 먹이 주기 Feeding the Beast"에서 레이건 정부 공보실 대변인(낸시 레이건 담당)으로 활동했던 쉴라 테이트Sheila Tate는 대통령과 언론의 관계를 필요와 편리에 근거한 중매 계약 결혼an arranged marriage based on mutual need and convenience이라고 표현했다. 상호의존적이지만 철저히 조건에 기반하며, 넘어서는 안 될 선이 있다는 뜻이기도 하다. 이렇게 확립된 관계는 민주주의의 핵심 요소로, 한국의 경우 이 선을 지키기보다 넘는 방식으로 기술의 발전을 전유하고 있다고 해도 과언이 아니다. 이 논란은 이미 인터넷이 생기고 국정 브리핑 같은 정부 출자 웹사이트들이 만들어지던 시절에도 재현됐던 이야기다. 이재경(2006)은 국정 브리핑의 성격을 민주주의의 기본 가치 측면에서 다음과 같이 분석하여 밝히고 있다.

이러한 헌법정신은 정부의 대국민 홍보에도 그대로 적용된다.

---

소 간다'고 말하면 들여보내줄 정도로 열려 있어, 들어가면 비서실장, 정무수석, 민정수석 등과 티타임을 가질 수 있었고, 거기서 많은 정보를 얻을 수 있었"던 것에 비해 이제 이런 방식으로 비서실에 출입하는 건 원천적으로 차단됐다(김도연, 2017. 1. 9.).

(…) 그러한 의미에서 공론장인 언론은 정부가 직접 개입하면 안 되는 영역이다. 인터넷 시대라도 이 원칙은 유효하다. 미국은 기술이 부족해 국정 브리핑 같은 매체를 안 만드는 게 아니다.

이 연구를 포함한 한국 학계의 많은 비교 연구가 미국 저널리즘을 한국 언론의 후진성을 드러내 보여주기 위한 비교군으로서 설정해 그것을 이상화하는 경향이 짙다. 그러나 미국의 정치 저널리즘 역시 정부 고위 관료 위주의 과도한 엘리트 취재원 의존, 그들만의 리그에 갇힌다는 벨트웨이 저널리즘Beltway journalism · 벨트웨이 버블Beltway bubble 경향 등으로 피할 수 없는 취약성을 지닌다(Lawrence, 2015; Sparrow, 2006; Usher, 2021). 또한 오바마 대통령과 타이거 우즈의 골프 라운딩을 보도 금지한 사례 역시 백악관에 의한 소셜미디어 사용의 위험한 한 단면을 보여준다.[28] 미국의 전설적인 백악관 기자 헬렌 토머스Helen Thomas 역시 나날이 발달해가는 소셜미디어 탓에 "기자들이 대통령과의 좁은 거리를 이용해 취재했던 시절의 혜택을 이제 다시는 누리지 못할지도 모른다We realize that we had the advantage of close proximity to the president that may never happen again."(Mercieca, 2018, p. 223)는 비관적인 고백을 하기도 했다. 그러나 이는 행정관의 번호는 물론, 비서진들의 오피스가 어떻게 생겼는지도 모르는 우리 기자들과는 이미 한참 다른 차원의 이야기다. 모두가 하향평준화돼도 평등하게 열어주긴 했으니 개혁이라는 생각, 대통령에 대한 비판 기사가 나오면 홍보수석 명의로 춘추관 게시판에 "창작도 자유다. 자문자답도 자유다."라는 방榜을 붙이는 곳에서(허원순, 2003) 파트너로서의 언론에 대한 격식과 예의는 찾아볼 수 없다.

---

28 한국 사례와 다른 점은 대통령실이 직접 이 라운딩을 중계한 것이 아니라, 전문잡지인 『골프다이제스트*Golf Digest*』와 『골프월드*Golf World*』가 이 라운딩을 라이브방송으로 내보내도록 한 것이라는 점이다.

물론 민주주의 역사가 서구에 비해 짧은 한국이 미국에서 오랜 기간 쌓아 올린 전통과 역할 의식을 따라잡기에는 물리적 시간이 턱없이 부족했던 것이 사실이다. 그러나 여전히 청와대/대통령실의 커뮤니케이션이 임금의 동태를 알리는 수준에 머무르고, 나랏님 말씀에 감읍하여 백성들이 엎드리기를 원하는 왕정시대 소통 방식에서 크게 나아가지 못한 것은 안타까운 일이다. 제아무리 현란한 디지털 기술을 사용하고, 신년사를 '청틱톡k_newdeal'에서 진행하며, "#진짜백퍼다아는분 #이분이왜여기서나와" 같은 젊은 세대 유행어 해시태그를 달아도 대통령 커뮤니케이션이 제왕적 소통 방식이라는 비판을 받는 이유가 여기에 있다. 민주주의 원칙과 언론·국민에 대한 건강한 관계 설정 없이, 소셜미디어 전략을 바꾸거나 물리적 공간을 옮긴다고 해서 제왕적 대통령제가 해결될 일은 아니라는 뜻이다.

## 5. 품격 있는 대통령 커뮤니케이션을 위한 제언

이 장에서는 실제 청와대/대통령실을 취재하는 기자들의 입장에서 한국 언론이 저품질의 기사를 생산할 수밖에 없는 구조적 원인을 짚어보았다. 한국 기자 개개인의 역량은 미국 기자들에 뒤처질 이유가 없다고 생각한다. 다만 미국 기자들은 선진화된 환경에서 민주적 관습들을 제대로 학습할 기회를 충분히 갖지 못했을 뿐이다. 이 장의 논의는 품격 있는 정치 저널리즘이 언론사, 혹은 기자들의 노력만으로는 해결할 수 있는 일이 아님을 보여준다. 그렇다면 대통령실은 무엇을 어떻게 바꿀 수 있을까? 미국 역시 하룻밤 사이에 민주적 규범들을 성숙시켜온 것은 아니다. 앞서 제시한 수많은 암울한 증거에도 불구하고, 우리에게는 민주주의 규범을 성숙시킬 시간이 아직 남아 있다. 첫술에 배부를 수는 없겠으나, 연구 결과에 비추어 몇 가지 핵심적 원칙을 세워나가는 것을 생각해볼 수 있다.

### 1) 언론 대응 구조의 재정비: 대변인실의 업무 투명성 확보 및 소통 기회 활성화

첫째로 선행되어야 할 것은 기자들과의 대화 및 스킨십 기회를 대폭 늘리는 것이다. 민주주의는 목적을 위해 절차를 왜곡하지 않는다. 그래서 소음이 많아 시끄럽고, 때로는 비효율적이라 느낄 만큼 정형화된 잦은 만남이 필수적으로 요구된다. 비서실 빗장을 걸어두고 드문드문 기자실에 내려오는 구식 관행을 이제는 폐기할 때가 되었다. 물갈이 인사가 단행되면 대변인의 성향에 따라 기자들과의 소통 빈도가 좌우되는 것이 아닌, 대변인실의 고정화된 루틴과 시스템이 기자들과의 만남을 주선할 수 있도록 해야 한다. 정형화된 업무 매뉴얼 없이 무작정 현안에 따라 내키는 사람이 대통령의 스피커로 나서는 게 아니라, 대변인실과 홍보수석, 뉴미디어비서관실의 역할과 업무 분장을 보다 명확하게 세분화해 이렇게 확립된 규칙이 언론과의 관계를 조정하도록 해야 한다는 뜻이다.

문민정부 이전과 같이 매체 수가 극소수에 불과한 상황이 아니므로, 비서실이나 대변인실 출입을 무제한적으로 허용하지는 않더라도 국민의 정부 시절 하루 2~3시간씩 개방한 것과 같은 방법이나, 백악관이 상층Upper Press, 하층Lower Press, 아이젠하워 행정동 건물EEOB의 세 축으로 업무를 나눈 것처럼 전체 언론 대응 구조를 디자인하고, 브리핑을 진행하는 업무 그리고 개별 기자의 요구에 응대하는 실무적 역할을 보다 세밀하게 분리하는 것을 검토할 필요가 있다. 매체 규모에 따라 소규모 매체의 경우에는 별도의 운영 지원 인력을 확보하는 방안도 생각해봄 직하다.[29] 또한 행정관의 업무를 국방, 경제, 사법 등 전문 분야별로 배치함으로써 행정관들이 자신이 맡은 분야 정책만큼은 완벽하게 숙지하도록 하여, 기자들이 해당 분야 이슈를 취재할 경우 이들과 개별 면담 시간을 가질 수 있게 허용하는 방안도 생각해볼 수 있겠다. 이들은 적극적으로 담당 실무자와 기자를 연결해주는 임무 역시 수행해야 한다. 더불어, 대변인실은 대통령실뿐만 아니라 기자들을 위해 존재하는 조직이기도 한 만큼, 기자들에게만은 행정관의 업무 분야와 연락처가 모두 공개되는 것이 마땅하다. 쿠마 역시 대변인실의 역할에 대해 언급하며 "기자들이 정보를 받을 수 있는 장소를 절대 줄이지 말 것"이라고 조언한 바 있다.

### 2) 정례 브리핑의 현실화 및 내용의 질적 심화

같은 맥락에서, 사문화된 '정례' 브리핑이 아니라 하루에 일정 시간만큼은 특별한 이벤트가 없어도 무조건 만나는 정례 브리핑의 사전적 의미를 현실화시켜야 한다. 하루 1시간 이상 충분하게 기자들의 질문에 답해주어야 하는 것은 물론이다. 서면 브리핑으로 정례 브리핑을 대체하는 현 관행은 일순위 청산 대상이다. 미국에서는 실제로 기자들과 백악관 관계자들 사이에 때로 으르렁대는 앙숙 구도가 형성됨에도 불구하고, 적어도 위기 상황이 생겼다고 한국처럼 걸핏하면 서면 브리핑으로 일일 브리핑을 대체하거나 함구령이 내려져 전화기를 꺼두는 상황은 상상하기 어렵다. 백악관에서는 위기 상황이 닥칠수록 서면 브리핑 혹은 보도자료를 '죽은 종이'에 빗대며, 적극적이고 공개적인 브리핑을 독려한다.

대변인 브리핑이 부실해지면 '핵관'이 등장하게 마련이다(윤태곤, 2022). 대통령의 생각과 행동은 국민의 일상 하나하나에 영향을 미치

29 최근에 들어와서 브리핑의 양과 질을 담보하기 위해 출입 매체의 '구조조정' 문제를 수면 위로 드러내야 한다는 주장도 이와 무관치 않다(윤태곤, 2022).

는데, 그 내용을 알 길이 핵관의 심중을 파악하는 방법밖에 없기 때문이다. 따라서 브리핑의 내용 역시 대통령의 결정이 국민의 삶에 어떻게 영향을 미칠 것인지, 그 목적과 용도를 국민 중심으로 바꿔 내실화할 필요가 있다. 대통령의 동정 자체를 밝히기보다, 국민을 중심으로 행정부가 왜 그러한 의사결정을 했는지를 충실하게 설명하는 것이다. 덧붙여, 오랜 기간 원인도 모르게 굳어진 백브리핑의 내용을 고위 관계자로 표기하게 하는 룰을 대통령실이 먼저 없애주는 것은 브리핑 내용의 질적 담보를 위한 첫걸음일 수 있다.

### 3) 전문화된 브리핑제의 도입

정기적으로 등록한 기자가 아닐지라도, 국방, 경제, 환경, 보건 등 분야 전문기자들의 경우 데이패스를 발행해 출입이 가능하도록 하고 이슈별 브리핑을 실시하는 방안을 대통령실에서 먼저 제안한다면 언론사에서 마다할 이유가 없다. 이러한 만남의 경우 전문적이고 밀도 깊은 질의응답이 가능하도록 해당 분야 장관, 실무자와 전문가를 함께 배석하도록 해 정부의 정책 결정 과정에 대한 이해를 도울 수 있도록 해야 한다. 소위 교차점nexus 기자(실제로 널리 쓰이는 용어는 아니나 『워싱턴포스트』 정치부 수석 기자와의 인터뷰에서 그의 표현을 빌려왔다)[30]들이 성장할 수 있도록, 대통령실이 그 토대를 마련해주는 것이다. 실제로 백악관 출입기자들은 백악관을 취재하는 최선의 전략으로 "다른 출입처에서 얻은 정보로부터 출발할 것"을 한목소리로 꼽고 있다(Garrett, 2014. 5./6.). 다음은 백악관 기자들의 팁들을 담은 기사에서 발췌한 내용이다.

---

30 바이든 대통령 방한 시 윤석열 대통령에게 한국의 여성 인권에 대해 질문했던 당시 『워싱턴포스트』(현재 <APAssociated Press>로 이직)의 한국계 김승민Seung Min Kim 기자는 백악관과 의회 사이의 넥서스 기자로 불렸다. 『뉴욕타임스』의 데이비드 생어David Sanger 기자가 펜타곤과 백악관을 함께 출입하는 것도 같은 이치에서 이해할 수 있다.

- “다른 출입처에서 정보를 먼저 구하라.”(피터 베이커, 『뉴욕타임스*The New York Times*』).
- “밖의 출입처로부터 (백악관) 안으로 가져올 것.”(카렌 보한, <로이터통신The Reuters>).
- “다른 출입처로 나갈 것Go elsewhere.”(피터 알렉산더, <Nightly News>).
- “백악관 이외의 출입처로부터 미리 정보를 획득해놓을 것.”(캐롤리, 『월스트리트저널*The Wall Street Journal*』).
- “실제 기삿거리는 밖에서 찾은 후 백악관으로 돌아가 확인을 요청하고 그들의 반응을 보라.”(조쉬 거슈타인, 『폴리티코*Politico*』).

백악관 기자들의 조언처럼, 다른 부처로부터 정보를 가져와 행정부에서 이 취재를 이어가게 하려면 붙박이 기자들만 출입하게 하는 배타적인 현 운용 구조로는 불가능하다. 이는 언론사 차원에서 해결책을 구하기보다 대통령실의 협조가 우선되어야 하는 부분이다. 넥서스 기자가 가능한 제도를 대통령실에서 먼저 확립한다면, 우리도 20년 넘게 보건·환경·교육 문제를 취재하는 전문기자를 가질 수 있지 않을까? 또한 이는 단순히 기자제 전문화로의 초석 마련뿐만이 아니라, 전문기자들과 대통령실 실무진의 대화를 공개함으로써 얻을 수 있는 정부의 정책 홍보 효과도 기대할 수 있게 한다. 쿠마가 “호기심 많은 기자단이 백악관에 도움이 될 수 있다.”라고 강조한 이유도 같은 맥락이다.

### 4) 소셜미디어 가이드라인 정립

마지막으로 가장 해결하기 까다로운 문제는 뉴미디어 기술에 대한 민주적 규범을 설정하는 것이다. 이는 미국에서도 오바마 시절 이후부터 꾸준하게 제기되어온 우려로, 트럼프의 등장으로 그 정점을 찍었다.

텍사스A&M대학교의 제니퍼 메르시에카Jennifer Mercieca 교수는, 대통령이 자신의 아젠다를 실현하기 위해 의회에 호소하는 대신 여론을 움직여 정책에 대한 정보의 활로를 직접 모색하겠다는 수사적 대통령제Rhetorical Presidency의 시대는 이제 끝났으며, 오바마 정부 이후부터는 포스트 수사적 대통령제post rhetorical presidency의 시대가 도래했다고 주장한다. 소셜미디어 등장 이전의 대통령과 언론의 관계가 상호호혜적이고 안정적이었다면, 그 이후 대통령-언론은 서로 독립적인 개체로서 경쟁하며 불안정한 관계를 형성한다는 것이다. 대통령이 소셜미디어를 사용해 그 자체로서 언론과 경쟁하는 독립적 미디어의 기능을 수행할 수 있다는 주장이다. 그럼에도 불구하고 수많은 미국의 정치학자는 소셜미디어 시대에도 언론은 여전히 언론만의 역할이 있고, 따라서 대통령에 직접 접근권을 가져 검증에 필요한 질문을 하기 위한 충분한 시간을 가져야 한다고 주장한다. 결국 민주주의는 이것에 달려 있기 때문이다(Smith, 2017). 이를 실행하려면 정부, 국민, 언론의 관계에 대한 민주적 준거를 지키는 방식을 차용한 소셜미디어 준칙이 필요하다. 그 세밀한 규칙들을 지켜나감으로써 언론의 역할은 언론이 스스로 하도록 남겨두는 것이 민주주의를 건강하게 지속하는 법임을 명심해야 한다.

민주주의 역사가 짧은 만큼 민주적 커뮤니케이션 규범을 녹여내고 그 품격을 끌어올리기 위해서는 대통령실, 언론사, 기자 개인 모두가 분골쇄신의 노력을 기울여야 한다. 품격 높은 대통령 커뮤니케이션을 위해 대통령실이 먼저 그 포문을 열지 못할 이유가 없다.

# 5장 공보에서 홍보를 거쳐 소통으로

## 디지털 시대의 대통령 소통 조직 변화

박선이

### 1. 대통령의 소통과 홍보수석: 민주주의의 발전과 급변하는 디지털 환경

2022년 5월 취임하면서 용산으로 대통령 집무실을 옮긴 윤석열 대통령은 출근길 청사 로비에서 잠깐 발걸음을 멈추고 기자들의 질문에 답하는 소통의 장을 만들었다. 도어스테핑doorstepping이라는 낯선 단어를 온 국민에게 학습시킨 이 장면은 대한민국 정부 수립 74년 만에 처음 보는 대통령의 일상적인 소통 모습이며, 언론을 통한 국민과의 '소통'을 중요하게 여긴다는 대통령 이미지 전략의 실현이다. 그러나 윤석열 대통령은 취임 100일 만에 언론 관계와 소통 업무를 총괄하는 홍보수석비서관(이하 홍보수석으로 표기)을 교체했다. 취임 직후 대변인의 돌의로 홍보수석이 사퇴한 박근혜 정부를 제외하면 지난 20년간 5명의 대통령 중 취임 이후 최단 기간 내의 홍보수석 교체다.[1] 언론은 새 정부 출범 후 대통령의 지지율이 하락한 것이 국민과 제대로 소통이 이뤄지지 않았기 때문이라고 보도하며 이를 홍보수석의 경질 이유로 들었다.[2] 당선인 대변인을 지냈던 후임 홍보수석에 대해서는 "대통령 국정철학 이해도가 높고, 앞으로 국정철학과 국정과제 운용에 있어 제대로 된 정보를 전달하고 소통할 적임자"라고 소개했다.

도대체 홍보수석이 어떤 위치에서, 무슨 일을 하기에 새 정부 출범 직후 국정 운용과 대통령 지지율 하락을 책임지는 것일까? 대통령이 국민과의 효율적이고 원활한 소통에 성공하기 위해 홍보수석은 무엇을 해야 할까? 한국 대통령 비서실의 홍보수석과 가장 유사한 직위인 백악관 커뮤니케이션 디렉터Communication Director[3]는 대통령 메시지를 언제, 어떻게, 누구에게, 어떤 정보를 줄 것인가 등 커뮤니케이션 전반에서 의사결정을 한다(Patterson, 2008). 쿠마(Kumar, 2007)는 미국의 대통령제에서 커뮤니케이션이 통치의 핵심이며, 대통령 커뮤니케이션을 지휘하는 커뮤니케이션 디렉터가 대통령의 홍보 및 소통 전략 수립, 실행을 통해 국정 운영의 성공을 책임진다고 봤다. 강력한 대통령제를 시행하고 있는 프랑스도 대통령의 국정 업무를 보좌하는 국정총괄처Secrétariat Général de la Présidence 안에 공보실Service de Presse을 설치하여 공보실장이 중앙언론과 지방언론, 해외언론, 영상매체, 인터넷, 여론조사 분석 등으로 세분화된 담당 분야를 지휘하고 있는데, 한국의 대통령 비서실에서도 홍보수석이 대통령의 소통을 촉진하고 효율화하여 국정 과제 수행을 성공하게 돕는 최고위 참모로서 효과적인 언론

---

1 이남기 홍보수석(2013. 3. 25. ~ 2013. 5. 22.).

2 "尹 첫 쇄신, 정책·홍보 강화…국정 정상화 탄력 받을까"(뉴시스, 2022. 8. 21.) 등 다수 언론이 이 같이 보도했다.

3 'Director of Communications' 혹은 'Communications Director'. 대통령 메시지와 사진, 홍보, 관련 행사의 기획과 관리를 통해 대통령의 생각과 정부의 계획을 국민에게 알리는 것이 임무다. 쿠마(Kumar, 2007)는 홍보 담당 참모들이 대통령과 그의 정책에 대해 비판적이거나 지지하는 언론의 속성을 잘 파악하여 설명해야 한다고 지적했다.

관계를 통해 민주사회의 발전을 견인하는 책임을 진다(김정해, 2013). 이처럼, 대통령 홍보수석의 핵심 업무는 대통령의 메시지를 언론에 전달하고 언론 보도를 통해 대통령의 국정철학을 널리 알리는 한편, 정책에 대한 동의를 확보함으로서 대통령의 리더십을 강화하고 통치 행위에 힘을 실어주는 것이다(한규섭, 2017). 대통령의 통합적 이미지 President Identity: PI를 기획하고 총괄하는 임무도 있지만 기본적으로는 언론 관계에 무게가 실려 있다.

홍보수석이 담당하는 언론·커뮤니케이션 분야는 최근 20년 간 한국 사회에서 가장 급속한 변화를 경험하고 있는 영역 중 하나다. 정치, 사회, 문화 등 전 분야에서 진전되는 민주주의 발전과 미디어 환경의 급속한 디지털화는 한국인의 미디어 이용, 특히 뉴스 이용 양태의 변화를 불러왔다. 2021년 한국인 중 종이 신문을 통해 뉴스를 이용한다고 응답한 비율은 8.9%로, 2002년 82.1%에 비해 10분의 1 규모로 급감했다. 뉴스 이용 매체는 2018년 메신저 서비스(18.5%)가 종이 신문(17.5%)을 앞지른 데 이어, 2021년에는 온라인 동영상 플랫폼(26.7%)과 SNS(11.9%)가 종이 신문을 제쳤다(한국언론진흥재단, 2021). 뉴스를 접하는 경로로 인터넷 동영상, 메신저 서비스, SNS가 추가된 이래 점점 더 많은 사람이 모바일 환경에서 이들을 사용하는 것으로 나타났다. 불과 몇 년 전만 해도 조사 항목에서 찾아볼 수도 없던 채널들이 이처럼 급격하게 일상에 등장한 미디어 환경의 급변은 대통령과 국민의 소통 방식에도 큰 영향을 미쳤을 것으로 짐작할 수 있다. 국민의 뉴스 이용이 디지털로 옮겨간 상황에서 대통령의 '소통'이 신문·방송 등 전통 미디어만으로는 충분한 효과를 얻기 어려워진 것이다. 뉴미디어의 급속한 확산 가운데 대통령이 국민들과 소통하는 경로는 매우 다양해지고 있다. 독립 인터넷 뉴스 매체, 유튜버 같은 1인 미디어, SNS 같은 다양한 채널이 존재하는 디지털 미디어 환경에서 대통령의 소통은 어떤 변화를 겪으며 어떻게 이루어지고 있을까? 가짜 뉴스와 편향 보도, 단편적인 조각 정보의 범람으로 비판받는 인터넷 환경에서 대통령 보도의 저널리즘 가치는 과연 유지되고 있을까?

이 연구의 목적과 의의는 대통령 소통의 최고위 참모 조직인 홍보수석을 통해 대통령 소통 방식과 핵심 목표, 변화의 추이를 살펴보고, 강력하게 확산된 디지털 환경에서 보다 발전된 대통령 소통의 전망을 탐색하는 데 있다. 분석 시기는 '최초의 인터넷 대통령'으로 명명되기도 했던[4] 16대 노무현 대통령에서 17대 이명박 대통령, 18대 박근혜 대통령, 19대 문재인 대통령에 이르는 19년간이다. 이 시기는 매체 환경 변화라는 점에서는 신문·방송 등 전통적 언론 매체가 지녀온 영향력이 쇠퇴하고, 디지털·모바일·SNS 소통이 강력하게 등장하는 한편, 진보-보수-보수-진보 정부의 정권 교체, 대통령 탄핵, 전임 대통령들의 사법 처리 등 큰 사건이 많았다. 이러한 시대적 변화 가운데 대통령 소통 조직 및 전략의 관계가 어떻게 변화되었으며, 또 '소통'의 중요성과 과제가 어떻게 드러나고 있는지 논의하고자 한다. 이를 위해 진보-보수-보수-진보 대통령 4대에 걸쳐 나타나는 청와대 홍보·소통 체계와 구성 방식, 미디어 전략 특성과 변화 양상을 추적하는 데 초점을 둘 것이다. 대통령 소통과 대통령 보도가 갖는 중요성에도 불구하고 홍보수석 등 대통령의 소통 조직 및 업무를 저널리즘과 관련하여 논의한 연구는 찾아보기가 어려운데, 이 장에서의 논의가 새로운 시도의 출발점이 될 수 있기를 바란다.

---

4 영국 일간지 『가디언*The Guardian*』은 노무현 대통령 취임 전날인 2003년 2월 24일(현지 시각) "세계 최초의 인터넷 대통령 로그온한다World's first internet president logs on"는 제목의 기사에서 "(노 대통령 취임으로) 한국은 지구상에서 가장 발전된 온라인 민주주의 국가라고 주장할 수 있게 됐다."라고 보도했다(Watts, 2003).

## 2. 한국 대통령 소통 조직의 과거와 오늘

1948년 대한민국 정부 수립 후 대통령 및 국정 홍보를 담당하는 직제로 처음 생긴 것은 공보처로, 1948년 11월 국무총리 직속 기관으로 출범했다(행정자치부, 1998). 초대 공보처장은 일제강점기 동아일보 기자를 지낸 언론학자 김동성이었으며, 이철원(2, 4대), 김활란(3대), 갈홍기(5대)는 정계 혹은 학계 출신이었다. 1956년 2월 대통령 직속 공보실로 개편되면서 초대 공보실장은 갈홍기가 맡았고 오재경, 전성천, 최치환, 서석순이 뒤를 이었다. 5·16 군사정변 직후 초대 공보부 장관은 박정희와 육사 동기인 심흥선이 맡았다. 이후 청와대에 대통령 공보수석 비서관을 신설한 1968년 이전까지 오재경, 이원우, 임성희, 김동성, 이수영, 홍종철이 공보부 장관을 맡아 대통령 공보를 담당했다.

선행연구들에 따르면 초대 대통령인 이승만 경무대와 4·19 혁명 후 내각책임제를 도입한 윤보선 대통령 청와대에서는 별도 공보 조직 없이 공보처 및 공보실이 정부 공보를 맡았다. 이승만 대통령은 공보비서를 두어 대통령 보도 신문기사를 정리하고 대통령 서신 접수 및 발송, 진정서 검토 업무를 담당하게 했으며, 윤보선 대통령은 공보비서 외에 대변인을 두었다(배정훈, 1997; 조석준, 1991; 최영재, 2011; 최평길, 2002). 대통령의 대국민 소통을 기획하고 실현하는 현재의 홍보수석과 비슷한 형태의 조직은 1968년 3월 박정희 대통령 때 청와대 비서실 안에 공보수석을 신설하며 처음 모양을 갖췄다. 초대 대통령 비서실 공보수석비서관은 『경향신문』 출신의 언론인 신범식으로, 이때부터 최규하·전두환·노태우·김영삼·김대중 대통령에 이르기까지 33년 동안 공보수석은 청와대 대변인을 겸했다. 국가 최고 권력인 대통령과 권력에 대한 비판 및 감시를 담당하는 언론의 건전한 견제라는 관점에서 볼 때, 이 시기 공보수석 21명 가운데 18명이 언론인 출신(<표 5-1> 참조)이라는 것은 많은 점을 시사한다. 언론인을 대통령 공보 담당 직원으로 활용하는 것은 미국 백악관에서도 관행적으로 나타나는 현상이지만(Grossman & Kumar, 1981), 오랜 기간 군 출신 대통령이 권위주의 통치를 해온 우리나라에서는 언론인 출신 공보수석비서관의 전통이 권력의 언론 통제뿐 아니라 권언유착을 지속하는 통로라는 비판을 받아왔다. <표 5-1>에서 보듯, 실제로 공보수석을 지낸 뒤 정부 대변인인 문화공보부 장관을 지내거나 공영방송 혹은 정부 소유 신문사 사장을 지낸 경우도 많았다.

<표 5-1> 역대 청와대 공보수석(대변인 겸직)[5]

| 대통령 | 대 | 이름 | 기간 | | 임용 시 나이 | 언론 분야 후속 직책 | 출신 (직업) | 출신 대학/전공 |
|---|---|---|---|---|---|---|---|---|
| 박정희 | 초대 | 신범식 | 1968.3.21~ 1969.4.11 | 1년 21일 | 46 | 문공부장관 | 언론 (경향) | 고려대 정치학 |
| | 2대 | 강상욱 | 1969.4.14~ 1970.12.10 | 1년 7개월 | 40 | – | 군 | 육사7/9기 서울대 상학 |
| | 3대 | 윤주영 | 1970.12.10~ 1971.6.4 | 5개월 25일 | 43 | 문공부장관 | 학계/언론 (조선) | 고려대 정치학 |
| | 4대 | 김성진 | 1971.7.9~ 1975.12.19 | 4년 5개월 | 40 | 문공부장관 | 언론 (한국, 동양통신) | 고려대 경제학 |
| | 5대 | 임방현 | 1975.12.19~ 1979.12.6 | 3년 11개월 | 45 | – | 언론 (연합, 조선, 한국) | 서울대 철학 |
| 최규하 | 초대 | 서기원 | 1979.12.6~ 1980.8.27 | 8개월 21일 | 49 | 서울신문사장, KBS사장 | 언론 (동화통신, 조선, 서울) | 서울대 경제학 (중퇴) |
| 전두환 | 초대 | 이웅희 | 1980.8.27~ 1982.6.4 | 1년 9개월 | 49 | 문공부장관, MBC사장 | 언론 (자유신문, 조선, 동아) | 서울대 공대 |
| | 2대 | 황선필 | 1982.6.5~ 1986.2.15 | 3년 9개월 | 43 | MBC사장 | 언론 (동아) | 서울대 정치학 |

5 역대 공보수석 재임 시기는 청와대와 문화체육관광부 등 정부 자료를 검색했고, 이들의 출신과 후속 직책 등은 언론 보도와 인물 자료 데이터베이스를 검색하여 일람표로 만들었다.

| 대통령 | 대 | 이름 | 기간 | | 임용 시 나이 | 언론 분야 후속 직책 | 출신 (직업) | 출신 대학/전공 |
|---|---|---|---|---|---|---|---|---|
| 전두환 | 3대 | 정구호 | 1986.2.17~ 1986.8.29 | 6개월 | 50 | KBS사장 | 언론 (서울/경향) | 서울대 정치학 |
| | 4대 | 이종률 | 1986.8.29~ 1987.7.14 | 10개월 | 45 | – | 언론 (동아) | 서울대 정치학 |
| | 5대 | 최재욱 | 1987.7.14~ 1988.2.24 | 7개월 | 47 | 『경향신문』 사장* | 언론 (동아) | 영남대 법학 |
| 노태우 | 초대 | 이수정 | 1988.2.25~ 1991.12.19 | 3년 9개월 | 47 | 문공부장관 | 언론 (한국) | 서울대 정치학 |
| | 2대 | 김학준 | 1991.12.19~ 1993.2.24 | 1년 2개월 | 48 | 『동아일보』 회장 | 언론 (조선) | 서울대 정치학 |
| 김영삼 | 초대 | 이경재 | 1993.2.25~ 1993.12.22 | 10개월 | 51 | 방송통신위원장 | 언론 (동아) | 서울대 사회학 |
| | 2대 | 주돈식 | 1993.12.22~ 1994.12.23 | 1년 10개월 | 56 | 문공부장관 | 언론 (조선) | 서울대 국문학 |
| | 3대 | 윤여준 | 1994.12.23~ 1997.8.6. | 2년 7개월 | 55 | – | 언론 (경향, 동아) | 단국대 정치학 |
| | 4대 | 신우재 | 1997.8.7~ 1998.2.24 | 6개월 | 54 | – | 언론 (한국) | 서울대 철학 |
| 김대중 | 초대 | 박지원 | 1998.2.25~ 1999.5.25 | 1년 3개월 | 56 | 문화부장관 | 기업/정치 | 단국대 상학 |
| | 2대 | 박준영 | 1999.5.25~ 2001.9.11 | 2년 3개월 | 53 | 국정홍보처장 | 언론 (중앙) | 성균관대 정치외교학 |
| | 3대 | 오홍근 | 2001.9.11~ 2002.1.29 | 4개월 | 59 | 국정홍보처장** | 언론 (TBC/중앙) | 고려대 국문학 |
| | 4대 | 박선숙 | 2002.1.29~ 2003.2.24 | 2년 | 42 | – | 정치 | 세종대 역사학 |
| 참고 | 총 인원 21명 (여성 1명) | | 평균 재임 기간: 1년 8개월 임명 시 평균 나이: 48.5세 | | | 문공부장관·국정홍보처장·방송통신위원장 9명 언론사 사장 6명 (7개사) | 언론 18명 군 1명 정치 2명 | 서울대 12 (중퇴 포함) 고려대 4 단국대 2 성균관대, 육사, 영남대, 세종대 각 1 |

* 전두환 정부 첫 공보비서관(1980. 12.~1983. 10.) 재직 후 1986~1987년 7월 『경향신문』 사장을 지낸 뒤 바로 공보수석으로 옮겼다.

** 국정홍보처장을 지낸 뒤 바로 청와대 공보수석으로 임명되었다.

공보수석 제도가 시행된 박정희-전두환-노태우-김영삼-김대중 대통령 집권기의 공보 업무는 어떤 방식으로 이루어졌을까? 최영재(2011, 358-359쪽)는 이 시기 공보수석 및 청와대 출입기자로 활동했던 인물들과의 인터뷰를 통해 당대에 정권 홍보와 언론 관리가 매우 폭압적인 방법으로 시행되었다는 점을 발견했다. 연구에서 인터뷰 대상자들은 "전두환, 노태우, 김영삼 대통령에 이르기까지 정무수석이 실제로 언론을 관리하고 통제했다."라고 증언했다. 김주언(2009)과 이채주(2003)도 전두환 대통령 집권기 정부가 모든 언론사의 기사 크기 및 제목까지 강력하게 통제했던 이른바 '보도지침'은 청와대 정무수석실에서 만들어 문화공보부 홍보조정실[6]에 전달한 내용을 다시 홍조실 소속 보도담당관이 각 언론사에 전달한 것이라고 증언했다. 이때 언론 담당 비서관은 정무수석비서관 소속이었다.

전두환 대통령 집권기 공보수석은 모두 언론인 출신이었는데, 이들의 위치와 역할은 상당히 제한된 수준이었던 것으로 보인다. 1990년대 초 김영삼 대통령까지의 청와대 비서실을 연구한 조석준(1991, 43쪽)은 이 시기 공보수석을 의전·총무와 함께 청와대의 '내부적인 업무'를 맡은 계통으로 분류했다. 공보수석은 "관계기관 대책회의, 고위 당정회의, 국무회의, 사정관계 회의 등 중요한 회의에 출석하지 못"하며 "이들과 정무·경제·행정·민정 수석 사이에는 자연히 지위상의 구별이 생긴다."라고 설명했다. 박정희에서 김대중 대통령에 이르는 시기 공보수석의 역할은 섭외, 외신, 해외 홍보, 보도 지원, 영상 업무로 언론과의 커뮤니케이션 영역이 크게 강조되지 않았다. 공보수석을 청와대 '내부 업무 계통'으로 분류한 것은 이 시기 공보수석이 대변인을 겸하며 대통령의 '입' 역할을 수행하던 현실을 반영한 것으로 보인다.

이처럼 '내부 업무 계통'으로 분류된 권위주의 시기 청와대 공보수

6 보통 홍조실이라는 이름으로 통했다(이채주, 2003).

석의 위치와 역할은 김정해(2013)와 패터슨(Patterson, 2008)이 공보수석의 역할을 '외부 관계'와 관련해서 설명한 것과 거리가 있다. 김정해는 대통령 비서실의 기능을 6개로 대분류하며 공보·홍보수석이 대통령 비서실의 기능 중 언론과의 관계를 다루는 공보 기능을 담당한다고 분류했고, 패터슨은 백악관 조직을 5개 영역으로 나누며 한국 대통령 비서실의 공보·홍보수석과 유사한 커뮤니케이션 디렉터가 외부와의 연결을 맡은 커뮤니케이션 영역을 담당한다고 보았다. 그러나 한국의 권위주의 정부에서 홍보수석은 실제로 언론과 국민 커뮤니케이션을 직접 담당하지 못하며 '내부 업무'에 한정되었고 언론은 '통제' 대상으로 민정수석의 업무 관할 아래 있었던 것이다.

대통령 홍보수석은 노무현 대통령 때 도입되었다. 정부조직법[7]과 대통령령[8]에 의한 비서실 직제를 근거로 하는 홍보수석은 대변인과 겸하는 경우도 있었지만 기본적으로 대변인을 산하에 둔 고위 직급이었다. 홍보수석 직위와 조직은 이명박·박근혜 대통령까지 유지되다 문재인 대통령 때 국민소통수석비서관으로 바뀌었고, 다시 20대 윤석열 대통령 취임 때 홍보수석비서관으로 돌아갔다. 공보수석이나 홍보수석, 국민소통수석 모두 기본적으로 대통령실을 전담하는 취재기자들과 소통하고 대통령 메시지와 국정 홍보를 담당한다는 점에서 유사한 직제다. 하지만 업무 성격에서 공보는 문자 그대로 공공의 정보를 언론에 전달한다는 관료적 성격이 강한 반면, 홍보는 고객에게 상품이나 서비스, 기관을 알리고 호감을 갖게 하는 소통 방식이다. 노무현 대통령 집권기 이전의 공보수석을 홍보수석으로 전환한 것은 민주화에 따른 시대적 변화를 담아낸 것으로 이해할 수 있다.

---

7 제14조(대통령 비서실) ① 대통령의 직무를 보좌하기 위하여 대통령 비서실을 둔다. ② 대통령 비서실에 실장 1명을 두되, 실장은 정무직으로 한다.

8 제4조(보좌관 및 수석비서관) 규정에 따라 ① 대통령 비서실에 보좌관 및 수석비서관을 둔다. ② 보좌관 및 수석비서관은 정무직으로 한다.

노무현 대통령은 공보수석을 홍보수석으로 이름만 바꾼 것이 아니라 디지털 환경을 활용해 대통령과 국민 사이에 '언론'이라는 매개 없이 국민과 직접 소통하도록 '청와대 브리핑'을 도입하는 등 국민 참여와 혁신을 강조했다. 홍보수석 산하 국정홍보팀(<그림 5-1> 참조)에서 담당한 청와대 브리핑은 청와대 홈페이지를 통해 정부의 국정 운영 방향과 대통령 활동, 특정 사안에 대한 정부 입장을 전하는 내용을 담았는데, 이메일 및 팩스로 언론사와 여론 주도층 인사들에게 배송되었다.

언론을 통하지 않고 국민에게 대통령 메시지를 직접 전달하는 이러한 디지털 직접 소통은 홍보수석 산하 미디어홍보비서관이 담당했다.

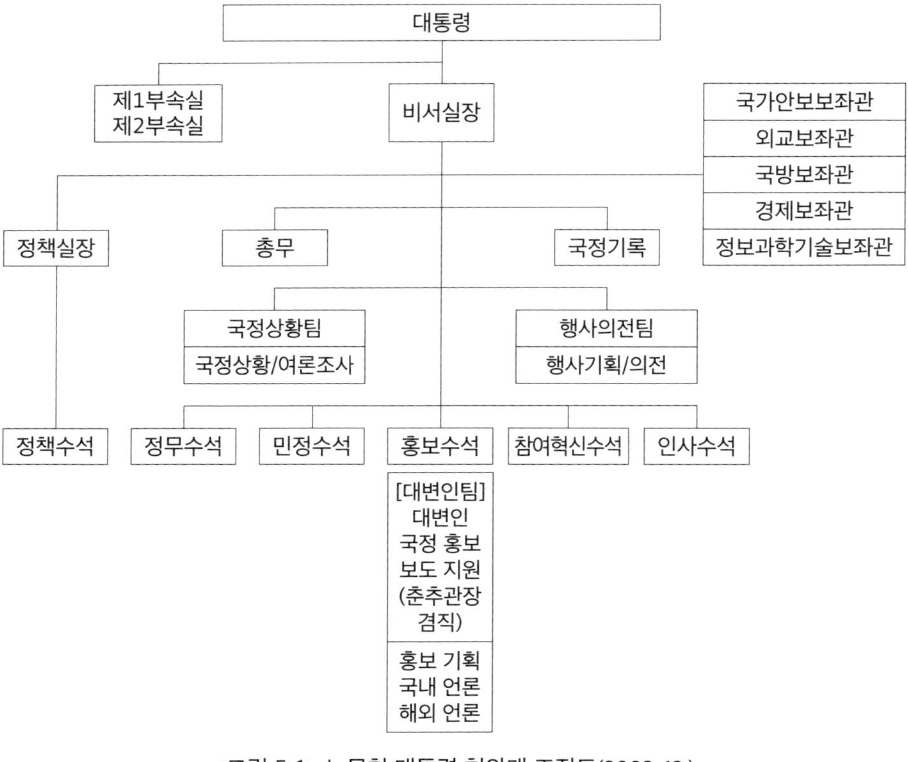


<그림 5-1> 노무현 대통령 청와대 조직도(2002. 12.)

* 홍보수석 이외의 다른 수석비서관실 세부 조직은 생략함.

이처럼 기존 언론을 우회해 국민과 직접 소통을 시도한 것은 정치적으로 비주류 출신인 노무현 대통령이 언론이 매개가 되는 보도에 대해 큰 불신을 갖고 있었다는 점도 작용한 것으로 보인다. 실제로 노무현 대통령은 당선 직후 인터넷 언론과의 인터뷰를 통해 "이번 대선 승리는 인터넷에 의한 참여민주주의의 승리"라고 소회를 밝히기도 했다. 김정연과 신유섭(2015, 5쪽)은 이러한 조직 구도가 "정부가 언론사를 가장 영향력 있는 행위자로 인식하면서 (…) 정부의 메시지가 언론의 해석에 따라 변할 수 있다고 보고 직접 국민에게 정보를 송신할 수 있는 수단을 활용한" 것이라고 평가했다. 이러한 특성에 대해 심홍식과 이영희, 박현아, 남인용(2018)은 노무현 대통령이 청와대 브리핑 등을 통해 직접 국민과 만나는 방식을 택함으로써 기존 언론과 사회적 영향력을 놓고 갈등을 빚게 되었다고 분석했다.

10년 만에 보수 정권을 회복한 이명박 대통령은 작은 정부와 작은 청와대를 표방하며 소통 기능을 담당하는 조직을 없앴다. 국정홍보처가 폐지되었고 대통령 비서실의 홍보수석도 없앴다. 대통령의 소통 기능은 홍보기획비서관으로 격하되어 민정수석 아래로 옮기는 한편, 대변인을 수석급으로 격상시켰다. 직전 노무현 대통령 집권기 홍보수석을 설치하는 한편 국민과의 직접 소통 확대에 집중했던 것에 비해 소통 조직의 특성이 권위주의 정부 시절의 공보수석과 비슷해진 부분이다. 그러나 취임 직후 미국산 소고기 수입을 반대하는 '광우병 시위'로 크게 타격을 받은 이명박 대통령은 시위가 마무리된 뒤 수석비서관급으로 홍보기획관을 설치하고 그 아래에 인터넷과 뉴미디어를 담당하는 국민소통비서관을 신설했다(<그림 5-2> 참조). 1년 후인 2009년 8월에는 홍보수석을 부활하고 대변인을 홍보수석 아래로 옮겼으며, 인터넷 소통을 전담하는 뉴미디어홍보비서관을 새로 만들어 노무현 대통령 홍보수석실과 비슷한 구조로 돌아갔다. 2010년 6월 지방선거에서 여당이 패배한 뒤 이명박 대통령은 홍보수석 산하 대변인을 2명에서 1

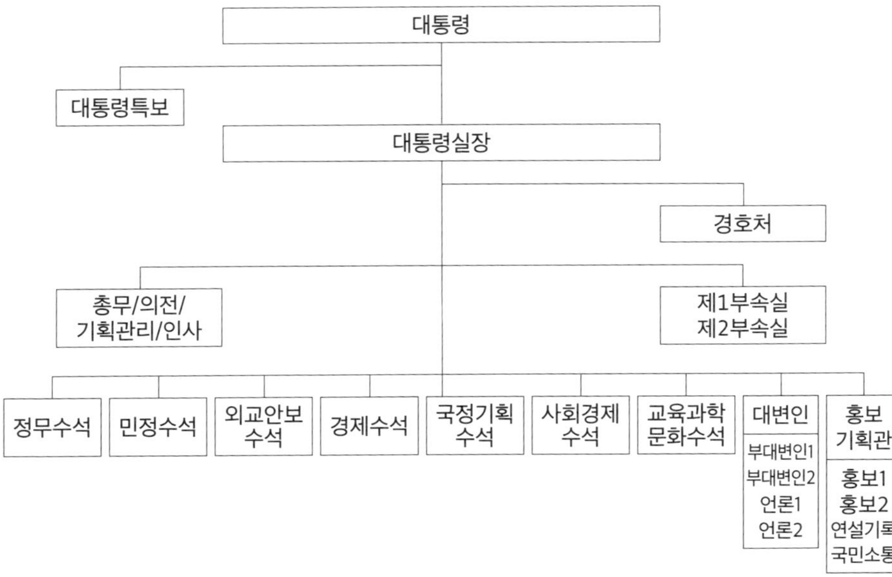


<그림 5-2> 이명박 대통령 청와대 조직도(2008. 6.)
* 대변인과 홍보기획관 이외의 다른 수석비서관실 세부 조직은 생략함.

명으로 줄이고 대신 해외홍보비서관을 신설한 후 홍보기획비서관을 통합해 소통에 나섰다. 하지만 홍보 관련 조직 개편에도 불구하고 디지털 환경에서 변화하는 소통의 방식을 제대로 반영하지 못했으며, 소통의 확대에서도 큰 성과를 거두지는 못했다.

보수 정권 재창출에 성공한 박근혜 대통령 집권기는 소통 문제가 매우 컸다. 대통령이 언론과 좋은 관계를 유지하는 임기 초 '밀월기' 보도를 연구한 최창식과 임영호(2021)는 김영삼 대통령부터 문재인 대통령에 이르는 동안 박근혜 대통령만 밀월 기간이 나타나지 않았으며, 취임 후 3개월간 평균보다 낮은 감성지수를 보인다는 것을 발견했다.[9] 임

9 연구에 따르면 대통령의 정치적 성향과 무관하게 집권 2개월 차까지는 언론과 밀월 관계(감성지수 높음)를 유지하는 것으로 나타났다.

기 시작 직후 인사 문제로 언론의 비판적 보도가 이어진 것이 큰 이유이지만, 대변인 물의 사건의 대통령 보고가 늦어진 데 대해 홍보수석이 "대통령에게 아무 때나 불쑥불쑥 들어가서 보고할 수 있는 일이 아니다."라고 설명하고, 대국민사과문에 "대통령께 죄송하다."라는 말을 넣은 데서 국민들의 반감을 샀다. 집권 중반에 들어선 2014년이나 집권 후반인 2016년에도 국정 운영에서 가장 아쉬운 부분이 '국민과의 소통 부족'으로 나타났는데(황성욱 · 김태완 · 박혜빈, 2017), 한규섭(2017)은 이러한 박근혜 정부의 소통 문제의 근본적 원인으로 과거회귀적 홍보수석 인사와 과거회귀적 소통 메시지를 지목한다. 박근혜 대통령 집권기 홍보수석 5명 중 4명이 경륜 있는 50대 언론인 출신이었음에도 불구하고 '소통 부족'이라는 비판을 들은 이유는 "뉴미디어 환경에서의 정보 유통이나 여론 형성 과정에 문외한인 경우가 많"고, "지면 기사나 방송 외의 매체를 통해 전파되는 메시지가 여론 형성에 미치는 영향에 대한 이해도가 높지 못하다."(한규섭, 2017, 10쪽)라는 것이다. 보수 정권을 창출한 이명박 · 박근혜 대통령 집권기에 유독 대통령 소통을 담당하는 홍보수석 관련 문제가 잇달아 불거졌고, 인터넷 매체를 통한 소통과 여론 형성에 대한 이해가 부족했다는 점은 디지털 미디어가 압도적으로 우세한 현실에서 보수 진영이 지닌 디지털 친화력 문제와 소통에 대한 상대적 무관심, 권위주의적 태도가 어떠한 어려움을 낳는지를 보여주는 한편, 홍보수석이 대통령 소통 및 언론 보도와 관련하여 어떤 이해를 갖춰야 하는지 등에 대한 강력한 시사점을 던진다.

2017년 3월, 박근혜 대통령에 대한 탄핵이 인용되며 19대 대선에서 문재인 대통령이 당선됨으로써 진보 정권으로 세력 교체가 일어난다. 대통령의 불만족스러운 소통, 혹은 불통이 정권을 무너뜨릴 수 있는 위험 요소라는 점을 반면교사로 삼기라도 하듯, 문재인 대통령은 '홍보'에서 한 걸음 더 나아가 '국민 소통'을 간판으로 내걸었다. 홍보수석을 '국민소통수석'으로 개칭하고 디지털 기반 대국민 직접 접촉을 더욱 확대하는 방향으로 커뮤니케이션 영역을 확대했다(<그림 5-3> 참조). 문재인 정부 5년을 상징하는 정책 중 하나인 국민청원제도는 국민소통수석 산하 디지털소통센터가 전담했다. 5년간 111만여 건의 글이 올라왔고 5억 명 이상이 사이트를 방문했으며, 최다 동의를 받은 국민청원은 2020년 4월 17일 '텔레그램 n번방 용의자 신상 공개 및 포토라인 세워주세요' 청원으로 총 271만 5,626명이 동의했다(한지혜, 2022). 국민청원은 주요 내용을 언론이 보도하면서 청와대가 의제 설정 주도권을 갖고 대통령의 대중 호소 전략을 성공적으로 수행하는 효과를 거뒀다. 하지만 임기 중반을 넘어가며 허위청원과 정쟁의 장으로 변질되었다는 비판도 받았다(손보승, 2022. 5. 5.).

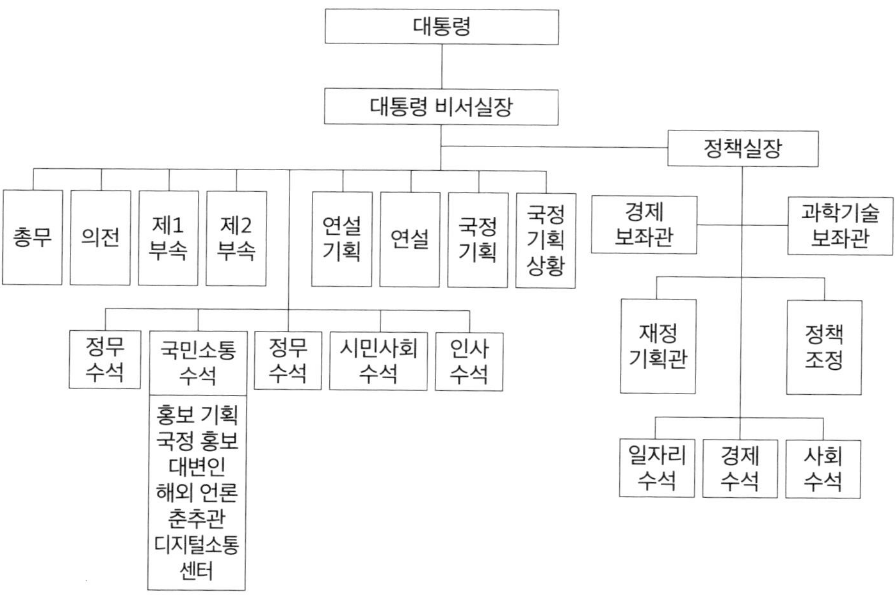


<그림 5-3> 문재인 대통령 청와대 조직도(2017. 12.)

* 국가안보실장 및 산하조직은 생략했으며, 대통령 비서실장 산하의 수석비서관실 세부 조직 역시 국민소통수석 이외의 내용은 생략함.

## 3. 한국 대통령 소통 조직의 연구 대상과 방법

이 절에서는 2003년 2월 임기를 시작한 노무현 대통령으로부터 이명박·박근혜 대통령을 거쳐 문재인 대통령 임기가 끝난 2022년 5월까지에 이르는 19년을 분석 시기로 정하고, 4대에 걸친 대통령의 소통 조직과 홍보수석(국민소통수석)의 위치, 업무 등에 나타난 변화를 논의한다.

또한 대통령의 소통 철학과 언론 관리, 매체 환경 변화에 대한 인식, 시기별 홍보 특성 변화, 주요 사안별 홍보 실패 및 성공 사례 등을 알아보기 위해 홍보 분석 시기 동안 대통령 홍보수석 및 국민소통수석들에 대한 심층 인터뷰를 진행했다. 인터뷰 대상자는 대통령별로 2명씩, 실제 각 대통령별 홍보수석의 출신 비율을 고려하여 되도록 언론인 출신과 정치인 출신 등을 고루 만나고자 했다. 인터뷰에 응한 8명의 홍보수석의 재직 기간은 최단 2개월에서 최장 20개월까지 평균 11.3개월이었으며, 임명 당시 나이는 평균 53.6세였다.[10] 인터뷰 대상자들의 요청에 따라 인터뷰 내용은 직접인용이라 할지라도 모두 익명으로 사용했다. 인터뷰는 구조화된 질문지를 활용하여 2022년 7~8월 중 직접 대면 인터뷰로 진행했다(<표 5-2> 참조).

한국에서 대통령의 대국민 소통은 앞서 살펴보았듯 별도의 공보 조직 없이 공보처 및 공보실이 대통령과 정부 공보를 다 맡았던 시절도 있었지만, 국가의 기반이 확고해지면서 대통령실 안에 공보수석이 생겼고, 민주화 이후 홍보수석으로 명칭과 개념이 변화하는 모습을 보였다. 여기서는 정부 정책과 대통령 메시지를 언론에 일방적으로 전달하는 '공보'에서 정책 소비자인 국민의 동의를 구하는 '홍보'로 변화한 노

10 노무현 대통령 홍보수석이 평균 49.5세로 가장 젊었고, 이명박 대통령 홍보수석은 평균 54세, 박근혜 대통령 홍보수석은 평균 55세, 문재인 대통령 홍보수석은 평균 56세였다.

<표 5-2> 대통령별 집권기에 따른 인터뷰 대상자 속성*

| 대통령 \ 속성 | 언론인 출신 | 정치인 출신 |
|---|---|---|
| 노무현 | A(51·신문, TV) | B(45·대변인) |
| 이명박 | C(53·통신, TV) | – |
| | D(53·TV) | |
| 박근혜 | E(53·TV) | F(55·대변인) |
| 문재인 | G(53·신문, 인터넷) | H(57·대변인) |

* ( ) 속은 임명 당시의 나이와 주요 경력.

무현 대통령 시기부터, '국민 소통'으로 또다시 변화한 문재인 대통령 시기까지의 분석 시기 동안 대통령의 소통 방식 특성과 핵심적인 요소 등을 논의하기 위해, 그리고 이 시기 디지털미디어 환경의 급속한 확산과 관련해 일어난 주요 변화 등을 탐색하기 위해 다음과 같은 연구 문제를 설정했다.

1. 분석 시기 홍보수석의 인적 특성과 업무 속성은 어떠한가?
2. 디지털 기반의 미디어 환경 변화와 소통 방식의 변화는 언론 보도와 의제 설정 구도에 어떤 변화를 가져왔으며, 이는 어떤 함의를 지니는가?
3. 디지털 환경에서 대통령 소통의 변화는 보수·진보 대통령 시기에 어떤 차이를 보이며 이는 어떤 함의를 지니는가?
4. 정치적 양극화와 팬덤 정치가 강력하게 등장한 가운데 대통령 소통은 어떠한 특성을 보이며, 이러한 특성이 지닌 문제점은 무엇인가?

## 4. 한국 대통령 소통 조직의 특성과 변화 양상

### 1) 대통령 메시지를 만드는 사람들은 누구인가: 홍보수석의 인적·업무적 속성

쿠마(Kumar, 2007)는 한국의 홍보수석에 해당하는 백악관 커뮤니케이션 디렉터가 대통령의 언어와 사진, 홍보, 관련 행사를 '통시적'으로 조망하여 대통령 PI와 국정 목표, 정책 기조를 변호해야 하며, 이를 위해 대통령의 언어를 정교하게 다듬는 한편 정책에서 우선순위를 차지하는 행사를 선택하고 기획해야 할 책임이 있다고 말한다. 대변인과의 근본적 차이점은, 대변인의 업무가 언론사들의 요구에 답하는 것인 데에 반해 홍보국장의 업무는 함께 일하는 커뮤니케이션 조직 사람들을 다루는 것이라 할 정도로 광범위하고 전략적인 소통을 담당하는 점이다.

그렇다면 한국의 홍보수석에게 요구되는 대통령 소통 활성화를 위한 요소들은 무엇일까? 언론 보도를 위해 직접적으로 기자들과 접촉하는 대변인과 달리 홍보수석은 대통령 홍보의 전체적 그림을 그리고 효과적인 국정 홍보와 대통령 리더십을 강화할 수 있는 홍보 전략을 담당한다. 이러한 업무를 수행하기 위해 홍보수석은 언론 보도뿐 아니라 다양한 인터넷 기반 미디어 채널을 활용할 수 있는 전략적 기획을 창출하고 실행해야 한다. 인터뷰를 통해 홍보수석들은 이러한 업무에 대한 이해를 일정 부분 갖추고 있었으나 실제 업무 루틴은 조간신문 시간표에 맞춰졌음을 알 수 있었다. 이는 이들의 인적 속성이 여전히 전통 매체 기반이라는 점과도 관련된 것으로 볼 수 있다. <표 5-3>, <표 5-4>를 통해 홍보수석의 인적 속성이 50대 중반의 주요 언론사 보도국장 출신 남성이라는 것을 알 수 있다. 분석 시기 홍보수석 19명 중 10명(50%)이 서울대 출신으로, 고학력 엘리트 남성이었다(<표 5-5> 참조).

<표 5-3> 분석 시기 대통령별 홍보수석의 인적 속성

| 속성<br>대통령 | 수 | 출신 대학* | 평균 재임 기간(월) | 평균 취임 나이(세) | 최저/최고 나이(세) | 출신 분야 |
|---|---|---|---|---|---|---|
| 노무현 | 6 | 서울대 3,<br>고려대, 연세대,<br>이화여대 각 1 | 9.8 | 49.5 | 47/51 | 언론4(한국)<br>정치1, 학계1 |
| 이명박 | 4 | 서울대 3,<br>한국외대 1 | 10.3 | 54 | 53/55 | 언론4(동아, 중앙,<br>YTN, SBS 각1) |
| 박근혜 | 5 | 성균관대, 동국대,<br>경북대, 서울대,<br>서강대 각 1 | 9.8 | 58 | 54/65 | 언론4(SBS 3,<br>YTN 1), 정치1 |
| 문재인 | 4 | 서울대 3, 고려대 1 | 9.8 | 58.8 | 54/63 | 언론3(네이버, KT,<br>MBC 각1), 정치1 |
| 합계 | 19 | – | 10 | 54.6 | 47/65 | 언론15, 정치3,<br>학계1 |

* 중퇴 1인 포함.

<표 5-4> 홍보수석의 출신 분야 및 소속 언론사

| 출신 분야 | | 소계 | 소속 언론사 |
|---|---|---|---|
| 언론 | 신문 | 6 | 한국일보 4, 동아 1,<br>중앙 1 |
| | TV | 7 | YTN 2, SBS 4,<br>MBC 1 |
| | 인터넷 | 2 | 네이버 1, KT 1 |
| | 소계 | 15 | 신문 6, 방송 7,<br>정보통신 2 |
| 정치 | | 3 | 노사모, 당 대변인 |
| 학계 | | 1 | 국제정치학(노사모) |
| 합계 | | 19 | – |

<표 5-5> 홍보수석의 출신 대학

| 대학 | 소계 |
|---|---|
| 서울대* | 10 |
| 고려대 | 2 |
| 경북대 | 1 |
| 동국대 | 1 |
| 서강대 | 1 |
| 성균관대 | 1 |
| 연세대 | 1 |
| 한국외대 | 1 |
| 이화여대 | 1 |
| 합계 | 19*(1인 서울대 중퇴·방송통신대 중복) |

* 중퇴 1인 포함.

홍보수석의 위치와 역할, 업무에 대한 기본적 인식은 시기별로 큰 차이가 없었다. 박정희 대통령 때부터 33년간 이어져온 공보수석을 처음 홍보수석으로 변경한 노무현 대통령은 공보수석과 대변인 겸직 시대의 '언론 관계' 담당을 넘어 보다 전략적이고 쌍방향적인 소통을 강조했다. 홍보수석 업무에 대한 이러한 방향 전환은 이후 다른 대통령 집권기에도 이어진 것으로 나타났다. 인터뷰를 통해 노무현 대통령 집권기뿐 아니라 이후에도 홍보수석의 업무가 단순히 언론 관계를 넘어 대통령의 리더십과 통치를 강화하는, 보다 전략적인 것으로 요구된 것을 알 수 있었다.

> 정치 홍보가 아닌 정책 홍보를 하라고 했습니다. 중학생도 읽을 수 있는 쉬운 글로 (국민과) 소통할 수 있도록.(A)

> 공보는 '내 말을 믿어라'라고 통보하는 겁니다. 홍보는 이해를 구하는 것이지요. 대통령의 소통은 (대통령과 언론이) 대등한 관계에서 서로 의견을 주고받는 겁니다.(E)

소통과 언론 보도를 담당하는 조직이 제대로 작동하지 않으면 대통령이 국정 운행에서 어떤 어려움을 겪는지 2008년 5~6월의 미국산 '광우병 소고기 수입 반대' 시위가 보여준다. 취임 첫 청와대-정부 조직에서 언론을 상대하는 홍보 기구를 폐지하고[11] 대변인을 수석급으로 설치한 이명박 정부는 정책과 국정 운영을 효과적으로 알릴 조직이 없는 상태에서 국민과의 소통에 큰 어려움을 겪었다. 국정을 마비시키다시피 한 시위가 잦아든 뒤 이명박 대통령은 수석비서관급 홍보기획관을

---

11 정부부처의 정책 홍보를 담당하던 국정홍보처와 대통령 비서실 홍보수석을 폐지하고 정무수석 산하에 홍보비서관을 배치했다.

설치하고, 산하에 인터넷 소통을 담당하는 국민소통비서관을 신설했다. 1년 후 홍보수석이 부활해 임기 초반 국민과의 소통에 실패한 대통령의 리더십을 회복하고 국정 지지도를 높여야 할 책임이 부과되었다.

> 대통령에 대한 지지율, 국민과의 공감대, 이런 것이 떨어지면 대통령은 식물인간이 돼요. 그것을 올리는 전적인 책임이 홍보, 정무 이런 쪽에서 과연 언론을 어떻게 움직여 여론을 어떻게 끌고 가느냐에 달려 있습니다. (국정홍보처) 없앤 것은 딱 멋을 부린 거죠.(C)

### 2) 디지털 시대의 청와대 홍보 시스템 및 전략의 변화: 직접 소통을 통한 대통령의 '의제 설정' 효과

2003년 2월 22일 대한민국 16대 대통령 당선자 노무현은 취임식을 사흘 앞두고 당선 후 첫 단독 기자회견을 인터넷신문 <오마이뉴스>와 가졌다. 그 전날 <인터넷 라디오21>에 출연한 데 이어 인터넷 매체를 소통의 통로로 선택했다는 것을 분명하게 보여준 것이다(김현재, 2003). 2002년은 종이신문 열독율이 82.1%에 이를 때다(한국언론진흥재단, 2002). 반면 인터넷 매체 이용은 아직 공식 통계에 잡히지도 않았다.[12] 노무현 대통령의 취임 직전에 이루어진 인터넷 매체 단독 인터뷰는 이후 펼쳐질 기존 언론과의 갈등 및 국민과의 직접 소통을 예고하는 매우 상징적인 사건이었다. 노무현 대통령은 언론을 단순한 '전달자'가 아니라 정부와 국민 사이의 가장 영향력 있는 '행위자'로 인식하고, 대통령의 메시지가 언론을 매개하여 전달될 때 미디어의 해석에 따라 그

12 1992년 시작된 한국언론진흥재단의 연례 '언론수용자의식조사'에서 인터넷 매체 이용률을 조사하기 시작한 것은 2010년부터다.

의미는 변할 수 있다고 보았다(김정연 · 신유섭, 2015). 때문에 노무현 대통령 집권기 홍보수석은 '청와대 브리핑'과 언론 브리핑 생중계를 통해 국민과의 직접 소통을 시도했다.[13] 이러한 직접 소통 방식은 문재인 대통령 집권기에 디지털소통센터에서 담당한 국민청원제도 활동을 통해 더욱 뚜렷하게 나타났다. 인터넷을 기반으로 한 대통령과 국민의 직접 소통은 대통령 보도의 의제를 언론이 아니라 대통령이 결정하는 효과를 가져왔다. 그런 점에서 진보 대통령 집권기에 나타난 '직접 소통' 시도의 실체는 의제 설정을 누가 하느냐를 두고 기존 언론과 대통령이 벌인 투쟁이라고 보아도 지나치지 않을 것이다.

> 언론과 팽팽한 긴장감을 가지고 해라, 이런 분위기였어요. 청와대 브리핑에 대통령이 기고문을 직접 쓰기도 하고, 댓글도 달고, 소통을 굉장히 중요시했습니다. 언론과의 소통이 보통 (국민이 직접 볼 수 없는) 비공개로 이뤄지는데, 그때 처음으로 매일 오후 2시 반에 생중계 일일 브리핑을 시작했습니다. YTN, KTV 등을 통해 중계했을 뿐 아니라 청와대 홈페이지를 통해서 누구나 다 볼 수 있었습니다.(B)

> 한미 FTA와 부동산 정책은 보수 · 진보 매체가 다 안 써줬어요. 그래서 청와대 브리핑을 활용했습니다. 다음 주에 발표될 부동산 정책을 미리 밝힐 수 없으니까 '질 좋고 값싼 아파트를 대량 공급한다', '집을 사려면 다음 주 나올 정책을 보고 사도 늦지 않다. 지금 사면 낭패 볼 수 있다'고 썼습니다.(A)

---

13 홍보수석 겸 대변인의 일일 정례 브리핑은 청와대 홈페이지(청와대 브리핑)와 KTV 사이트 접속을 통해 인터넷 시청이 가능했으며, 생방송이 끝나면 VOD와 녹취록이 제공되었다(국정홍보처, 2008).

직접 소통은 성공을 거두기도 하고 역풍을 맞기도 했다. 노무현 대통령은 홍보수석이 진행하는 청와대 브리핑 회의에 참석해 게재할 글의 방향과 취지를 설명하거나, 주요 쟁점에 대한 정책 홍보와 언론 보도에 대한 입장을 적극 피력했다(류정민, 2007). 청와대 브리핑에서 대통령이 글을 쓰거나 댓글을 달기 때문에 언론은 청와대 브리핑에 주목할 수밖에 없었다. 실제로 "왜 지금 개헌인가" 같은 글은 주요 정치 기사로 보도되기도 했다. 그러나 청와대 브리핑이 주요 의제 설정에 언제나 성공적이었던 것은 아니다. 부동산값이 치솟는 가운데 청와대 브리핑이 '값싸고 좋은 주택을 대량 공급한다'고 의제 설정을 해도, 언론은 이를 '지금 집 사면 낭패라니'라며 정부 비판 의제로 받아쳤다.

문재인 대통령 집권기에는 국민소통수석 산하의 디지털소통센터가 대통령 보도의 주요 의제를 제시하는 역할을 했다. 당시 국민소통수석을 지낸 인터뷰 대상은 이 제도가 미국 백악관의 'we the people'을 본뜬 것이지만 청와대 ID를 만들 필요 없이 개인의 SNS 계정을 통해 로그인할 수 있어서 개방성이 훨씬 뛰어났다고 자부심을 보였다. 청원 내용은 대통령과 정책에 관한 것뿐 아니라 개인적인 내용도 올릴 수 있었으며, 청원 후 30일 동안 20만 명 이상이 추천한 청원에 대해서는 정부부처 및 기관장, 청와대 책임자가 답변하도록 했다. 첫 답변 청원이었던 소년법 개정 요청, 2호 답변 청원이었던 낙태죄 폐지를 비롯해 권역외상센터 지원 청원, 조두순 출소 문제 청원 등 문재인 정부의 정책 방향뿐 아니라 정치적 판단까지도 포함된 답을 요구하는 청원들이 언론에서 중요한 뉴스로 다뤄져, 대통령의 의제 설정 능력을 증명했다. 인터넷을 기반으로 한 직접 소통을 통해 민감한 사회적 이슈와 정치적 이슈를 선점하는 이득을 얻었을 뿐 아니라 전통적으로 언론이 수행해온 의제 설정 기능과 공론장 역할을 수행하는 데까지 성공한 것이다.

뉴미디어 시대 대통령 소통 방식에 대한 첫 번째 고민은 국민들이 직접 참여할 수 있는 구도를 어떻게 만들어줄 것이냐, 국민들 참여 문제는 국민들이 직접 아젠다(의제)를 만들 수 있는 통로를 열어주는 것이 가장 중요하다고 봤고요.

이전에는 일부 소수 리거시 미디어가 독점을 했지만 국민 어느 한 사람이 스스로 문제가 있다고 생각할 때 그 아젠다를 생산할 수 있는 플랫폼을 어떻게 만들 것인지 고민했습니다. 국민들이 그렇게 거대 의제를 이야기하는 게 아니구나, 도로교통법, 미성년자의 범죄 같은 굉장히 세밀하고 구체적인 방식으로 다양하게 욕구들이 분출된다는 사실을 알게 되었고 좀 더 디테일한 부분들에 대해 정책을 만들고 개발해야 한다는 사명감을 갖게 되었습니다.(G)

SNS를 중심으로 한 소통을 뉴미디어라고 이름 짓던 그 시기가 2~3년 만에 무색해진 거예요. 디지털미디어소통센터는 뉴미디어가 확장된 것입니다. 페이스북 같은 것도 대통령이 직접 다 썼고 트위터는 100% 직접 쓰시고요. 대통령 계정에 뭐가 오르면 언론에 대서특필되고 (홍보로서는) 가장 효과도 높고 정말 만족할 만한 성과를 거둘 수 있는 거죠.(H)

문재인 대통령 집권기의 대통령의 직접 소통은 노무현 대통령 집권기의 직접 소통이었던 '청와대 브리핑'보다 훨씬 연성화된 양상으로 나타난다. 청와대 브리핑이 언론 보도에 대한 해명과 반박 등 기존 언론과의 불화와 갈등 양상을 자주 드러냈던 데 비해, 문재인 대통령의 디지털소통센터는 '11시 30분 청와대입니다', '청쓸신잡' 같이 대중적이고 친숙한 코너명을 통해 대통령의 정책과 개인사를 홍보했다. 때로는 홍보수석실 인원들의 개인 SNS 등 친밀하고 사적인 경로를 통하

노출하기도 했다. 이는 심층인터뷰에서도 확인되었다.

> 대통령 계정을 관리하는 것(을 넘어) 이제 적극적인 홍보를 해야 하니까 정책에 필요한 부분들은 카드뉴스나 이런 방식으로 적극적으로 만들었지요. 하나의 매체를 운영했다고 해도 과언이 아니죠. 지금은 그걸 잘해야 하는 시기이고.(H)

이러한 '말랑말랑'한 콘텐츠는 SNS 소통에 최적화되었으며 상당한 효과를 거둔 것으로 보인다. 한 예로, 미디어소통센터장이 "문재인 대통령이 5년째 같은 남방을 입고 있다"며 문재인 정부의 핵심 외교 정책인 '신 남방정책'을 비틀어 "(대통령) 신남방정책 시급"이라고 개인 트위터에 올린 글은 당시 언론에 보도되었을 뿐 아니라 몇년 후에도 언론 기사에 재인용되었다(이가영, 2022. 8. 2.). 이러한 직접 소통 방식의 효과와 의제 설정 효과는 노무현 대통령 시기에 비해 SNS 등 활용 가능한 디지털 플랫폼이 훨씬 많아진 미디어 환경 변화 덕분에 끌어낼 수 있었던 결과라고 볼 수 있다. 노무현 대통령의 청와대 브리핑이나 청와대가 직접 매체를 운영하는 데 대한 비판도 있었지만, 이미 다양한 디지털 플랫폼을 통해 뉴스를 '콘텐츠'로 이용하는 국민은 이에 대해 큰 거부감을 갖지 않았다.

진보 대통령 시기와 비교했을 때, 보수 대통령 시기의 홍보수석들에게서는 '직접 소통'이라는 말을 들을 수 없었다. 이들은 여전히 언론을 활용하여 의제를 제시하는 소통 방식을 유지하고 있었다. 또한 이들은 자신의 역할을 대통령과 국민의 소통에서 '촉진자'(D) 혹은 '가교'(F) 노릇을 하는 것이라고 인식하면서 언론을 통해 대통령 보도와 소통 이슈를 만들어내는 데 힘쓴 것을 알 수 있었다. 특히 부정적인 이슈가 언론을 통해 긍정적인 뉴스로 전달되도록 역의제 설정을 한 경험이 다수 있었다. 다음 증언과 같이 대통령 해외 순방 시 기자들의 의견이 역으

로 전달되어 대통령 메시지가 새롭게 생성된 사례도 있었다.[14]

> 방문국 국내 사정을 고려해서 특정 장소를 방문하지 않기로 되어 있었는데 함께 간 기자들이 '아니 우리 공직자들이 순직한 곳인데 안 가는 게 말이 됩니까?' 그래요. 담당 장관은 '언론 하자는 대로 하면 나라가 제대로 됩니까?' 펄펄 뛰고.(D)

### 3) 뚜렷한 보수·진보 정부의 디지털 친화도 차이

2021년 종이 신문을 읽는다고 응답한 비율은 8.9%로 SNS를 통한 뉴스 이용 비율인 11.9%보다도 낮았던 반면, 인터넷을 통해 뉴스를 접한다는 사람은 79.2%에 달했다(한국언론진흥재단, 2021). 여기서 중요한 것은 인터넷을 통해 뉴스를 이용하는 사람들이 뉴스를 읽기만 하는 것이 아니라 댓글을 달거나 공감을 표시하는 것은 물론, SNS(소셜네트워크서비스)를 활용해 다른 사람과 공유하는 등 과거 종이 신문이나 방송을 통해 뉴스를 접할 때는 찾아보기 어려운 '쌍방향' 활동을 한다는 점이다. 앞의 조사에 따르면, 메신저 서비스나 SNS를 통해 뉴스를 이용한 경우 다른 사람과 공유하는 비율이 각각 30.4%, 34.3%에 이르는 것으로 나타났다.

이처럼 인터넷 기반 매체를 통한 뉴스 이용은 양적으로도 우리 사회의 압도적인 소통 방식이 되었을 뿐 아니라, 뉴스의 확산과 여론 형성에서 예전과는 전혀 다른 속도와 전파력을 보여준다. 선행연구와 인터뷰 결과, 노무현 대통령과 문재인 대통령의 '진보 정부'에서는 인터넷의 의미와 효용에 대한 인식이 뚜렷했으며 청와대 브리핑, 디지털소통

14 아웅산 묘지 참배의 필요성을 강력히 주장한 기자들 의견이 받아들여져 "이대통령 '테러 참사' 아웅산 묘지 전격 방문"(경향신문, 2012) 등 각 신문마다 크게 보도되었다.

센터 운영을 통해 기존 언론을 우회하여 국민과의 직접 소통을 확대하려 한 것을 확인할 수 있었다. 홍보 전략과 조직, 홍보수석의 일상 업무에서도 디지털 친화도가 높았다. 이에 비해 이명박 대통령과 박근혜 대통령의 '보수 정부'는 인터넷 매체의 중요성에 대한 기본적인 인식은 있었지만 여전히 신문·방송 같은 전통적 기존 미디어를 선호하고 인터넷 확산 이전의 홍보 전략과 조직, 업무 시스템을 기반으로 대통령 소통을 지속했다는 점을 알 수 있었다.

가장 큰 차이는 인터넷 환경, 디지털 미디어 생태계를 어떻게 이해했는가 하는 점이다. 진보 정부에서는 인터넷을 활용해 이뤄지는 소통을 기존 언론 범위를 넘어서 SNS 공유, 인터넷 게시판 댓글 달기 등 쌍방향 직접 소통 방식으로 이해한 것과 달리, 보수 정부에서는 인터넷 신문 이용을 인터넷 소통으로 여기는 것을 알 수 있었다. 물론 보수 정부의 홍보 조직에도 청와대 홈페이지에 유튜브 동영상을 올리거나 대통령의 SNS를 담당하는 부서가 있긴 했으나 실제 활동 내용은 진보 정부에 비해 미약했다고 스스로 말하고 있었다.

노무현 대통령 집권기 대통령 소통은 "대인對人 홍보에서 시스템 전환, 국정 홍보에 있어서 인터넷의 중요성은 강조되었으며, 홈페이지를 통한 국정의 홍보는 필수가 되었다."(국정홍보처, 2008, 283쪽)라고 뚜렷하게 정리된다. 디지털 친화도는 먼저 홍보수석실 조직에서 찾아볼 수 있다. 취임 직후 홍보수석 산하에 국정홍보·미디어홍보비서관을 신설하고 인터넷 기반 직접 소통을 담당하게 했다(김정해, 2013). 이후 임기 말까지 몇 차례의 대통령 조직 개편이 있었지만 노무현 대통령이 자신의 국정철학과 방향을 직접 소통하는 장치로서 중시했던 청와대 브리핑을 담당하는 국정홍보비서관은 끝까지 유지되었다. 2005년에 만든 e-춘추관 사이트는 대변인실과 청와대 담당기자를 연결하는 디지털 통로로, 2007년 전자브리핑제도(생중계 브리핑)를 시행하기 전까지 이처럼 인터넷을 활용해 언론과 소통했다. 이 시기 활동한 홍보수석들은 인터뷰에서 이러한 인터넷 소통 조직의 설치에는 '디지털 청와대'를 구축하고자 했던 노무현 대통령의 디지털 친화력[15]이 가장 중요한 요인으로 작용했다고 말했다. 기존 언론과의 불화도 한 요인이었지만, 뉴미디어의 확산 속도와 범위, 다양한 이용자에 대한 기대가 컸다.

> 기존 미디어는 우리를 모르고 우리를 왜곡한다, 그렇게 생각하니까 상대적으로 뉴미디어로 갈 수밖에 없었어요. 우리 때는 뉴미디어비서관이라는 명칭은 없었지만 업무는 했지요. 만약 우리 때 스마트폰이나 지금 같이 유튜브가 있었으면 엄청 비중을 뒀을 거예요.(A)

> 대언론 관계가 (대통령) 커뮤니케이션의 전부였던 때랑은 달라진 거죠. 대통령이 혁신가적 기질이 있는데요, 컴퓨터와 인터넷에 관심이 높았어요. (대통령 후보로 밀어올린) 노사모가 인터넷을 통한 정치 영향력이 얼마나 큰지 알 수 있게 했고요. 저희가 (정책 이슈에 대한 온라인 여론을) 미국 '보트닷컴vote.com'에서 아이디어를 따와서 '보트넷코리아votenetkorea.com'를 만들고, 인터넷에 대한 준비가 되어 있었지요. 그때 우리가 선거를 PMI 선거라고 했는데, P는 정책이고 M이 미디어, I가 인터넷이예요. 새로운 커뮤니케이션으로 인터넷이라는 독자 영역에 집중한 거죠. 그때 인터넷 뉴스매체가 몇 개 있었는데, 조간/석간 시스템이 아닌 24시간 시스템이고, 어차피 기존 미디어랑은 불편했는데, 채널이 변화될 수밖에 없었지요.(B)

---

15 취임 첫해인 2003년 3월 디지털 청와대를 구상하고, 그해 11월 디지털 업무관리시스템 'e-지원' 시스템을 구축하기 시작하여 비서실 지식 관리를 고도화했다(국정홍보처, 2008).

노무현 대통령 이후 9년 만에 다시 진보 대통령으로 당선된 19대 문재인 대통령 집권기 청와대 소통 조직과 전략은 디지털 친화력을 한층 강화했다. 종이 신문 기자를 거쳐 인터넷 포털사에서 뉴스와 이용자 경험UX을 지휘한 경력을 지닌 인사가 초대 국민소통수석으로 기용되었다. 역대 청와대 공보·홍보 등 소통 담당 수석비서관 가운데 첫 인터넷 미디어 경력자였다.

> 우리 국민 수보다 더 많은 모바일 디바이스가 보급되었습니다. 모바일 서비스에 성공하지 못하면 대중 서비스가 될 수 없다고 보고 모바일에 최적화된 서비스를 구축하는 게 (대통령 소통의) 1차 과제였습니다. 먼저 청와대 홈페이지부터 모바일에 맞게 변경했고요, 영상 콘텐츠의 중요성을 인식하고 그 통로인 유튜브의 성장을 눈여겨보았습니다. 현재 미디어 생태계에 맞는 콘텐츠를 제작해야 한다고 뜻을 모았습니다. 이전에는 청와대에서 '제작'한다는 표현 자체가 없었습니다. 대통령과 청와대의 생생한 모습과 소식들을 라이브로, 영상으로 전하고자 했어요.(G)

청와대 홈페이지에 유튜브 라이브 '11시 30분 청와대입니다'를 만들어 수석비서관부터 비서관, 행정관까지 출연해 국정을 전했다. 청와대 일상을 찍어 공개하는 '비하인드컷'도 있었다. 언론 보도를 위한 정보 서비스가 아니라, 바로 국민과 소통하는 데 뉴미디어를 활용한 것이다. "고성 산불 같은 재난 상황에서 기존 언론의 기능이 저조했을 때 청와대 트위터, 페이스북 계정을 통해 정부 재난 대응 정보를 신속하게 전달했습니다."(G)라고 말한 인터뷰 대상자는 이처럼 '콘텐츠 제작'이 가능했던 것이 문재인 대통령 집권기 청와대의 '소통 문화'라고 설명했다.

문재인 대통령 후반기로 오면서 국민소통수석실은 "거의 디지털 미디어 소통에 중점을 두었다고 해도 과언이 아니다. 그것은 (문 정부의) 독특한 전략이 아니라 선택하지 않으면 안 되는 시대 전략이었다."(H) 라는 인식 아래, 대통령 콘텐츠를 적극적으로 자체 생산하는 데 힘을 쏟았다. 국민소통수석이 매 주말 자신의 페이스북에 '브리핑에 없는 대통령 이야기'를 포스팅했다. 이는 주말에 별다른 기삿거리가 없는 언론에 '꺼리'를 공급하는 통로이기도 했다.[16]

> 대통령 계정에 무엇이 오르기만 하면 그것이 (언론에) 대서특필이 되고, 우리로서는 가장 효과도 높고 정말 만족할 만한 성과를 거둘 수 있는 거죠. 대통령이 트위터는 거의 100% 직접 쓰고, 페이스북도 80~90%는 직접 썼어요. 무슨 중요 행사가 있거나 하면 '지금 메시지를 쓰기 시작했습니다'하고 톡이 와요. 그러면 디지털소통센터에서 준비하고 있다가 대통령 SNS 계정을 관리했지요. 정책에 필요한 부분은 카드뉴스나 이런 형식을 동원해서 적극적으로 만들었어요. 하나의 매체를 운영했다고 해도 과언이 아니지요. 지금은 그것을 잘 해야 되는 시기이고….(H)

보수 대통령의 뉴미디어·디지털 친화도는 청와대 소통 조직에서나 실제 운영 전략에서나 진보 대통령 집권기와 달랐다. 이는 실제 조직 설치 양상 및 인터뷰 대상자들의 말에서 모두 확인할 수 있었다. 앞서 논의한 대로, 이명박 대통령은 출범하면서 대통령 비서실의 홍보수석비서관을 폐지하고 홍보비서관을 정무수석 산하에 배치했다. 또 소통 업무와 관련해서는 대변인을 수석비서관급으로 설치했다. 대통령 소통 조직의 외형과 방식이 박정희, 전두환 등 권위주의 시기 대통령 비서

16 '두 대통령의 나무는 광화문 광장을 내려다보며 어떤 생각을 할까?'(2022. 5. 8.)가 50회차, 마지막 포스팅이다.

실과 유사해진 것이다. 그러나 취임 직후 격렬한 미국산 소고기 수입 반대 시위를 겪은 후 이명박 대통령은 홍보수석과 비슷한 위치 · 성격의 홍보기획비서관을 신설하고 뉴미디어비서관을 배치했으며, 1년 후에는 홍보수석을 부활시켰다. SNS를 통한 여론 확산의 힘을 경험하면서, 온라인 홍보에 대한 관심도 커졌다.

> 대통령이 온라인 홍보를 열심히 하라고 여러 번 말씀해서 청와대에 온라인 대변인이라는 직책이 처음 생겼습니다. 그 뒤에 각 부처에도 온라인 대변인이 생겨서 다들 '온대'가 중요하다고 했지요. G20 정상회담 때 대통령이 매일 체크했어요. 구글이라든지, 야후라든지, 그런 외국 사이트들에도 얹어라. 우리가 갖고 있는 홍보 자산을 총동원하라고 하셨어요. 대통령이 12월 31일 밤 뉴미디어 비서관실을 직접 방문하셔서 소셜네트워크서비스로 신년인사를 했어요. 직접 채팅을 하면서 소원성취하세요, 새해 복 많이 받으세요, 이런 이야기를 나눴죠. 온라인 쪽으로 많이 하라, 이쪽이 대세다, 그걸 말씀하고 싶었던 거죠. 그런데 그때 (뉴미디어가) 확산된 거는 아니고 확산시키려고 했지요.(C)

> 우리가 중심을 뒀던 것은 쌍방 통행이라고 하는 관점에서도 레거시 미디어가 중심이었습니다. 가급적 레거시 미디어에 충분한 인포메이션을 드려서 그쪽에서 기사화하는 데 보탬이 되겠지만, 이 사람들이 잘 안 받는 감성적이고 개인적인 부분들은 뉴미디어에서 활용을 많이 했어요. 특히 대통령의 개인 일상과 관련된 동영상, 행사 이면의 여러 모습들을 뉴미디어비서관실에서 별도로 촬영 · 편집해서 대통령실 홈페이지나 유튜브를 활용해 알렸습니다.(D)

이 발언들에서도 나타나듯, 이명박 대통령은 소통에서 뉴미디어의 중요성을 인식하고 있었다. 이명박 대통령 임기 중 스마트폰과 모바일 인터넷이 등장했고 SNS를 통한 개방적인 소통이 확산되기 시작했지만, 대통령 소통 조직에서는 뉴미디어를 활용한 개방적이고 직접적인 소통 방식에 대한 이해가 충분하지 않았던 것으로 보인다. 뉴미디어는 인터넷 뉴스라는 '언론'의 영역에서 제한적으로 인식되고 있었으며, 대통령의 메시지는 기존의 언론 매체를 통해 전달하는 방식이 더 선호되었다. 인터넷 미디어의 확장성이나 기존 언론 매체의 한계를 인정하지 않는 듯한 모습은 당시 홍보수석들이 인터넷 미디어를 '청와대에 등록한 우리 기자들'과 '저널리즘이라고 할 수 없는 미등록 매체'로 구분해서 설명하는 데서도 드러났다. 인터뷰에서 한 홍보수석은 대통령에 대해 비판적 내용을 유통시키는 데 강력한 힘을 발휘했던 인터넷 매체에 대해 "잡담 비슷하게, 우리가 이명박 대통령의 숨겨진 딸을 찾아냈다, 등 사실관계에 부합하지 않는 내용을 가지고 계속 시비를 했"지만 "공식 대응하지 않기로 결정"했다고 말했다. 이는 '(청와대 기자실에) 등록되지 않은 매체'의 전달력이나 누구에게나 개방된 인터넷의 파급력을 충분히 인지하지 못했던 것으로 볼 수 있다. 진보 대통령 시기에 청와대 공식 사진가가 아닌 일반 직원들이 휴대폰으로 찍은 'B컷'까지도 다양하게 인터넷 콘텐츠로 활용한 것과 크게 대조되는 부분이다.

박근혜 대통령이 취임한 2013년은 모바일 기반의 SNS 소통이 활발해지면서 국민의 뉴스 이용과 소통 경험이 모바일로 분명하게 옮겨간 시기다. 매체와 뉴스 이용에서 모바일 인터넷 이용(68.0%)이 PC 인터넷 이용(64.4%)을 처음으로 넘어섰다(한국언론진흥재단, 2021, 55쪽). 하지만 이 시기의 대통령 소통에서 디지털 생태계나 뉴미디어 활용과 관련해 눈에 띄는 내용이 발견되지는 않았다. 인터뷰에서 홍보수석들은 "아주 짧은 시간에 바로 알려질 뿐 아니라 확산력이 엄청나게 뛰어나다. 이것(뉴미디어)은 그야말로 눈 깜짝할 사이(에 확산된다.) 대비할 계획을 해야 한다."(F), "온라인 미디어와의 접촉을 활발하게 했다."(E)라고 말했지만, "(뉴미디어 담당이) 있었는데, 지극히 미흡하게 1~2명 정도 있었다."(F)라고 할 정도로 실제로 뉴미디어에 대응하는 조직이나 효과적인 소통의 흔적은 나타나지 않았다. 또 이들이 인식하는 인터넷 매체, 인터넷 소통은 '언론'의 형태를 갖추고 청와대에 취재 등록을 마친 인터넷 신문사로 한정되었으며, 1인 미디어나 SNS 등은 고려 대상이 아닌 것으로 보였다. 대통령 홍보 동영상을 청와대 홈페이지에 걸어놓았지만, 진보 대통령 집권기에 대통령의 개인적인 활동이나 매력을 강조한 다양한 방식의 콘텐츠와 달리 공식 행사 동영상 정도로 나타났다.

진보 대통령 집권기나 보수 대통령 집권기나 대통령 소통을 담당하는 홍보수석들의 디지털 환경과 인터넷 미디어에 대한 인식은 분명히 드러났다. 그러나 조직 구성이나 소통 전략 및 실행에서는 디지털 친화도의 뚜렷한 차이를 발견할 수 있었다. 진보 정부는 인터넷의 쌍방향 소통력, 대통령 메시지의 직접 전달과 대국민 직접 소통을 대통령 메시지의 확산에 매우 효율적인 방안으로 인식하고 이를 채택했으나, 보수 정부는 인터넷 소통을 인터넷 언론을 통한 소통에 한정해서 인식하는 경향을 보였다. 이러한 인식 차이가 대통령 소통을 어떻게 이끌었는지와 관련해서는 함의하는 바가 크다.

### 4) 팬덤 정치와 대통령 홍보 및 국민 소통의 미래

분석 시기 19년간 대통령 보도의 최전선에 있었던 홍보수석들과의 인터뷰에서 여러 번 등장한 단어가 '팬덤', '양극화'였다. 이들은 팬덤이 대통령 지지율을 높이거나 유지하는 데 기여하여 국정 운영에 도움이 될 것이라는 의견을 제시하는 한편, 보수와 진보로 나뉜 우리 사회의 정치적 양극화를 더욱 심화시킨다는 우려도 제기했다. 팬덤이 두드러지는 정치 현상은 폐쇄적인 진영 정치로 빠지는 것, 또는 민주주의의 후퇴나 정치의 후진성으로 여겨지기도 하는데(이승원, 2021), 인터뷰에서 나타난 팬덤과 대통령 홍보의 관계를 보면 인터넷 기반 직접 소통을 통해 기존 지지층과의 유대를 강화하는 경향이 뚜렷했다.

대통령 소통의 경로가 SNS, 청와대 홈페이지, 동영상 서비스 등 직접 소통을 할 수 있는 디지털 환경으로 확대된 반면, 기존 언론과의 소통은 상대적으로 약화한 점 역시 문제로 지적되었다. 비판 기능을 수행하는 언론을 우회해 온라인 직접 소통을 확대하는 것은 저널리즘의 관점에서 볼 때 위험한 부분도 많으며, 자칫하면 그 자체가 일방적 선전이 될 수 있다는 우려도 적지 않았다. 먼저 대통령의 개인적 인기와 호감도를 바탕으로 한 '팬덤'에 대한 우려를 살펴보았다. 보수·진보 양쪽의 홍보수석 모두 팬덤이 대통령 소통의 본질에서 벗어나는 문제가 크다고 지적했다. '노사모'라는 인터넷 기반 정치적 팬덤 조직을 자산으로 지녔던 노무현 대통령이나, 박정희 대통령의 유산을 이어받은 박근혜 대통령, 그리고 대통령 선거에서부터 재임 기간 내내 다양한 방식으로 팬클럽[17]이 움직였던 문재인 대통령에 이르기까지 '팬덤'을 기반으로 대통령의 개인적 이미지 연출이 과도하게 소통되는 현상은 민주정치 발전에 도움이 되지 않는다는 인식이 컸다. 특히 지지층과 팬덤을 기반으로 확대된 직접 소통을 앞세워 비판 언론을 '우회'하는 데 대한 우려가 제기되었다.

인터뷰에 응한 홍보수석들이 '팬덤이 가장 컸다'고 동의한 것은 문재인 대통령 집권기다. 이 시기 대통령 소통을 담당한 국민소통수석들은 (팬덤을 활용한) 인위적 노력이 없었고 "있는 그대로의 대통령의 진

17 문재인 공식 팬카페(문팬)는 박근혜 대통령 탄핵을 요구하는 촛불집회가 시작되기 한 달여 전인 2016년 9월 3일 창립했다. '노란우체통', '젠틀재인', '문사모', '문풍지대'가 통합한 문팬 창립총회에는 문재인 당시 민주당 전 대표가 직접 참석했다(김준호, 2016. 9. 3.).

정성"(G) "태도의 진정성"(H)이 가장 큰 홍보였다고 말했다. 그러나 팬덤에 기대지 않는다는 인식과 달리, 팬덤을 활용한 홍보 현상이 빈번히 나타나는 모순을 드러내기도 했다. 이를테면 "대통령의 이미지와 메시지는 국정 홍보의 주요 요소이지만 정책은 정권을 넘어 국민 생활에 미치는 영향력, 특히 지속성과 신뢰성이 중요하기에 대통령 개인 이미지에 너무 기대는 것은 지양했습니다."라는 말은 "청와대 경내와 순방 현지에서 (대통령을) 휴대폰으로 찍어서 올린 영상이 수백 만 조회를 기록하기도 했습니다.", "비서관이나 행정관뿐 아니라 누구나 대통령이나 청와대를 사진이나 동영상으로 찍어서 디지털소통센터에 보냈어요. 그것을 '비하인드컷'으로 올리는 그런 역할을 했지요. 대통령하고 제일 가까이 근접해 있는 의전에서 좋은 콘텐츠가 많이 나오는데, 국민소통수석실하고 굉장히 긴밀"(G)했다는 말과 어긋난다. "대통령이 직접 나가서 국민들에게 말씀드릴 때, 이럴 때가 가장 빛나는 홍보였어요." "의전비서관은 행사 기획에 탁월한 능력을 가지고 있어요. 행사의 본질을 정확하게 꿰뚫고 집중했지 대통령의 개인 캐릭터에 집중하지 않았어요. 그것이 (대통령의) 진정성이라는 측면에 맞는 것인데…."(H)라는 말을 종합해보면 대통령의 개인적 성격과 호감도를 직접 소통, 특히 다양한 인터넷 채널을 통해 이뤄지는 홍보의 자원으로 적극 활용했던 것으로 볼 수 있었다.

이라크 파병, 한미 FTA 체결처럼 지지층 주장에 반하는 정책을 실행했던 노무현 대통령은 본인의 정치적 이미지나 개인 스토리보다 정책을 PI로 활용하도록 요구했으며, 실제로 대통령 개인의 캐릭터를 활용한 홍보는 거의 나타나지 않았다. 이와 관련, 노무현 대통령 집권기 홍보수석들은 이렇게 기억했다.

> 당신은 정책에 특화가 되어 있으니 정책 홍보에 중점을 두고 특화하라고 요청하셨습니다.(A)

그때는 '연출 없는 건조함'을 (대통령 소통) 원칙으로 했습니다. 한 예로, 정부 인사에게 임명장을 주는 자리에서 대통령과 상대방 거리를 90cm로 확 줄였어요. 그럼 상대방이 대통령에게 고개 숙이는 각도가 줄어듭니다. 그런 식으로 대통령 의전을 탈권위적인 것으로 바꿨지만, 그걸 내놓고 홍보한 일이 없어요.(B)

보수 대통령의 홍보수석들은 상대적으로 팬덤 기반 대통령 홍보가 적었으며, 대통령의 팬덤에 기대는 소통에 대해 비판적이었다. 지지층과 인터넷 기반 직접 소통에 주력하는 한편으로 기존 언론을 우회하는 것은 대통령이 국정 운영에서 비판적 언론 보도를 회피하고 비판층 여론이 전달되는 것을 방해하기 때문이라는 것이다.

팬덤 정치를 하는 것은 사실 대통령이 소수파이기 때문입니다. 자기 편만 딱 끌고 가겠다, 그거거든요. 이명박 대통령은 자신이 경제 분야 전문가로서 능력으로 대통령이 되었다 생각해서 개인 퍼스널리티 홍보를 하지 않았습니다. 2008년 국제금융위기를 정말 빨리 잘 넘겼지만 (대통령의 개인적 능력을 알리지 않아서) 국민들이 '우리가 무슨 어려움을 겪었나?' 잘 모를 수도 있었다는 생각이 듭니다.(C)

대통령 소통은 당연히 국민을 상대로 하지만 직접 소통하기가 쉽지 않기 때문에 언론이 중간에서 역할을 하는 겁니다. 소통은 대통령을 국민에게 알리는 것뿐만 아니라, 국민의 여론을 (언론을 통해) 대통령에게 전해주는 두 가지가 다 중요합니다. 기자들은 여론을 찾아내서 그것을 기사화하는 데 프로페셔널한 훈련을 받은 사람들입니다. 그래서 제일 중요한 소통 수단은 언론이며, 대통령실의 소통은 거기서 시작해야 합니다. 불편한 언론을 우회해 가서는

안 됩니다.(D)

보수 대통령으로 드물게 팬덤을 지닌 박근혜 대통령 때는 어땠을까.

> 기자들에게 백브리핑(배경 설명) 때 대통령의 인간적인 면을 이야기했습니다. 실제로 대통령이 무슨 이야기를 했느냐, 누구에게 관심을 보였느냐, 어떻게 표정이 달라졌느냐, 이런 인간적인 부분에서의 표현이 곧 정책이라고 볼 수 있습니다. 하지만 잘 보이기 위해서 완전히 성형수술 하듯이 인위적인 홍보를 만드는 것은 대통령이 아주 부정적이었습니다.(F)

> 대통령 홍보의 핵심은 PI보다 정책입니다. 정책이 신뢰를 얻을 수 있도록 그 정책을 펴는 사람의 PI를 필요로 하는 것이지요. (박근혜 대통령은) 자신을 지지하든 반대하든 특정 매체에 대한 태도를 갖는 데 상당히 부정적이었습니다.(E)

## 5. 디지털 시대의 대통령 소통과 저널리즘 발전의 과제

지금 우리에게 저널리즘이 있는가? 디지털 환경에서 알고리즘을 통해 전달되는 짤막한 동영상이 뉴스로 소비되는 '포스트 저널리즘' 시대는 대통령 보도에서도 매일매일 경험한다. 해외 순방 중인 대통령의 외교·경제 업무 수행이 진지한 뉴스로 전달되기도 하지만, 대통령 부인이 무슨 모자를 쓰고 갔는데 그게 무슨 잘못인지, 그나마 사실관계조차 분명치 않은 조각난 뉴스들이 흥밋거리로 전달된다. 방송뉴스를 토막 낸 밈meme이 저널리즘의 자리를 치고 들어온다.

기존 미디어의 쇠퇴와 인터넷을 통해 확산되는 소셜미디어의 출현,

그리고 가짜 뉴스의 범람이 가져온 새로운 정보 환경의 변화 속에서 객관적인 사실보다 감정이 더 중요하게 여겨지는 포스트트루스 시대(McIntyre, 2019)에, 사실을 바탕으로 진실을 드러내는 저널리즘은 과거의 유산으로 치부되고 있다. 이러한 경향은 지난 19년간 정치의 민주화와 양극화, 디지털 미디어의 급속한 확산 속 대통령 소통 방식과 소통 채널의 변화에서도 발견되었다.

분석 시기 4대의 대통령을 거치면서 대통령과 국민의 소통을 기획하고 실행하는 대통령 참모 홍보수석의 업무는 청와대 담당 기자들과의 언론 관계 업무에서 디지털 소통을 기획하는 것으로 확대되었음을 발견할 수 있었다. 이 연구의 마지막 분석 시기인 문재인 대통령 집권기에 홍보는 국민 소통으로 개방성을 확대했다. 19년 전 공보수석에서 홍보수석으로 전환하며 대통령 메시지와 국정 운영 소통이 수용자인 국민의 관심과 동의를 구하는 방향으로 개방성을 확보했지만, 빠른 속도로 전개된 디지털 세상에서는 '홍보수석'도 낡은 이야기가 된 것이다. 언론환경의 변화와 디지털 소통 확대가 이루어지는 가운데, 지난 19년 4대에 걸친 대통령의 홍보수석 운영방식에서 보수-진보 집권기의 차이가 분명하게 드러나는 것을 인터뷰를 통해 확인할 수 있었다. 진보 대통령 집권기 홍보수석실은 조직 내 디지털 담당을 확대했을 뿐 아니라 디지털 환경을 활용한 국민과의 직접 소통을 적극 도입했다. 보수 대통령 집권기에도 디지털 소통의 중요성을 인식하고 있음을 볼 수 있었지만, 실제로 홍보수석의 업무 영역에서 이를 소통의 실천에 활용한 정도는 매우 제한적이었다.

그러나 진보 대통령 집권기 디지털 소통의 확대가 저널리즘의 발전으로 이어졌는지는 의문이다. 디지털 친화력이 큰 진보 대통령 집권기에 공통적으로 발견되는 것이 청와대 홈페이지 등을 통한 직접 소통이다. 청와대 브리핑 등을 통해 대통령 보도에서 무엇을 의제로 삼을지 스스로 결정하는 권력을 행사할 수 있게 되었지만, 뉴스원인 청와대가 스스로 미디어가 되어 뉴스 콘텐츠를 생산, 전달, 피드백까지 독점하는 방향으로 전개되는 것이 저널리즘 발전에 과연 어떤 도움이 될 수 있는지 질문해볼 필요가 있다. 대통령-청와대-국정에 대한 언론의 객관적이고 분석적인 취재 보도보다 권력의 언어가 소통의 중심이 됨으로써 언론 본연의 역할인 감시와 비판 기능이 약화될 우려가 제기되는 지점이다. 진보 대통령 집권기에는, 또한 대통령의 개인적 매력을 강조하는 팬덤의 강화가 두드러졌다. 의전에서 기획한 대통령 행사와 홍보자료가 홍보수석 산하 디지털소통센터에서 연성 뉴스로 만들어져 뉴미디어를 타고 확산했는데, 이것이 대통령의 국정 운영을 감시하고 비판함으로써 민주주의 발전에 기여하는 저널리즘 발전을 이끌 수 있을지 고민해봐야 할 부분이다. 전자 시대의 저널리즘에 대해 코바치는 "뉴스가 점점 더 저널리즘 외부의 회사들에 의해 생산된다."라며 "독립적인 뉴스가 소문과 뉴스로 가장한 자사 이기적 상업주의로 대체될 수 있고, 그러한 일이 벌어진다면 우리는 사회에 존재하는 강력한 세력과 기관들을 자유롭게 감시할 수 있는 독립적 기관으로서의 언론을 잃게 된다."(Kovach & Rosenstiel, 2009, p. 27)라고 우려했는데, 이처럼 청와대가 직접 뉴스 생산 기관이 되는 현실은 권력에 대한 감시와 비판이라는 저널리즘의 역할을 축소하고, 자유 언론의 성장을 통한 민주주의 발전의 걸림돌로 작용할 수도 있다는 우려를 부른다.

이와 관련, 인터뷰 대상 홍보수석들이 뉴미디어 소통의 중요성을 인식하고 다양한 채널의 활성화를 강조하는 반면, 진지한 저널리즘의 발전과 성장에 대한 고민은 상대적으로 덜 드러나는 것을 주시할 필요가 있다. 뉴미디어를 통한 국민 소통 시스템을 도입한 해외의 주요 민주주의 국가들이 국민과의 (직접) 소통 못지않게 언론과의 소통을 중시하고 있는 점과 비교된다(심홍식 · 이영희 · 박현아 · 남인용, 2018). 실제로 우리나라 국민은 대통령의 가장 중요한 덕목으로 '국민과의 소통 능력'(46.4%)을 '뛰어난 국정 운영 능력'(27.2%), '도덕성'(22.9%)보다도 훨씬 중요하게 여기는 것으로 나타났다(김준석, 2012). 대통령의 통치 행위가 국민에게 충분히 소통되어야 국정 운영의 정당성이 확보되고 대통령의 리더십이 공고해질 수 있다(강원택, 2005)는 것을 고려할 때, 대통령의 메시지와 국정 운영 내용이 언론을 통한 비판과 검증, 여론의 피드백을 통해 더욱 강화되어야 할 이유는 충분하다.

이를 위해 현재 대통령의 국민 소통을 담당하는 고위 커뮤니케이션 참모로서 홍보수석의 업무는 저널리즘 발전이라는 전제하에 기존 미디어와 뉴미디어의 조화로운 활용을 끌어내는 방향으로 전개되어야 한다. 또한 홍보수석이 대통령 소통의 전략과 방법론을 끌어내는 과정에서 저널리즘의 품질을 높이는 방향으로 기존 언론과의 관계를 확대할 필요가 있다. "홍보의 가장 큰 무기는 공개입니다. 공개 범위가 늘어나면 늘어날수록 억측과 불편부당한 보도가 줄어요."라고 말한 한 수석의 경험에서 우러나온 이야기는 홍보수석이 대통령 메시지와 국정 운영 내용을 국민에게 어떻게 전해야 할지에 대한 열쇠를 제공한다. 대통령의 개인적 인기나 지지도를 올리기 위한 홍보가 아니라, 좋은 정책을 심도 있게 알리고 이에 대한 지지를 끌어낼 수 있는 보도의 방안을 고민해야 할 과제 앞에 서 있다.

이 장의 논의는 대통령 보도와 소통을 수행한 홍보수석에 대한 인터뷰를 바탕으로 했기에 당 시대 경험을 직접 전한다는 점에서 의미가 있다. 하지만 홍보수석의 '업무 파트너'라고 할 기자들의 경험이나 실제 이들의 활동이 반영된 소통 결과를 교차 점검하는 것은 다음 과제로 미룬 아쉬움도 크다. 미약하지만, 이 글이 대통령 소통과 대통령 보도 연구의 새로운 문을 여는 시도가 되었으면 한다.

# 6장 한국과 미국 대통령 방송 보도 어떻게 다른가
## 지상파방송 대통령 뉴스를 중심으로

이재훈

## 1. 지상파방송 대통령 뉴스 보도, 무엇이 문제인가

기자 생활 17년 차이던 2003년 10월 사회부 차장을 하다 청와대 출입기자로 발령이 났다.[1] 청와대 출입기자 등록에 필요한 복잡한 신원조회 서류를 제출하고, 다음날부터 춘추관으로 출근을 시작했다. 그리고 2006년 7월까지 2년 9개월간 대통령을 취재하고 많은 기사를 썼다. 당시는 노무현 대통령 집권 초반기였지만 '허니문 정국'은커녕 여야 갈등이 최고조에 달한 시기였다. 진영 간, 이념 간 대립도 극심했다.

---

1 2022년 5월 윤석열 정부가 출범하며 청와대를 민간에 개방하고 용산 대통령실로 옮겨가면서 '청와대 출입기자'라는 말은 더 이상 사용되지 않고, 대신 '대통령실 출입기자'라는 용어가 사용되고 있다. 이 연구는 역대 대통령 취재기자들에 관한 내용이기에 시기적으로 필요한 부분에 '청와대 출입기자'란 용어를 사용했다. 2022년 5월부터 윤석열 대통령을 취재하고 있는 기자들에 대해서는 '대통령실 출입기자'란 용어를 적용했다.

노무현 대통령은 '대통령 못 해 먹겠다' 등의 직설적이고 거친 발언으로 연일 야당과 언론들의 뭇매를 맞았고 청와대 출입기자도 바람 잘 날 없었다.[2]

출근한 지 며칠 되지 않은 10월 10일 아침 갑자기 대통령이 춘추관에 와서 긴급 기자회견을 한다고 직원들이 부산하게 움직였다. 의아해하는 기자들 앞에서 노 대통령은 대뜸 '재신임을 묻겠다'는 폭탄 선언을 했다.[3] 구체적 내용을 듣기도 전에 바로 회사에 전화해 속보 자막을 넣고 뉴스특보 체제로 들어갔다. 정국은 요동쳤다. 5달 뒤인 2004년 3월엔 국회가 노 대통령을 탄핵했다.[4] 2달 뒤 헌법재판소는 탄핵안을 기각했다. 신문, 방송, 통신할 것 없이 모든 청와대 출입기자들이 바빴다. 특히 방송기자들은 생각을 추스릴 겨를도 없이 속보에 특보에 정신없던 기간이었다.

### 1) 대통령 단일 주제에 평면적 기사 구성이 대부분

청와대 출입기자는 기자 경력 33년 중 가장 밀도 높고 치열한 경험

---

2 노무현 대통령은 2003년 5월 21일 청와대에서 개최한 '5 · 18행사 추진위원회' 인사들과의 대화 자리에서 "모두가 힘으로 밀어붙이려고만 하니 이러다 대통령직 못 해 먹겠다는 위기감이 듭니다."라고 말했다. 사흘 전인 5월 18일 광주를 방문했을 때 한총련 대학생 등으로부터 거친 항의를 받은 것에 대한 소회를 밝힌 과정에서 나온 말이다. 전체 맥락상으로 크게 문제될 것 없다는 의견도 있었으나 대통령으로서 해서는 안 될 부적절한 발언이라는 질타가 쏟아졌다. 노 대통령의 이 같은 직설적이고 거친 화법은 임기 내내 이어졌고 지속적으로 언론의 표적이 되었다.

3 당시 최도술 총무비서관이 뇌물을 받았다는 의혹으로 검찰 수사가 진행되자 노무현 대통령은 "수사 결과가 어떻게 나오든 국민들은 저를 불신할 수밖에 없다."라며 이날 긴급 기자회견을 통해 국민에게 재신임을 묻겠다고 전격 선언했다. 노 대통령의 재신임 이슈는 이후 정국 상황 변화로 유야무야되었다.

4 노무현 대통령은 2004년 2월 24일 기자회견에서 "국민들이 총선에서 열린우리당을 압도적으로 지지해줄 것을 기대한다.", "열린우리당이 표를 얻을 수만 있다면 합법적인 모든 것을 다하고 싶다." 등의 여당 지지 발언을 했는데, 야당들은 '대통령의 정치적 중립 의무를 위반했다'며 탄핵소추안을 발의했다.

이었지만 언론인으로서 부족함을 많이 느낀 시간이기도 했다. 기사는 늘 수동적으로 생산됐고 리포트는 대통령이나 청와대 중심으로 썼다. 큰 기사들이 수시로 터지는 곳인지라 방송사 기자들은 거의 종일을 춘추관 기자실에 머물러야 했다. 매일 진행되는 브리핑과 속보에 좀처럼 자리를 비우기 어려웠고 바깥 구경하기 힘든 날도 많았다.

입체적 취재와 깊이 있는 분석은 부족했고 리포트는 대부분 대통령 중심의 단선적 구성이었다. 활발하게 외부 취재원도 만나 기사의 외연을 넓혀보겠다는 바람은 현실적으로 불가능했다. 대통령을 정치 현상의 한 요소로 보고 큰 구도의 정치기사를 써보겠다는 구상은 희망 사항에 그쳤다. 국가 최고기관을 취재한다는 책임감과 자부심도 있었지만, 과연 언론인으로서 소임을 제대로 하는지 의문도 들었다. 하루하루 방송 시간에 쫓기며 파편적 취재와 리포트를 했던 것은 무엇보다 아쉬웠다.

수년 후 국제부장을 맡으면서 미국 방송사의 대통령 기사들을 유심히 살펴볼 수 있었다. 필자가 썼던 대통령 기사와는 상당한 차이가 있었다. 대통령 단일주제로 전개되기보다는 이슈 중심의 기사 구성이 많았다. 스트레이트와 분석, 비평을 묶은 심층 리포트들도 적지 않았다. 우리에겐 익숙지 않은 패턴이었다. 대통령 외에 다른 취재원들도 많이 들어 있었고 리포트 길이도 우리보다 길었다. 왜 우리처럼 단순 명료하게 쓰지 않을까 의아했고 취재 방식은 어떻게 다른지도 궁금했다.

2010년부터 3년간 워싱턴 특파원으로 근무하면서 백악관 출입기자들을 가까이 살펴볼 기회가 있었다. 우리처럼 종일 기자실에 머물지 않는 점이 눈에 띄었다. 백악관 기자실엔 브리핑 시간에만 머물고 주로 외부에서 취재했다. 자부심을 갖고 열심히 일하는 것은 비슷했지만 출입처를 바라보는 시각은 우리보다 훨씬 냉정했다. 출입처에 함몰된 기사는 흔치 않았고 대통령도 취재원 가운데 한 명으로 객관화해 큰 구도의 정치기사를 쓰는 기자들도 있었다. 대통령을 다루는 방송뉴스도 신문기사 못지않게 깊이가 있었다. 대통령과 주변인들에 대한 탐사 보도도 우리보다 훨씬 눈에 띄었다. 한국보다 많은 방송사가 있지만 정치적 편향성 논란은 우리보다 상대적으로 덜하다는 인상을 받았다.[5]

### 2) 무엇이 다르고 무엇을 개선해야 하나

우리와 언론 환경이 다르고 정치 제도도 다른 미국의 대통령 뉴스를 우리 방송기자들이 그대로 따라 할 이유는 없다. 하지만 그들이 무슨 메시지를 전하고자 이런 뉴스 패턴을 만들었는지, 그 장단점은 무엇인지 살펴보는 것은 우리 방송뉴스의 문제점을 고찰하는 데 나름 의미가 있을 것이다. 이 연구는 이 같은 관점에서 한국과 미국 방송사 대통령 뉴스의 다른 점을 분석하고, 이를 통한 뉴스의 개선 방향을 찾는 데 목적이 있다. 또 백악관 출입기자들의 취재 방식을 살펴서 우리의 수동적 취재 관행을 어떻게 개선할지도 연구해보고자 한다. 우리 정치 뉴스 전반에 새로운 시사점을 줄 수 있는지도 알아보려 한다.

본론에 들어가기 앞서 우리 방송사 대통령 보도의 문제점을 크게 세 가지로 요약해보았다. 첫째, 대통령 중심의 단선적·평면적 기사들이 대부분이란 점이다. 둘째, 브리핑 중심의 수동적 취재 시스템에 너무 익숙해져 좀처럼 공격적 취재에 나서지 않는다는 점이다. 셋째, 외연 확장과 심층 취재에 소극적이다 보니 전반적으로 뉴스의 깊이와 맥락이 빈약하다는 점이다. 이 같은 문제의식에 기반해 본론에서는 한·미 두 나라 대통령 방송보도의 특성과 차이점을 4개 항목으로 나눠 분석·고찰하고자 한다.

5 방송사 대통령 뉴스의 정치적 편향성 문제는 한국은 물론 미국에서도 다양한 토론과 연구가 진행 중인 사안이다. 매체별·정권별로 심층적 고찰이 필요한 사안이고, 어느 이슈보다 뜨거운 논쟁이 진행 중이다. 이 연구는 대통령 뉴스의 보도 패턴과 기자들의 취재 관행 비교·분석으로 연구 범위를 한정했기에 정치적 편향성에 대한 연구 논의는 포함하지 않기로 했다.

① 한국 방송기자들은 어떻게 대통령을 취재하고 보도하는가?
② 미국 방송기자들은 어떻게 대통령을 취재하고 보도하는가?
③ 한국과 미국 방송사 메인뉴스의 대통령 보도는 어떻게 다른가?
④ 한국과 미국 방송사 메인뉴스 대통령 보도의 차이점과 정치사회적 함의는 무엇인가?

①번 과제는 필자의 청와대 출입기자(2003~2006년) 시절 직접 경험한 일들과 정치부장(2009~2010년) 재직 시절 데스킹desking 경험을 토대로 고찰했다. 아울러 여러 한국 방송사 청와대 출입기자들과의 교류 과정에서 얻은 내용들을 참고했다. 또 신문과 통신 등 다른 매체의 청와대 출입기자, 그리고 청와대 대변인과 홍보수석 등 청와대 관련자들과의 소통 경험들도 반영했다.

②번 과제는 필자의 워싱턴 특파원(2010~2013년) 시절 백악관 출입기자들과의 소통 경험, 그리고 2012년 미국 대통령 선거 유세 현장에서 조우했던 미국 방송기자들의 취재와 업무 행태 등을 기반으로 고찰했다. 또 보도국 국제부장(2007~2008년) 재직 시절 접한 국제뉴스와 데스킹 경험 등을 토대로 했다. 이외에도 NBC와 ABC, CNN 등 미국 주요 방송사들의 대통령 뉴스 모니터 내용, 관련 미디어 자료 등을 참고했다.

③번 과제는 한국과 미국의 대표적인 지상파 네트워크 방송사인 KBS와 NBC의 메인뉴스(KBS의 <뉴스9>과 NBC의 <Nightly News>)를 대상으로 대통령 방송뉴스의 유사점과 차이점을 고찰했다.[6] 각각 대통령 뉴스를 어느 정도 비중 있게 편성하는지, 리포트의 길이나 사운드

6 한국 KBS는 공영방송, 미국 NBC는 상업방송이라는 차이점이 있으나 두 방송사 공히 전국적 네트워크를 바탕으로 높은 시청률과 영향력을 행사한다는 점에서 적절한 비교 대상이라고 판단했다. 미국의 공영방송으로는 PBS가 있으나 규모나 영향력이 크지 않아 KBS와 수평 비교하기엔 적절치 않다고 판단했다.

바이트 구성 등에는 어떤 차이가 있는지, 리포트 기사 구성은 평면적인지 입체적인지, 여기에 담긴 함의는 무엇인지 등을 비교·분석했다.

④번 과제는 앞의 분석 결과들을 토대로 주목할 만한 시사점과 이에 따른 정치사회적 함의 등을 정리했다.

### 3) 관련 연구 흐름

한·미 양국의 대통령 보도를 비교 연구한 자료는 그리 많지 않다. 그것도 신문을 대상으로 한 연구들이 대부분이고 한국과 미국 두 나라 방송의 대통령 뉴스에 대한 비교 연구는 거의 없다. 이재경(2006)은 『한·미 신문의 대통령 취재관행 비교』에서 『조선일보』와 『뉴욕타임스』 두 유력신문의 대통령 보도 양태를 비교 연구했다. 대통령 기사 빈도 분석과 대통령 전담 취재진 비교, 그리고 기사 유형과 취재원 활용도 등을 비교·분석해 유사점과 차별점을 파악했다. 주목할 만한 유사성으로는 한·미 공히 정치기사에서 대통령 기사가 차지하는 비중이 매우 높다는 것으로, 그만큼 중요한 취재 대상임을 확인했다. 차별성으로는 기사 길이와 기사 작성 양태에서 한국이 주로 스트레이트 위주의 짧은 기사인 반면, 미국은 롱저널리즘 형태가 많다는 점이다. 아울러 미국 신문은 대통령 보도에서도 다양한 관점과 맥락, 분석을 중시하고 있음을 지적했다.

손태규(2004)는 2004년 6일간의 『뉴욕타임스』와 『조선일보』 정치기사를 비교했다. 분석 결과, 『조선일보』는 대통령, 청와대, 의원들의 정치 활동 등 권력정치를 핵심 의제로 다루었고 정책을 다룬 기사는 3%에 그쳤다. 반면 『뉴욕타임스』에서는 대통령이 권력정치와 연관된 상황을 다룬 기사가 1건도 없었다. 정치기사 대부분은 외교·안보 30%, 의원들의 정책 활동 25%, 대통령과 백악관 21%, 행정 17%, 정당과 의원들의 정치 활동 7%로 구성되어 있었다.

미국은 대통령 언론 보도 연구가 우리보다 훨씬 활발하게 이뤄져왔다. 신문은 물론 방송 뉴스 연구도 많이 축적돼왔다. 방송 역사가 백 년에 이르는 만큼 대통령 뉴스 연구가 양적·질적으로 풍부한 것이다.[7] 케이드와 푸트(Kaid & Foote, 1985)는 미국의 3대 네트워크 텔레비전인 ABC, NBC, CBS 뉴스를 대상으로 1977년부터 1979년까지 1,123개의 정치기사를 분석했는데, 분석 결과 대통령은 텔레비전 뉴스 정치 보도에서 압도적으로 중요한 비중을 차지하고 있음을 확인했다. 세 방송사 뉴스의 전체 정치기사 가운데 대통령의 기사는 52.3%로 상하원 기사 40.1%보다 양적으로 훨씬 많았고, 편성 위치나 전체 보도 시간에서도 우세했다.

방송의 역사가 오래된 만큼 역대 미국 대통령들은 방송을 통치 행위에 적극 활용해왔다. 프랭클린 루스벨트Franklin Roosevelt 대통령은 라디오가 본격 보급된 1930년대 후반 <노변정담Fireside chat>이라는 프로그램에 직접 출연해 국민들을 상대로 자신의 정책을 설득함으로써 성과를 거두었다(이한수, 2013). 이는 상하 양원을 상대로 힘들고 긴 협상을 벌이는 것보다 국민에게 직접 호소하는 것이 정치적으로 훨씬 효율적임을 입증한 사례이기도 하다.

텔레비전이 대량 보급되기 시작한 1960년대부터는 대통령 선거에서 방송이 점점 큰 비중을 차지하기 시작했다. 1960년 35대 대통령 선거에 출마한 민주당 존 F. 케네디 후보는 TV 방송토론에서 젊고 역동적인 이미지와 세련된 화술로 대중을 사로잡았고, 이는 대선 승리로 이어졌다.[8] 이후 역대 미국 대통령들은 방송을 가장 중요한 정치 도구

7 미국의 라디오 방송은 1920년에 시작됐고 텔레비전 방송은 1939년에 시작됐다. 1950년에 세계 최초로 컬러방송을 시작했고 텔레비전 대중화도 세계에서 가장 빨리 이뤄졌다. 1970년에는 세계 최초로 상업 케이블 방송을 시작하는 등 방송 기술을 선도하고 있다(Wikipedia 참조).

8 1960년 9월 26일 CBS에서 미국 역사상 처음으로 대통령 후보 TV토론이 열렸다. 민주당의 존 F. 케네디 상원의원과 공화당의 리처드 닉슨 부통령이 맞붙은 토론에는 4명

로 활용해왔으며, 방송사들 역시 대통령을 가장 중요한 취재원으로 다루며 큰 비중으로 보도하고 있다.

여러 자료와 연구 결과의 축적에도 불구하고 한·미 두 나라의 대통령 방송뉴스를 수평적으로 비교·분석한 연구는 찾을 수 없었다. 참고할 만한 선행자료가 없는 상황에서, 이 연구는 앞서 언급한 바와 같이 주제와 관련된 여러 참고문헌과 필자의 취재 경험을 기반으로 한·미 방송기자들의 취재 방식에 대한 정성적 분석, 그리고 두 나라 지상파 방송 메인뉴스 대통령 보도에 대한 정량적 분석을 혼합해 연구를 시도하고자 한다.

## 2. 한국의 대통령실 출입기자는 어떻게 취재하고 보도하는가

2022년 7월 기준으로 대통령실을 취재하는 출입기자는 233명이다. 언론매체는 128개이고 이 중 중앙언론사는 49개사다(장슬기·노지민, 2002. 7. 9.). 전임 문재인 대통령 시절 춘추관에 등록된 청와대 출입기자는 181개사, 출입기자는 345명이었다.[9] 김대중 대통령 시절까지만 해도 청와대 출입기자는 100명 안팎의 규모였으나, 2003년 참여정부가 이른바 '개방형 기자실'을 도입하면서 수가 크게 늘어났다.[10]

---

의 언론사 기자가 패널로 참가했다. 이날 토론은 미국 3대 방송 TV와 라디오를 통해 전국에 생중계됐다.

9 청와대 프레스센터인 춘추관은 1990년 완공된 이래 32년간 대통령과 언론의 소통창구 역할을 해오다 2022년 5월 윤석열 대통령이 취임하고 용산으로 대통령실을 옮기면서 역사 속으로 사라졌다. 춘추관 1층에는 청와대 출입기자들의 업무 공간인 기자실과 다목적 소회견실이 있고 2층에는 대통령 기자회견이나 수석들의 브리핑이 이뤄지는 기자회견장이 있는데, 지금은 민간에 개방되고 있다.

10 참여정부는 2003년 '열린 청와대'라는 개념에 맞게 신문·방송협회, 기자협회, 외신협회, 한국인터넷신문협회에 가입된 언론사를 대상으로 1사 1인 원칙 아래 개방형 출입

청와대 출입기자는 지상파방송, 중앙일간지, 통신사, 지방언론사, 인터넷 언론 등으로 구분할 수 있다. 지상파방송사의 청와대/대통령실 출입기자는 통상적으로 2명이며 정권 출범기 기사가 많이 생산될 때는 한시적으로 3명이 출입하기도 한다. 선임 출입기자(1진 취재기자)는 기자 경력 10년 이상의 중견기자가 대부분이고 2진 기자는 5년에서 10년 정도가 많다. 신문은 대개 1~2명이 출입하고 통신사는 3명에서 5명까지도 출입한다. 방송사는 취재기자와는 별도로 영상기자 2명이 출입한다. 영상기자들은 풀 기자단을 구성해 대통령의 모든 공식 행사 현장을 촬영하고 각 방송사에 공유한다.

방송기자 기준으로 청와대 출입기자의 일과를 정리해보면, 보통 아침 7시쯤 춘추관 기자실로 출근해 우선 밤사이의 언론 보도와 그날의 대통령 일정 등을 확인한다. 중요한 기사(개각, 안보 현안, 주요 정책 등)가 떴을 경우 바로 대변인이나 해당 비서관에게 전화를 걸어 내용을 확인하고 보강 취재한다. 방송이나 통신의 경우는 바로 스트레이트를 송고해야 한다.

대통령 일정에 관한 세부사항은 대변인이나 춘추관장에게 문의한다. 이런 일련의 아침 업무를 숨가쁘게 처리한 뒤 대략 7시 40분경 회사 데스크(주로 정치부장)에 전화를 걸어 그날 기사 아이템과 청와대 현안들을 보고한다. 9시 좀 넘어 보도국 아침 편집회의가 끝나면 다시 정치부장과 통화를 갖고 그날 기사 아이템과 취재 계획 등을 논의한다. 10시쯤 되면 대변인이 춘추관에 나와 그날 대통령 일정과 주요 현안 등에 대해 브리핑을 하고 질의응답을 받는다. 대부분 뉴스 밸류가 높은 내용들이기에 곧바로 기사 송고를 하고, 필요한 경우 추가 취재에 나선다.

오후가 되면 그날 대통령 외부 행사에 동행했던 풀 기자들의 취재 내용이 공유된다. 또 수시로 청와대 수석이나 정부 관계자들이 춘추관

---

기자 등록제를 실시했다(미디어오늘, 2003. 3. 23.).

에 나와 현안에 대해 브리핑이나 기자회견을 갖기도 한다. 거의 다 중요한 내용들이어서 신속히 기사 처리를 해야 한다. 오후 5시쯤 되면 되면 그날 발생한 사안을 주제로 메인뉴스 리포트를 준비하기 시작한다. 이때 영상기자들이 촬영해온 대통령 발언들(사운드바이트)을 꼼꼼히 확인해 리포트에 반영한다. 메인뉴스에 리포트 한 꼭지 정도 하는 날이 많지만 두 꼭지 이상 하는 경우도 많다. 출입기자가 2명뿐이기에 이런 경우엔 정치부의 다른 기자가 대통령 기사를 리포트한다. 8시 메인뉴스 전에 반드시 리포트를 완성해야 하기에 저녁 6시부터는 눈코 뜰 새 없을 정도로 바쁘다.

메인뉴스 진행 중 춘추관을 중계차로 연결해 생방송을 진행하는 경우도 많다. 남북회담이나 개각 같은 중요한 발표가 임박했거나 영수회담 등 중요한 이벤트가 실시간 진행 중인 경우에는 생방송을 해야 한다. 방송기자로서 가장 긴장된 순간이라 할 수 있다. 메인뉴스가 끝난 이후에도 사안이 계속 진행 중일 경우에는 춘추관에서 대기하며 기사를 처리해야 한다. 밤늦게 특보를 하는 경우도 있고, 다음날 아침뉴스 리포트를 위해 밤을 새워야 하는 경우도 적지 않다.

### 1) 출입기자는 누구를 취재하나

청와대/대통령실 출입기자가 제일 많이 접촉하는 취재원은 대변인이다. 대변인은 대통령의 의중을 가장 잘 아는 사람 중 하나라 할 수 있다. 매일 기자들과 통화하고 얼굴을 마주한다. 원만하게 기자들과 소통하고 대통령 관련 정보를 정확하게, 그리고 충분히 전해주는 대변인이 유능한 대변인으로 꼽힌다. 하지만 이런 대변인을 만나기는 쉽지 않다. 대변인에 따라 다르지만 기자들의 질문에 제대로 대응하지 못하거나 기사 문제로 얼굴을 붉히는 경우도 종종 있다. 윤태영 전 노무현 대통령 대변인은 하루에 기자들의 전화를 평균 200통 이상 받았고, 혹 못

받았을 경우엔 꼭 리턴콜을 해줬다고 회고하기도 했다(박주호, 2004).

대변인 다음으로 자주 접촉하는 취재원은 홍보수석이다. 직제상으로는 홍보수석이 상관이지만 누가 더 대통령의 복심에 근접하느냐에 따라 기자들의 취재가 달라진다. 대변인과 홍보수석 외에 다른 청와대 인사들도 사안에 따라 개별적으로 전화하거나 대면을 시도한다. 그러나 춘추관과 대통령 비서동은 물리적으로 분리된 공간인데다 어느 출입처보다 폐쇄적 분위기여서 대면 접촉이 쉽지 않다. 공식 브리핑 외의 개별 접촉은 출입기자 개개인의 취재력이나 네트워킹에 좌우된다고 할 수 있다. 이를 통해 특종이 나오기도 하고 심층기사가 생산되기도 한다. 개별 취재는 기자 소속사가 이른바 '메이저'냐 '마이너'냐에 따라 영향을 받기도 하고, 이른바 '정권친화적 언론'이나 '비친화적 언론'이냐가 변수가 되기도 한다. 하지만 어느 경우든 취재원들에 대한 접근은 매우 제한적이어서 기자들이 겪는 답답함은 상당하다고 할 수 있다.

### 2) 수동적 취재 환경: 기자실에 종일 머무는 기자들

청와대/대통령실에는 중요 국가 기밀이나 철저한 보안이 요구되는 정보들이 많아 기자들의 취재 접근이 쉽지 않다. 대부분 공식 브리핑과 질의응답을 통해 기사가 생산되지만 만족스럽지 않은 경우가 많다. 그날그날 이슈에 따라 해당 수석비서관이나 그 이상의 고위공직자(대통령실장, 정책실장, 안보실장 등)가 춘추관에 나와 사안을 설명하고 질의응답을 진행한다. 공식 브리핑 이후에는 대개 백브리핑이 이어진다. 카메라 촬영을 하는 공식 브리핑과 달리 백브리핑은 카메라 없이 진행된다. 이때 국가 기밀 사항이나 민감한 내용이 나오는 경우가 많다. 대체로 익명 보도를 전제로 말을 하는데, 이런 경우 '고위 관계자', '청와대 관계자' 등으로 기사에 인용한다.

일일 브리핑은 통상적으로 매일 일정한 시간에 진행되지만, 때로는

<사진 6-1> 춘추관 기자실

* 출처: 미디어오늘(2007. 2. 26.).

예고 없이 '장관 경질', '남북 접촉' 등 중요 사안이 전격 발표되기도 한다. 출입기자들이 오랜 시간 자리를 비울 수 없는 이유다. 특히 방송기자는 속보 자막 처리를 제때 못하면 뼈아픈 낙종을 겪기에 늘 긴장 모드로 대기해야 한다. 신문기자도 외부에서 장시간 있기는 어렵다. 이런 이유로 기자들 대부분이 종일 춘추관에서 '죽치고' 있어야 한다. '수동적'으로 뉴스를 생산하는 구조가 될 수밖에 없다.

물리적 공간 단절도 수동적 취재의 주요 원인이다. 청와대 직원들의 업무 공간인 비서동과 기자들의 공간인 춘추관은 담장으로 단절돼 있다. 청와대 수석이나 비서관 등을 만나려면 사전 약속을 잡아야 한다. 약속이 잡혀도 기자가 비서동으로 들어가지는 못하고 청와대 관계자가 춘추관으로 나오거나 청와대 외부에서 만나야 한다. 어느 출입처보다 취재원 접촉이 까다로운 곳이라 할 수 있다.

기자 입장에서 볼 때 청와대는 다른 어느 출입처보다 독특한 곳이다. 정치부 기자들이 가장 많이 투입된 국회는 공간이 개방적이고 사람도 많아 정보가 넘쳐난다. 국회의원이나 보좌관과의 접촉도 자유롭고 취재원 간의 소통도 쌍방향으로 이루어진다. 수많은 정보 가운데 뭘 골라 써야 할지 고민하는 곳이라 할 수 있다(박찬정 · 박재영, 2022). 반면 청와대는 취재원 접근이 어렵고 정보 소통도 일방향one-way인 경우가 많다. 공식 브리핑도 수박 겉핥기식인 경우가 많고 취재원과의 교류도 여의치 않다. 아예 기자와의 개별 접촉을 금지했던 적도 있다. 노무현 대통령 시절 한동안 공무원들의 기자 개별 접촉을 금지했던 적이 있고, 다른 대통령 시절에도 민감한 기사나 언론과 불편한 상황이 생기면 수시로 기자 접촉 금지령이 내려지곤 했다.

### 3) 좀처럼 변하지 않는 대통령 방송 기사

진보-보수로 대통령이 몇 번 바뀌고 정치적으로 많은 변화가 일어났지만, 방송기자들의 대통령 기사 쓰기 방식은 거의 변하지 않고 있다. 뉴미디어 시대 방송 인프라가 급속히 변화하고 수많은 미디어가 생겨나고 있지만, 청와대 출입기자들의 리포트는 지금도 기본 틀이 대동소이하다. 대통령이 중요한 발언을 하면 우선 핵심 내용을 2~3줄로 압축해 앵커 멘트를 쓴다. 이어 리포트 본문을 쓰는데, 대통령 발언을 중요한 순서대로 육하원칙에 따라 정리하고 중간중간 대통령 육성(사운드바이트) 2~3개를 잘라 넣는다. 마지막 부분에는 20~30초가량의 분석이나 전망을 담은 '클로징 멘트'로 마무리한다. 기자 얼굴이 등장하는 '스탠드업stand-up'은 대개 마지막 문장으로 한다. 리포트 시간도 1분 30초에서 2분 20초 정도로 모든 방송사가 비슷비슷하다.

다음은 전형적인 청와대 리포트 기사다.

[앵커]

노무현 대통령이 오늘 청와대에서 재계 대표단과 만났습니다. 노 대통령은 시장 개혁은 예정대로 추진하되 기업 활동의 발목을 잡는 각종 규제는 과감하게 풀겠다고 약속했습니다. ○○○ 기자입니다.

[기자]

넉 달 만에 재계 대표들과 다시 만난 노무현 대통령은 그간 서로 어렵고 긴 터널을 통과했다며 이제 새롭게 마음을 가다듬고 새출발하자고 말했습니다. 노 대통령은 이어 현재의 경제 위기를 놓고 각자 처한 위치에 따라서 서로 진단이 다른 것 같다면서 국민 모두가 공감할 수 있는 해법을 찾자고 말했습니다.

[노무현 대통령]

"우리 경제의 어려움이나 문제들을 이렇게 분석해보면 우리 경제 문제를 둘러싼 논의가 꼭 정확한 것만은 아닌 것 같다. 실상으로는 조금 핵심을 비켜나가 있는 것 아닌가…"

[기자]

노 대통령은 정경유착은 반드시 근절할 것이며 출자총액 제한 등 시장 개혁 정책도 당초 계획대로 추진할 것이라고 밝혔습니다. 하지만 원활한 기업활동을 가로막는 각종 규제는 과감하게 풀어갈 것이며 필요하다면 대통령이 직접 나서서 점검하겠다고 말했습니다. 또 일부 대기업 노조의 지나친 요구가 전체 노동계에 좋지 않은 영향을 미친다면서 노사 양측이 서로 해결책을 찾아야 한다고 강조했습니다. 노무현 대통령은 앞으로 교육인적자원 개발과 서비스업 육성을 통해 기업들의 투자 여건을 개선하는 데 최대한 노력하겠다고 말했습니다. △△△ 뉴스 ○○○입니다.

대통령의 발언만 있고 다른 관련 정보들은 담겨 있지 않다. 맥락이나 분석도 빈약하다. 전형적인 대통령 중심 단일 구조 리포트다. 방송사 출입기자들이 이 같은 기사 구조를 바꾸지 못하는 가장 큰 이유는 이것이 이전부터 써오던 방식이라 익숙하기 때문이다. 선배 출입기자들이 썼던 관행이기에 별 문제의식 없이 답습하고 데스크들도 별다른 토를 달지 않는다. 기자나 데스크 모두 익숙하고 편하기에 고치려 하지 않는다. 2009년 필자가 정치부장이 됐을 때 청와대 출입기자의 리포트 역시 필자의 출입 시절과 크게 다르지 않았다. 좀 다르게 쓸 수 없을까 기자에게 물었는데, '타사도 비슷하게 쓴다', '달리 쓰면 데스크가 뭐라 할까 봐', '이 방식이 대통령 뉴스 전달에 가장 적합한 것 아니냐'라는 대답이 나왔다.

### 4) 협업하지 않는 청와대 기사

청와대 보도의 또 다른 문제점은 좀처럼 협업 기사를 생산하지 않는다는 것이다. 청와대 출입기자의 리포트는 언제나 대통령 중심이고 다른 취재원은 꼭 필요한 경우 아니면 반영하지 않는다. 큰 이슈가 터져도 웬만해서는 협업 기사를 생산하지 않는다. 그냥 대통령 입장을 리포트로 한 꼭지 하고 다른 사안들은 해당 부서가 알아서 하는 식이다. 2010년 1월 10일 이명박 정부는 세종시 행정부 이전 계획을 백지화하는 '세종시 최종 수정안'을 발표했다. 행정수도 이전을 백지화한 것으로, 정치권과 전국을 뒤흔든 큰 뉴스였다. 이날 MBC 메인뉴스 <뉴스

데스크>는 다음과 같이 9꼭지의 리포트를 보도했다(김수진, 2010. 1. 10.).

| | |
|---|---|
| ① 국무총리실 수정안 발표 | ② 발표 주요 내용 |
| ③ 국무총리 생방송 연결 | ④ 대통령 설득작업 총력 |
| ⑤ 충청권 반발 | ⑥ 여당 입장 |
| ⑦ 야당 입장 | ⑧ 경제부 관련 취재 내용 |
| ⑨ 교육부 관련 취재 내용 | |

뉴스밸류가 큰 사안인 만큼 톱블록으로 길게 보도한 것은 당연하지만, 출입처별 내용들을 그냥 이어붙이는 단선형 편성이었다. 파편적 정보들을 나열하기보다는 큰 이슈별로 묶어 폭넓게 제작했더라면 더 맥락 있고 깊이 있는 메시지 전달이 가능했을 것이다.

실제 방송사 취재부서들은 어지간해서는 청와대 기자와의 협업을 요청하지 않는다. 편집부나 보도국장도 이를 관행으로 여기는 경우가 많다. 고질적인 부서 간 장벽을 첫째 이유로 꼽을 수 있겠지만 청와대 기사에 대한 일종의 '불가침' 정서가 기자들 사이에 은연중 존재한다는 점도 이유로 들 수 있다. 괜히 청와대 기사에 '감 놔라 대추 놔라' 참견하는 듯한 모양새가 불편하기도 하고, 자칫 정치적 사심(?)이 있는 것 아니냐는 오해를 받기 싫다는 정서도 있다.

청와대 출입기자들의 업무 방식도 협업과 거리가 멀다. 일단 대통령 위주로 취재하고 청와대 참모나 정치권 인사(주로 국회의원이나 당 관계자) 1~2명을 취재원 구색으로 넣어 리포트 한 꼭지를 완성한다. 취재원 수가 적다 보니 다양한 시각이나 맥락은 빈약해진다. 외부 인사들, 예를 들어 시민단체나 전문가, 지자체, 기업체 등의 입장은 굳이 넣으려 애쓰지 않는다. 데스크도 별 이의를 제기하지 않는다. 대통령 기사는 당연히 대통령 일인이 처음부터 끝까지 주연이어야 한다는 '독상 차려주기' 고정관념이 강한 것이다.

### 5) 기자단과 대통령 기자회견

청와대 출입기자들도 다른 출입처와 마찬가지로 기자들의 자율적 모임인 기자단을 운영한다. 기자단 대표는 통상 '간사'로 불리는데, <연합뉴스> 같은 통신사의 일진 기자가 맡는 경우가 많다. 기자단은 청와대와 협의해 풀 기자단을 구성한다. 풀 기자는 대통령의 공식 일정(수석보좌관회의, 국무회의, 기념식, 정상회담 등)에 동행해서 취재한다. 미리 정해진 풀 순서에 따라 대개 2명으로 구성되는데, 현장에서 취재한 모든 내용(대통령 발언, 현장 상황, 주요 참석자 등)을 세세하게 기록해 출입기자 전원에게 텍스트 형식으로 공유(풀)한다. 영상기자들도 풀 취재단을 구성하여 현장에서 촬영한 모든 영상 내용을 공유한다. 여기에는 풀 기자 텍스트에는 담기지 않은 정보들, 예를 들어 대통령의 표정이나 작은 대화 소리 등이 들어 있는 경우가 있어 이 역시 꼼꼼하게 살펴봐

<사진 6-2> 청와대 춘추관 2층 기자회견장

* 출처: 한국기자협회보(2017. 5. 17.).

야 한다.

'엠바고embargo 파기' 등 문제가 발생하면 기자단 회의를 열어 해당 기자의 징계를 논의한다. 해당 기자의 소명을 들은 뒤 각사 일진 기자들의 협의를 거쳐 징계 수위를 결정한다. 사안에 따라 일정 기간 춘추관 출입 정지 등의 조치가 내려진다. 기자단의 역할 중 주목받는 것 하나가 대통령 기자회견 방식 조율이다. 어느 기자가 대통령에게 질문을 할지, 질문 순서는 어떻게 할지 등을 정해 청와대 측과 조율한다. 신문-방송, 중앙지-지방지, 내신-외신 등을 적절히 배합하는 것이 일반적이다. 예를 들어 방송사 기자 한 명에게만 질문권이 주어진다면 '지난번 회견 때는 KBS가 했으니 이번엔 MBC가 하자'는 식이다. 대통령이 임의로 기자를 선정해 질문을 받는 미국과는 차이가 있다.[11] 이명박 · 박근혜 대통령 때는 질문자와 질문 순서는 물론이고 어떤 내용을 질문할지 미리 정해서 알려주기도 해 논란이 되기도 했다. 민감하고 껄끄러운 질문을 피하기 위한 것이라는 비판이 나왔는데, 이런 논란을 피하기 위해 문재인 대통령 때는 질문자 선정 권한을 대통령에게 일임하기도 했다.

### 6) 언론 접촉 꺼리는 대통령: 기자들이 쓸거리가 없다

역대 대통령들은 취임 초 하나같이 야심차게 언론과의 소통을 강조한다. 수시로 기자실에 들르고 소주잔도 기울이겠다고 공언한다. 해외 순방을 나갈 때면 요청하지 않았는데도 기자들 탑승석에 나타나 소감을 말하고 질의응답을 받기도 했다. 하지만 대부분 임기 말로 접어들면

11 청와대 출입기자단이 질문자와 질문 순서를 조율하는 것은 가능한 한 공정하게 질문 권한을 배분하자는 취지에서 비롯됐다. 또, 제한된 기자회견 시간 내에 중복되는 내용 없이 효율적으로 회견을 진행하자는 취지도 있다. 미국의 경우 전적으로 대통령이 기자 지명 권한을 갖기에 아무리 기자가 노력해도 지명받지 않으면 질문을 할 수 없다.

언론과의 접촉을 급격히 줄여간다. 정치적으로 민감한 의혹들이 불거지고 지지율이 급락하게 되면 난처한 질문을 피하기 위해 기자들을 최대한 멀리하는 것이다.

문재인 대통령도 집권 초 언론과의 소통을 강조하며 자주 기자회견을 갖겠다고 공언했다. 특히 2018년 1월 첫 내외신 신년 기자회견에선 사전 조율 없이 기자들의 자유로운 질문을 받고 격식 없이 소통하는 모습을 보여 외신기자들의 칭찬을 받기도 했다.[12] 하지만 각종 민감한 현안들(울산선거 개입 의혹, 김경수 지사 드루킹 사건 등)이 잇달아 터지고 지지율이 떨어지면서 언론 접촉을 크게 줄이기 시작했다. 2020년부터는 코로나19 확산을 이유로 기자들을 거의 만나지 않았다. 문 대통령 임기 중 기자회견은 여덟 차례가 전부였고 마지막 기자회견은 2021년 5월이었다(YTN, 2021. 1. 23.). 임기 말까지 활발하게 언론 접촉을 이어온 대통령으로는 김대중과 노무현을 꼽을 수 있다. 둘 다 150회에 이르는 기자회견을 했는데 한 해 평균 30회로 지지율과 상관없이 매달 두 번 이상 언론을 만난 셈이다(윤태영, 2016).

대통령의 언론 접촉이 줄어들수록 청와대 출입기자들의 기사는 빈약해진다. 대통령의 말이 나오지 않으니 당연히 쓸거리가 별로 없는 것이다. 주요 현안이 생겨도 대통령에게 질문할 기회가 없으니 핵심을 짚는 기사는 나오지 않고 곁가지만 짚는 표피적 기사들이 생산되는 것이다.

---

12 당시 기자회견에 참석한 『워싱턴포스트』의 애나 파이필드Anna Fifield 도쿄 지국장은 "자유롭고 개방적인 회견 분위기가 놀랍다."라는 소감을 트위터로 전했다. "기자회견이 모두에게 열려 있었다.", "문재인 대통령으로부터 나온 발전을 환영한다."라고 밝히기도 했다.

## 3. 미국 방송사 기자들은 대통령을 어떻게 취재하고 보도하는가

### 1) 백악관 출입기자들은 누구인가

백악관 출입기자는 등록 기준으로 700~800명 정도다. 백악관 기자단에 가입하려면 방송, 통신, 신문, 인터넷매체 등에 고용된 정규직 기자로서 백악관 관련 기사를 정기적으로 송고해야 하며 백악관 출입기자증을 발급받아야 한다(국기연, 2018). 출입증이 없는 기자도 일정한 요건을 충족하면 하루짜리 출입 권한을 부여받아 브리핑에 참석할 수 있다. 한국 특파원을 비롯한 각국 특파원들 대다수가 이 같은 방식으로 백악관 브리핑에 참석한다.

메이저 언론사들은 통상 여러 명의 기자를 백악관에 등록시켜놓고 대통령과 연계된 다양한 이슈를 내·외곽에서 취재한다. 대표적 지상파방송사인 NBC의 경우 백악관 출입기자로 5명이 등록돼 있다(Steinberg, 2021. 1. 8.). 바이든 대통령 취임에 맞춰 NBC가 2021년 1월 8일 발표한 백악관 담당기자 명단을 보면 크리스틴 웰커Christine Welker와 피터 알렉산더Peter Alexander가 선임 출입기자Chief White House Correspondent로 명시돼 있다. 그 외 모니카 알바Monica Alba 등 3명이 출입기자로 올라 있고, 이들 백악관 전담기자 이외에 2명의 기자가 백악관과 연계된 이슈를 함께 취재한다. 그리고 보도국 조직과는 별도로 디지털 부문에서 2명의 기자가 백악관 기사를 담당하고 있는데, 이들은 대면 취재보다는 디지털면 기사 작성과 편집에 주력한다.

백악관 기자실 운영은 '백악관 출입기자단White House Correspondent's Association: WHCA'이 주도한다. 백악관 출입증이 있는 기자들이 직선으로 9명의 이사를 선임하고 이들이 2년 동안 기자단 운영을 책임진다. 또 이들 가운데 한 명을 백악관 출입기자단 대표President of White House

Correspondent's Association로 선출한다. 이 대표는 한국의 청와대 출입기자단 간사와 같은 역할을 한다. 2022년 현재 백악관 출입기자단 대표는 NBC의 켈리 오도넬Kelly O'Donnell 기자다(Johnson, 2021. 10. 29.).

백악관 기자단이 최초로 구성된 것은 1914년으로, 당시 기자단 설립 목적은 의회 기자단과의 알력에서 비롯됐다. 의회 기자들이 임의대로 백악관 취재를 하지 못하도록 견제하기 위해 기자단을 구성한 것이다. 방송사 카메라가 백악관에 들어간 것은 1950년대다. 이후 존 F. 케네디 대통령을 필두로 역대 대통령들이 수시로 방송사 카메라 앞에서 기자회견을 열었고, 이를 정치적 수단으로 활용했다. 이 시기를 기점으로 백악관에서 방송사 출입기자들의 위상이 크게 높아지기 시작했다(Tani, 2022. 4. 29.).

### 2) 비좁은 백악관 기자실: 외부 취재가 많다

백악관 기자실은 백악관 서쪽에 위치한 웨스트윙 구역에 있다(<그림 6-1> 참조). 원래 백악관에는 기자실 공간이 별도로 없었으나 테오도어 루스벨트Theodore Roosevelt 대통령(재임 1901~1909년)이 기자들이 백악관 밖에서 비 맞고 '뻗치기'하던 모습을 보고 안타깝게 여겨('taking pity') 공간 마련을 지시했다고 전해진다(Tani, 2022. 4. 29.). 어렵사리 마련된 공간이지만 매우 비좁아 좌석이 49개밖에 없다. 맨 앞자리에는 유력 언론사(AP통신, ABC, NBC, CNN, 폭스뉴스 등) 기자들이 앉는 것이 관례이고 바로 뒷자리는 『뉴욕타임스』, 『워싱턴포스트』, 『월스트리트저널』 등 유력 신문사 기자들이 차지한다. 매체 영향력이 떨어지는 언론사나 외국 기자들은 브리핑룸 의자에 앉지 못하고 회견장 좌석 옆 통로나 뒤편에 서 있게 된다. 이런 경우 대통령에게 질문할 기회를 얻는 것은 쉽지 않다(국기연, 2018).

기자를 위한 공간이 작다 보니 거의 모든 백악관 출입기자들은 브리

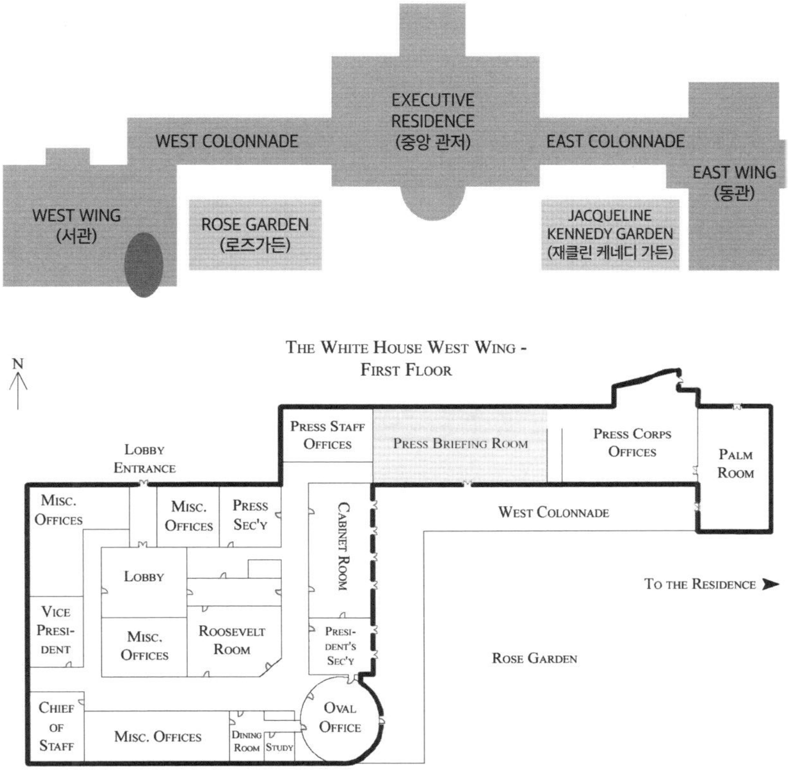


<그림 6-1> 백악관 웨스트윙과 브리핑룸 구조

* 출처: Wikipedia. "White House Complex"(왼쪽) / "White House West Wing"(오른쪽).

핑 타임을 제외하고는 주로 외부에서 취재한다. 한국 청와대 기자들이 종일 기자실에 머무는 것과 대조된다. 외곽에 있는 시간이 많다 보니 자연적으로 외부 취재원들과 접촉이 많아지고, 이것이 기사에 다양하게 반영된다. 『워싱턴포스트』의 경우 총 7명이 백악관 출입기자로 등록돼 있다. 이들 중 한 명인 김승민 기자는 언론 인터뷰에서 자신의 일과를 다음과 같이 설명했다(오종수, 2022. 4. 1.).

(『워싱턴포스트』의) 백악관 팀에서 7명이 함께 일해요. 각자 전문

<사진 6-3> 백악관 브리핑룸

* 출처: Gold(2017. 6. 30.).

분야가 있습니다. 저는 '백악관과 의회의 관계'를 맡고 있어요. 간단히 말해, 저의 하루는 조 바이든 행정부가 추진하는 의제, 이것들이 의회와의 관계 속에서 실현되거나 좌절되는 과정을 취재하는 겁니다. 예를 들어 장관들을 비롯한 주요 직책 인준, 그리고 경기 부양책 같은 게 최근에 있었죠. 그래서 백악관과 의사당 사이를 오가느라 쉴 틈 없이 지냅니다. 제 시간표는 백악관과 의회 일정에 달려 있어요. 지금도 이메일이나 전화가 오면, 바로 기사 쓸 준비를 해야 합니다.

### 3) 협업의 일상화

백악관발 기사가 아니더라도 주요 이슈가 발생하면 해당 이슈 담당 기자와 협업 취재한다. 이른바 '나와바리' 출입처 집착이 강한 한국 언론에서는 흔치 않은 방식이지만 미국에서는 일상화된 관행이다. 백악관 출입 방송기자들 역시 대통령 단일 기사보다는 '혼합형 주제' 리포트를 많이 제작한다. 예를 들어 미국의 대표적 지상파방송국인 NBC는 2021년 7월 27일 메인뉴스인 <Nightly News>의 톱뉴스로 "코로나 확산, 마스크 의무화 확대" 리포트를 내보냈다. 3분 55초 길이의 이 리포트는 대통령이 주제가 아니고 질병통제센터CDC의 마스크 착용 의무화 조치가 핵심 주제다. 이 주제와 관련한 바이든 대통령 발언(사운드바이트) 2개를 중간에 넣고, 다른 관련 정보들을 함께 묶어 전체적 '맥락context'을 짚어주고 있다. 리포트는 백악관 출입기자가 아닌 보건 전문기자가 했다. 이슈 중심의 협업 리포트로서 미국 방송뉴스에서 자주 볼 수 있는 방식이다.

이슈 중심 협업 리포트 예시

**코로나 확산, 마스크 의무화 확대**

편성 위치: 톱 / 길이: 3분 55초

[앵커]

백신접종을 완료한 사람들도 코로나에 감염된 것으로 확인되면서 질병통제센터CDC가 새로운 지침guidance을 발표했습니다. 백신 접종자라 할지라도 공공장소 실내에서 마스크를 착용하도록 권고한 것입니다. 불과 두 달 만에 방역지침을 바꾼 건데요, 정부는 백신 접종자의 재감염 여부와 관련해 아직도 과학적 근거를 제시하지 못하고 있습니다. 코로나가 확산되면서 학부모들의 우려가 전국적으로 커지고 있는 가운데, 연방정부 보건당국은 학교에서는 전원이 실내에서 마스크를 써야 한다고 권고했습니다. 가베 구티레즈 기자가 자세한 내용 보도합니다.

[기자]

오늘 밤 질병통제센터는 코로나 감염율이 높은 지역에서는 백신 접종자라 하더라도 실내에서 마스크를 써야 한다고 권고했습니다. 이제까지 백신 접종자들은 코로나 감염이 거의 되지 않는다고 알려졌었는데요, 새로운 데이터에 따르면 백신 접종자도 델타 변이에 감염될 수 있으며, 오히려 더 바이러스를 감염시킬 가능성이 높은 것으로 나타났습니다.

[카비타 파텔 박사/코로나 전문의료인]

“백신 미접종자는 물론 접종자들도 안전하지 않습니다. 새 지침은 지금의 상황이 얼마나 심각한지 보여주고 있습니다.”

[기자]

바이든 대통령은 오늘 오후 연방정부 직원들에게 백신접종 의무화를 추진 중이라고 말했습니다.

[바이든 대통령]

“(접종의무화를) 신중하게 고려하고 있습니다. 백신을 맞지 않는 것은 현명하지 못한 일입니다.”

[기자]

불과 두 달 전 대통령이 직접 발표했던 방역완화 지침을 완전 뒤집는 것입니다.

[바이든 대통령](두 달 전)

“오늘은 미국에게 위대한 날입니다.”

[기자]

이제까지 백신 접종자는 실내에선 더 이상 마스크 착용이 필요가 없는 것으로 믿어왔습니다. 그런데 오늘 오후 워싱턴에서 해리스 부통령이 실내에서 마스크를 착용한 모습이 포착됐습니다. 워싱턴은 현재 감염률이 급증하고 있는 지역입니다. 조지아주를 비롯해 미국의 3분의 2 지역에서 코로나 감염률이 급등하고 있는 가운데 새 지침이 얼마나 효과적일지 회의적으로 생각하는 사람들도 적지 않습니다.

[시민]

"그냥 편하게 숨 쉬고 싶어요, 규제받는 것 싫습니다."

[기자]

감염율이 높은 여러 주에서조차 그동안 마스크 의무화는 강제조치가 아니었습니다. 이번 새로운 지침 역시 의무가 아닌 권고가 될 가능성이 높습니다. 이런 상황에서 질병관리청은 전격적으로 초·중·고등학교에서 백신 접종자들까지 포함해 모든 학생이 실내에서 마스크를 착용할 것을 권고했습니다.

[리자 헤링 박사/아틀란타 공립학교 감독관]

"이번 조치는 우리가 바른 방향으로 올바르게 행하고 있다는 확신이 들게 합니다."

[기자]

아틀란타 공립학교 감독관인 '리자 헤링' 박사는 이미 수일 전에 관내 학교에 대해 실내 마스크 착용 의무화를 발표한 바 있습니다.

[기자]

"정부가 자녀들에게 어떻게 행동해야 할지 알려주지 않고 있다고 비판하는 학부모들이 있는데요, 무슨 말을 해주시겠습니까?"

[리자 헤링 박사/아틀란타 공립학교 감독관]

"그런 의견을 우리도 경청하고 있습니다. 학생들을 책임지는 학교 시스템 감독자로서 마땅히 책임을 지고 있고 관내 각 가정에 대해서도 책임감 있는 자세로 대하고 있습니다."

[기자]

전국 여러 개 학교 구역들 가운데 뉴욕, 로스엔젤레스, 시카고 등 3개 대도시 구역은 마스크 착용을 의무화하고 있습니다. 반면 휴스턴과 마이애미 데이드카운티 구역은 마스크 착용이 선택사항입니다. 아틀란타에 사는 앰브리아 배론 씨는 이러한 정책에 매우 실망해 11살 딸을 집에서 홈스쿨링하고 있습니다.

[앰브리아 배론]

"이쪽 학군에서는 이렇게 하고 겨우 몇 마일 떨어진 다른 학군에서는 저렇게 하고… 학부모로서 매우 혼란스러워요."

[기자]

질병통제센터국은 새 마스크 착용 가이드라인이 결코 환영받지 못할 소식임을 안다고 말했습니다. 그러나 이번 조치가 결코 가볍게 결정한 사안은 아니며 진지하게 다루고 있다고 말했습니다. 가베 귀티레스 기자였습니다.

* 출처: NBC <Nightly News>(2021. 7. 27.).

### 4) 미국 대통령은 기자들을 자주 만난다

거의 모든 미국 대통령이 기자와의 접촉을 일상화한다. 미국 대통령별로 취임 첫해에 언론과 접촉한 횟수를 정리한 <그림 6-2>를 보면, 바이든 대통령은 취임 첫해인 2021년 공식 기자회견press conference을 9번 했다. 언론과 불화가 심했던 전임 트럼프 대통령도 취임 첫해 22회 언론을 만났다. 버락 오바마 대통령은 27회에 달한다. 우리나라 대통령들에 비해 월등히 많다. 미국 대통령의 기자회견은 사전 각본 없이 진행된다. 기자들의 질문 역시 사전에 조율되지 않는다. 기자들이 사전에 질문을 백악관 측에 제출하거나 기자들의 질문 순서를 사전에 정하는 경우도 없다. 예상 외의 질문도 자주 등장하기에 대통령은 평소 주요 국정 현안에 대해 충분히 숙지하고 있어야 한다(Kumar, 2003). 주목할 만한 차이점은 미국 대통령은 주로 서서 기자의 질문을 받는다는 점이다(국기연, 2018). 한국 대통령들은 대부분 책상을 놓고 의자에 앉아서 기자회견을 진행한다.

공식 기자회견 외에 도어스테핑 같은 비공식 질의응답informal Q&A도

<그림 6-2> 미국 대통령 취임 첫해 언론 접촉 횟수

* 출처: Towson University (2002).

많다. 바이든의 경우 취임 첫해에만 216회의 비공식 질의응답을 했다. 백악관 웨스트윙 앞 로즈가든은 도어스테핑 장소로 자주 활용되는 곳이다. 로즈가든 외에 대통령의 헬기 탑승장인 사우스론에서도 자주 이루어진다. 대통령이 헬기를 타기 직전 혹은 헬기에서 내린 직후 미리 대기하던 기자들과 질의응답을 갖는 것이다. 미국 대통령은 헬기 이동이 잦기에 기자들에겐 필수적인 취재 코스라 할 수 있다.

도어스테핑은 모든 출입기자에게 열려 있고 아무 질문이나 할 수 있지만 대통령에 따라 질적·양적으로 큰 차이가 있다. 곤란한 질문엔 답을 하지 않고 곧장 헬기에 오르는 경우가 많다. 바이든 대통령의 경우 민감한 내용의 후속질문follow-up question에는 답을 하지 않을 때가 많아 알맹이가 없다는 지적을 받기도 한다(김필규, 2022. 8. 23.).

공식 기자회견press confernce이나 비공식 질의응답 외에 개별 언론사와의 단독회견press interview도 자주 한다. 전체 횟수를 합하면 한국 대통령과 비교하기 힘들 정도로 언론 접촉이 많다. 바이든 대통령은 첫해 통산 247회의 언론 접촉을 했지만, 전직 대통령들에 비해 소통이 부족하다는 비판을 받고 있다(Towson University, 2022).

## 4. 한국과 미국 방송사 메인뉴스의 대통령 보도는 어떻게 다른가

한국 KBS의 메인뉴스인 <뉴스9>과 미국 NBC의 메인뉴스인 <Nighthly News>를 선정해 대통령 보도를 비교·분석했다.[13] 2021년

13 NBC <Nightly News>는 미국의 대표적 지상파방송사인 NBC의 간판 메인뉴스로 1948년 첫 방송을 시작해 60년이 넘는 전통을 갖고 있다. 미국 동부시간으로 매일 저녁 6시 30분에 시작하며 공식 편성 시간은 30분이다. 미국에서 가장 많이 시청되는 뉴스 프로그램이기도 하다(NBC 홈페이지 참조). KBS <뉴스9>은 한국의 대표적 지상파 메

6월 1일부터 2021년 9월 8일까지 100일간 대통령 관련 보도 전부를 대상으로 했다. 분석 시기를 이렇게 정한 것은 한·미 양국 대통령 모두 큰 정치적 변수 없이 통치 행위를 한 기간이기 때문이다.

당초 분석 기간을 2021년 1월 1일부터 100일간으로 잡아 비교해봤으나 이 기간 미국은 바이든 대통령 취임(2021. 1. 20.)을 앞두고 '1·6 의사당 점거 사건'이라는 사상 초유의 정치적 사변이 벌어져 정상적 뉴스 패턴을 보이지 않던 시기였다. 이런 점을 감안해 분석 기간을 6~9월로 변경했다. 하지만 이 기간 역시 양국의 정치 상황이 서로 다르고 대통령 뉴스 밸류에 대한 판단도 차이가 있기에 이와 같은 정량 분석에는 일정한 한계가 있음을 감안할 수밖에 없다.[14]

### 1) 총 보도 건수

보도 건수는 대통령이 뉴스밸류가 높은 발언과 행위를 얼마나 많이 했느냐와 직결된다. 100일간 NBC와 KBS 두 방송사 메인뉴스의 대통령 보도 건수를 보면(<표 6-1> 참조), NBC의 <Nightly News>가 총 89건이고 KBS의 <뉴스9>은 25건이다. <Nightly News>가 <뉴스9>보다 3배 반 정도로 훨씬 많았는데, 가장 큰 이유로는 바이든 대통령의 집권 첫해라는 시기적 특수성을 들 수 있다. 집권 초반기 모든 이슈에 대해 바이든의 입장 표명이 주목되던 시기였다. 이 기간 NBC <Nightly News>는 거의 매일 대통령 관련 뉴스를 주요 뉴스로 다뤘다.

---

인뉴스로 꾸준히 높은 전국적 시청률을 유지하고 있다.

14 2021년 미국은 바이든 대통령 취임 첫해로 정치적 역동성이 큰 시기였다. 한국은 문재인 대통령 집권 4년 차로, 상대적으로 정치적 역동성이 적은 시기로 볼 수 있다. 같은 100일이더라도 대통령 발언과 활동 등에 대한 뉴스밸류 판단이 각기 다름을 감안해야 하는 사정이 있다.

<표 6-1> 대통령 보도 건수 (단위: 건)

| 구분 \ 매체명 | NBC <Nightly News> | KBS <뉴스9> |
|---|---|---|
| 리포트 | 83 | 18 |
| 단신 | 6 | 7 |
| 합계 | 89 | 25 |

반면 앞의 기간에 KBS는 문재인 대통령이 특별히 작정해 발언하지 않는 날은 뉴스를 거의 전하지 않았다. 이 시기 문 대통령은 국내외 이슈들에 대해 공개적 입장 표명을 거의 하지 않았는데, 임기 말인 데다 윤석열 검찰총장과의 갈등 등 민감한 현안들이 터지면서 정치적으로 위축된 시기였다. 또 2022년 대선을 앞둔 시기여서 자칫 정쟁의 빌미가 될 수도 있는 발언을 자제하는 경향이 뚜렷했다.[15]

### 2) 보도 길이

두 방송사 메인뉴스의 대통령 보도 길이를 보면(<표 6-2> 참조), NBC <Nightly News>는 2분에서 3분 사이의 리포트가 37건으로 제일 많았고(41.6%), KBS <뉴스9>은 50초에서 2분 미만 리포트가 9건(36.0%)으로 제일 많았다. 리포트의 길이는 담긴 정보의 양에 의해 결정되는데, 통상적으로 지상파 뉴스에서 리포트는 50초에서 2분 미만 리포트가 제일 많고 그다음이 2~3분 리포트다. 3분 이상 리포트는 대개 하루에 1개 정도만 편성되는데, 그날 방송사의 승부 아이템이라 할 수 있다. 당연히 뉴스밸류가 큰 주제를 선정한다. NBC <Nightly

15 이 기간 2021년 4월 재보궐 선거에서 여당인 민주당은 서울시장·부산시장 보궐선거에서 참패했고 문재인 대통령의 지지율도 급격히 하락했다. 여론 지지율이 20%대까지 떨어지면서 문 대통령은 정치적으로 위축된 상황이었고 언론과의 접촉도 크게 줄였다.

<표 6-2> 대통령 보도 길이 (단위: 건, %)

| 구분 \ 매체명 | NBC <Nightly News> | KBS <뉴스9> |
|---|---|---|
| 50초 미만(단신) | 6<br>(6.7) | 7<br>(28.0) |
| 50초 이상 2분 미만(리포트) | 31<br>(34.8) | 9<br>(36.0) |
| 2분 이상 3분 미만(리포트) | 37<br>(41.6) | 8<br>(32.0) |
| 3분 이상(리포트) | 15<br>(16.9) | 1<br>(4.0) |

News>는 3분 이상 대통령 뉴스가 총 15개로 전체 리포트의 16.9%를 차지했다. 반면 KBS는 1개로 4%에 그쳤다.

미국 방송사가 대통령 뉴스를 한국보다 비중 있게 다룬다는 판단도 가능하지만, 미국 방송의 뉴스 제작 관행에도 주목할 필요가 있다. NBC <Nightly News>의 3분 이상 리포트는 대통령 단일 주제보다는 혼합형 주제 리포트가 대부분이었고 그날의 주요 이슈에 대한 심층 리포트도 많았다. 한국 방송의 경우에는 긴 리포트보다 2분 미만의 리포트를 많이 넣어 시청자의 집중력을 유지시키려는 경향이 강하다.

### 3) 편성 위치

방송사 메인뉴스에서 어떤 리포트를 톱으로 배치할지 정하는 것은 그날의 제일 중요한 이슈가 무엇인지를 시청자에게 전한다는 의미가 있다. 신문의 1면 헤드라인이 그날의 가장 중요한 아젠다를 상징하는 것과 같다. 케이드와 푸트(Kaid & Foote, 1985)에 따르면, 일반적으로 시청자는 그날 텔레비전 뉴스에 가장 먼저 보도되는 사안을 그날의 가장 중요한 기사로 여긴다. 대통령이 뉴스 전반부에 자주 등장하고 노출 횟수가 잦을수록 대통령은 대중에게 중요한 인물로 인식된다.

<표 6-3> 대통령 보도 편성 위치 (단위: 건)

| 구분 \ 매체명 | NBC <Nightly News> | KBS <뉴스9> |
|---|---|---|
| 톱/톱블록 | 48 | 7 |
| 중반부 | 34 | 17 |
| 후반부 | 5 | 1 |

두 방송사 메인뉴스의 대통령 보도 편성 위치를 보면(<표 6-3> 참조), 분석 기간 100일 동안 NBC <Nightly News>에서 대통령 뉴스가 톱 혹은 톱블록을 차지한 날은 48일이다.[16] 거의 이틀에 한 번꼴로 톱블록을 차지한 것이다. 이 기간 바이든은 취임 1년 차 대통령으로서 국내외 정치, 안보, 경제 등 전 분야에 막강한 영향력을 행사했기에 거의 매일 메인뉴스 헤드라인을 장식했다.

반면 KBS <뉴스9>의 경우에는 대통령 뉴스가 톱블록보다는 중간 블록에 위치한 경우가 많았다. 이 시기 문 대통령이 뉴스 전면에 등장하는 것을 가급적 자제했기 때문으로 풀이된다. 주요 현안이 발생해도 대선 정국 등을 고려해 아주 불가피한 경우가 아니면 입장을 밝히지 않아 존재감이 약해진 시기였다.

### 4) 리포트 주제 구성 방식

리포트 하나를 온전히 대통령의 말과 행동에 집중하는 '단일주제'

16 톱블록Top block 편성은 단일주제로 연결된 여러 개의 리포트 묶음을 말한다. 예를 들어 2021년 8월 26일 NBC <Nightly News>는 '아프가니스탄 주둔 미군에 대한 ISIS의 테러 공격 첩보'를 톱으로 전하고 이어 바이든 대통령의 '단호한 군사적 보복 대응'을 두 번째로 배치했다. 이런 경우 대통령 발언이 더 중요할 수 있으나 기사 구성 논리상 처음에 배치할 수 없어 2번이나 3번에 배치한 것으로 보인다.

리포트는 KBS <뉴스9>이 60%로 NBC <Nightly News>보다 비율면에서 훨씬 많았다. 한국 정치기사의 전형적인 스트레이트 보도 방식은 '혼합형'보다는 대통령 '단일' 구성이 대부분이다. 대통령 발언과 동정 위주로 기사를 구성하고, 다른 취재원은 넣더라도 간략하게 처리하는 경우가 많다.

두 방송사 메인뉴스의 대통령 보도 리포트 구성 방식을 보면(<표 6-4> 참조), NBC <Nightly News>는 혼합형 리포트가 64%를 차지했는데, 한 이슈를 둘러싼 정당과 의회 상황, 그리고 대통령의 입장을 묶어 입체적으로 구성하는 정치 보도가 많았다. 예를 들어 텍사스주 선거법 개정을 둘러싼 2021년 7월 13일 리포트를 보면 선거법 개정에 대한 바이든 대통령의 반대 발언, 텍사스주 하원의원과 텍사스주지사 등 이해관계가 걸린 정치 세력들의 입장을 다각적으로 종합했다.[17]

<표 6-4> 대통령 보도 리포트 주제 구성 방식 (단위: 건, %)

| 구분 \ 매체명 | NBC <Nightly News> | KBS <뉴스9> |
|---|---|---|
| 대통령 단일 주제 | 32<br>(36) | 15<br>(60) |
| 혼합형 주제 | 57<br>(64) | 10<br>(40) |

17 2021년 7월 텍사스 주의회는 다수당인 공화당이 주도하는 선거법 개정안 처리를 놓고 공화-민주 양당이 격렬하게 충돌했다. 공화당은 '우편투표' 및 '부재자투표', '24시간 투표' 등을 금지하는 선거법 개정안을 상정했는데, 민주당은 이 법안을 저지하기 위해 본회의 정족수 미달 전법으로 맞섰다. 본회의 직전인 7월 12일 텍사스 주의회 민주당 의원 51명이 전세기를 타고 워싱턴으로 한꺼번에 이동해버려 본회의를 무산시킨 것이다. 이들은 워싱턴에서 선거법 개정을 규탄하는 시위를 벌이고 해리스 부통령을 면담한 뒤 회기가 끝나서야 텍사스주로 귀환했다. 애벗 텍사스주지사는 이들을 강력 비난하며 모두 체포하겠다고 엄포를 놓기도 했다.

이슈 중심 혼합형 심층 리포트 예시

### 바이든, 공화당에 경고 "부끄럼을 가져라"

[앵커]

언제 어디서 어떻게 투표할지 선거법 개정안을 둘러싸고 논란이 뜨거운 가운데 바이든 대통령은 오늘 공화당이 추진 중인 선거법안이 반미국적이자 민주주의에 대한 도전이라고 강하게 비난했습니다. 2020 대선에 부정이 있었다는 주장도 거짓이라고 비판했습니다. 공화당이 장악하고 있는 텍사스 주의회에서는 소수자minority의 투표권을 제한하는 선거법 개정안이 추진되고 있는데, 바이든 대통령은 이를 반드시 저지하라는 민주당의 압력을 받고 있습니다. 텍사스 주의회의 민주당 의원들은 이 법안의 통과를 저지하기 위해 워싱턴으로 집단 이탈했습니다. 공화당은 이들을 체포하라고 요구했습니다. 백악관 선임 출입기자 피터 알렉산더가 자세한 내용 전해드립니다.

[리포트]

필라델피아를 방문한 바이든 대통령은 공화당이 주도하는 투표권 제한 법안을 강력하게 비난하면서 미국 민주주의가 위기에 처했다고 강하게 경고했습니다.

[바이든 대통령]

"미국 각 주와 도시, 그리고 하원에 있는 공화당 동료들에게 요청합니다. 신성한 투표권과 선거권을 훼손하려는 일련의 시도를 막을 수 있도록 결연히 일어서주기 바랍니다. 부끄럽지도 않습니까?"

[기자]

바이든은 이제껏 볼 수 없었던 강한 어조로 전임 트럼프 대통령의 거짓 승리 주장을 비난했습니다.

[바이든 대통령]

"2020 선거는 미국 역사상 가장 정확하게 치뤄진 선거입니다. 거대한 거짓이라는 트럼프 말은 거대한 거짓에 불과합니다."

[기자]

오늘 텍사스주 민주당 의원 51명은 공화당의 선거법 개정안 통과를 저지하기 위해 전세기를 타고 워싱턴으로 집단 이동했습니다. 표결 처리에 필요한 본회의 정족수quorom를 무산시키기 위한 행동인데, 텍사스주 공화당 의원들은 이들을 당장 체포하라고 요구했습니다. 바이든의 오늘 발언은 이 같은 사태가 벌어진 지 수 시간 후에 나온 것입니다.

[센프로니아 톰슨/텍사스 하원의원(민주당)]

"저에게 투표한 사람들을 위해, 그리고 제 헌법적 권한이 공화당으로부터 박탈당하지 않도록 행동할 것입니다."

[기자]

이 법안에는 우편투표 시 신분증 제시를 의무화하는 조항, 그리고 차량투표drive through voting나 심야투표 같은 사전투표를 없애는 조항이 들어 있습니다. 공화당은 그 법안이 투표권을 박탈하는 것이 아니라 오히려 보호하는 것이라며 민주당을 비난했습니다.

[테드 크루즈/텍사스 상원의원(공화당)]

"그들(민주당)은 우편투표의 유효성을 확인하는 것을 원치 않습니다. 그래서 반대하는 겁니다. 또 투표용지 서명이 유효한지 확인하는 것을 원치 않습니다. 그들은 투표 행위의 기초적인 정확성을 강화하는 것을 원치 않습니다."

[기자]

텍사스주지사(공화당)는 민주당 의원들이 잔재주를 부리는 것이라고 비난했습니다.

[그렉 애보트/텍사스주지사]

"텍사스인들이 싸움에서 달아나는 것은 가장 비非텍사스적 행동입니다. 꽁무니를 빼는 것입니다."

[기자]

해리스 부통령은 워싱턴에 온 텍사스주 민주당 의원들을 만나 격려했습니다. 그들의 용기 있는 행동으로 이 이슈가 주목을 받게 됐다고 말했습니다.

[해리스 부통령]

"여러분에게 감사를 표하기 위해 여기 왔습니다."

[기자]

하원에서 민주당은 텍사스주 공화당의 선거법안을 저지할 수 있는 의석을 확보하지 못하고 있습니다. 상원에서 민주당 의원들이 발의한 법안을 통과시키려 하지만 이것도 어렵습니다.

[바이든 대통령]

“우리는 절대 포기하지 않을 것입니다.”

[기자]

상원 민주당 의원들이 발의 법안을 통과시키려면 공화당 10명의 동조가 필요한데 이것은 현실적으로 불가능합니다. 대안으로는 필리버스터 조항을 회피하는 방안이 있긴 하지만 그러기 위해선 모든 민주당 상원의원들이 찬성해야 하는데 현재 두 명이 반대하고 있어 난항입니다. 피터 알렉산더 기자였습니다.

* 출처: NBC <Nightly News>(2021. 7. 13.).

### 5) 논조

두 방송사 메인뉴스의 대통령 리포트 보도 논조를 보면(<표 6-5> 참조), 중립적 논조가 두 방송사 공히 가장 많았고 비율도 비슷했다. 부정적 논조는 NBC <Nightly News>는 19건으로 21.3%, KBS는 3건으로 12.0%로 나타났다. 긍정적 보도는 각각 6건(6.7%), 5건(20.0%)으로 KBS가 비율이 더 높았다. NBC <Nightly News>에서 부정적 논조가 많았던 것은 이 시기 바이든의 섣부른 아프가니스탄 미군 철수 결정으로 부정적 여론이 급등했기 때문이다. NBC <Nightly News>는 철군이 단행된 8월 중순부터 9월 초까지 거의 매일 신랄하게 대통령 비판 보도를 이어갔다. 섣부른 철군 결정으로 아프간 정부가 급속히 붕괴되고 설상가상으로 ISIS의 테러 공격으로 미군 13명이 사망하는 일까지 벌어졌다. 미국 여론은 최악으로 치달았고 모든 언론이 바이든을 맹비난했다.

<표 6-5> 대통령 보도 리포트 보도 논조 (단위: 건, %)

| 구분 \ 매체명 | NBC <Nightly News> | KBS <뉴스9> |
|---|---|---|
| 중립적 | 64<br>(71.9) | 17<br>(68.0) |
| 긍정적 | 6<br>(6.7) | 5<br>(20.0) |
| 부정적 | 19<br>(21.3) | 3<br>(12.0) |

KBS <뉴스9>의 경우 분석 기간 중 대통령을 작정하고 강하게 비판하는 보도는 거의 없었다. 부정적 논조 보도의 한 예로 2021년 3월 29일 '김상조 정책실장 경질' 보도를 들 수 있는데, '전격 경질', '민심 수습' 등의 표현으로 대통령의 단호한 의지를 부각하며 부정적 논조를 우회하는 표현을 사용했다(정창화, 2021. 3. 39.).[18]

### 6) 사운드바이트

사운드바이트soundbite는 '소리sound'와 '한입bite'을 합친 말로 발화자(정치인, 전문가, 일반인 등)의 음성에서 중요한 부분을 잘라 사용한다(김성환, 2022). 방송뉴스의 대통령 사운드바이트는 음성과 표정, 이미지를 동시에 전달한다는 점에서 매우 유효한 정치 수단이기도 하다. 통상 대통령 발언은 짧은 것은 2~3초, 길게는 20초 이상 사용한다.

두 방송사 메인뉴스 대통령 보도 리포트의 사운드바이트 수를 보면(<표 6-6> 참조), <뉴스9>은 절제된 대통령 사운드바이트 1~2개를 골라 20초 이내로 삽입하는 경우가 많았다. 대통령의 정제되지 않은 발언이나 너무 짧은 사운드바이트는 가급적 사용하지 않는 것이 한국 방송사

18 김상조 정책실장은 임대차 3법 시행을 이틀 앞두고 자신의 서울 강남 아파트 전세 보증금을 14% 올려 여론의 질타를 받았고 결국 경질됐다.

<표 6-6> 대통령 보도 리포트 사운드바이트 수 (단위: 개)

| 구분 \ 매체명 | NBC <Nightly News> | KBS <뉴스9> |
|---|---|---|
| 없음 | 13 | 17 |
| 1개 | 43 | 4 |
| 2개 이상 | 33 | 4 |

들의 관행이라 할 수 있다. 반면 NBC <Nightly News>는 다양하게 대통령 사운드바이트를 활용하고 있는데, 뉴스 당일 사운드바이트는 물론이고 그 이전 것도 찾아내 적극 활용한다. 예를 들어 2021년 7월 28일 '백신접종 확대' 리포트를 보면 이전 바이든 대통령의 "안심해도 좋은 국면"이라는 말을 찾아내 '말 바꾸기 행보'라는 식의 비판을 하고 있다(NBC Nightly News, 2021. 7. 29.). 이 밖에도 도어스테핑이나 행사장 등에서 즉흥적으로 나온 발언들도 자주 활용되고 있다.

## 5. 제언: 대통령 중심적 사고에서 벗어나야

권위주의 정부 시절 형성됐던 한국 방송의 대통령 중심주의 보도 방식은 지금도 상당히 남아 있다. 수동적 취재 관행 역시 별로 개선되지 않고 있다. 미국 방송의 대통령 보도는 우리에게 상당한 시사점을 던져주지만 상이한 언론 환경과 정치문화를 고려할 때 그대로 답습할 수는 없을 것이다. 그럼에도 우리 뉴스의 문제점들을 들여다보는 데 의미 있는 관점을 제시해주는 것만은 분명하다.

현 시점에서 가장 진지하게 변화를 고민해야 할 과제는 대통령 중심적 리포트 방식이다. 대통령 발언과 동정 위주로 구성된 스트레이트식 리포트는 필요한 경우엔 해야겠지만 지금처럼 천편일률적으로 모든 방송기자들이 비슷비슷하게 리포트하는 관행은 지양되어야 한다. 어느 방송사나 대통령 리포트는 거기서 거기라는 말이 나오지 말아야 한다. 전달하고자 하는 메시지나 관점도 기자별로 차별성이 있어야 할 것이다. 이슈 중심의 확장된 리포트도 적극 개발할 필요가 있다. 단순한 대통령 대변자가 아닌 정치라는 큰 틀에서 대통령을 조망하려는 시각도 요구된다.

출입처 위주의 현 시스템에 대한 전반적 개선도 함께 논의되어야 할 것이다. 대통령실은 그 특수성 때문에 출입기자 시스템이 계속 유지될 수밖에 없겠지만, 전반적으로 출입처 시스템을 어떻게 재편할지 언론계 차원의 확장된 논의가 필요하다. 미국처럼 출입기자를 여러 명 등록해놓고 이슈별로 폭넓게 인력을 운용하는 방안도 검토해볼 가치는 있겠지만, 우리 언론 환경을 고려할 때 얼마나 현실적일지는 의문이다. 대안으로 대통령실 출입기자 이외 다른 분야 기자들도 더 개방적으로 접근 가능하도록 대통령실에 요구할 수 있을 것이다. 미국의 경우 주요 이슈별로 '비트beat'라는 영역 개념을 설정해 기자들이 다양하게 취재원들과 접촉하고 있는 것을 참조할 수 있다.

수동적 취재 시스템의 변화도 시급하다. 대통령실의 특성상 지금 같은 브리핑 위주 취재 방식은 당분간 유지되겠지만, 출입기자들이 더 공격적으로 정보 공개를 요구할 필요가 있다. 관련 이익단체나 정책 연구기관 등 외부 취재원들도 적극적으로 취재해야 한다. 기자실을 벗어나야 다양한 시각의 기사가 나오고 심층 보도도 가능하다. 어느 나라든 당국자들은 자신에게 유리한 정보만 공개하는 법이다. 아쉬울 때는 기자를 찾고 곤란할 때는 기자 접촉을 피하는 관행이 되풀이되지 않도록 기자들의 강한 목소리가 필요하다. 기자는 어느 경우이든 취재원이 아닌 국민을 위해 복무한다는 것을 잊지 말아야 한다.

# 3부

## 한국 언론 현장에서 대통령 보도의 품질을 결정하는 것은 무엇인가

# 7장 비평인가, 코칭인가

## 대통령 이슈를 다루는 한국 신문칼럼의 특징

배정근

## 1. 쏟아지는 대통령 비평 칼럼

윤석열 정부가 출범한 지 두 달이 채 되지 못한 2022년 7월 초 『동아일보』, 『조선일보』, 『중앙일보』 3개 신문사가 윤석열 대통령을 비판하는 칼럼을 거의 동시에 실어 화제가 된 일이 있다. 이른바 보수 매체인 이들 신문이 이제 막 임기를 시작하는 보수 대통령을 정면으로 비판하고 나선 것이다. 『조선일보』의 대표적 기명칼럼인 '김대중 칼럼'은 "윤석열 정권은 성공할 수 있을까"라는 제목의 글에서 윤 대통령을 "초짜"이자 "준비되지 않은 대통령"이라고 칭하면서 엄중한 위기 상황을 극복할 수 있을지 우려를 표시했다(김대중, 2022. 7. 5.). 칼럼은 윤 대통령이 현안을 호기롭게 해결하며 출발했으나 "거드럭거리게 되는 것은 아닌지" 경계심이 있다고 전하며 대통령이 권력에 취하면 안 된다고 지적했다. "더는 대통령을 즐길 시간도, 거기에 취해 있을 여유도 없다.”라며 “가십거리나 사진거리로 뉴스를 장식하는 일은 그만했으면 한다.”라고 썼다. 칼럼은 대통령을 직접 비판하기보다는 시중의 우려를 전하는 완곡한 논조를 취하며 대통령의 분발을 촉구했다.

이틀 후 『동아일보』의 ‘김순덕 칼럼’은 제목부터가 “위기의식 없는 대통령의 ‘건희사랑’ 문제”로 윤 대통령을 직격했다(김순덕, 2022. 7. 7.). 칼럼은 대통령 지지도 여론조사에서 부정 평가가 긍정 평가를 추월하는 데드 크로스Dead Cross 현상이 빚어진 원인을 경제·민생을 살피지 않고 부인 김건희 여사의 부적절한 언행을 싸고도는 대통령의 “안이한 직무 태도” 탓으로 돌렸다. 그리고 김 여사의 팬클럽인 ‘건희사랑’을 둘러싼 여러 잡음을 비판하면서 “윤 대통령이 ‘건희사랑’ 팬클럽 회원이 아닌 대통령다운 모습으로 지지율을 올려주기 바란다.”라고 당부했다.

같은 날 『중앙일보』의 ‘안혜리의 시선’은 “5만원 치마, 32만 원짜리 발찌의 비밀…출처는 친오빠였다”라는 제목으로 김 여사의 소박한 패션을 홍보하는 기사가 사실은 친오빠의 “언론플레이”라고 폭로하는 칼럼을 게재했다(안혜리, 2022. 7. 7.). 칼럼은 김 여사가 봉하마을 방문 때 사적 지인을 동행해 논란이 크게 일었는데도 대통령 부인과 그의 가족이 “대담하게 공사를 무너뜨리는”일이 반복되는 것은 “윤 대통령 본인은 말할 것도 없고” 대통령실의 “무능”이거나 “직무유기”라고 비판했다. 칼럼은 “통제 불능 대통령 측근의 부적절한 처신은 늘 정권의 위기”로 이어졌음을 상기하며 “당장 위기의 징후를 잘라야 하는데 상황은 정반대로 전개되고 있다.”라고 지적했다.

이들 칼럼뿐 아니다. 대통령 지지율이 데드 크로스 구간에 진입하는 여론조사 결과가 나오기 시작한 6월말 이후 윤 대통령의 이름이 유행어처럼 신문칼럼 제목에 등장했다. 7월 4일부터 9일까지 일주일만 보더라도 윤 대통령을 제목으로 한 칼럼이 종합일간지에 매일 여러 건 실렸다(<표 7-1> 참조). 제목에는 없지만 윤 대통령을 소재로 하거나 김건희 여사를 제목으로 한 칼럼도 6건이나 있었다.

<표 7-1> 2022년 7월 첫 주 윤석열 대통령을 제목으로 한 10대 종합일간지 칼럼

| 날짜 | 신문사 | 칼럼 제목 | 필자명 |
|---|---|---|---|
| 7월 4일 | 동아일보 | "윤석열, 고이즈미, 트뤼도의 도어스테핑" | 천광암 |
| | 조선일보 | "'눈엣가시'도 뽑지 못하는 윤석열 정부" | 김덕한 |
| 7월 5일 | 경향신문 | "윤 대통령의 '데드 크로스', 왜?" | 김민아 |
| | 조선일보 | "윤석열 정권은 성공할 수 있을까" | 김대중 |
| | 중앙일보 | "대통령의 무덤 '관료주의의 포로'" | 최훈 |
| 7월 6일 | 경향신문 | "윤석열의 두 달, 먹고 살 만하십니까?" | 이기수 |
| 7월 7일 | 국민일보 | "'바보짓'이라는 대통령 화법" | 강주화 |
| | 동아일보 | "위기의식 없는 대통령의 '건희사랑' 문제" | 김순덕 |
| | 서울신문 | "윤석열과 노무현" | 김상연 |
| | 한겨레 | "'윤석열, 리스크'의 덫에 빠지다" | 박찬수 |
| | 한국일보 | "윤, 트럼프일 줄 알았더니 바이든이네" | 이동현 |
| 7월 8일 | 동아일보 | "윤, 오만한 언사로는 정권 소임 못 이룬다" | 이기홍 |
| | 조선일보 | "'대통령 윤석열'의 존재증명" | 윤평중 |
| | 중앙일보 | "윤 대통령의 로프 없는 번지점프" | 고정애 |
| 7월 9일 | 동아일보 | "윤석열 대통령의 가위바위보" | 길진균 |
| | 조선일보 | "'우리 여리 우쭈쭈'가 어려운 이유" | 박은주 |

칼럼들이 쏟아지면서 윤 대통령의 국정 수행 능력은 많은 시민이 관심을 가지고 논쟁을 벌이는 중요한 사회 의제로 부각했다. 독자들은 이들 칼럼을 읽으며 대통령의 자질과 리더십에 대한 정보를 얻기도 하고 현안을 바라보는 관점 형성에도 도움을 받으며 윤 대통령과 정부에 대한 자신의 생각을 가다듬었을 것이다. 비판적 칼럼 탓인지 알 수는 없지만, 윤 대통령의 지지도는 이후 상당 기간 더 하락했다(유정인, 2022. 7. 30.).

## 2. 현실을 해석하는 칼럼의 힘

언론의 뉴스와 논평은 본질적으로 현실을 해석하는 행위이다. 미국의 사회학자 허버트 갠즈Herbert Gans(1979)는 뉴스를 취재원-기자-수용자 사이에서 벌어지는 현실 해석을 둘러싼 힘의 행사라고 정의했는데, 이는 시사비평을 하는 칼럼에도 해당한다. 『동아일보』 논설주간을 지낸 박권상(1986)은 칼럼과 칼럼니스트의 기능을 "한마디로 주요 공공뉴스에 대한 개인적 해석을 가하는 것"이라고 정의한 바 있다.

객관적인 사실 보도를 지향하는 뉴스보다 주관적 의견을 통해 독자들이 사회 현실을 바라보는 해석의 틀을 제공하는 칼럼이 여론에 미치는 영향력은 더 클 수밖에 없다. 그래서 저명한 칼럼니스트는 오피니언 리더로서 공적 영역에서 막강한 힘을 발휘한다. 미국의 전설적 칼럼니스트인 월터 리프만Walter Lippmann과 제임스 레스턴James Reston의 칼럼은 전 세계 정치 지도자와 정책 결정자 사이에 필독서가 되고 정부 정책을 좌지우지하기도 했다. 백악관 참모들이 프레스 브리핑을 하면서 현안에 대해 답변하기 까다로운 질문을 받을 경우 '리프만의 칼럼을 참고하라'고 답했다는 일화는 유명하다(Rivers, 1965). 가까이는 영국 신문의 고정칼럼니스트로 명성을 날리다 정치인으로 변신, 총리까지 지낸 보리스 존슨Boris Johnson의 사례가 있다.

언론 정치 뉴스의 특징은 권력의 행사와 과정에 초점을 맞추기보다는 권력을 놓고 싸움을 벌이는 정치인들의 이야기와 행동에 초점을 맞춘다는 것이다(Bennett, 2007; Grossman & Kumar, 1981). 이런 정치 뉴스의 개인화는 현실 세계의 복잡한 정치 현상을 개인의 문제로 단순화시켜 전달하기 때문에 호소력을 갖는다. 뉴스 생산자 입장에서도 사안에 대한 전문적이고 심층적인 지식 없이도 기사를 쓸 수 있어서 편리하다. 그러나 현안에 영향을 미치는 수많은 구조적·상황적 요인을 모두 배제하는 정보 편향을 초래할 수 있다는 위험도 있다(Bennett,

2007).

개인화 보도의 경향이 가장 극명하게 드러나는 대상은 단연 대통령이다. 권력의 정점에 자리하면서 모든 국가 대사를 최종 결정하는 위치에 있는 대통령은 국가의 분신으로 언행 하나하나가 언론의 관심사가 된다. 그래서 언론 보도는 사회 안정을 위협하는 많은 문제를 대통령 책임으로 돌리는 책임귀인 경향을 보인다(Heider, 1944).

한국 정치 보도의 개인화 경향은 더욱 심각하다. 대부분의 기사가 대통령, 청와대 관계자, 국회의원 개인의 발언 및 행위에 집중하고 있으며, 이에 따라 기사가 결정되어왔다(김준형 외, 2022, 90쪽). <표 7-1>이 보여주듯 한국 신문에서 대통령 개인에 초점을 맞춘 칼럼이 최근 쏟아지는 이유도 개인화 보도 경향의 일환이라고 이해할 수 있다.

이 글은 한국의 대표적 종합일간지들의 시사비평 칼럼이 대통령을 어떻게 의제화하고 논평하는지를 시계열적으로 탐색하고자 한다. 한국 언론에 대한 학술연구는 뉴스 보도 분야에서는 학제를 뛰어넘어 다양하고 풍성하게 시도되고 있지만 칼럼은 거의 관심을 받지 못한 채 선행연구조차 드물다. 그러나 한국의 대통령 보도를 종합적으로 진단하는 작업을 하려면 뉴스 못지않게 대중의 여론 형성에 강력한 영향을 미치는 신문칼럼에 주목할 필요가 있다.

과거에는 신문의 여론 형성이 주로 사설을 통해 이뤄졌지만, 이제는 양이나 질에서 칼럼이 그 자리를 대체하고 있다. 물론 미디어 기술의 발달로 누구나 자신의 의견을 개진할 수 있는 환경이 마련되고 소셜미디어 공간 자체가 거대한 공론장 기능을 하면서 신문칼럼의 위상이 예전 같지는 않은 것이 사실이다. 그러나 칼럼니스트의 지명도와 전문가로서의 권위 면에서 신문칼럼은 여전히 여론 형성에서 주도적 역할을 한다고 보아야 한다. 이런 점에서 이 글은 내용 분석 방법을 사용해 대통령을 공론화하는 신문칼럼의 특징이 무엇인지를 분석하고, 건강한 여론 형성 기능을 수행하고 있는지를 평가하고자 한다.

## 3. 주관적 의견으로서 칼럼이 지켜야 할 규범

칼럼은 사실을 최대한 객관적으로 전달하려는 뉴스와 달리 주관적 견해를 자유롭게 개진할 수 있는 논평의 영역이다. 칼럼과 사설 등이 게재되는 신문의 오피니언 섹션은 객관주의 이상이 적용되지 않는 유일한 지면이다(Wahl-Jorgensen, 2004). 논평의 자유는 보도의 자유와 함께 언론 자유의 두 축을 이루지만 논평의 자유가 더 폭넓은 헌법적 보호를 받는다(박용상, 2002). 따라서 시사 논평으로서 칼럼을 분석하는 작업에는 사실 보도인 뉴스와는 다른 별도의 규범과 기준이 필요하다.

신문에 실리는 다른 기사와 달리 오니피언 칼럼은 이중적 성격을 갖는다. 하나는 일반 기사들처럼 기자들이 참여하고, 원고의 선택과 편집이 게이트키핑 과정을 거치는 저널리즘 행위라는 점이다. 그렇지만 동시에 언론인이 아닌 외부 인사들도 참여해 시사 현안에 대한 개인적 소신과 견해를 자유롭게 펼치는 공적 담화이기도 하다는 것이 또 하나의 성격이다. 그런 점에서 저널리즘의 규범과 공론장의 규범을 동시에 고려해야 한다.

먼저 공론장 규범 차원에서 보면, 서구에서 시작된 오피니언op-ed[1] 지면은 사회 현안에 대한 공적 대화를 촉진하고, 다양한 견해가 자유롭게 펼쳐질 수 있는 토론장을 제공한다는 취지로 만들어졌다(Day & Golan, 2005). 1970년 미국에서 최초로 'op-ed'면을 신설한 『뉴욕타임스』는 그 취지를 "공적인 문제에 대한 새로운 사고를 자극하고 공적 토론을 촉진하는 것"이라고 밝혔다(Socolow, 2010).

공적 토론장의 가치는 모든 견해가 자유롭게 표현되고 서로 다른 의견들이 공개적으로 경쟁할 때 진실과 거짓을 가릴 수 있다는 '사상의

---

1 1970년 미국의 『뉴욕타임스』가 처음 도입한 'op-ed' 지면은 사설면의 맞은편 지면opposite the editorial page을 뜻하는 약어다.

자유 시장' 개념에 입각하고 있다.[2] 다시 말하면 다양한 가치와 견해가 자유롭게 교환될 때 사회는 건강하게 발전할 수 있다는 민주적 다원주의에 대한 믿음이다.

그러나 신문 오피니언면이 실제로 누구나 참여가 가능하고, 서로 다른 관점이 경합하는 공론장 역할을 하고 있는지에 대해서 선행연구들은 대체로 회의적이다(Ciofalo & Traverso, 1994; Day & Golan, 2005). 여기에는 신문사의 인적 자원 부족, 오피니언 편집자의 가치관, 사회적 다양성을 반영하지 못하는 필진 구성 등 여러 원인이 있다. 무엇보다 신문사들이 칼럼 선정에서 자신들의 논조와 다른 견해들을 채택해 다양성을 갖추기보다는 논조와 일치하는 의견 또는 그런 의견을 가진 칼럼니스트를 선정해 자신의 색깔을 더욱 강화하는 전략을 취하기 때문이다(Golan & Wanta, 2004). 민주화 이후 보수와 진보를 대표하는 신문사들이 사설을 통해 대통령과 대립각을 세우거나 대통령 선거에 개입하는 노골적 정파성을 보이는 한국 현실에서는 이런 현상이 더욱 두드러질 수 있다(최영재, 2005; 최진호·한동섭, 2012).

공적 토론에서 지켜야 할 규범은 담론 윤리 차원에서도 살펴볼 수 있다. 합리적 의사소통이론을 정립한 위르겐 하버마스Jurgen Habermas는 다원주의 사회에서 경쟁하는 주장들이 누구나 수용할 수 있는 보편적 절차에 따라 정당화하는 과정을 담론 윤리라고 정의했다(정현철, 2008). 그에 따르면 담론 참여자가 동의할 수 있는 타당한 주장이 되기 위해서는 진리성, 진실성, 정당성을 충족해야 한다(이재성, 2002; 이준웅, 2017). 여기서 진리성은 발화자가 진리라고 확신하는 명제를 자명한 근거를 제시하면서 주장하는 것이다. 다시 말하면 사실을 사실대로 말하고, 주장을 뒷받침하는 명확한 근거를 제시해 검증이 가능하도록 해야

2 사상의 자유시장 개념은 영국의 사상가 존 밀턴John Milton이 출판에 대한 사전 검열에 반대하며 영국 의회에 보낸 청원서인 『아레오파지티카*Areopagitica*』(1644)에서 시작되었다.

한다. 진실성은 자신의 입장을 신뢰할 수 있게, 자기기만 없이 표현해야 한다는 것으로, 곧 상대를 속이거나 기만해서는 안 된다는 뜻이다. 마지막으로 정당성은 어떤 가치판단을 할 때 판단의 기준이 되는 규범이 정당해야 한다는 것이다. 누군가를 비판할 때 다른 사람들이 동의할 수 없는 도덕적 기준을 들이대며 견강부회식 주장을 펴서는 곤란하다는 의미다.

한국일보 논설위원을 지낸 이형(1991)은 "적어도 주요한 시사 문제의 시비를 가리는 논평이라면 논리성, 보편성, 정당성을 갖추어야 한다."라고 강조했는데, 역시 비슷한 맥락이라고 할 수 있다. 신문칼럼을 주제로 박사학위논문을 쓴 언론인 출신 유영철(2015)은 칼럼의 핵심이 논증임을 강조하면서 그 구성요건으로 충분한 근거에 기초한 '타당한 주장', 진실과 사실에 기초한 '적절한 근거', 주장과 근거를 지탱하는 '정당한 보장', 상대편을 배려하는 '불편부당한 반증'의 네 가지를 제시했다.

다음으로 저널리즘 차원에서는 공익성, 공정성, 독립성 같은 가치가 중시되어야 한다. 특히 저널리즘의 최우선 충성 대상이 시민이어야 한다는 공익성 원칙은 신문칼럼의 기준점이 되어야 한다(Kovach & Rosenstiel, 2014). 칼럼에서 논의하는 사회 현안은 최종적으로 특정 집단이나 정파가 아니라 공동체 전체의 이익이나 공공선을 도모하기 때문이다. 시민의 관점에서 사안을 바라보는 자세는 저널리즘의 또 다른 핵심 원칙인 공정성과 독립성을 확보하는 첩경이기도 하다.

칼럼의 공정성은 뉴스처럼 중립성이나 불편부당성을 추구하는 것이 아니다. 오히려 공적 현안을 둘러싼 주장들 사이에서 무엇이 옳고 그른지, 또는 무엇이 더 나은 선택인지를 적극적으로 판단하고 지지하는 소신의 표현이다. 칼럼이 제기하는 주장은 편향적이어도 무방하지만, 거기에 정치·경제적 이해관계가 작용해 어느 한쪽을 의도적으로 차별한다면 공정하지 않다. 신문사 차원에서 본다면 언론이 특정한 가치를 지향하고 이념적 경향성을 보이는 것은 언론 자유의 일부이지만, 이념적 지향이 같거나 다르다는 이유로 특정 정치집단을 편애하거나 차별한다면 비윤리적 행위가 된다. 한국 언론의 정파성이 비판을 받는 이유도 정파적 편향성을 정치적 경향성으로 착각하기 때문이다. 또한 언론은 권력을 견제하고 감시하는 기능으로 인해 민주주의의 한 축을 이루는 사회제도로 인정받는다. 아무리 집권 정치 세력이 이념적 지향이 같다고 하더라도 언론에게 권력은 견제와 감시의 대상이지, 지지와 옹호의 대상은 아니다.

독자에게 주는 가치도 중요하다. 독자 입장에서 칼럼은 세상을 보는 사고의 폭을 넓혀주고, 사회 현안을 올바르게 이해하는 통찰을 제공하며, 글을 읽는 즐거움을 선사해야 한다. 『뉴욕타임스』의 고정칼럼니스트로 퓰리처상을 수상한 토머스 프리드먼Thomas Friedman(2015)은 "뉴스는 정보를 제공해야 하지만 칼럼은 반향을 일으켜야 한다."라고 주장한다. 반향을 일으킨다는 것은 곧 독자들이 칼럼을 읽으면서 "그건 몰랐네I didn't know that.", "그런 쪽으로는 생각해보지 못했네I never looked at it that way before.", "내가 생각하던 것을 정확히 표현했네You said exactly what I thought."처럼 격한 공감을 불러일으킬 수 있어야 좋은 칼럼이라는 뜻이다.

마지막으로 한국 사회를 대표하는 논쟁의 공간에서 지켜야 할 담론의 품격이다. 자신만이 옳고 정의로운 것처럼 말하는 오만한 자세, 남을 가르치거나 훈계하는 식의 태도, 반대 주장이나 입장을 전혀 배려하지 않는 일방적 주장, 도를 넘는 인신공격성 표현 등은 자주 지적되는 칼럼의 문제점들이다(유영철, 2015). 1970년대 명칼럼니스트로 이름을 떨쳤던 홍순면(1978)은 "극단적인 감정으로 칼럼을 쓰는 것은 위험하다."라면서 "사람이 사람을 위해 쓰는 자세—사람이 사람에게 말을 주고받는 대화의 자세가 필요하다."라고 지적했다.

신문윤리실천요강 제9조 '평론의 원칙'은 이상의 논의를 다음과 같이 간결하게 정리하고 있다. "평론은 진실을 근거로 의견을 공정하고 바르게 표명하되 균형과 절제를 잃지 말아야 하며, 특히 고의적 편파와 왜곡을 경계해야 한다. 또한 평론은 정치적 입장을 자유로이 표현할 수 있으며 논쟁적 문제에 대해 다양한 공중의 의견을 폭넓게 수용하여 건전한 여론 형성을 위해 노력해야 한다."

## 4. 대통령 주제 칼럼의 분석 방법

한국 신문칼럼이 대통령을 어떻게 의제화하고 논평하는지 파악하기 위해 노무현(2003~2008년), 이명박(2008~2013년), 박근혜(2013~2017년), 문재인(2017~2022년) 대통령 재임 기간에 『경향신문』, 『조선일보』, 『중앙일보』, 『한겨레』의 4개 일간신문에 실린 시사비평 칼럼들을 분석했다. 신문 오피니언면에는 형식과 내용에서 매우 다양한 형태의 칼럼이 게재되고, 이들 대부분이 시의적 논평 요소를 담고 있다. 그러나 시사비평 칼럼은 주로 정치·경제·사회 분야의 현안을 다루고 신문사를 대표하는 칼럼니스트들이 쓰는 기명칼럼이나 고정칼럼을 의미한다.

표집 방법은 대통령 임기의 중간에 해당하는 3년 차(2005년, 2010, 2015년, 2019년) 한 해씩을 표집 대상으로 삼아 매달 하루씩 12일 치 신문칼럼을 구성 표집 방식으로 선정했다. 해당 날짜의 대표 칼럼 가운데 사내 필진과 사외 필진 칼럼을 각 1개로 총 2개씩 분석했다.[3] 다시 말해 4개 신문사, 4개 정부, 한해 24개의 칼럼을 선정해 모두 384건을 추려냈다. 그리고 이 가운데 현직 대통령을 직접 다루거나 그렇지 않더라도 현직 대통령에 대한 평가를 일부라도 포함하고 있는 칼럼을 최종

3 해당 날짜 오피니언면에서 신문사를 대표하는 기명칼럼 또는 고정칼럼 가운데 가장 중요하게 편집된 칼럼을 선정했다. 해당하는 사내 또는 사외 필진 칼럼이 없을 경우 다음 날 신문에서 선정했다.

분석 대상으로 선정했다.[4] 그 결과 모두 93건의 칼럼을 대상으로 필진, 주제, 논조, 제목 등 내용적 특성에 대한 양적 분석을 실시했고, 칼럼의 세부 내용에 대한 질적 분석을 병행했다.

분석 유목에서 가장 중요한 변인은 **논조**다. 뉴스 내용 분석에서 논조는 흔히 부정적, 중립적, 긍정적의 세 가지 유목으로 분류한다. 그러나 뉴스와 달리 칼럼은 비판을 전제로 하고 있는 글이므로 분석 유목도 달라야 한다. 이번 분석에서는 글의 전반적인 논지, 또는 글에서 부분적으로 언급되는 대통령에 대한 기술이 어떠한 의미적 맥락을 가지고 있는지를 평가해 '옹호적', '우호적', '비판적', '공격적'의 네 가지 유형으로 분류했다. 이 분류는 단지 논조의 방향성을 구분하기 위한 목적일 뿐 칼럼 내용의 타당성을 평가하는 것은 아니다. 어떤 논조가 더 타당한 주장인지는 개별 사안에 따라 다를 수밖에 없고, 주장의 강도보다는 논리와 설득력에 의해 판단해야 할 문제다. 네 가지 논조 유형은 다음과 같이 정의했다.

먼저 **옹호적 유형**은 크게 두 가지로 분류했다. 첫째, 대통령의 정책과 생각을 전적으로 지지하거나 그런 표현을 담고 있는 글이다. 둘째, 대통령에 대한 비판을 부당하다고 반박하거나 반대 세력을 공격하는 내용의 글도 이 유형에 포함된다. 다음은 각각 그런 예시를 보여준다.

> 문재인 대통령은 74주년 8 · 15 경축사에서 '아무도 흔들 수 없는 나라', '누구도 흔들 수 없는 경제', 남북이 상생협력하는 '평화경제'를 만들겠다는 포부를 밝혔다. 우리 경제 구조를 포용과 상생의 생태계로 변화시키고, 대 · 중소기업과 노사의 상생협력으로 소

4 대통령 이름을 직접 거명하지 않더라도 '청와대', '○○○ 정부', '이 정권', '집권 세력' 같은 표현을 통해 사실상 대통령을 겨냥한 경우도 분석에 포함했다. 그러나 대통령을 거론했더라도 단순 사실을 언급하거나 대통령을 평가하는 의미가 담기지 않은 경우에는 분석에서 제외했다.

재·부품·장비 산업의 경쟁력 강화에 힘을 쏟겠다고 했다. 아베를 제치는 한국 '촛불정부'의 문명적 선진성을 나름 잘 보여준 발언이다. (『한겨레』, "한일갈등, 흔들림 없는 경제의 새 길 찾기", 이병천, 2019. 9. 5.)

대통령에 대한 부정적 평가가 무차별적으로 확산하고 있다. 가까운 예는 이른바 '청와대의 문건 유출 사건'이다. 실체가 없다는 사실이 밝혀졌는데도 많은 매체가 이 사건을 대통령 비판의 소재로 활용했다. 조금 먼 예는 '세월호 사건'이다. 일부 매체는 '국가에 의한 부작위 살인'이라는 황당한 주장까지 미주알고주알 보도하며 대통령 흔들기에 경쟁적으로 나서고 있다. (『조선일보』, "대통령 지지율 50%를 회복하는 길", 류석춘, 2015. 3. 2.)

**우호적 유형**은 크게 세 가지로 분류했다. 첫째, 대통령의 국정 과제와 정책을 소개하면서 그 당위성을 강조하는 내용이다. 둘째, 국정 현안을 비판하지만, 그 책임을 대통령이 아닌 타자에게 돌리는 내용이다. 셋째, 대통령을 비판하는 내용이지만 공격보다는 애정 어린 조언에 가까운 글이다. 해당 세 가지 사례는 다음 순서와 같다.

박근혜 대통령과 아베 일본 총리가 지난 22일 한·일 국교 정상화 50주년을 맞아 양국 관계의 개선 의지를 확실히 밝혔다. 박 대통령은 '새로운 협력과 공영共榮의 미래를 여는 전환점을 만들자'고 제안했고, 아베 총리는 '앞으로 50년을 위해 손잡고 새 시대를 열자'고 화답했다. 이로써 지난 2년 반 동안 심각하게 경색되어 있던 양국 관계는 변곡점을 넘어 새로운 단계로 이행할 것으로 보인다. (『한겨레』, "정상회담 개최가 한일관계 정상화 지름길", 이원덕, 2019. 9. 5.)

그래서 보수반동의 득세를 남의 나라 일로만 볼 수 없다. 문재인 정부가 성과를 거두지 못한다면 트럼프나 아베 같은 극단적 지도자가 등장하지 않을 것이라고 누가 보장할 수 있겠는가. 보수 야당 리더들의 면면을 보라. 시민들은 눈을 부릅떠야 한다. 조국 논란을 관리 못해 중도층 이탈을 부른 여권도 현 상황을 무겁게 받아들여야 한다. (『경향신문』, "보수 반동의 세계", 이용욱, 2019. 10. 13.)

그러나 MB는 정말 신중하다. 돌다리도 두들겨 보고 건너라는 속담이 있지만, 돌다리를 두들겨 보고도 건너지 않는 신중함이다. 뭘 그리도 고르고, 재고, 따질 게 많은지 기다리다 목이 빠질 지경이다. 정치는 타이밍이란 말이 있다. 제때 수술을 하지 않으면 환자의 생명이 위태로울 수 있듯, 정치 또한 실기하지 말고 적기에 적절한 조치를 취해야 효과가 배가될 수 있다. 아무리 좋은 정책도 시기를 놓치면 역작용을 낳을 수 있다. (『중앙일보』, "식탁 앞 기도가 길어지면", 허남진, 2010. 7. 30.)

**비판적 유형**은 두 가지로, 첫째, 대통령의 국정 운영 방식, 정책, 언행 등을 비판하는 칼럼이다. 사안과 논리에 치중하면서 대통령에 대해 호불호를 드러내지 않는 글이다. 많은 칼럼이 이런 식으로 비판적 주장을 논리적으로 설득하는 논증에 치중하고 있다. 둘째, 대통령에 대한 긍정적 언급과 부정적 언급을 함께 포함하고 있는 글이다. 전반적인 논조가 옹호적이거나 우호적이더라도 비판적 평가가 포함된 경우에는 비판적 유형으로 분류했다. 다음은 해당 사례들이다.

2019년 외신과의 서면 인터뷰에서 문 대통령은 김정은이 경제 발전을 위해 핵을 포기할 의지를 피력했다고 말했다. 그렇다면 하노이 회담과 여러 차례 실무 협상에서 드러났던 북한의 전략은, 그리고 완전한 비핵화란 말과 거리가 멀었던 김정은의 행동은 어떻게 설명할 수 있을까. 협상 교착이 미국 탓이라는 주장도 실제와 다르다. (『중앙일보』, "지금이 경협을 시작할 때인가", 김병연, 2020. 1. 29.)

문제는 대통령이 특허까지 받을 정도의 좋은 시스템을 개발해 놓고 업무의 속도감과 효율성을 높이고 있음에도 왜 국민들로부터 국정 운영이 형편없다는 소리를 듣느냐는 점이다. (『경향신문』, "청와대 '댓글문화'의 명과 암", 김해진, 2006. 2. 20.)

마지막으로 **공격적 유형**은 세 가지로, 첫째, 대통령을 민주주의를 위협하거나 이념적으로 위험한 인물로 규정하는 글이다. 독재자라고 못박거나 친북 세력으로 간주하는 식이다. 둘째, 대통령을 인격적으로 경멸하거나 비하하는 표현들을 반복적으로 사용하는 경우이다. 셋째, 정치적으로 여야 어느 한쪽 정파를 지지하는 입장을 노골적으로 드러내며 대통령을 공격하는 글이다. 각 예시는 다음과 같다.

국민들은 권위주의의 악령을 떠올리면서 몸서리친다. 이 정부는 출범한 이후 줄곧 국민을 불편하게 만들고 악몽에 시달리게 하고 있다. 국민의 기본권이 과도하게 제한되고 공안정국이 이어지고 중형주의 형사정책이 쏟아진다. (…) 정부에 비판적인 인사를 제거하는 기술이 독재정권 뺨친다. 뒷조사도 하고 불러 '조지기'도 한다. (『경향신문』, "보에 갇혀버린 자유민주주의 가치들", 하태훈, 2010. 7. 29.)

문 정권은 뻔뻔함을 정권 유지 수단으로 삼아왔다. 부끄러움을 애써 무시하는 무치無恥가 정권 유지의 핵심 노하우였다. 무능, 부도덕, 거짓이 드러날 때마다 눈동자에서 동요조차 느낄 수 없는 수준급 뻔뻔함을 보여왔다. 대통령의 신년기자회견은 압권이었다. 나라 경제를 엉망으로 만들어놓고 지표가 좋아졌다고 자랑했다. (『조선일보』, "문왕무치", 이동훈, 2020. 1. 29.)

국정화 이슈를 통해 박근혜 정부의 본질, 즉 반민생과 반서민의 성격을 드러낼 수 있느냐가 관건이다. 민생쿠데타의 측면을 부각시켜야 한다. (『경향신문』, "지질한 보수, 얕은 진보", 이철희, 2015. 10. 20.)

다른 분석 유목 가운데 **주제**는 칼럼이 대통령을 어떤 측면에서 주로 평가하는지를 분석하는 것으로, 대주제로 리더십, 정책, 인물형character 세 가지 항목으로 분류했다. 이 대주제들은 대통령 보도에 대한 선행연구에서 언론이 중요하게 다루는 이슈들이다(Grossman & Kumar, 1981; King, 1995). 대주제는 다시 12개의 세부 주제로 나눴다. 리더십 항목은 국가지도자로서 전반적인 능력을 다루는 것으로 국정 리더십, 정치 리더십, 인사 리더십이 세부 항목이다. 인물형은 개인적으로 가지고 있는 가치관이나 사고방식, 성격, 언행 같은 특성을 의미하는 것으로 인식과 행태가 세부 항목이다. 예를 들어 '불통'의 이미지는 여러 대통령에게서 자주 언급되는 인물 행태다. 마지막으로 인식은 주로 대통령의 가치관 또는 이념성에 문제를 제기하는 것이다.

나머지 유목에서 **필진**은 언론사 사내 필진과 외부 전문가를 의미하는 사외 필진으로 구분했다. **제목** 유목은 문장 안에 대통령이 언급되는지 여부를 보았다. 대통령이 들어간 제목은 그만큼 직접적으로 대통령을 다루고 있기 때문이다. 이 밖에도 대통령을 직접 다루는 것인지, 아니면 다른 주제를 다루면서 간접적으로 대통령을 평가하는 언급을 하는 것인지를 구분해서 살펴보았다.

## 5. 대통령 주제 칼럼의 분석 결과

### 1) 양적 내용 분석의 특징

앞에서 설명한 대로 표집한 384건의 칼럼 가운데 대통령에 대한 평가가 담긴 칼럼은 93건으로 24.2%에 해당한다. 대표적 시사비평 칼럼 10건 가운데 2.4건은 대통령을 의제로 삼거나 간접적으로 다루고 있는 셈이다. 특징을 살펴보면, 첫 번째로 시기별, 즉 대통령별로 봤을 때 노무현 정부(19건)와 이명박 정부(18건)보다 박근혜 정부(29건)와 문재인 정부(27건)에서 훨씬 빈도가 늘어난 것을 발견할 수 있다. 이는 대통령을 주제로 하는 칼럼이 과거에 비해 늘어나는 추세라는 관찰을 확인해주는 결과다.

두 번째 특징은 대통령을 주제로 칼럼을 쓰는 필자는 주로 신문사 내부 필진이라는 점이다. 노무현 정부에서는 19건 가운데 16건(84.2%)을, 이명박 정부에서는 17건 가운데 12건(70.6%), 문재인 정부에서는 27건 가운데 16건(59.3%)을 내부 필진이 썼다. 다만 박근혜 정부에서는 내부 필진이 29건 가운데 15건(51.7%)을 써서 다른 정부와 다소 차이를 보였다.

왜 신문사 내부 필진들은 대통령 문제에 더 몰입하는 것일까? 여러 요인이 복합적으로 작용하겠지만, 앞에서 설명한 한국 언론사의 정치 뉴스 생산 관행의 산물로 볼 수 있다. 정치 뉴스를 개인의 문제로 보도하는 개인화 경향에 따른다면 국정의 최고 의사결정권자인 대통령에게 모든 권한과 책임이 귀결될 수밖에 없다. 신문사 내부 필진은 대개 논설위원 혹은 데스크가 맡거나 이러한 경로를 이미 거친 칼럼니스트가 집필하므로 기사 작성의 관행은 칼럼에도 그대로 이어질 것이기 때문이다. 반면에 외부 필진은 주로 대학교수이거나 전문가로서 자신의 전문 분야에 대해서만 칼럼을 쓰는 경향이 있다.

<표 7-2> 대통령별 칼럼의 논조

| 대통령 | 매체＼논조 | 옹호 | 우호 | 비판 | 공격 | 합계 |
|---|---|---|---|---|---|---|
| 노무현 | 경향 | — | 2 | 3 | — | 5 |
| | 조선 | — | — | 5 | 1 | 6 |
| | 중앙 | — | — | 5 | 1 | 6 |
| | 한겨레 | — | 2 | — | — | 2 |
| | 합계 | — | 4 | 13 | 2 | 19 |

| 대통령 | 매체＼논조 | 옹호 | 우호 | 비판 | 공격 | 합계 |
|---|---|---|---|---|---|---|
| 이명박 | 경향 | — | 1 | 3 | 2 | 6 |
| | 조선 | 1 | 2 | 1 | — | 4 |
| | 중앙 | — | 1 | 1 | — | 2 |
| | 한겨레 | — | 1 | 5 | — | 6 |
| | 합계 | 1 | 5 | 10 | 2 | 18 |

| 대통령 | 매체＼논조 | 옹호 | 우호 | 비판 | 공격 | 합계 |
|---|---|---|---|---|---|---|
| 박근혜 | 경향 | — | 1 | 9 | 1 | 11 |
| | 조선 | — | 1 | 4 | — | 5 |
| | 중앙 | — | 2 | 2 | — | 4 |
| | 한겨레 | — | 1 | 6 | 2 | 9 |
| | 합계 | — | 5 | 21 | 3 | 29 |

| 대통령 | 매체＼논조 | 옹호 | 우호 | 비판 | 공격 | 합계 |
|---|---|---|---|---|---|---|
| 문재인 | 경향 | 1 | 2 | — | — | 3 |
| | 조선 | — | — | 9 | 3 | 12 |
| | 중앙 | — | 1 | 9 | — | 10 |
| | 한겨레 | 1 | — | 1 | — | 2 |
| | 합계 | 2 | 3 | 19 | 3 | 27 |

세 번째 특징은 칼럼 논조에서 확연히 드러나는 정파성이다. <표 7-2>가 보여주듯이 신문사의 이념 성향에 따라 진보 정부와 보수 정부에서 칼럼의 횟수와 논조는 현저한 차이를 보인다. 예를 들어 『한겨레』의 경우 노무현·문재인 정부에서는 대통령을 다루는 칼럼 빈도가 4건에 불과하고, 논조도 옹호적(1건)이거나 우호적(2건)이었다. 반면 이명박·박근혜 정부에서는 빈도가 15건으로 늘어나고, 논조도 비판적이거나 공격적인 것이 13건이나 된다. 『경향신문』에서도 같은 패턴이 나타나는데, 노무현·문재인 정부에서 8건이던 대통령 주제 칼럼이 이명박·박근혜 정부에서는 17건으로 2배 이상 늘어나고 15건이 비판적이거나 공격적이었다.

반면 『조선일보』의 경우 노무현·문재인 정부에서는 대통령을 평가한 칼럼이 18건이고, 모두가 비판적(14건)이거나 공격적(4건) 내용이다. 그러나 이명박·박근혜 정부에서는 대통령을 다룬 칼럼이 9건이고 비판적 내용은 5건에 그쳤다. 같은 보수 신문인 『중앙일보』는 노무현·문재인 정부에서 빈도가 16건이고 이 가운데 15건이 비판적이거나 공격적이었지만, 이명박·박근혜 정부에서는 빈도가 6건으로 상대적으로 크게 적고, 3건이 우호적 내용이어서 더 편차가 심한 편이었다.

제목에서도 비슷한 패턴을 확인할 수 있었다. 노무현 정부 시절 대통령의 이름이나 직책이 들어간 제목은 5건이었는데, 이 가운데 4건이 『조선일보』 제목이었다. 예를 들면 "케네디와 노무현"(2005. 6. 30.), "노 대통령 독일에서 무엇을 볼 것인가"(2005. 4. 12.), "위태위태한 대통령의 역발상"(2006. 1. 21.), "노 대통령 지지율 올릴 마지막 카드"(2005. 5. 25.) 같은 제목이다. 이명박 정부에서는 2건으로 『경향신문』과 『한겨레』 칼럼이었다. 박근혜 정부에서는 8건으로 가장 많았는데 『조선일보』 1건, 『경향신문』·『중앙일보』 각 2건, 『한겨레』 3건이었다. 문재인 정부에서는 5건으로 『조선일보』 2건, 『중앙일보』 3건이었다.

요약하면 한국 언론사는 자신과 정치적으로 병행 관계에 있는 정부에서는 대통령을 칼럼으로 많이 다루지 않는 방식으로, 정치적으로 병행 관계가 아닌 정부에서는 반대로 적극적으로 자주 다루는 방식으로 선택적 편향성을 보였다. 내용에서도 정치적 병행 관계가 아닌 정부에 대해서는 더 가혹하게 비판하거나 공격하는 편이었다.

네 번째 특징은 칼럼이 다루는 주제가 대통령이 직면하고 해결해야 하는 많은 국가 현안 가운데 일부 이슈에 집중되어 있다는 점이다. 3개 대주제로 분류하면 정책 이슈가 41건(44.1%)으로 가장 많고, 리더십 29건(31.2%), 인간성 23건(24.7%) 순이다. 그런데 정책을 세분화하면 외교와 경제가 11건으로 가장 많고, 대북 10건, 사회 8건이며, 과학과 문화가 각 1건이다. 한·미 관계, 대중 관계, 대일 관계를 포함하는 외교정책은 대북 정책과 긴밀히 연결되어 있다는 점에서, 크게는 외교·안보 분야가 가장 큰 비중을 차지하고 있는 셈이다. 특히 이들 정책은 신문의 이념 성향에 따라 진보 정부에서는 보수 신문들이 유화적이고 포용적 대북정책의 위험성을 경고하며, 보수 정부에서는 진보 신문들이 대결적 강경 대북정책을 비판하는 패턴이 반복되는 양상이 나타났다. 종합해보면 비슷한 논리와 유사한 주장이 정권에 따라 쳇바퀴 돌듯이 반복되는 패턴이 드러난다.

리더십을 주제로 한 칼럼은 세부적으로 국정리더십이 15건, 인사리더십이 8건, 정치리더십이 5건이었다. 정부별로 보면 문재인 정부에서 13건으로 가장 많았고, 박근혜 정부 10건, 노무현 정부 4건이었으며, 이명박 정부에서는 1건밖에 없었다. 문재인 정부에서 대통령 리더십을 비판한 신문칼럼은 『조선일보』 6건, 『중앙일보』 4건, 『경향신문』 3건이었다. 이는 2019년에 있었던 서울대학교 조국 교수의 법무부 장관 임명 사태와 관련이 있다. 이 시기에 『조선일보』는 5건의 칼럼이, 『중앙일보』는 3건의 칼럼이 조 장관 임명을 비판하면서 대통령에게 인사 책임을 추궁했기 때문이다.

인물형과 관련해서는 노무현 정부에서 7건, 이명박 정부는 6건, 박근혜 정부는 5건, 문재인 정부는 5건이 다뤘다. 이 부분은 질적 분석에서 추가로 논의한다.

### 2) 질적 내용 분석의 특징

미디어의 내용에 대한 질적 분석은 비판적 담론 분석의 형식을 취한다. 이는 미디어의 내용이 현실을 그대로 반영하는 것이 아니라 다양한 사회적 요인에 의해 재구성된다는 구성주의 관점에 근거하기 때문이다(Tuchman, 1978). 그렇기에 미디어 담론에는 특정한 사회의 정치적 입장, 즉 지배적 이데올로기나 정치적 이해관계가 반영되었다고 보고 텍스트에 담긴 의미와 수용자에게 주는 함의를 탐구한다(신동일, 2022). 칼럼은 사회 현실을 필자의 주관에 따라 해석하고 구성하는 행위이기에 일정한 정치적 입장이 반영될 수밖에 없다. 이 글에서는 93건의 대통령 관련 칼럼 내용에 담긴 담론적 의미와 이를 위해 동원하는 수사적 표현 등을 칼럼의 규범과 연결 지어 자세히 살펴본다.

### 칼럼이 규정하는 대통령의 인물형

언론이 대통령을 한 사람의 개인으로 재현하려면 그를 일정한 인물 유형으로 규정하는 것이 필요하다. 1992년 미국 대통령 선거 보도를 내용 분석한 킹(King, 1995)의 연구는 미국 3대 신문 오피니언면 기사의 3분의 1이 대통령 후보자의 인물형을 중요하게 다루고 있음을 확인했다. 킹에 따르면 언론사 사이에는 대통령 후보의 인물형에 대한 일종의 묵계consensus가 만들어지는데, 그것이 언론 보도에 반복적으로 활용되면서 후보자의 평판으로 굳어지는 낙인효과가 발생한다. 이는 자칫 인신공격에 악용되거나 고정관념과 편견을 확대 재생산할 수 있다.

이번 대통령 주제 칼럼에서도 각 대통령을 특정 인물형으로 낙인찍는 수사적 표현들을 확인할 수 있었다. 낙인은 주로 부정적 이미지를 입히는 것이기에 정파성이 강한 칼럼에서 자주 활용되었다. 예를 들어 노무현 대통령에 대해서는 "위태위태한 역발상"(『조선일보』), "노 대통령의 업어치기 정치"(『경향신문』), "노무현식 승부수"(『조선일보』) 같은 표현들이 예측불허의 인물이라는 부정적 이미지를 각인시켰다. 보수 신문칼럼에서는 노 대통령의 이념적 정체성에 지속적으로 의문을 제기했는데, 다음 칼럼 내용이 대표적이다.

> 최근 노 대통령의 유엔 연설에서도 드러났듯이, 이 정권이 계속 오늘의 세계를 '제국주의 대 반反제국주의'의 대결로 보는 한, 한국을 그 '제국주의'의 식민지로 여기는 저들과의 한판 승부는 선택의 문제가 아니라 불가피한 운명이다. (『조선일보』, "'79.4%'를 어디다 담을 것인가", 류근일, 2005. 9. 20.)

이 칼럼은 5일 전 노 대통령이 유엔총회 정상회의 기조연설에서 “세계 여러 분야에 남아 있는 제국주의적 사고와 잔재를 완전히 청산해야 한다.”라고 발언한 것이 불씨가 되었다. 같은 날 『중앙일보』 ‘문창극 칼럼’도 “지금이 어느 세상인데 100년 전의 제국주의론을 꺼냈을까.”라며 “이 땅에서 시대착오적인 민족해방전쟁을 펼치고자 하는 세력이 활개를 치고 있으나 지금의 권력은 이를 제재하려 하지 않는다.”라고 비판했다.

박근혜 대통령은 주로 진보 신문칼럼에서 “독재”, “권위”, “억압” 같은 표현으로 자주 묘사되고, 특히 유신 체제로 장기집권을 꾀하다 비극적 결말을 맞은 박정희 전 대통령의 딸이란 사실이 강조되었다. 두 사람을 동일시함으로써 박근혜 정부가 독재로 가고 있다는 주장을 정당화하려는 담론 전략이다. 다음의 칼럼들이 대표적이다.

> 그렇구나, 대통령은 아버지에게 빙의되었고, 지금 우린 유신을 살고 있구나. (『한겨레』, “아이 갓 잇 프롬 마이 대디!”, 김종엽, 2016. 2. 25.)

> 그러나 지금 박근혜 대통령은 국민이 위임해준 범위를 벗어나고 있다. (…) 이건 리더십이 아니다. 권위주의리더십도 지난 딕테이터십dictatorship이다. 지금 상황을 ‘신종쿠데타’라고 부르는 사람도 있다. (『경향신문』. “박근혜는 대통령이다”, 이중근, 2015. 12. 8.)

문재인 대통령은 일부 보수 신문칼럼에서 “불통의 국정 운영”, “불통의 인간 유형”(『조선일보』)으로 표현되거나 “무능”, “뻔뻔함”, “답답함” 같은 수식어들이 자주 사용되었다. 조국 법무부 장관 사태 이후에는 더욱 비판의 강도가 높아지고 “독재”, “파시즘”이란 수식어도 등장했다. 특히 대통령 취임 당시 약속을 상기시키면서 그렇지 못한 현실을 “배신", "허위"로 비유하는 수사법도 자주 쓰였다. 다음의 칼럼들이 예시다.

> 취임할 때 대통령은 퇴근길에 시장에 들러 마주치는 시민과 격의 없는 대화를 나누겠다고 했지만, 시간이 갈수록 대통령은 점점 더 평범한 시민들에게서 멀어져 갔고, 듣고 싶은 이야기만 듣고, 만나고 싶은 사람만 만났던 것처럼 보인다. 결국 그 답답함의 원천은 소통이 되지 않는 정치, 불통 국정 운영과 관련이 있다. (『조선일보』. "야당 복만 있는 집권 여당", 강원택, 2019. 11. 11.)

> 하지만 이건 나라다운 나라를 만들라는 촛불정신 배반이다. 촛불정신은 도덕성과 개혁성이지 꼼수와 기회주의가 아니다. (『중앙일보』. "김대중·노무현 더럽히지 마라", 최상연, 2020. 3. 20.)

> 자유 공정선거로 정권을 교체하는 민주주의를 문 정권이 파괴하고 있다. '친문親文 마피아'는 이제 대한민국헌법 위에 초법적超法的 특수계급으로 군림한다. 문 정권이 21세기 한국에 연성軟性 파시즘의 악몽을 불러왔다. (『조선일보』. "중국에의 예종은 국가적 자살이다", 윤평중, 2020. 2. 7.)

**제왕적 대통령을 부르는 제왕적 책임론**

한국 사회의 진영 간 대립이 격화하는 원인으로는 승자독식의 정치 구조와 대통령에게 막강한 권한이 집중되는 제왕적 대통령제의 문제가 자주 거론된다. 신문칼럼에서도 제왕적 대통령의 폐해를 우려하는 글들을 볼 수 있지만, 동시에 대통령에게 제왕적 책임을 요구하는 내용들도 적지 않다. 해리 트루먼Harry Truman 전 미국 대통령(1945~1953)이 책상 위에 명패로 새겨두었다는 "모든 책임은 여기서 끝난다The Buck Stops Here."라는 경구는 대통령의 무한 책임을 강조한다. 그러나 사안의 경중이나 직무상 연관성에 상관없이 모든 사안의 책임을 대통령에게 돌리고 직접 해결하라고 촉구하는 것은 제왕적 대통령을 요구하는 이율배반이다. 노무현 대통령 시절에는 "이게 다 노무현 때문이야." 라는 유행어가 등장할 정도로 대중과 언론 사이에서 대통령 때리기가 만연했다. 다음 두 칼럼 중 첫 번째는 2015년 국내에 처음 유입된 메르스 전염병 방역 실패의 책임 소재를, 두 번째는 롯데그룹 신격호·신동주·신동빈 총수 일가 사이에서 벌어진 경영권 분쟁을 다룬 것이다.

> 거듭 생각해도 메르스 사태에는 대통령의 책임이 가장 크다. (…) 국정의 최고책임자로서 그리고 행정부 수반으로서 대통령이 져야 할 실질적인 책임을 뜻한다. 정부의 대응과 메르스의 확산이 자연 사건과 우연의 연쇄가 아니라 국정 시스템의 문제이기 때문이다. (『한겨레』, "메르스 대란, 왜 대통령 책임인가", 김창엽, 2015. 6. 25.)

> 무엇보다 롯데 사태는 여권의 '치부'를 건드렸다. 이번 사태는 재벌 총수의 전횡에 원인이 있지만, 재벌의 지배구조 문제를 고치지 않고 방치한 게 화를 불렀다는 지적이 많다. 박근혜 정부가 약속대로 경제민주화 약속만 지켰어도 롯데 사태는 없었을 것이라고들 한다. 롯데 사태가 박근혜 정부의 경제민주화 공약 '역주행'의 후과後果를 드러낸 셈이다. (『경향신문』, "롯데…재벌…거짓말", 김진우, 2015. 8. 8.)

칼럼에서 사용하는 표현에서도 민주주의 시대에 맞지 않는 권위주의식 용어들이 등장한다. 예를 들어 대통령의 분노를 사는 일이 발생하면 군주의 노여움을 뜻하는 '역린을 건드렸다'는 비유가 사용되는 것이 대표적이다. '통수권자', '최고 존엄' 같은 비유도 제왕적 대통령을 전제하고 있다.

### 시민이 아닌 대통령을 바라보는 칼럼

뉴스가 시민에게 세상이 어떻게 돌아가고 있는지에 관한 정보를 제공한다면, 칼럼은 세상을 읽고 시대를 보는 지혜를 제공하는 기능을 한다. 따라서 칼럼은 필자와 시민의 대화이며, 시민의 관점에서 그들에게 유용한 정보와 분석을 제공해야 한다. 그러나 일부 대통령 주제 칼럼은 과연 시민을 위해 쓴 것인지, 아니면 대통령을 위해 쓴 것인지 의문을 갖게 한다. 비판과 대안 제시 차원을 넘어 대통령 참모처럼 개인적 조언 또는 코칭을 하는 것 같은 칼럼들이다. 다음 첫 번째 칼럼은 중국 우한발 코로나 바이러스의 확산으로 대중 관계가 악화하는 시점에 정부의 대처를 비판하다가 불쑥 대통령의 중국 방문을 제안한다. 그리고 두 번째 칼럼은 박근혜 대통령의 지지율이 50% 이상에서 30%대로 떨어진 이유를 분석하며 지지율 회복 방안을 제시하는 내용이다.

> 문 대통령의 방중은 여러 이득이 있다. 시진핑 방한 = 총선용이란 비난을 벗을 수 있고, 솔선수범의 자세를 보여주며, 중국인에게 감동 두 배를 선사할 것이다. (…) 이왕이면 김 여사와 함께 우한 폐렴 완치 환자와 포옹하는 모습을 보여주면 더 좋을 것이다. 마스크 쓴 중국 서민들과 혼밥을 하는 것도 괜찮다. (『중앙일보』, "대통령 방중 절호의 기회다", 이정재, 2020. 2. 6.)

> 그렇다면 남은 임기 동안 박근혜 대통령이 해야 할 선택은 명백하다. 지지층, 즉 우파 또는 보수 세력이 원하는 개혁을 추진해야 한다. 일자리 창출을 목표로 한 경제 살리기와 적자赤字가 눈에 보이는 공무원연금 개혁 등이 지지층이 환호하는 선택이다. (『조선일보』, "대통령 지지율 50%를 회복하는 길", 류석춘, 2015. 3. 2.)

대통령에게 조언을 하는 방식은 비슷하지만 정책이 아니라 공직자에 대한 구체적인 인사를 주문하는 칼럼도 있다. 잘못된 정책이나 제 역할을 하지 못하는 공직자에 대한 비판은 제기할 수 있지만, 구체적인 인사 조치를 주문하는 것은 자칫 권력 행사에 간여하는 일로 언론의 독립성이나 공정성 차원에서 바람직하다고 보기 어렵다. 다음 두 칼럼이 예시다.

> 대안도 없이 일본과 군사정보 보호협정 파기를 주도해 대통령을 욕보인 김현종 청와대 안보2실장은 경질했으면 한다. 그의 유효기간은 끝났다. (『중앙일보』, "문 대통령, 하산길이 더 위험하다", 전영기, 2019. 11. 11.).

> 노 대통령은 동북아시대위원회에 취임 초기와 같이 경제기능을 복원시킬 필요가 있다고 본다. 또 노 대통령은 외교팀의 재정비 문제를 심각하게 검토할 때가 됐다고 본다. (『한겨레』, "기로에 선 동북아 공동체 구상", 장정수, 2005. 3. 7.)

대통령 주제 칼럼이 시민과의 대화가 아니라 대통령과의 개인적 대화로 변질되는 이유는 무엇일까? 대통령이 제왕적 권력을 누리는 한국적 상황에서 대통령이 움직이면 모든 것이 바뀔 수 있다는 판단이 작용했을 수 있다. 자신과 가치관을 같이하는 권력의 성공을 기원하는 정치적 동기도 있을 수 있다. 동시에 선거철만 되면 언론인 출신들이 대거 선거 캠프에 참여하거나 현직에서 바로 대통령의 참모로 옮겨가는 이른바 '폴리널리스트polinalist' 관행과도 무관치 않을 것이다. 이번 분석 대상 칼럼의 필자 가운데에는 나중에 정치권으로 옮기거나, 가려다 무산된 경우도 여럿이다.

### 칼럼의 편향성 드러내기

앞서 설명한 칼럼 내용의 양적 분석에서도 정파적 편향성은 충분히 확인되었지만, 이번에는 거기에 동원하는 담론 전략을 살펴본다. 가장 흔한 방식은 문제가 되는 사안의 책임을 현직 대통령이 아니라 과거 대통령 또는 반대 정파의 탓으로 돌리는 것이다. 다음 칼럼은 이명박 정부 시절 발생한 '북한의 연평도 포격'의 책임을 과거 정권에 돌린다.

> 좌파左派들의 주장처럼 이명박 대통령과 오바마 미 대통령이 북한과 대화를 하지 않았기 때문에 북이 포악해진 것일까. 햇볕 정권이 재창출됐다면 북은 한반도 평화의 궤도로 나아가고 있을까. (…) 이명박-오바마 행정부의 대북 정책은 북한 정권의 진실을 앞당겨 드러내게 만든 것이다. (『조선일보』, "민가 포격과 우라늄탄, 가면 벗은 북", 김창균, 2010. 11. 24.)

다음으로는 현재 정권을 불의한 세력으로 규정하면서 반대 세력 입장에 서서 정권 교체의 당위성을 주장하고 구체적 방법을 조언하는 방식이다. 이런 칼럼들은 선악이 분명한 이분법적 논리를 사용하고 자기 확신이 넘친다는 특징이 있다. 다음 첫 번째 칼럼은 '이명박 정권을 교체하는 것만큼 중요한 일은 없다'고 단언하면서 당시 논의되고 있던 야당 통합보다 노선에 따른 재집결을 주장한다. 두 번째 칼럼은 문재인 정부의 실정으로 다가오는 총선에서 반드시 여당이 심판을 받아야 함을 역설하며 당시 총선 출마를 망설이는 황교안 야당 대표에게 지역구 출마를 적극 권유하는 내용이다. 세 번째 칼럼은 야당의 내부 전략보고서를 방불케 할 정도로 노골적으로 박근혜 정부에 타격을 가하는 방법과 야당의 승리 전략에 대하여 구체적으로 조언한다. 이 필자는 다음해 야당에 입당해 대통령 참모와 국회의원을 지냈다.

정권 연장이 끔찍한 일이라는 점은 충분히 이해할 수 있다. 그러나 그것은 야권 통합이 과연 재집권을 막는 가장 효과적인 방법인가와는 다른 문제다. 야당 간 선거 연합을 통해 단일 후보를 낼 수도 있고, 단일 후보가 아니더라도 민주당이 대안 정당으로 거듭남으로써 선택 받는 길도 있기 때문이다. (『경향신문』, "야권 단일 정당 그 위험한 상상", 이대근, 2010. 11. 24.)

현 정권은 이번 총선에서 민심의 매를 맞아야 한다. (…) 이런 정권이 낙제점이 아니라 우등 성적표를 받으면 나라가 어떻게 되겠나. (…) 황 대표는 민심의 심판을 이끌고 가야 할 무거운 책임이 있다. 그 책무가 먼저이고 대통령은 다음이다. 자신의 모든 것을 던져 희생하는 결기와 의연함은 필수다. (『조선일보』, "꼬리 내린 장수가 무엇을 하나", 양상훈, 2020. 2. 3.)

박 대통령의 다음 수순은 민생 살리기이다. 그러면서 야당의 반대를 정략으로 규정할 것이다. 이 때문에 목소리를 높이고 부들부들 치를 떠는 모습을 보여주는 게 단호한 대응이 아니다. 시끄러운 소수가 아니라 분노하는 다수에게 눈높이를 맞추고, 그들이 자신의 삶을 위해서 분기할 수 있도록 만드는 것이 올바른 대응이다. '나라 분열시키지 말고 민생 챙기고, 경제를 살리라'고 해야 한다. 그래야 역사교과서 국정화가 여권의 덫이 될 수 있다. (『경향신문』, "지질한 보수, 얕은 진보", 이철희, 2015. 10. 20.)

마지막으로 정치적 반대 입장에 있는 정부에 대해서는 가혹한 비판을 하지만, 같은 입장에 있는 정부에 대해서는 비판을 하더라도 불가피한 시행착오나 의도되지 않은 실수 정도로 수위를 달리하는 은밀한 차별 전략도 자주 쓰인다. 다음 예시가 그렇다.

이 모든 문제를 독재정권과 무능한 보수 정권의 탓으로 돌리자는 건 아니다. '비정상을 정상화'시키는 과정에서 불필요한 갈등과 비용을 양산시키는 현 정부의 정책적 미숙함도 분명히 존재한다. (『경향신문』, "과거를 바로 잡는 비용", 박재현, 2019. 7. 24.)

그러나 모든 신문칼럼이 정파성에 의해 결정되는 것은 아니다. 정치적 이념을 달리하는 정부에 대해서도 우호적인 칼럼이 있다. <표 7-1>의 양적 분석 결과가 보여주듯이 이명박 정부와 박근혜 정부에서는 『경향신문』과 『한겨레』가 각 1건씩 모두 4건이 있었고, 문재인 정부에서는 『중앙일보』가 1건 있었다. 다음은 이 가운데 2건의 칼럼 내용 일부다.

당시 박근혜 후보는 신뢰의 정치인으로 정평이 나 있었고, 원칙은 끝까지 뚝심으로 밀고 나가고, 오직 애국심으로 뭉친 정치인이라는 평가가 사실 존재했다. 그래서 현 정부에서는 이전 정부와 차별화하기 위해 유독 신뢰라는 말을 많이 썼고, 하다못해 외교와 남북관계에까지 신뢰외교, 한반도 신뢰 프로세스와 같은 말들이 만들어지기도 했다. (『경향신문』, "신뢰결핍 사회 대한민국", 이근, 2015. 7. 30.)

그러나 정작 이명박 대통령의 태도가 이상하다. 어느 때보다 신중한 태도로 접근하고 있다. "예단하거나 추측해서는 안 된다.", "모든 가능성을 열어두고 있지만 북한이 개입됐다고 볼 만한 증거는 아직 없다."라고 말했다. 5일 라디오 연설에선 "원인 규명은 속도보다 정확성이 더 중요하다."라고 했다. 맞는 말이다. 하지만 문제아가 어느 날 갑자기 모범생으로 돌변했다고나 할까? (『한겨레』, "MB가 이상하다", 정남기, 2010. 4. 6.)

**칼럼의 품격**

신문칼럼은 한국 사회에서 가장 수준 높은 사회 담론이 전개되고, 글쓰기에서도 많은 사람이 본보기로 삼는 글이다. 대학 등에서 칼럼이 토론과 글쓰기 같은 교육 자료로 널리 쓰이는 이유다. 따라서 칼럼은 언어의 선택과 문장 표현, 내용의 논리 구조 등 모든 면에서 품격을 갖추어야 하지만 그렇지 못한 경우도 적지 않다.

가장 흔하게 볼 수 있는 유형으로는, 우선 과잉일반화의 오류를 들 수 있다. 자신의 주장이 다수가 공유하는 보편적 견해인 것처럼 강조하기 위해 "국민", "절대다수" 같은 집합적 표현을 동원한다. 다음 칼럼은 노무현 정부 청와대에서 'e-지원' 시스템이라는 내부 업무 결재망에 관계자들이 댓글로 의견을 밝히고 지시를 하는 새로운 소통 방식과 관련하여, 그 부작용을 비판하는 내용이다. 청와대 관계자 외에는 내용을 전혀 알 수 없는 사안임에도 "절대다수 국민"이 등장한다.

> 청와대는 댓글문화를 왜 이해하지 못하느냐고 할지 모르지만 절대다수의 국민들은 여기에 익숙지 않다. 국민들은 대통령의 국정 수행이 엄중한 분위기 속에서 고독하게 이뤄지는 것으로 알고 있는데 댓글 분위기를 통해 정책이 너무 가볍게 결정되는 것으로 비치고 있다는 점도 염두에 둬야 한다. (『경향신문』, "청와대 '댓글문화'의 명과 암", 김해진, 2006. 2. 20.)

논증적 글쓰기의 기본은 어떠한 주장이든 이를 뒷받침하는 근거와 이유를 제시하는 것이다. 주장만 한 채 근거를 제시하지 않는 경우는 그 주장이 굳이 논증이 필요 없을 정도로 명약관화하다는 전제가 깔려 있는데, 이는 논의 자체를 원천봉쇄하는 격이다. 대통령의 자질과 실정을 공격하는 주장을 펴면서 근거나 설명을 건너뛴다면 이 역시 무리한 일반화에 해당한다. 다음 첫 번째 글은 칼럼을 시작하는 첫 문장인데도 주장만 존재할 뿐 이어지는 논증은 없다. 두 번째 글은 이명박 정부의 국가브랜드 제고 전략을 긍정적으로 평가하면서 앞에서 전혀 언급한 바가 없는 '세종시 논란'이 국가브랜드 하락의 원인인 것처럼 한마디 하고는 끝을 맺는다.

> 이명박 정권이 이 사회 구석구석에서 저지르고 있는 횡포를 똑똑히 지켜본 사람들은 무슨 수를 써서라도 정권을 바꿔야겠다는 간절함을 남몰래 가슴속 깊이 새겨둔다. (『경향신문』, "야권 단일 정당 그 위험한 상상", 이대근, 2010. 11. 24.)

> 이명박 정부가 신설한 국가브랜드위원회는 목표가 두 개다. ▲ OECD 평균 수준의 국가브랜드 파워 달성, ▲ 2013년 국가브랜드 가치 세계 15위권 진입이다. 달리 말하면 우리 국가브랜드는 OECD 평균에 한참 뒤져 있다는 뜻이다. M사의 보고서에 따르면 국가들끼리 서로를 견주는 '상대적 위치'에서도 대한민국은 하향 이동 중이다. 2005년엔 세계 브랜드 가치 21위였으나 2년 뒤에는 30위로 처졌다. 세종시 논란 때문에 넌덜머리가 난다는 독자들은 그 이유를 말 안 해도 알 것이다. (『조선일보』, "김연아, 미안해", 김광일, 2010. 2. 28.)

대통령이나 정부 또는 공적 집단을 비판할 때 한국 언론이 즐겨 사용하는 부정적 어휘들이 있다. 비판의 강도를 높이기 위해서는 이 부정적 어휘의 수위도 높아진다. 객관적이어야 할 뉴스 문장에서도 주관적이고 과장된 표현들을 아무렇지 않게 쓴다. 예를 들면 "총체적 난국", "무능한 정권", "정신 나간 정부", "대국민 사기극" 같은 표현이다. 대개 이런 표현들은 설명을 생략한 채 밑도 끝도 없이 사용되는 경우가 많다. 이는 칼럼에서도 마찬가지다. 다음 칼럼에서도 "총체적 무능"에 대해 설명하지 않는다.

> 천안함 사건 과정에서 이명박 정권은 총체적 무능을 드러냈지만 북한이라는 존재만으로 그 무능을 간단히 덮을 수 있다. 한국의 보수만큼 먹고사는 데 편하고 쉬운 직업이 또 어디 있을까. (『한겨레』, "상지대 사태와 세력관계", 홍세화, 2010. 5. 12.)

대통령의 국정 수행을 비판하는 칼럼은 무거운 책임감을 강조하기 위해, 또는 대통령의 실정이 초래한 국정 실패를 부각하기 위해 상황을 극단적으로 표현하는 경향을 보이기도 한다. 국가가 위기에 빠져 있는데 제대로 대응하지 못한다는 식의 채찍질이다. 다음 칼럼은 국가가 진퇴양난의 위기에 빠져 있다고 단언하며 대통령이 져야 할 책무를 제시한다.

> 대내적으로는 현 정부의 적폐 청산, 탈원전, 소득 주도 성장 정책, 그리고 군의 경계 실패와 패착적 외교 등에 대한 비판과 논란으로 남·남 갈등이 격화되어 그야말로 진퇴양난의 국가 위기 상황이다. 정부의 내부 지향적 임기응변식 대응으로 파생된 부정적 결과는 국민의 우려를 더욱 가중하고 있다. (『조선일보』, "국가 위기에서 대통령이 해야 할 네 가지 일", 정찬권, 2019. 7. 25.)

원인과 결과의 인과관계가 불분명한데도 대통령의 잘못된 선택이 초래할 후유증을 침소봉대하는 경향도 있다. 다음 칼럼은 2019년 9월 조국 법무부 장관 인사청문회 날 발표된 칼럼으로, 조국 후보자가 끝까지 버틸 경우 벌어질 일을 다음과 같이 예측하고 있다.

> 가뜩이나 어려운 대한민국호는 뿌리째 흔들릴 것이다. 당장 야

> 당 반발로 정치가 실종될 것이다. 정치에 종속된 경제의 혼란은 말할 것도 없다. 513조 원의 내년 예산안 심의부터 건성건성 흘러갈 것이다. 정치적 위험이 커지면 기업은 몸을 사린다. 소비 심리는 위축되고 성장은 2%를 밑돌 가능성이 크다. 가뜩이나 미·중 무역전쟁, 한·일 경제전쟁에 환율이 뛰고 주가가 곤두박질 중이다. 내우외환, 정부가 아무리 돈을 푼들 경제를 살릴 수 없게 된다. (『중앙일보』, "조국스럽다", 이정재, 2019. 9. 6.)

칼럼의 품격은 무엇보다 품위 있는 언어 사용에서 나온다. 아무리 잘못이 크다고 하더라도 비판의 대상이 되는 상대방에 대한 최소한의 배려가 필요하다. 개인적 분노를 여과 없이 표출하거나 조롱하고, 혐오하는 듯한 표현은 읽는 사람도 불편하고 설득의 효과도 떨어진다. 유머를 담아 비꼬거나 꼬집는 풍자도 비판의 한 형식이라는 점을 고려하더라도 다음 칼럼들은 그 선을 넘었다는 거부감을 느끼게 한다.

> 문 정권은 뻔뻔함을 정권 유지 수단으로 삼아왔다. (…) '무치의 고수' 대통령을 따라 이 정권 사람들은 뻔뻔함에서 다들 한가락 한다. 국회의장은 평생 내걸어온 민주주의 이력을 내던지고 아들을 위해 법안 날치기에 앞장섰다. 입법부 수장을 했던 스마일맨은 행정부 이인자를 해보겠다고 다리 밑으로 기어들어가며 '국민을 위해서'란 핑계를 댔다. 집권 여당 대표 하던 사람은 무슨 영화를 더 누릴 요량인지 법무부장관을 꿰차고 망나니 칼춤을 춘다. (『조선일보』, "문왕무치", 이동훈, 2020. 1. 29.)

> '각하, 각하' 하면서 충성심만 보이면 속이 썩은 '양파' 총리라도 좋다는 생각. 그런 총리의 임명을 강행하기 위한 지역주의 이간계. 그로 인해 '충청의 치욕'이 되어버린 충청의 자존심. 무력해진

총리. 데드덕 대통령과 '레임치킨' 총리가 되었다. 비서실장으로 변신한 국정원장의 정보통치, 친박 정무특보로 울타리를 친 불통 정치, 충성파로 둘러싼 청와대와 내각의 불통쇄신. (『한겨레』, "'데드덕'의 마지막 선택", 이동걸, 2015. 3. 2.)

* * *

대통령이 행정부의 수장을 넘어 국가원수로서의 제왕적 지위를 가지는 한국의 정치 환경에서 대통령의 국정 수행은 늘 견제와 비판의 대상이며, 동시에 공적 토론의 중요 의제가 될 수밖에 없다. 신문 오피니언면을 대표하는 시사비평 칼럼이 대통령의 국정 수행에 시시비비를 가리는 논평을 하는 것은 당연하다. 그러나 무수히 많은 국정 현안과 거기에 얽힌 복잡한 현실 문제들을 단순하게 대통령 개인의 문제로 치환하는 역효과가 크다는 점도 충분히 고려해야 한다.

더욱이 정치적 진영 논리에 따라 편향적 보도를 하는 한국 언론의 고질적 정파성이 대통령 관련 신문칼럼의 논조와 내용에서도 그대로 재현되고 있음이 이번 분석을 통해 확인되었다. 정치적으로 병행 관계에 있는 대통령에게는 우호적인 조언을 건네고 반대 관계에 있는 대통령에게는 가혹하게 공격하는 양상이 여실히 드러나고 있다. 대통령을 주제로 삼는 칼럼이 크게 증가하는 현상은 그래서 건강한 비판 여론이라기보다는 언론 정파성 심화의 신호로도 볼 수 있다.

신문 오피니언면이 사회의 다원적 가치와 이해가 표현되고 경합하는 공론장의 역할을 표방하고 있다는 점에서, 정파적으로 고착된 관점만을 반영하는 칼럼은 독자를 '필터버블filter bubble'에 가두고, 확증편향을 강요하는 셈이다. 시민들이 합리적 의사결정을 하려면 자신의 생각과 반대되거나 경쟁하는 주장들도 접하고 비교 검토할 수 있는 기회가 주어져야 한다.

그러기 위해서는 오피니언면이 신문사의 논조와 색깔을 드러내는 자신들의 전유물이 아니라 공동체를 위한 합리적 소통의 공론장이라는 인식이 필요하다. 이와 함께 의견 다양성을 실제로 구현할 수 있도록 필자 선정 등 세부 실천 기준을 마련해야 한다. 실제로 『경향신문』은 2011년 보수 논객으로 유명한 류근일 전 『조선일보』 주필을 필진으로 영입해 정기적으로 칼럼을 게재하는 실험을 하기도 했다.

대통령을 다루는 칼럼에서 가장 많이 다루는 소재가 대북 문제와 외교 안보에 집중되고, 국민 생활과 직결된 현안과 정책들은 상대적으로 소홀히 다뤄지는 부분 역시 언론의 정파성과 무관하지 않다. 이들 주제들이 이념적 공방의 주요 테마가 되기 때문이다. 대통령을 상대 진영의 수장으로 바라보는 이분법적 접근은 합리적이고 이성적인 논의보다 분노와 적대감만 표출하고 절제되지 못한 표현을 촉발한다. 대통령을 주제로 하는 칼럼들이 시민의 관점에서 현안을 바라보고 설명하기보다는 대통령에게 개인적 코칭을 하는 듯한 접근 방식을 보이는 점도 지양해야 한다. 여기에는 독자를 중시한다고 외치면서도 실제 취재보도에서는 취재원과의 관계를 더욱 고려하고 중시하는 한국 언론의 관행이 숨어 있다.

신문칼럼은 시민들에게 세상과 시대를 읽는 지혜와 통찰을 제공할 수 있어야 한다. 일방적으로 필자의 생각을 강요하는 것이 아니라 독자들이 사고의 관점을 넓히고 스스로 성찰할 수 있게 하는 자극제가 되어야 한다. 대통령을 다루는 칼럼도 대통령 개인 자체가 아니라 그를 통해 국가의 현안을 보다 심층적이고 종합적으로 이해하고 논의할 수 있도록 지적 자극을 주어야 한다.

이 장에서는 한국 신문의 시사칼럼이 대통령을 어떻게 의제화하고 논평하는지를 보수와 진보를 대표하는 4개 신문칼럼의 내용 분석을 통해 탐색해보았다. 물론 한국의 종합일간지 가운데 이념 성향이 분명한 신문만을 대상으로 했기 때문에 결과를 일반화하기 어렵다는 한계는 있다. 그러나 대통령을 다루는 칼럼에서 무엇보다 중요한 변수가 언론의 정파성이며, 여론 형성에 미치는 영향력 면에서도 이들 신문의 역할이 중요하기 때문에 분석의 타당성은 있다고 생각한다.

근래 미국의 유력 일간지 『뉴욕타임스』의 대표 칼럼니스트 8명이 과거 자기 자신이 쓴 칼럼의 오류를 반성하는 글을 실어 화제가 된 바 있다. 이 기획 특집의 머리말은 "극단적 정파성과 양극화 시대, 소셜미디어가 편향성을 조장하는 상황에서 잘못을 인정하는 것은 쉽지 않았다."라고 전제한 뒤, "그럼에도 선의의 지적 토론은 가능하고, 현안에 대한 우리의 입장을 재고할 수 있어야 한다는 믿음을 가지고 잘못을 인정하는 것이 얼마나 값진 일인지를 보여주고 싶었다."라고 기획 의도를 설명했다(Krugman, Goldberg, Brooks, Tufekci, Stephens, Friedman, Manjoo, & Collins, 2022. 7. 20.). 이 사례와 같이, 자신의 견해도 틀릴 수 있고 수정될 수 있다는 열린 자세가 있어야만 민주주의가 꽃피는 열린 사회로 나아갈 수 있을 것이다.

# 8장 드러난 얼굴과 보이지 않는 손

## 대통령실 출입기자의 취재와 보도 관행

이완수

대한민국 대통령 집무실은 문재인 정부 때까지 '서울특별시 종로구 청와대로 1번지'였다. 역사적으로 오랫동안 '세종로 1번지'로 불렸던 곳이다. 정부가 행정 주소를 '청와대로 1번지'나 '세종로 1번지'로 명명한 것은 이곳이 중요하다는 정치적 상징성을 보여준다. 윤석열 정부가 시작되면서 이 청와대를 서울 용산으로 옮겼다. 이름도 '청와대'에서 일반 명사인 '대통령실presidential office'로 바뀌었다. 국가 주요 정책은 대통령실에서 최종적으로 결정된다. 대한민국의 운명이 때때로 이곳에서 결정되기도 하고, 대통령실의 말 한마디가 국가에 큰 파장을 몰고 오기도 한다. 대통령실은 대한민국을 이끄는 대통령의 직무 공간이자, 국가 정책을 결정하는 심장부인 셈이다.

대통령실은 언론사에게 가장 중요한 출입처다. 대통령실발 뉴스는 어떤 뉴스보다 보도할 가치가 크다. 언론들이 대통령실발 뉴스에 특별히 관심을 기울이는 것도 대통령실의 위상이 그만큼 크다는 뜻이다. 대통령실에서 발신된 뉴스가 비중 있게 다뤄지는 것은 말할 것도 없다. 특히 대통령의 발언은 그날의 신문 지면을 장식하고, 방송 전파를 지배한다.

대통령실 출입기자들은 국가 최고 권력자인 대통령을 취재하고, 국가 핵심 정책을 보도한다. 기자사회에서는 대통령실 출입기자를 '1호 기자'로 부른다. 대통령실 기자들의 위상이 과거에 비해 낮아졌다고는 하지만, 여전히 각 언론사는 에이스급 기자들을 출입기자로 내보낸다. 적어도 입사 후 15년 정도의 취재 경험이 있어야 하고, 취재 역량을 인정받아야만 대통령실 출입기자로 발탁된다. 각 언론사가 대표 선수로 내보내는 기자들이 바로 '대통령실 출입기자'들인 셈이다. 대통령실 출입기자단은 한때 'SKY(서울대·고려대·연세대)'로 불리는 일부 명문대학 출신들에 의해 독점된 시대도 있었다. 국가 최고 권력자인 대통령을 취재한다는 점에서 개인적 자부심도 크다. 이들은 대통령 해외 순방 때 대통령 전용기에 탑승해 취재 활동을 하는 영예도 누린다. 그런 점에서 대통령실 출입기자에게는 다른 일반 기자와는 다른 차별적 지위가 부여된다. 대통령실 출입기자들의 역할이 그만큼 중요하다는 뜻이다.

그러나 언론사 '1호 기자'들이 대통령실 안에서 무엇을, 어떻게 취재하고 보도하는지는 제대로 알려져 있지 않다. 기자들에 대한 연구는 수없이 많았지만, 대통령실 출입기자들의 내부 취재 관행은 간헐적으로만 알려져왔을 뿐이다. 한국 사회에서 대통령은 사회적 영향력 측면에서나 뉴스 가치 측면에서 가장 중요한 뉴스 인물이다. 이런 중요한 인물을 다루는 대통령실 출입기자들의 취재 관행이 제대로 알려지지 않은 것은 이상한 일이다.

한국 대통령실 출입기자들이 학술 연구의 대상으로 다뤄지지 못한 이유는 크게 두 가지다. 우선 대통령실 출입처는 물리적으로 접근이 어렵다. 누구나 들어갈 수 없고, 외부인이 대통령실 출입기자들을 만나는 일 또한 쉽지 않다. 그들은 바쁜 사람이고, 외부인들을 잘 만나주지도 않는다. 연구자들이 대통령실 출입기자들의 세계에 쉽게 발을 들여놓기가 어려운 첫 번째 이유다. 대통령실 출입기자들이 칼럼을 통해 내부 상황을 간혹 알린 적은 있었지만, 외부 연구자들이 체계적인 틀을 통해 관찰한 예는 적었다(남재일, 2006; 최영재, 2011). 두 번째는 연구자들이 저널리즘에 대한 연구를 수행하면서도, 정작 '대통령 저널리즘 presidency journalism' 연구의 중요성을 간과해왔다. 한국의 저널리즘 연구에서 대통령을 연구한 사례는 매우 드문 편이다. 뉴스 인물로서 대통령의 가치는 널리 알려져 있지만, 이를 연구 차원으로 접근하지 못했다. 대통령 뉴스에 대한 연구가 간과되면서 자연히 대통령실 출입기자들에 대한 연구 역시 사각지대로 남아 있었다.

대통령실 출입기자 연구는 저널리즘 연구 영역에서 중요하다. 한 국가를 통치하는 대통령의 일거수일투족을 취재하는 기자들의 활동 세계를 알지 못하고서는 권력에 대한 언론의 감시 기능, 즉 출입기자들이 국가 권력을 어떤 방식으로 취재하는지, 기자와 취재원이 상호 어떤 긴장관계를 유지하는지, 그리고 대통령 혹은 대통령실에 대한 비판을 제대로 하는지 알 수 없다.

## 1. 대통령실 출입기자 취재 관행의 역사적 변천

한국 대통령실 출입기자의 취재 관행은 역사적으로 일정한 패턴을 보여왔다. 대통령이 바뀌면서 미묘한 변화도 있었지만, 권력과 언론 간의 밀월 관계는 쉽게 사라지지 않았다. 남재일(2006)은 1987년 민주화 이후 역대 청와대와 기자(혹은 언론) 간의 관계를 다음과 같이 정리한다. 노태우 대통령 집권기에는 청와대가 일방적으로 출입기자를 정했다. 언론사가 출입처 명단을 올리면 자기들 마음에 드는 사람은 받아들이고, 그렇지 않은 사람은 거부하는 식이었다. 출입기자에 대한 청와대의 일방적 결정에는 학연, 지연, 정부와의 친밀도 등이 고려되었다. 그 가운데서도 지연이 가장 중요한 변수였다. 이 때문에 대구·경북 출신이 절대적으로 많았다. 보도 논조는 기자들이 사전 조율을 통해 조정되었다. 대통령 개인에 대한 비판 기사는 드물었다.

김영삼 대통령 때에는 사적 채널에 의한 연고주의 담합이 두드러졌다. 김영삼 대통령은 평소 언론사 사주는 물론 출입기자들과도 가깝게 지냈다. 사적 채널을 통한 언론 통제와 회유가 이루어졌으며, 출입기자 선정 과정에 지연 편중은 줄어든 대신 학연이 중요해졌다. 친화력이 좋았던 고려대학교 출신이 눈에 띄게 많아졌다. 당시 청와대 출입기자 30여 명 가운데 절반 가까이가 고려대학교 출신이었다(당시 출입기자 H씨 증언). 기자들은 주로 학연과 같은 사적 인맥에 의존해 취재원을 만나고, 정보를 얻었다. 기사 논조도 대통령 아들 김현철 사건 이전까지 대체로 친정부적이었다.

최초의 진보 정부였던 김대중 대통령이 들어서면서는 정부와 언론 간에 미묘한 긴장이 생기기 시작했다. 여소야대 정치 구조 속에서 정부와 언론은 갈등 관계로 바뀌었다. 언론사에 대한 최초의 세무 조사도 이때 이루어졌다. 출입기자들의 담합 관계는 깨지고, 기자들 간의 관계도 분열되었다. 진보지 『한겨레』는 여당지처럼 행세했고, 보수지 『조선일보』, 『중앙일보』, 『동아일보』는 정부와 적대적 관계로 변했다. 사적 채널이 크게 줄어들긴 했어도 호남이라는 지역 연고를 통한 사적 채널이 새롭게 가동됐다. 이러한 변화 속에 호남 출신 출입기자들이 많아졌다. 대변인 박지원은 기자들을 대상으로 바삐 움직였고, 그의 친화력 덕에 기자와 청와대 간에 밀월 관계가 완전히 깨지지는 않았다.

노무현 대통령 때는 정부와 언론의 관계가 급격히 나빠졌다. 이전과 달리 청와대 출입기자 선정 과정에 지연이나 학연은 전혀 고려되지 않았다. 취재 과정에 가동되던 사적 채널은 해체되었고, 대신 공식 브리핑제가 처음으로 도입되었다. 기자들은 청와대 비서동으로 가던 순회 취재가 막혔고, 참모들과의 직접 만남이 차단됐다. 기자들의 취재 동선은 비서동과 멀찍이 떨어진 춘추관으로 제한되었다. 부득이 대변인 브리핑과 전화 취재에 의존해 취재를 할 수밖에 없게 됐다. 대통령 개인에 대한 비판이 쏟아졌고, 모든 잘못과 책임은 대통령 개인에게 돌아갔다. 심지어 "이게 다 노무현 때문이야."라는 유행어가 시중에 나돌았다(나은경 · 이강형 · 김현석, 2008). 대통령의 말은 모두 가십기사로 다뤄졌고, 이로 인해 청와대와 기자들 간의 갈등은 커졌다.

역대 청와대 출입기자들 가운데 몇몇의 증언은 그들의 취재 상황을 극명하게 보여준다. 청와대가 정한 일방적 오프더레코드(비보도)와 엠바고(보도 일시유예) 사항에 대한 보도는 금지되었다(이제교, 2016). 대통령이 참석하는 모든 행사는 '포괄적 엠바고'의 대상이었고, 이를 어기면 '보도규정 위반'으로 출입 정지와 같은 징계 조치가 내려졌다(허원순, 2003). 짧게는 일주일, 길게는 수개월 출입이 제한되었다. 박근혜 대통령 때에는 대통령이 불편해하거나 권위에 도전하는 질문은 하기 어려웠다. 일례로 박근혜 대통령은 불편한 질문을 한 기자에게 면박을 줄 정도였다(최문선, 2017). 노무현 대통령 때부터 나빠진 취재 환경 탓에 청와대 출입기자들은 전화 취재가 유일한 취재 수단이 됐다. 그마저도 기자들의 전화를 받는 참모들은 드물었다. 참모들은 늘 "회의중"이었으며(허원순, 2003), 이 참모들이 전화를 받지 않으면 달리 방법이 없었다. 그런 관행은 지금도 크게 달라지지 않았다.

출입기자들은 청와대가 제공하는 자료를 베끼거나 대변인이 브리핑하는 내용을 열심히 받아 적는 길밖에 없었다(정종태, 2017). 이 때문에 청와대 출입기자들은 스스로 "타이피스트"라고 자조하거나 "권력의 담장 밖 기자들"이라고 말한다(정종태, 2017). 출입기자들은 취재 활동보다 권력과 소속 회사 간의 정치적 가교 역할을 하거나, 언론사 사주의 체면과 위세 세우기에 더 열중했다. 청와대와 한 가족, 또는 운명공동체라는 생각이 들 때도 있었다(박재훈, 2013). 이것이 역대 청와대 출입기자들의 취재 현실이다. 대통령실(이전 청와대) 출입기자들의 취재는 노무현 대통령 때를 제외하고는 대부분 사적 연고주의, 청와대와 언론 간의 유착, 기자단 내부의 담합 속에서 이뤄졌다.

언론에 대한 정부의 취재 통제는 대통령마다 다른 수준을 보여왔다(윤영철, 1995). 박정희 정부는 강한 '강압'과 약한 '유인'을 조합한 '억압적 언론 통제' 구조였고, 전두환 정부는 강한 '강압'과 강한 '유인'을 조합한 '국가흡수적 언론 통제' 유형에 가까웠다. 이에 반해 노태우·김영삼 정부는 약한 '강압'과 강한 '유인'을 동원한 '포섭적 언론 통제'를, 김대중·노무현 정부는 약한 '강압'과 약한 '유인'을 사용하는 '자유주의적 언론 통제' 양상을 보였다.

남재일(2006)은 정부와 언론의 역학 관계를 몇 가지 유형으로 제시한다. 노태우 대통령 때는 정부의 일방적 통제에 언론이 순응한 '정브 일방적 협조 관계'의 시기였다. 김영삼 대통령 때는 정부의 일방적 회유에 언론이 자발적으로 협조한 '정부중심적 유착 관계'를, 김대중 대통령 때는 정부와 언론이 갈등을 겪는 가운데 부분적인 유착을 유지하는 '갈등적 유착 관계'를 보였다. 그리고 노무현 대통령 때는 정부와 언론의 유착이 단절되면서 자율성과 적대적 관계가 공존하는 '자율적 긴장 관계'를 보인 시기였다(남재일, 2006). 한마디로 역대 권력과 언론 간의 관계는 정부 주도의 일방적 통제에서 사적 채널을 통한 연고주의적 담합을 거쳐 자율적 관계로 이행되어왔다. 그러나 권력과 언론의 자율적 관계가 현재 취재 현장에서 얼마나 실천되고 있는지는 알 수 없다.

## 2. 대통령실 출입기자 인터뷰 절차와 방법

이 글은 박근혜와 문재인 정부의 청와대, 그리고 윤석열 정부 대통령실 출입기자들의 내부 취재 관행과 뉴스 보도 방식을 집중적으로 다

<표 8-1> 대통령실 출입기자 면담자 프로파일

| 기자 | 소속 언론사 | 연차 | 대통령 | 취재 기간 | 성별 |
|---|---|---|---|---|---|
| J | 『조선일보』 | 18 | 박근혜 | 2년 | 남성 |
| K | 『조선일보』 | 11 | 윤석열 | 5개월 | 남성 |
| L | 『한겨레』 | 16 | 문재인 | 3년 | 남성 |
| A | 『서울신문』 | 14 | 윤석열 | 5개월 | 남성 |
| K | 『한국경제』 | 23 | 문재인 | 2년 | 남성 |
| K | <헤럴드경제> | 20 | 문재인/윤석열 | 2년 | 남성 |
| J | MBC | 15 | 문재인 | 2년 | 남성 |
| C | SBS | 17 | 윤석열 | 5개월 | 여성 |
| B | <뉴스1> | ? | 문재인 | 1년 | 남성 |
| N | <미디어오늘> | 8 | 윤석열 | 5개월 | 여성 |

룬다. 필자는 이들 세 대통령실 출입기자들을 직접 만나 어떻게 취재 활동을 하고 대통령발 뉴스를 생산·보도하는지 살펴보았다. 이를 위해 스노우볼 샘플링snowball sampling 방식으로 모두 10명의 전·현직 대통령실 출입기자를 소개받아 심층 인터뷰를 실시했다. 매체에 따라 종합일간지와 경제지 기자 5명, 방송사 기자 2명, 뉴스통신사 기자 1명, 미디어 전문 매체 소속 기자 1명이 포함됐다. 이들은 박근혜 대통령 출입기자 1명, 문재인 대통령 출입기자 5명, 윤석열 대통령 출입기자 4명으로 구성되었다. 인터뷰 대상 가운데는 대통령실 출입기자단의 전체 운영 시스템을 알아보기 위해 2명의 '기자 간사'도 포함했다. 면담자 프로파일은 <표 8-1>과 같다.

심층 인터뷰는 사전에 반구조화된 질문지를 작성한 뒤 이를 토대로 직접 면담 방식으로 이루어졌다. 인터뷰 내용은 질문지 내용에 제한하지 않고, 새로운 사실이나 의견을 자유롭게 개진하도록 했다. 인터뷰의 주요 내용은 다음과 같다.

- 대통령실 출입기자들은 주로 어떤 사람들인가?
- 대통령실 정보는 주로 어떻게 수집하는가?
- 대통령실의 하루 취재 과정은 어떻게 이뤄지는가?
- 대통령은 자주 만나는가? 연간 몇 번 정례 기자회견을 갖는가?
- 풀 기자는 어떻게 구성되고, 어떤 방식으로 활동하는가?
- 자신이 속한 언론사 이념이 대통령실 취재와 보도에 어떻게 영향을 미치는가?
- 풀 기사 자료를 자기 소속사의 정치적 이념에 맞게 재구성하는가?
- 정부에 따라 진보와 보수 매체의 취재 활동에 차별이 있는가?
- 취재 과정에서 대통령실 참모와의 사적 네트워크의 도움을 받는가? 받는다면 어떻게 받는가?
- 대통령실 출입기자단은 내부적으로 어떻게 결속되는가?
- 기자 '꾸미'는 왜 만들어지고, 어떻게 활동하는가?
- 대통령실은 취재 과정에 얼마나 개방적인가?
- 기자와 출입처 간 역학 관계는 어떠한가?
- 취재 과정에 대통령실의 압력이 있는가?
- 대통령실의 주요 보도 의제는 무엇인가?
- 대통령실 취재와 보도의 개선할 점은 무엇인가?

인터뷰는 점심시간을 이용해 직접 대면 방식으로 이뤄졌으며, 대략 평균 2~3시간 정도가 할당되었다. 일부 면담자들에 대해서는 전화로 인터뷰를 진행했다. 모든 내용은 녹취했으며, 이를 바탕으로 기술했다. 내용이 충분치 않은 부분에 대해서는 면담자에게 별도로 전화와 이메일을 통해 추가 의견을 받았다. 이 글은 대통령실 출입기자 인터뷰 결과를 토대로 작성되었다. 글에서 인용된 기자들은 모두 익명으로 처리했다.

## 3. 대통령실 취재 관행

뉴스 생산을 위해서는 취재원source이 중요하다. 취재원은 모든 뉴스의 출발점이자 종착점이며, 이들 없이는 어떤 뉴스도 만들어낼 수 없다. 취재원은 크게 사람과 자료로 구분된다. 그중 사람은 가장 직접적이고 중요한 취재원이다. 사람을 만나지 못하면 제대로 된 취재를 하기 어렵다. 기자들이 온갖 고생을 무릅쓰고 취재원을 만나 인터뷰를 하려고 하는 이유도 이 때문이다. 기자들이 취재원을 만나기 위해 밤샘을 하고 '뻗치기 취재'를 하는 관행도 모두 사람 취재원이 중요하기 때문이다. 기자들의 취재 활동은 대부분 해당 출입처 취재원과의 대면 접촉을 통해 이뤄진다. 취재원에게 묻고, 따지고, 또 사실을 확인하기 위해서는 이들과의 대면이 필수적이다. 취재원을 만나지 않고서는 정확한 정보를 얻어낼 수 없다. 진전 상황을 평가할 수도 없고, 예측할 수도 없다.

한국 기자들은 출입처beat라는 공간에서 주로 취재 활동을 한다. 출입처는 기자들이 손쉽게 취재원을 만나고 효율적으로 취재할 수 있는 환경을 제공한다. 출입처에 의존하는 한국 기자들에게 '출입처 취재원'은 중요할 수밖에 없다. 출입처 취재원은 뉴스의 원천인 셈이다. 그들을 얼마나 자주 만날 수 있는가에 따라 뉴스의 품질 수준이 결정된다. 대통령실도 마찬가지다. 대통령을 포함해 대통령실 참모들 모두가 중요한 취재원이다. 기자들은 이들 취재원의 입을 통해 정보를 얻고, 뉴스를 만들어낸다. 기자들이 이들을 만나지 못하거나, 혹은 이들의 일방적 주장을 받아쓰기만 하는 한 제대로 된 뉴스를 만들어내기 어렵다. 출입처라는 공간 속에서 기자와 취재원이 결탁하면 권력에 대한 환경감시는 어려워진다.

그러나 한국 대통령실 출입처는 권위적이고 폐쇄적이다. 대통령실 출입기자들은 내부적으로 취재원을 쉽게 만나기 어렵고, 정보를 자유롭게 수집할 수 있는 기회와 통로도 많지 않다. 대통령실 내 참모 취재원들은 얼굴을 잘 드러내지 않는다. 자연히 공식 채널인 홍보수석이나 대변인 브리핑에 의존할 수밖에 없다. 하지만 그것조차 매우 제한적이다. 출입기자들은 어쩔 수 없이 비공식적이고 은밀한 개인 인맥에 의존해 내부 취재를 수행할 수밖에 없다. 그렇다고 한국 대통령실 출입기자들이 대통령 권력을 철저히 감시하거나 매섭게 공격하는 노력을 기울이는 것은 아니다. 상호 갈등적이기보다는 오히려 협조적이다. 출입기자와 취재원이 하나의 '가족 공동체'와 같은 공생 관계를 이루고 서로 조화와 협력을 추구한다는 평가도 있다(경제지 K 기자).

### 1) 형식적인 대통령 기자회견

대통령 중심제의 정치 체제에서 핵심 가치는 국민과 대통령 간의 자유로운 소통이다. 국민을 대신해 기자들은 대통령에게 묻고, 대통령은 이에 대답할 의무를 갖는다. 그것이 여론을 중시하는 자유민주주의의 원칙이다. 하지만 한국 기자들은 전통적으로 가장 중요한 뉴스 인물인 대통령을 자유롭게 만나기 어려웠다. 대통령이 직접 하는 공개적이고 투명한 상시 브리핑 제도도 오랫동안 없었다. 한국 대통령들은 기자들 앞에 잘 나서지 않는다. 이 때문에 한국 대통령들은 왕조시대에나 있을 법한 권위적인 '제왕적 대통령imperial president'으로 여겨지기도 했다. 대통령이 기자들과 거리를 두면서 생긴 결과다. 자연히 언론과 시민들은 대통령이 무슨 생각을 하는지 알기 어려웠다. 윤석열 정부 들어 출근길 약식 회견인 도어스테핑이 화제를 모은 것은 과거 한국 대통령들의 폐쇄적이고 권위적인 태도와 대비되었기 때문이다(이정민, 2022. 6. 30., 31면).

대통령실 출입기자들이 대통령을 직접 만나 질문할 수 있는 기회는 대통령 신년 기자회견이나 취임 기념 공식 기자회견 정도다. 이마저 지키지 않은 대통령도 많았다. 이명박 대통령은 5년 재임 기간 중 공식적으로 스무 차례 정도 기자들을 만났다. 한 해 네 차례꼴이었다. 박근혜 전 대통령은 탄핵 시점에 기자들을 만나 해명하는 자리 이외에는 기자들을 거의 만나지 않았다. 재임 기간 단 다섯 차례만 출입기자들과 직접 대면했을 정도로 기자 기피가 심했다. 문재인 대통령도 크게 다르지 않았다. 문재인 대통령은 2017년 5월 취임 이후 4년이 넘도록 기자들을 직접 만난 자리가 여덟 차례에 불과했다(정우상, 『조선일보』, 2021. 5. 14., A31면). 1년에 평균 두 차례 정도 출입기자들을 만나는 데 그쳤다.

윤석열 대통령이 기자들에게 하는 출근길 회견은 이례적이다. 답변 과정에 논란이 일기도 했지만, 개방된 커뮤니케이션을 한다는 점에서 긍정적이었다. 무엇보다 대통령의 생각을 국민에게 투명하게 알린다는 점에서 바람직하다. 문제는 기자들과의 소통 방식이다. 윤 대통령이 기자들을 직접 만났지만, 질문과 답변까지 치열하게 이뤄지는 것은 아니다. 윤 대통령은 기자들이 질문하는 민감한 현안에 대해서는 답변을 회피했다. 궁금증이 풀릴 만큼 질문을 많이 받지도 않는다(종합지 K 기자). 기자회견이기보다는 자신의 생각을 일방으로 전달하거나 설명하는 형식적인 질의응답에 더 가까웠다. 기자들과 대통령 간의 팽팽한 긴장관계는 쉽게 찾아보기 어려웠다. 이후 MBC와의 갈등 때문에 시도 자체만으로도 긍정적인 평가를 받았던 도어스테핑은 결국 중단됐다.

역대 한국 대통령들의 대국민 소통은 대부분 형식적인 편이었다. 기자회견 시간의 절반은 대통령의 일방 연설로 채워졌고, 기자들에게 질의응답의 기회가 주어지긴 했지만 자유롭게 질문할 기회는 많지 않았다. 궁금한 사항이 있어도 추가 질문을 할 수 없었으며, 개별 기자가 할 수 있는 질문 횟수는 단 1회로 제한되었다. 수박 겉핥기식 질문에 그칠 수밖에 없는 구조였다. 대통령이 수시로 브리핑룸에서 기자들을 만나 자유롭게 질문을 받고 설전을 벌이는 미국 백악관의 회견 장면은 한국 대통령실 안에서는 낯설다. 한국 대통령은 하고 싶은 말만 하고, 기자들은 이를 열심히 받아 적는 역할만 한다. 맥락 없는 몇 개의 나열된 질문을 하는 식으로 기자회견은 끝난다. 대통령의 이런 일방적 소통이 한국 대통령실의 공식 기자회견 모습이다.

### 2) 받아쓰기 하는 풀 기자

한국 대통령실의 구조는 폐쇄적이어서 현장 접근이 어렵다. 대통령실 출입기자들은 공식 기자회견이 아닌 평상시에 대통령을 직접 만날 수 있는 기회가 많지 않다. 윤석열 대통령의 도어스테핑은 예외적이지만, 이외에 기자들은 주로 두 가지 채널을 통해 대통령을 만난다. 하나는 대통령실 안에서 열리는 대통령이 참석하는 행사 취재다. 국무회의, 임명장 수여식, 기업인 초청 간담회와 같은 대통령 주재 행사가 대표적이다. 다른 하나는 대통령이 직접 참석하는 외부 현장 행사에 대한 취재다. 하지만 출입기자 모두가 대통령이 참석하는 현장을 취재할 수 있는 것은 아니다. 대통령실 출입기자단의 풀 기자가 대신 취재를 맡는다. 풀 기자가 현장에 가서 대표로 취재한 뒤 내용을 정리해 전체 기자들에게 참고자료로 배포하면 이를 토대로 기사를 작성하는 식이다. 이때 대통령실 풀 기자는 취재 없이 받아쓰기만 하는 하나의 '기록자recorder'에 불과하다. 이 때문에 한국 대통령실 출입기자들은 저널리스트journalists라기보다는 타이피스트typists에 가깝다는 평가도 나온다(김경모 외, 2021).

대통령실을 출입하는 기자단 구성은 대체로 위계적이다. 윤석열 정부 기준으로 3개의 위계가 존재한다. 먼저 1기자실이다. 중앙일간지, 방송사, 그리고 뉴스통신사를 합쳐 모두 49개사 98명이 출입한다. 1기자실에는 신문사 2명, 방송사 3명, 그리고 뉴스통신사는 4명까지 출입이 허용된다. 이들이 우리가 흔히 말하는 대통령실 주요 출입기자단이다. 2기자실에는 지방지 30여 개사 소속 기자 140명이, 3기자실은 온라인 매체 소속 기자들이 출입한다. 대통령실 출입기자들 사이에서는 1기자실과 2기자실을 A 풀 사로 부르고 3기자실을 B 풀 사로 부른다.

대통령실에 등록된 기자들이라고 해서 모두 공평한 취재 활동이 허용되는 것도 아니다. 취재 활동에 차별을 둔다. A 풀 사 소속 기자들은 대통령 근접 취재, 현장 취재, 해외순방 취재, 대통령실 내부 행사 취재를 할 수 있다. 이에 반해 B 풀 사에 속하는 80여 곳 매체들은 기자단에 등록은 되어 있지만 공식적인 풀 기자단에 참여하지 못한다. 이들에게는 대통령 근접 취재나 현장 취재가 자유롭게 허용되지 않는다. 해외순방 취재에서도 배제된다. 오직 대통령실이 제공하는 공식 자료만을 이용할 수 있다. 이처럼 대통령실 출입기자들은 매체의 크기와 사회적 영향력에 따라 취재 활동에 차별을 받는다.

대통령실 풀 기자들의 취재 활동은 제한적일 뿐 아니라 철저히 대통령실의 규제를 받는다. 풀 기자는 행사 때마다 순번에 따라 지정되며, 이 순번은 대통령실과 출입기자단 간사 간 사전 조율을 통해 정해진다. 풀 기자는 행사 규모에 따라 2명에서 많게는 3명 정도로 구성되어 취재 활동에 참여한다. 지역 행사에는 지역 일간지 기자들이 포함되기도 하고, 전문성이 필요한 산업이나 경제 정책에 대한 행사에는 경제지 소속 기자들이 특별히 포함된다. 그렇다고 풀 기자가 취재할 수 있는 범위가 무제한으로 허용되는 것은 아니다. 오히려 반대로 취재 과정에 많은 제한이 따른다. 풀 기자가 취재할 수 있는 범위는 행사 초반부 대통령 시작 발언과 행사장 분위기를 스케치하는 정도다. 대통령이나 현장에 참석한 사람들을 대상으로 직접 인터뷰 혹은 취재할 수는 없다. 행사 내내 그 자리를 지킬 수 있는 것도 아니다. 행사가 본격적으로 시작되면 풀 기자는 대통령실 직원(대변인실 소속)의 안내를 받아 현장을 나와야 한다. 결국 대통령이 행사장에서 실제로 무엇을 구체적으로 이야기했는지 알 수 없다.

풀 기자가 작성한 기사는 전체 출입기자들에게 배포된다. 풀 기자가 아닌 기자가 풀 기자로부터 받은 초안 자료를 개인적으로 미리 보도하거나 풀 자료에 없는 내용을 단독 보도할 수 없다. 이를 어기면 징계를 받는다. 한 예로 문재인 대통령 당시 공영방송인 KBS가 음성 증폭기를 사용해 은밀히 녹취한 내용을 대통령실 출입기자단 동의 없이 단독으로 보도했다가 1개월 출입 정지를 당한 경우도 있다. 대통령실이 공식적으로 자료를 배포할 때까지는 풀 기사를 보도하지 못한다. 공식 보도는 대통령실이 자체적으로 정리한 자료를 기자들에게 배포한 시점 이후, 즉 행사가 끝나고 대통령실이 별도로 엠바고를 푼 이후에나 가능하다. 도어스테핑이 시행된 윤석열 정부에서도 이런 관행은 바뀌지 않았다.

기자들이 대통령실을 취재할 수 있는 두 번째 채널은 홍보수석(혹은 국민소통수석)이나 대변인을 만나 취재하는 방식이다. 대통령실 출입기자들이 청와대 내부 참모들을 공식적으로 만날 수 있는 유일한 채널은 홍보수석과 대변인뿐으로, 이들이 기자들에게 대통령실 내부 소식을 전달한다. 대통령의 주요 행사 일정이나 정책 사항은 홍보수석실이나 정책실을 통해 나오고 대변인을 통해 공식 발표된다. 홍보수석과 대변인은 필요하면 비공식적 브리핑을 통해 상황을 설명해준다. 이때 브리핑 시간은 따로 정해져 있지 않다. 대통령실이 일방적으로 일정을 정해 알려주기 때문에 출입기자들은 늘 긴장 상태에서 대기하고 있어야 한다(종합지 L 기자).

대변인의 정례 브리핑은 매일 오전 8~9시쯤 주요 정책이나 당일의 대통령 일정 등을 밝히는 형식으로 이뤄진다. 긴급한 사항이 있으면 예정에 없이 갑자기 브리핑이 이뤄지기도 한다. 물론 이 자리에서 상황이 자세하게 설명되는 것은 아니다. 개략적인 설명을 통해 기자들이 기사의 방향을 잡는 데 도움을 주는 정도다. 이 과정에서 기자들과 대변인 간의 논쟁은 별로 없다. 기자들은 대변인이 얼굴을 붉힐 정도로 민감한 질문은 하지 않는다(방송사 J 기자). 기자들은 대변인으로부터 브리핑받은 내용을 회사 데스크에게 보고하고 그날의 취재 방향을 잡는 데에 참고한다. 어쩔 수 없이 대변인의 말을 열심히 받아 적는 길밖에 없다. 구체적인 내용이나 궁금증은 전화 취재를 통해 담당 참모들에게 개인적으로 직접 알아봐야만 한다.

### 3) '얼굴 없는 전화'가 유일한 취재 수단

한국 대통령실 출입기자들에게 전화는 가장 중요한 취재 수단이다. 전화는 취재원과 접촉할 수 있는 유일한 공식 채널로, 출입기자들은 궁금하거나 긴급히 확인할 사항이 있으면 전화로 취재원 접촉을 시도한다. 내부 취재원을 대면으로 직접 만날 수 없기 때문에, 기자들은 대변인이 확인해주지 않는 내용은 개인적으로 전화를 통해 담당 수석이나 비서관에게 알아볼 수밖에 없다. 김대중 대통령 때만 해도 기자들은 대통령실(일명 청와대) 경내 순회 취재를 자유롭게 할 수 있었다. 하지만 노무현 대통령 때부터 출입기자들의 직접 출입이 막혔고, 기자들의 취재 활동 공간은 대통령 비서동과 떨어져 있는 춘추관으로 제한되었다. 그 이후부터 모든 대통령실 내부 취재는 전화로 이루어진다.

전화 취재는 대통령을 제외한 비서실장, 정책실장, 민정 · 정무 · 일자리 수석이나 비서관 등 각 분야의 핵심 참모들을 대상으로 이뤄진다. 하지만 이 경우 대통령실 출입기자들은 전화를 통해 '얼굴 없는 취재원'을 상대로 궁금증을 알아봐야 하기에 불편이 적지 않다. 목소리에 의존하는 전화 취재로는 자세한 정보 수집을 하기가 어렵고, 궁금한 사항이 있어도 시간을 두고 옳고 그름을 따져 묻기가 여의치 않다. 취재원과 깊은 이야기를 나눌 수 없음은 말할 것도 없다.

대통령실 핵심 참모들과의 전화 취재는 그마저도 쉽지 않다. 전화 취재 자체가 폐쇄적이기 때문이다. 대통령실 참모들은 개인적으로 친분이 있는 기자가 아니면 전화를 잘 받지 않는다. 문재인 대통령 당시 최재성 정무수석은 전화를 받지 않기로 유명해, 이 때문에 출입기자들로부터 큰 불평을 사기도 했다(경제지 K 기자). 대통령실 참모들은 대부분 공식 전화와 사적 전화 두 가지를 사용한다. 공식 전화는 기자들에게 사전에 공개된 전화이지만 사적 전화는 외부에 공개하지 않고, 가까운 사람들에게만 은밀히 공유된다. 그리고 대통령실 참모들은 대개 사적 전화로 걸려오는 기자들의 전화만 받기 때문에 이들과 친분이 없는 기자들은 취재에 많은 제약을 받는다.

윤석열 대통령실에서는 이런 전화 취재에다 한 가지 방법이 새로 추가되었다. 바로 디지털 커뮤니케이션 수단인 '텔레그램'을 이용하는 취재 방법이다. 윤석열 대통령이 텔레그램을 직접 사용하면서 나타난 새로운 현상이다. 출입기자들은 텔레그램을 통해 참모들에게 질문하며, 사실 관계를 알아보거나 인사 발표 내용을 확인할 때 주로 사용한다. 하지만 텔레그램 역시 전화와 마찬가지로 자유롭게 소통되는 것은 아니다. 참모에 따라 응답을 해주기도 하지만, 아예 반응이 없기도 하다. 이것 역시 취재원들과의 친분 정도에 따라 다르다. 대통령실은 친분에 따라 은밀히, 그리고 비공식적으로 취재할 수밖에 없는 구조를 지닌 출입처라 할 수 있다.

### 4) 개인적 인맥을 통한 비공식적 취재

개인적 인맥은 한국 대통령실 출입기자들에게 매우 중요하다. 개인적 인맥이 없는 기자는 내부 취재원에게 접근이 어렵고, 자연히 취재 자체가 쉽지 않다. 대통령실 출입기자들이 활용하는 사적 네트워크는 크게 두 경로로 이뤄진다. 첫 번째는 과거 출입처에서 맺어진 인맥이다. 새 정부가 들어서기 전 출입했던 정당과 대통령 인수위원회 취재 과정에서 맺어진 인맥이 주요 취재 자원이다. 문재인 정부에서는 더불어민주당 인맥이, 박근혜 정부에서는 한나라당 인맥이 대통령실 참모로 대거 옮겨왔다. 한편 정당 경험이 없는 윤석열 정부의 경우는 대통령 인수위원들이 용산 대통령실로 옮겨왔다. 이 경우 인수위원회에 참여했던 사람들이 주요 취재 인맥이 된다. 다른 역대 정부도 상황은 비슷하다.

정당을 담당했던 기자가 선거캠프를 맡고, 인수위원회를 거쳐 대통령실 출입기자로 재배치된다. 이때 주로 국회반장이나 집권 정당 반장이 대통령실 취재를 맡는 것이 관례다. 이들은 국회와 정당 취재 때 쌓은 인맥을 활용해 대통령실을 취재한다. 집권 정당을 출입한 적이 없는 기자가 대통령실 출입기자로 배치되면 인맥 부족으로 취재 과정에 애를 먹는다. 개인적 인맥과 인간관계가 중시되는 한국 기자사회의 특수성이다.

대통령실 출입기자들의 취재 역량은 개인적인 인맥의 크기에 의해 좌우된다. 개인적 인맥이 넓을수록 취재하기가 더 쉽고, 뉴스 생산도 더 용이하다. 대통령실 참모진 인맥은 크게 두 축으로 나뉜다. 기획재정부, 외교부, 산업통상자원부, 금융위원회와 같은 파견 공무원 그룹, 그리고 정치권에서 활동했던 정치인 그룹이다. 파견 나온 공무원 출신 참모들(일명 "늘공")은 기자들에게 몸을 사리는 반면, 정치권 출신 참모들(일명 "어공")은 비교적 자유롭게 기자들을 만나고 정보도 흘려주는 편이다. 윤석열 대통령실의 정보 유출이 문제가 되었던 것도 정치권에서 넘어온 이른바 '어공 참모들' 때문이었다. 어쨌든 이들과의 특수한 인맥 구성을 고려해 집권당 출입기자들이 주로 대통령실 취재를 맡는다. 정당 취재 경험이 없는 대통령실의 한 출입기자는 "아는 사람이 없어 취재에 어려움이 많았다."라고 토로했다(종합지 L 기자). 출입기자인 L의 말대로 "사적인 네트워크가 없으면 아무것도 할 수 없는 곳"이 바로 대통령실이다.

두 번째 사적 네트워크는 지연이나 학연과 같은 전통적인 연고주의에 의한 인맥이다. 한국 사회에서 흔히 볼 수 있는 지연이나 학연에 의

한 사적 관계가 대통령실 취재에서도 중요한 사회적 자본social capital으로 활용된다. 지연 취재는 동향 출신을 매개로 이루어진다. 같은 고향이나 지역을 통해 맺어진 지연은 주로 지역 출신 참모들과의 관계로 이어진다. 김대중 대통령 당시 호남 지역 출신 기자들이 청와대 출입기자로 많이 배치된 적이 있었다. 한편 이명박·박근혜 대통령 때는 이른바 대구·경북TK 출신 출입기자가 많았다. 이는 모두 지역 연고성 때문이다. 대통령실 참모들은 이와 같은 지역적 연고를 쉽게 무시하지 못한다. 그들 가운데 나중에 고향에서 국회의원으로 출마하는 경우가 많아, 오피니언 리더인 고향 출신 기자들과의 관계를 무시하기 어렵다. 특히 정치인 출신 참모들로서는 자기 고향 출신 기자와의 관계를 특별히 신경 쓸 수밖에 없다. 대통령실 출입기자들도 이런 지연 관계망을 취재에 적극 활용한다.

학연도 중요한 취재 수단이다. 학연 취재는 주로 고등학교와 대학교를 중심으로 이루어진다. 고등학교 선후배 간 관계의 경우 과거처럼 명문고 개념이 없어져서 예전만 못하지만, 지역 고등학교를 중심으로 여전하다. 특정 지역 고등학교 선후배가 대통령실 참모로 와 있으면 쉽게 친해지고, 취재가 비교적 용이하다. 대통령실 참모들 사이에는 "우리 후배에게 기삿거리 줘야지.", "기사로 (선배) 물 먹이지는 않겠지." 하는 서로 믿는 정서적 분위기가 있다(경제지 K 기자).

대학 동문에 의한 연고도 주요한 취재망이다. 대학 연고는 모두 그렇지는 않지만, 몇몇 전통의 명문대학을 중심으로 선후배 간에 결속이 강하다. 기자들은 이와 같은 대학 동문 채널을 통해 대통령실 내부 취재원에게 접근하기가 쉽다. 대통령실 출입기자단 사이에는 특정 대학 출신들끼리의 모임이 있고, 이들은 동문 출신인 대통령실 참모들과 사적인 모임을 갖기도 한다. 노무현 정부 때에는 김우식 당시 대통령 비서실장을 포함해 연세대학교 출신이 대거 청와대로 입성하면서 동문 모임이 잦았으며, 이명박 정부 때에는 고려대학교 출신 기자들과 대통령실 참모들 간의 사적 모임이 많았다. 다른 역대 대통령 집권기에도 비슷하게 학연에 의한 사적 모임은 있어왔다.

하지만 윤석열 정부는 좀 다르다. 정부 출범 초기인데다 조직이 덜 정착된 탓에 학연 모임이 아직은 활발한 편이 아니다. 윤 대통령과 일부 검사 출신 참모들이 서울대학교 법대 출신이라는 학연 고리가 있지만, 그들만의 별도 모임은 없다. 종합지 기자 K는 "대통령실 조직이 어수선한 분위기여서 범서울대 출신 기자들과의 모임으로 이어지고 있지는 않다."라고 말했다. 이처럼 대통령실 주요 참모들이 어느 대학 출신인가에 따라 학연의 형태는 다르게 나타난다. 그리고 대통령실 출입기자들은 폐쇄적인 대통령실 취재망을 뚫기 위해 학연을 최대한 이용할 수밖에 없다. 학연을 매개로 참모들과 은밀히 결속 관계를 맺어두지 않으면 취재 자체가 어렵기 때문이다.

대통령실 내부 취재는 기자의 개인적 인맥이 절대적으로 중요하다. 언론사들이 대통령실의 정치적 인맥을 고려해 출입기자를 정하는 것도 이런 이유 때문이다. 대통령실 정보는 사적인 네트워크를 통해 기자들에게 흘러나가거나 공유된다. 윤석열 대통령실의 내부 정보가 기자들에게 새어나가 물의를 빚은 것도 출입기자와 내부 참모들 간의 지연이나 학연에 의한 개인적 친분에서 비롯된 것이다. 기자마다 지연이나 학연에 따라 인맥의 편차는 크며, 인맥이 넓을수록 더 많은 정보를 캐내는 데 유리하다. 기자 개인의 지연이나 학연 관계가 취재 역량을 결정하는 셈이다. 대통령실 기자들 사이에는 "인맥이 넓은 기자는 점심이나 저녁 등 외부 약속이 많지만, 인맥이 좁은 기자는 구내식당 신세를 면치 못한다."라는 자조 섞인 말도 있을 정도다.

### 5) '꾸미'를 통한 은밀한 공동 취재

#### 기자-기자-취재원 간 삼각 결사체로서의 '꾸미'

한국 대통령실의 폐쇄성은 대통령실 출입기자 간의 사적 결속 관계로 나타나기도 한다. 대표적인 예가 바로 '꾸미くみ'다. 일본식 표현인 '꾸미'는 마음이 맞는 소수 기자의 모임으로, 평소 친분 관계가 있는 몇몇 언론사 기자가 분조分組를 짜서 대통령실 참모들과 개인적인 모임을 통해 정보를 수집하거나 공유하는 형태를 띤다. '꾸미'는 한국 기자사회에만 존재하는, 집단적 연고주의가 만들어낸 매우 독특한 사적 취재 결사체다. 이런 모임은 자율적인 취재 경쟁을 추구하는 서구권의 기자 사회에서는 찾아보기 어렵다.

'꾸미'는 철저히 개인적인 인맥 관계를 통해 가동된다. 원래 2000년대 중반 이후 국회 출입기자들 사이에서 시작된 것으로, 혼자서 취재하기가 어렵거나 취재 인맥에 한계가 있는 기자들이 편의상 4~5명, 많게는 5~6명씩 짝을 이뤄 공동 취재를 하기 위해 만들어졌다. 인맥의 폭을 넓히고, 취재를 효율적으로 수행하기 위해서였다. 이 과정에서 특정 '꾸미'와 취재원 간의 결탁이 이뤄지기도 한다. 취재 행위를 권력 감시와 보도 경쟁으로 바라보는 서양 기자들의 시각에서는 이해하기 어려운 관행이다.

대통령실 출입기자들의 '꾸미' 결성 목적은 두 가지다. 하나는 효율적인 취재를 위해 역할 분담을 하려는 목적이고, 다른 하나는 친소 관계를 맺으려는 목적으로, 이들 두 목적은 상호 보완적이다. '꾸미' 멤버들은 각자가 갖고 있는 친분 있는 취재 인맥을 동원한다. 한편 '꾸미'는 "약속 잡는 꾸미"와 "풀 꾸미"로 구성된다. "약속 잡는 꾸미"는 취재원과 점심이나 저녁 약속을 잡는 역할을 하며, 이는 전적으로 개인적 친분에 의해 이루어진다. "풀 꾸미"는 주로 12~13년 차의 2진 기자들로 구성되며, 대변인 브리핑을 받아 적거나 취재 내용을 기록해 단톡방에 올리는 역할을 한다.

‘꾸미’의 인맥 관계는 이중적이다. 기자와 기자들 간에 동지적 관계로 맺어지기도 하고, 기자와 취재원 간에 공생적 관계로 맺어지기도 한다. 모두 상호 협력을 전제로 하는 공동체적 성격을 갖는다. ‘꾸미’ 멤버는 주로 과거 출입처에서 만나 친분을 쌓았거나 학연·지연 등 여러 인연을 통해 개인적인 관계를 맺은 기자들끼리 모여 구성된다. 심지어 입사한 해가 같은 기자들끼리 뭉치기도 한다.

이들 ‘꾸미’는 취재원과의 복합 인맥으로 연결된다. 그러므로 ‘꾸미’는 기자와 기자, 그리고 기자와 취재원으로 연결된 삼각 결사체 형태를 띤다. ‘꾸미’에 속한 대통령실 출입기자들은 개인적으로 친분이 있는 참모를 불러내어 점심이나 저녁을 함께하면서 대통령실 내부 상황이나 현안을 파악한다. 이렇게 한국 대통령실 출입기자들은 ‘꾸미’를 통해 “술을 마시고, 밥을 먹으면서wining & dining” 서로 신뢰를 쌓는다. 그리고 취재원과의 관계의 폭을 넓힌다. 한국 대통령실 기자와 취재원은 ‘꾸미’를 통해 긴장 관계 대신에 공생 관계symbiotic relationship를 맺는다. 여기에는 인간관계를 중시하는 한국 사회의 집단주의 문화가 반영되어 있다. 대통령실 취재원은 가까운 기자에게 정보를 흘려주고, 기자는 친분 있는 취재원을 보호하는 상호 호혜 관계를 유지한다. 청와대 내부 조직이 폐쇄적이었던 박근혜 대통령 집권기에는 그 정도가 특히 심했다. “당시 청와대 3인방으로 불렸던 정호성, 이재만, 안봉근과 친분이 없으면 기자들은 청와대 내부 상황을 취재하기가 어려웠다”(종합지 J 기자). 개인 인맥이 없이는 대통령실 내부 취재원에게 접근이 어려운 탓도 있었다. 결국 한국 대통령실 출입기자들은 이 공동 취재망을 통해 비공식적으로 취재원과 접촉할 수 있었다.

‘꾸미’와의 친밀도에 따라 대화 내용도 다르다. 취재원과 가까운 ‘꾸미’일수록 더 중요하고 더 깊숙한 이야기를 나눈다. ‘꾸미’는 제한된 취재원의 범위를 상호 협력을 통해 넓힐 수 있는 장점이 있다. ‘꾸미’를 이끄는 리더가 인맥이 넓거나 적극적이면 공동 취재에 훨씬 유리하다. 하지만 '꾸미'에서 나온 정보는 철저히 공유하는 것을 원칙으로 하며, 멤버 이외의 다른 기자들에게는 공개하지 않는다. '꾸미' 모임에서 나온 정보는 모두 비보도off-the-record가 원칙이다. 기사를 쓸 때 참고자료로만 활용한다. '꾸미' 모임에서 개인적으로 얻은 정보를 기사로 쓰고 싶어도 이와 같은 내부 규정 때문에 쓰기 어렵다. 보도를 해야 할 때는 반드시 '꾸미' 구성원들의 합의나 동의가 있어야 하며, '꾸미' 모임에 남아 있기 위해서는 아무리 중요한 뉴스거리도 단독 보도할 수는 없다. 동시에 쓰거나 아예 쓰지 않거나 하는 식이다. 한 출입기자의 말대로 '꾸미 규정'을 어기면 공공의 적이 된다.

### 배타적 카르텔로서의 '꾸미'

'꾸미'는 일종의 배타적 카르텔 형태로 운영된다. 성격상 특정 매체에 의한 정보 독점이나 담합 구조를 만들어내는데, 문제는 이로 인해 '보도의 동질화'가 일어난다는 점이다. 특정 사안은 같은 내용으로 너무 많이 보도되고, 다른 사안은 반대로 무시된다. 이 때문에 '뉴스 홍수'와 '뉴스 사막화'가 동시에 일어난다(정철운, 2020. 12. 4.).

잘나가는 특정 '꾸미'에 유력 언론사 기자가 포함되어 있으면 여기서 나온 뉴스가 다른 언론사의 기사 방향을 결정하기도 한다. 특정 '꾸미'가 정보를 독점하거나 '대통령 의제들president agendas'를 결정하기 때문이다. 과거에도 '꾸미'라는 말을 사용하진 않았지만, 친분 있는 기자들이 취재원과 사적으로 만나는 경우는 있었다. 하지만 오늘날의 '꾸미'는 카카오톡 단체 채팅방이라는 디지털 공간을 매개로 취재 정보가 서로 독점 공유된다는 점에서 이전과 다르다. 구성원들은 이 채팅방을 통해 모든 정보를 실시간으로 공유한다. '꾸미' 약속도 여기에서 이뤄지고, 개별 언론사의 결정적인 특종 정보나 단독 정보가 아닌 일반 정보들은 모두 여기에 올라온다. 이 채팅방은 '꾸미' 기자들이 정보를 공유하는 데 유용하게 쓰인다. 반면에 '꾸미'에 속하지 못한 기자는 개인적으로 취재를 해야 하기 때문에 취재원 확보는 물론 정보력의 한계를 벗어나기 어렵다. 정보력의 한계를 메우기 위해서는 기존 '꾸미'에 들어가거나 새로운 '꾸미'를 만들 수밖에 없다. 이 때문에 대통령실 출입 기자들은 '취재 경쟁'보다는 '취재 협업'을 선택할 수밖에 없다.

'꾸미'는 가입되지 않은 다른 기자들에 대해 배타적이다. '꾸미' 모임은 몇몇 중앙 언론사 기자들이 적극적으로 주도하여 이뤄진다. 유력 언론사 기자가 포함된 '꾸미'는 상대적으로 취재하기가 쉽지만, 이에 반해 군소 언론사들은 '꾸미' 구성에 어려움을 겪거나 집단 취재 활동에서 배제된다. '꾸미'는 개인의 인맥을 구축하는 중요한 매개 역할을 한다. 한 경제 일간지 K 기자는 "'꾸미'는 사람 사귀는 과정이지, 취재가 주요 목적이 아니니다."라고까지 말한다. 대통령실 취재는 한마디로 공식적 채널보다 비공식적 채널에 더 의존하는 편이다.

'꾸미'에서 나온 정보가 스트레이트 사실fact 보도로 나가는 경우는 거의 없다. 대부분이 해설 기사를 쓸 때 현안에 대한 배경을 참고하는 정도로만 활용된다. '꾸미'에서 나눈 이야기를 기사화하지 않는다는 조건으로 취재원과 기자 간의 관계가 유지되며, 만약 이를 어길 경우 '꾸미'에서 탈퇴해야 하거나, 취재원과의 관계 단절을 감수해야 한다.

정치적 이해관계에 따른 '꾸미'의 구성도 흥미롭다. 보수 정부인 윤석열 대통령실에서는 보수신문인 『조선일보』, 『중앙일보』, 『동아일보』(일명 조·중·동)와 <연합뉴스> 기자의 연합 '꾸미'가 함께 활동한다. 이에 반해 정치적 대척점에 있는 진보 매체인 『한겨레』, 『경향신문』, MBC가 연대한 진보 성향의 '꾸미'도 존재한다. 정치적 이념에 따른 이와 같은 분극화는 보도 내용의 양극화로 나타날 수 있다. 물론 모든 언론사 '꾸미'가 이념적으로 묶이는 것은 아니다. 하지만 정치적 이념체로 나뉘어 '꾸미'가 구성되는 것은 여론의 분화를 낳을 수 있다는 점에서 우려되는 대목이다.

'꾸미'는 심지어 승계 방식으로 맥을 이어갈 정도로 배타적이다. 전임자가 부득이한 사정으로 빠지면 후임자를 정해 인계하고 떠난다. 그만큼 친분과 이해관계에 따라 강한 결속 관계로 맺어진다. 대통령실 출입기자들이 구성한 '꾸미' 결사체는, 취재 경쟁보다는 협조와 조화를 중시하는 편이고, 특종 경쟁이나 단독 보도가 나올 수 없는 구조다. 이처럼 모든 보도가 협의 아래 이뤄지는 '꾸미'는 기자 개인의 자율적 취재와 단독 보도가 강조되는 서구 언론에서는 상상할 수 없다.

### 6) 대통령(실)의 질서와 권위에 대한 맹목적 준수

한국 대통령실 출입기자들은 출입처 친화적이면서, 동시에 편향적이다. 우선 대통령실이 정해놓은 규칙을 잘 어기지 않는다. 이들은 대체로 출입처와의 갈등을 회피하거나 다른 출입처와 달리 출입처를 공격, 혹은 과도하게 비난하지 않는다. 대신 대통령실의 질서와 규율을 준수하고, 출입처와의 조화와 협력을 추구한다. 한마디로 대통령실의 보이지 않는 권위를 인정하는 것이다. 브리핑 일정이 대통령실에 의해 일방적으로 이뤄지지만, 불만이나 항의는 거의 없다. 기자들은 이를 대통령실이라는 특수한 출입처의 관례로 받아들인다. 출입기자들은 평소 대변인에게 적극적으로 배경 설명을 요구하거나 다그치지 않는다(종합지 L 기자). 공식석상에서 얼굴을 붉힐 만한 민감한 현안에 대해서는 질문을 자제하는 편이다.

한국 대통령실 출입기자들은 출입처라는 좁은 공간에서 매일 얼굴을 맞대고 생활한다. 이런 취재 환경 때문에 인정상 비판기사를 내보내기가 쉽지 않다. 뉴스통신사의 B 기자는 "매일 마주치는 얼굴 때문에 출입처가 불편해 하는 내용을 보도하기가 어렵다."라고 말했고, 경제지의 K 기자는 "대통령실 기자들은 회사의 지시를 받아 대통령이나 대통령실을 비판하는 것을 무척 싫어한다."라고 말했다.

출입기자들은 다른 출입처와는 달리 대통령실이라는 조직의 권위를 무시하지 않는다. 이 때문에 기자들은 최고 권력자인 대통령을 감정적으로 공격하거나 비판하는 것을 꺼린다. 과거에 일부 매체가 대통령을 과도하게 비판하는 경우도 물론 있었다. 하지만 대통령실 출입기자들은 대체로 대통령의 권위를 무시하지 않으며, 대통령이라는 위상을 존중하는 분위기가 존재한다. 이 점에 대해 종합지 기자 K는 아주 흥미로운 표현을 사용했다. 그는 "한국 대통령은 전통적으로 '신계神界'에서 놀았던 인물이다. 그런 인물이 윤석열 대통령에 와서 '인간계人間界'로 내려왔다."라고 말했다. 한국 기자들은 전통적으로 대통령을 감시나 비판의 대상으로 보지 않는다. 제한적으로 비판을 하면서도 그 이면으로는 일정 부분 경외심을 지니고 있는 것도 사실이다. MBC 출입기자의 태도를 무례하게 여기는 대통령실 내부 분위기도 이런 전통을 반영한 것으로 볼 수 있다.

한국 대통령의 이런 권위성은 출입기자들의 취재 과정에 영향을 미친다. 기자들은 대통령실이 정해놓은 대통령 보도에 대한 규정이나 준칙을 큰 거부감 없이 받아들인다. 대표적인 예가 대통령 관련 보도에 대한 비보도와 엠바고 사항이다. 홍보수석이나 대변인이 하는 백브리핑은 대부분 비보도가 원칙이다. 대통령 행사 참여 일정이나 외교·안보 문제는 특히 중요한 엠바고 사항에 속한다. 대통령실이 불필요하게 엠바고를 건다는 불만도 있지만, 이를 어기는 기자는 거의 없다. 비보도 규정을 어긴 기자에 대해서는 출입기자단이 자발적으로 규제하기 때문이다. 대통령실의 보이지 않는 규제도 물론 있다. 비보도나 엠바고 사항을 자주 어긴 기자에 대해서는 대변인이 잘 만나주지 않거나 공식적 언급 이외에는 별도의 설명을 해주지 않기도 한다. 이러한 암묵적인 내부 제재 때문에 기자들은 대통령실 보도 규정을 잘 어기지 않는다. 출입기자들은 대통령실이 정하는 이런 보도 제한 규정을 대통령실 내부 상황을 알기 위한 불가피한 과정으로 받아들인다.

한국의 대통령실 보도는 이승만 초대 대통령 이후 사전에 허용하는 실명 이외에는 모두 익명이 원칙이다. 한국 대통령실 출입기자들은 이런 익명 보도 규정을 거부감 없이 수용한다. 따라서 직접 실명 보도를 하거나 인터뷰한 화자를 이름을 달아 인용하는 예는 많지 않다. 대통령실 내부 취재원을 인용할 경우에도 대부분 '대통령실 고위 관계자', '대통령실 관계자'와 같은 익명 방식으로 처리한다. 이러한 보도의 익명성 때문에 대통령실 출처 기사는 누가 어떤 말을 했는지 구체적으로 알 수 없다. 일반 취재기사는 물론 모든 백브리핑 기사도 실명이 아닌 '대통령실 관계자' 코멘트로 나간다. 이를 지키지 않으면 대통령실 참모를 대상으로 취재하기가 어려워진다.

다만 익명 처리를 하더라도 취재원의 직급에 따라 다르게 표현하는 암묵적인 관행이 존재한다. 윤석열 대통령실 출입기자들은 수석이 설명한 내용은 "고위관계자에 따르면"으로, 비서관이 설명한 내용은 "핵심 관계자에 따르면"으로 각각 표기하고, 나머지 일반 취재원에 대해서는 "관계자에 따르면"으로 표현한다. 취재원에 대한 이런 익명 처리는 투명 보도를 원칙으로 하는 서양 기자사회에서는 상상하기 어렵다.

익명 보도는 취재원이 누구인지, 그(녀)의 말을 믿어도 되는지, 그리고 발화의 책임이 누구에게 있는지가 불명확하다. 이 때문에 익명 보도는 미국과 같은 저널리즘 선진국 기자들에게서는 거의 찾아볼 수 없다. 이에 반해 한국 대통령실 출입기자들은 대통령실이 정해놓고 있는 익명 보도 원칙에 저항하기보다는 협조하는 편이다.

## 4. 대통령실 뉴스 보도 방식

취재가 뉴스 생산의 과정이라면 보도는 뉴스 생산의 결과다. 대통령실 출입기자들이 보도하는 뉴스가 어떤 특징을 보이는지는 지금까지 잘 알려져 있지 않다. 대통령 출입처 뉴스의 특징을 알아보기 위해서는 내용 분석이 이뤄져야 한다. 하지만 내용 분석을 하지 않더라도 출입기자들이 어떤 방식으로 관련 뉴스를 보도하는지 알 수 있다. 바로 그들을 대상으로 탐문하는 방법이다. 탐문 결과 한국 대통령실 뉴스 보도에서는 몇 가지 특징이 발견되었다. 첫째는 대통령실 출입처에 우호적으로 편향되어 있다는 점이다. 외견상 대통령을 비판하는 보도나 대통령실에 불편한 보도 내용도 있지만, 내막은 대체로 우호적이다. 대통령실에 대한 우호적 편향성은 정부에 관계없이 비슷하다. 둘째는 매체의 이념에 따라 정파적 보도가 빈번하다는 점이다. 보수 정부에서는 진보 매체가, 진보 정부에서는 보수 매체가 더 적대적이고 비판적이다. 매체와 정부가 함께 움직이는 '정파적 병행주의'가 존재한다. 셋째는 사실 중심 보도보다는 관점과 해설 중심 보도가 두드러진 편이다. 저널리즘의 핵심 가치는 사실의 객관적 보도에 있다. 하지만 한국 대통령실 출입기자들은 새로운 사실을 발굴해 보도하기보다는 특정 사실을 임의대로 해석 보도하는 '해설 저널리즘'에 더 치중되어 있다. 넷째는 '정책'보다 '정치' 보도에 지나치게 쏠려 있다는 점이다. 대통령실 출입기자들은 정책 이슈에 관심이 적거나 소홀하다. 이에 반해 인사 문제나 권력 갈등과 같은 정치적 이슈에 대해서는 지나칠 정도로 관심을 많이 기울인다. 한마디로 '정치 과잉주의'가 대통령실 뉴스를 지배한다.

### 1) 출입처 편향 보도

출입처 제도의 문제 가운데 하나가 출입처 편향 보도다. 기자가 한 출입처에 오래 나가거나, 이 과정에서 취재원과 가까워지면 출입처를 비판하기 어렵다. 대신에 취재원과의 유착 관계로 이어져 우호적 보도를 할 가능성이 높다. 대통령실 출입기자들은 특히나 다른 출입처에 비해 더 출입처 편향적일 수밖에 없는 구조다. 우선 대통령이 일하는 특수한 출입처라는 권위성을 무시할 수 없다. 최고 권력이 집중되어 있는 대통령실이라는 정치적 상징성 때문에 기자들은 대통령을 서슴없이 비판하는 것을 조심스러워 한다. 오히려 반대로 보도 과정에 온정주의가 작용해 비판의 수위를 낮추기까지 한다. 인터뷰한 다수의 기자는 "대통령에 대한 비판이 전혀 없는 것은 아니지만, 과도하게 비판하기는 사실 조심스럽다."라고 말했다. 대통령실은 여전히 강력한 권력기관이다. 따라서 언론은 대통령의 권위를 무시한 채 비판하는 것을 어려워한다.

대통령실은 언론사의 민원창구이기도 하다. 회사 기념행사에 필요한 대통령 축전이나 축사를 받아야 할 때도 많다. 이런 상호 호혜관계를 무시하고 출입기자가 대통령실을 무리하게 비판하기는 어렵다는 게 경제지 K 기자의 주장이다. 특히 회사의 이권이 걸려 있는 매체 소속 기자들로서는 더 부담스럽다. 대표적인 예가 종합편성채널 재승인을 앞두고 있는 언론사 소속 출입기자들이다. 이들은 보도 과정에서 심리적으로 위축될 수밖에 없다. 종합편성채널인 MBN의 소속사인 『매일경제』 출입기자가 좋은 예다. 문재인 정부 당시 대통령실 관계자가 『매일경제』 기자에게 한 것처럼, "기사를 그런 식으로 쓰면 어떻게 하느냐."는 식의 농담조 항의만으로도 담당 기자는 부담을 느낀다(뉴스통신사 B 기자).

출입처 편향 보도의 원인으로 취재 활동 공간의 폐쇄성도 무시할 수 없다. 대통령실 출입기자들은 잠자는 시간을 빼고는 대통령실이라는 협소한 취재 공간 속에서 매일 취재원과 함께 생활한다. 이들은 회사에 들르지 않고 집에서 곧바로 대통령실로 출퇴근을 하기 때문에 취재원과 가까워질 수밖에 없다. 문재인 대통령실 출입기자였던 K 기자는 "대통령실은 동고동락하는 '가족 공동체'와 같았다."라고 회고했다. 대통령실의 이러한 취재 환경 때문에 기자들과 출입처 간의 긴장 관계는 약화될 수밖에 없다. 결국 기자와 기자, 그리고 기자와 취재원 간의 상호 결속 관계는 출입처에 대한 우호적 편향성으로 이어지기 쉽다. 방송사 J 기자는 “대통령실 출입기자의 역할은 대통령을 비판하는 데 있지만, 매일 함께 생활해야 하는 입장에서는 비판 보도를 하기가 쉽지 않다.”라고 말했다.

취재원의 친분에 따른 보도 청탁도 존재한다. 과거와 같은 드러난 부탁은 없지만, 보이지 않는 손이 작용하는 것은 사실이다. 대통령실 대변인이나 홍보수석은 중요한 발표가 있은 직후 평소 가까운 기자들에게 “기사 좀 잘 써줘.”라고 부탁하기도 한다. 비판적인 기사에 대해서는 “좀 심하지 않아?” 하고 항의하거나 “온라인 기사에서는 톤을 좀 낮추면 좋겠다.”라고 읍소하는 경우도 있다(종합지 J 기자). 이런 부탁은 매일 함께 생활하면서 맺어진 친분 관계 속에서 자연스럽게 이뤄진다. 물론 기사에 대한 부탁이 강제적인 것은 아니다. 하지만 한 출입기자의 말대로 심리적으로 부담이 되는 것은 사실이다.

그러나 문재인 대통령 집권기에는 분위기가 좀 달랐다. 잘못된 기사나 비판적인 기사에 대해서는 곧바로 강한 항의가 잇따랐다. 당시 출입기자였던 종합지 기자 L은 “당시 조국 민정수석은 새벽에 뉴스를 보고 취재기자에게 직접 항의 전화를 많이 했다.”라고 말했다. 이런 전화가 기자들에게 심리적 압력으로 작용할 가능성을 배제할 수 없다. 대통령실이라는 특수성 때문에 출입기자들은 다른 출입처와 달리 좀 더 강한 압력으로 받아들인다.

동료 기자들의 따가운 시선이 출입처 보도 편향성에 영향을 미친다는 의견도 있었다. 한 출입기자는 “이야기가 안 되는 것을 억지로 비틀어서 보도할 경우 주변 동료 기자들로부터 먼저 따가운 시선이 쏟아진다.”라고 말했다. 그것은 출입기자 스스로가 대통령실과 하나의 공동체라고 여기는 내부 분위기를 반영한 것이다. 경제지 기자 K의 경험 사례가 이를 잘 보여준다. 그는 “‘김 선배(기자사회에서 연차가 높은 기자를 부르는 호칭), 말은 그렇게 해놓고 기사는 그렇게 썼어?’ 하는 식의 동료 기자에 의한 비아냥을 지금도 잊을 수 없다."라고 말했다. 이 때문에 대통령실 출입기자들 중에는 대통령이나 대통령실을 비판하라는 데스크의 주문을 싫어한다는 의견도 있었다. 그런 점에서 대통령실 출입기자들은 심리적으로 자신과 출입처를 상호 일체적 권력 공동체로 인식하는 경향을 띠기도 한다.

### 2) 정파적 보도

대통령실 뉴스 보도의 특징 가운데 하나가 정파적 보도다. 진보 대체는 진보 정부에 대해서는 우호적이지만 보수 정부에 대해서는 적대적이다. 반대로 보수 매체는 보수 정부에는 우호적이지만 진보 정부에는 적대적이다(이완수 · 양영유 · 배재영, 2020; 최영재, 2005). 진보 정부와 진보 매체, 반대로 보수 정부와 보수 매체가 서로 짝을 이루어 동조한다. 대통령실의 대응 방식도 언론사의 정파성에 따라 다르다. 문재인 대통령 당시에는 대통령실 참모들이 『한겨레』, 『경향신문』, MBC 기자들의 전화를 더 잘 받아줬다(종합지 L 기자). 당시 대통령실 참모들은 이들 진보 매체가 우호적으로 더 잘 보도해줄 것으로 인식하는 분위기도 있었다(방송사 J 기자). 보수 매체인 『조선일보』, 『중앙일보』, 『동아일보』가 비판할 때 진보 매체는 우호적으로 잘 써주겠지 하는 정서가 존재했다는 것이다. 대통령실 참모들이 진보 매체에 인사 정보를 흘려주거나 사회적으로 문제가 되었던 '조국 사태'에 대해 반박논리를 더 친절히 설명해준 것도 이런 믿음이 있어서였다. 대통령실의 이런 호응에 부응하고자 진보 매체들은 보도 과정에 대통령실의 입장을 보다 적극적으로 전달한다. 대신 부정적인 이슈에 대해서는 소극적으로 보도하거나 아예 보도를 하지 않는다.

한편 진보 정부의 보수 매체에 대한 대응은 정반대다. 질문 의도를 늘 의심하거나 현안을 잘 설명해주지 않는다. 문재인 정부 당시 대통령실 참모들은 보수 매체가 공격적으로 보도하려 한다는 선입견을 갖고 있었다. 실제로 보수 매체들은 상대적으로 공격적인 입장에서 취재하고 보도하는 편이었다. 문재인 정부 당시 논란이 되었던 검찰 관련 이슈의 경우에도 보수 매체들이 진보 매체에 비해 더 공격적이고 더 적극적으로 보도했다.

박근혜 정부 때에는 참모들이 보수 매체 소속 기자들에 대해 더 호의적이고, 전화도 잘 받아줬다. 이에 반해 진보 매체 소속 기자들에 대해서는 경계하는 분위기가 있었다. 『경향신문』과 『한겨레』 출입기자들은 박근혜 정부 당시 상대적으로 취재에 어려움을 겪었다. 물론 대통령실이 대놓고 진보 매체를 차별하거나 배척하지는 않는다. 하지만 접촉을 꺼려하는 것은 사실이다. 이 과정에서 진보 매체의 보도 내용이 보수 매체에 비해 더 날이 서거나 비판적으로 바뀌었을 수도 있다.

저널리즘에서 중요한 보도 원칙 가운데 하나가 중립적 객관주의다. 한국 대통령실 출입기자들은 이런 중립적 객관주의 원칙을 잘 지킨다고 볼 수 없다. 언론의 정파적 이해관계에 따라 편파적 보도가 잦기 때문이다. 정파적 보도는 특히 대통령실발 뉴스에서 자주 발견된다. 진보 정부에서는 보수 매체가, 보수 정부에서는 진보 매체가 같은 내용을 서로 다른 관점으로 바라보고, 그것이 보도로 이어지기 때문이다.

### 3) 사실보다 해석과 관점 중심 보도

저널리즘에서 사실 보도만큼 중요한 것도 없다. 저널리즘에서는 어떤 것도 사실보다 우선할 수 없다. 저널리즘은 사실에서 시작하고, 사실에서 끝난다고 해도 과언이 아니다. 사실이 우선이고, 사실에 근거한 해석은 그다음의 문제다. 하지만 한국 대통령실발 뉴스는 반대로 사실은 부족하고 해석은 넘친다. 대통령실 뉴스에서 특정 사실에 대한 관점과 해석의 차이를 둘러싼 정치적 논란이 끊이지 않는 것도 사실 기사는 적은 데에 반해 과잉 해석이 넘치기 때문이다. 모든 기사는 일정한 관점이나 해석을 피할 수 없다. 문제는 같은 내용을 두고 어떤 관점과 해석을 사용하는가에 따라 의미가 달라진다는 것이다. 새로운 사실의 기사보다 관점과 해석에 관한 기사가 훨씬 많은 대통령실발 뉴스 중에서도, 특히 풀 기사가 그러한 특징을 극명하게 보여준다. 같은 풀 기사가 전혀 다른 관점으로 다뤄진다는 사실이다.

대통령의 발언은 관점과 해석의 차이로 인해 언론매체와 대통령실 간에 종종 갈등을 빚는다. 매체의 정파적 이해관계에 따라 같은 내용을 다른 관점과 해석을 통해 보도한다. 기자 칼럼을 통해 대통령을 비판하는 것도 마찬가지다. 사실은 명백하지만, 의견이나 해석은 다양하기 때문에 갈등이 불가피하다. 진보 정부 시기 보수 언론과, 보수 정부 시기 진보 언론의 보도 관점 역시 다르다. 정파적 이해관계에 따라 같은 사안에 대해 다르게 접근하기 때문이다. 노무현 대통령 집권기에는 『조선일보』, 『중앙일보』, 『동아일보』 등 보수 언론의 보도를 둘러싸고 갈등이 특히 심했다. 반대로 박근혜 대통령 집권기에는 『경향신문』과 『한겨레』의 보도가 갈등의 빌미가 되곤 했다. 그 이면에는 언론사들이 자신의 입맛에 맞게 자의적인 관점과 해석을 과도하게 담아 사실을 편향적으로 보도하는 태도가 원인이었다.

### 4) '정책 보도'보다 '정치 보도'

한국 대통령실의 또 다른 보도 특징 가운데 하나가 '정책 보도'의 실종과 '정치 보도'의 과도한 부각이다. 한마디로 정책은 없고 정치만 있다. 국민의 생활에 도움이 되는 정책 기사는 적은 반면, 대통령실의 권력 관계, 대통령 주변 이야기, 인사 문제, 그리고 권력 다툼과 같은 흥미 위주의 정치기사가 압도적으로 많다. 박근혜 대통령 당시 출입기자였던 종합지 J 기자는 "대통령실 보도에서 정책 분야는 30%에 불과하지만, 정치 분야는 70%나 된다."라고 말했다. 정책 보도보다는 인사 문제나 정무적 문제 보도에 지나치게 쏠려 있던 것으로 보인다. 즉 정치적으로 대통령실이 어떻게 돌아가는지와 관련하여 내부 권력 다툼과 갈등의 문제를 주로 다룬다. 하지만 이런 정치 보도는 국민의 삶과는 직접 관계가 없다. 그런데도 대통령실 기자들은 국민의 삶에 관계된 정책 보도 대신에 정치 보도에 주로 매달린다. 이에 대해 종합지 J 기자는 독자의 취향을 이유로 든다. 그는 "독자들이 사람들의 이야기를 좋아하고, 남들 싸우는 이야기 좋아하고, 권력 핵심부에 있는 사람들 움직임에 대해 재미있어 한다."라고 말했다.

대통령실 기사의 '정치 의제' 편중은 독자의 취향 문제만은 아니다. 정치 이슈에 대한 대통령실 출입기자들의 선호 경향도 무시할 수 없다. 대통령실 출입기자들은 앞서 이야기한 대로 주로 정당이나 국회 출입기자들이 옮겨온다. 이들은 정치 관련 기사에 익숙한 사람들이다. 따라서 정책 사안에 대한 입체적 분석보다는 정치 현실에 대한 평면적 기술을 더 선호한다.

그 가운데서도 인사 문제는 대통령실 출입기자들의 최대 관심 사항이다. 대통령실 출입기자들은 누가 먼저 인사 관련 특종 보도를 하는가에 따라 언론사의 위상은 물론 개인의 취재 역량이 결정된다고 생각한다. 따라서 대통령실 출입기자들은 인사 시즌이 되면 치열한 취재 경쟁을 벌인다. 국무총리가 누가 되고, 검찰총장이 누가 된다는 인사 내용을 조금이라도 더 빨리 보도하려고 한다. 인사 발표를 앞두고 기자들은 대통령 비서실장, 민정수석, 홍보수석, 당대표, 그리고 당 원내대표 등을 대상으로 전방위 취재에 나선다. 인사설이 나돌면 출입기자들은 특히 주요 취재원인 민정수석실에 몰린다. 출입기자들이 늦은 저녁은 물론 수시로 확인 전화를 건다. 운 좋게 민정수석실에서 인사 검증 과정을 확인하면, 최종 후보가 누구인가에 대해 예측 보도를 한다. 하지만 인사 정보는 쉽게 얻기 어렵다. 이때 중요한 수단이 개인적인 인맥이다. 가까운 인맥이 민정수석실에 관여되어 있으면 취재에 유리하다. 평소 가까이 지내는 정당 쪽 관계자를 통해 인사 정보를 탐색하기도 한다.

대통령실 출입기자들은 인사 정보를 미리 캐내기 위해서는 개인적 인맥을 많이 갖고 있어야 한다고 말한다. 인사 문제는 대통령실 출입기자들 간의 유일한 경쟁 대상이다. 지나친 취재 경쟁 때문에 자주 오보가 나기도 한다. 그럼에도 대통령실 기자들은 오보의 위험을 감수하면서까지 인사에 대한 취재 경쟁에 나선다. 하지만 인사 보도는 사회적 가치에 비해 기자 개인이 쏟는 에너지가 너무 많은 비효율적인 취재 영역으로, 순전히 대외 과시용이다. 자신들의 정보력이 더 뛰어나다는 일종의 '보여주기식' 보도 관행에 지나지 않는다. 사실 하루 먼저 인사 보도를 한다고 해서 달라지는 것은 아무것도 없다. 그런데도 한국 대통령실 기자들은 인사 특종을 위해 동분서주한다. 이런 인사 과열 취재는 다른 국가 언론에서는 쉽게 찾아보기 어려운 한국 언론만의 특징이다.

* * *

기자들의 사명은 자명하다. 권력을 감시하고, 정부를 비판하는 데 있다. 어떤 경우에도 기자는 감시견watchdog으로서 취재원과 타협할 수 없다. 자유민주주의 사회에서 정부와 언론의 이상적 관계는 견제와 균형에 있다(남재일, 2006). 이는 저널리즘의 핵심 가치이자 원칙이다. 한국 기자들은 그동안 정치적 통제 권력에 맞서 자유민주주의 실현에 기여해온 것이 사실이다. 이런 헌신이 '국경없는 기자회Reporters without Borders'가 2021년 발표한 언론자유지수 순위에서 한국을 아시아 지역 1위로 자리매김하게 만들었다. 이 지표는 한국 기자들이 권력을 자유롭게 비판해왔다는 의미를 담고 있다. 그 대상에는 당연히 최고 권력 기관인 대통령실도 포함된다.

하지만 한국 대통령실 출입기자들은 출입처에 대한 종속적·의존적 취재를 당연한 관행으로 받아들인다. 가장 중요한 취재원인 대통령이 공론장에 자주 나오지 않는 이유를 따져 묻지도 않는다. 대통령의 과도한 우월적 지위를 오랜 관례이자 전통으로 치부한다. 당연한 국민 소통 행위인 도어스테핑을 마치 '정치권력 우위'에서 '언론 우위'로 이행된 현상인 양 착각한다. 대통령실이 제공하는 정보를 마냥 받아쓰거나, 출입처에 의한 어떠한 위계적 차별과 제한에도 저항하지 않는다.

대통령실이 임의로 정해놓은 비보도와 엠바고라는 질서나 권위 앞에서는 무력하다. 겉으로는 권력을 감시한다고 천명하면서도, 안으로는 권력에 타협하고 협조하는 의존적 공생 관계를 벗어나지 못한다. 한마디로 '정치권력'과 '언론권력'이 상호 공생하는 권·언 복합체의 특성을 띤다. 심지어 기자와 기자, 기자와 출입처가 상호 결탁하고 협조하는 연고주의적 담합 결사체를 이루기도 한다.

대통령실의 이런 일방적·종속적·규제적·의존적 취재 환경은 출입처 편향 보도, 받아쓰기 보도, 정파적 보도, 사실보다 해석 중심의 보도, 그리고 정치 과잉 보도라는 산물을 낳는다. 대통령 권력을 감시하고 비판해야 할 기자의 입에서 "대통령님 파이팅"이라는 소리가 그냥 나온 것이 아니다. 한국 대통령실 출입기자들의 분발을 기대한다.

# 9장 청와대 보도자료에 대한 언론 현장의 보도 양상

박재영

## 1. 언론의 사회적 현실 구성

터크만(Tuchman, 1972)은 미국의 여러 뉴스룸을 관찰하여 기자들이 기사를 작성할 때 공통으로 보여주는 네 가지 관행을 발견했다. 그것은 양쪽 입장을 모두 소개하는 '상반된 가능성의 제시', 증거로 주제를 입증하는 '지지하는 증거의 제시', 취재원의 말을 직접인용함으로써 기사의 신뢰도를 높이는 '인용부호의 적절한 사용', 역피라미드 구조로 정보를 체계화하는 '적절한 방식의 정보 구조화'이다. 하지만 터크만은 이것이 객관주의를 실행하기 위한 적극적 차원의 관행이라기보다 보도 후에 야기될 수 있는 항의와 소송 등의 부작용을 예방하기 위한 소극적 차원의 관행이라고 주장했다. 그는 이를 전략적 의례strategic ritual라고 했는데, 한마디로 방어적 객관주의라 할 수 있다.

이보다 조금 더 비판적인 시각은 뉴스 생산 과정을 하나의 사회적 구성으로 본다(Gitlin, 1980; Tuchman, 1978). 뉴스는 현실을 있는 그대로 반영한 것이 아니라 매체 나름대로 재구성한 현실이라는 뜻이다. 언론은 현실을 재생산하기보다 구성화한 현실을 제시한다는 주장이나(Bennett, 1982), 언론은 현실을 규정하고 사건에 의미를 부여하는 적극적 작업을 수행한다는 주장(Hall, 1982)도 이와 유사하다. 그래서 언론은 사회 현실의 적극적 규정자로 정의되며(Hartely, 1982), 뉴스는 사건 자체라기보다 사건에 대한 해석이나 규정으로 간주된다(Hall, 1982). 이런 논의들은 뉴스의 구성주의 시각, 나아가 언론의 사회적 현실 구성론으로 이어졌다.

실천적 차원에서 언론의 사회적 현실 구성론이 잘 드러나는 지점은 뉴스의 틀, 즉 프레임이다(방성현 · 이건호, 2013). 프레임은 언론이 특정한 정보를 선택적으로 강조하거나 배제함으로써 현실에 대한 담론을 체계적으로 조직하고 특수한 의미를 부여하는 지속적 패턴이다(Gitlin, 1980). 프레임 이론에서는 정보의 선택과 강조가 중요하므로 학계 연구도 여기에 집중됐다. 당연히 언론이 선택하고 강조하는 정보가 수용자에게 영향을 끼친다고 말할 수 있겠지만, 선택하지 않는 정보의 영향력에도 관심을 가질 필요가 있다. 언론이 다루지 않은 내용은 아예 수용자의 머릿속에 존재하지 않을 것이며 수용자들은 그런 정보 없이 사안을 파악할 가능성이 크다. 그래서 사람들의 머릿속에 각인되는 구성적 현실은 선택과 강조뿐 아니라 누락과 경시까지 조합된 개념으로 보아야 한다는 주장이 있었다(Reese, 2001).

이러한 시각은 무보도 개념과는 조금 다르다. 무보도는 언론이 아예 보도하지 않은 사안을 뜻하지만, 이 시각은 언론이 사안을 보도하기는 하되 특정 정보를 누락하거나 경시하거나, 심지어 또 다른 특정 정보를 추가하는 것도 포함한다. 방성현과 이건호(2013)는 보도자료를 다룬 기사를 연구하면서 '비구성적 현실'이라는 개념을 제안하고, 이 개념은 언론이 보도하지 않거나 적게 보도한 비보도 내용을 뜻한다고 했다. 여기서 비보도는 언론이 완전히 누락한 정보뿐 아니라 보도자료에 비춰 현저하게 적게 보도한 내용도 포함한다. 이 장에서는 이와 같은 비구성적 현실을 다룬다. 예를 들어 청와대(현재의 대통령실)가 배포하는 대통령 보도자료나 대변인실 브리핑자료에 대한 보도는 신문별로 다를 수 있는데, 그 차이가 지나치게 크다면 신문마다 자신의 프레임 또는 사회적 현실 구성 기능을 강하게 작동했다고 의심할 수 있다. 물론 특정 보도자료나 브리핑자료를 보도조차 하지 않았을 수도 있겠지만, 그보다는 보도는 하되 보도자료 내용을 서로 다르게 선택하거나 강조하거나 추가한 부분을 찾아내는 것이 이 장의 목표다. 따라서 여기서는 보도자료 및 그와 관련한 기사를 분석한다.

연구 대상으로서 보도자료는 그것만이 지니는 특수성이 있다. 아주 작은 사건이라 하더라도 언론이 사건의 전모를 파악하고 가감 없이 보도하기는 불가능하다. 그것은 인간으로서 기자가 지니는 인지적 한계 때문일 수 있고, 마감 시간이나 지면(방송 시간) 제한 같은 언론 관행의 한계 때문일 수도 있다. 또한 기자의 취재 역량에 따라서, 언론사의 가치와 철학에 따라서 사건의 전모 가운데 얼마만큼을 보도할 수 있을지가 달라지기도 한다. 여러 기자가 한 사건을 취재하고서도 각자 나름대로 사건을 이해하고 보도하는 것은 이런 이유 때문이다(허만섭 · 오병찬 · 구혜린, 2018). 그런데 사건의 전모라는 점에서 보면, 보도자료는 기자에게 사건의 경계를 정해주는 느낌이 들게 한다. 일반적으로 기자들은 보도자료를 받고서 좀처럼 그것이 다루는 범위를 크게 벗어나면서까지 추가로 취재하지 않는다. 물론 보도자료를 기초로 하되 보도자료와는 다른, 새로운 주제를 기획한다면 보도자료는 더는 사건의 전모가 아니다. 하지만 기자들이 대체로 보도자료의 범주 내에서 기사를 쓴다고 보면, 해당 보도자료가 다루는 영역이 사건의 전모라고 해도 무방할 것이다. 그렇다면 보도자료와 그에 관한 기사를 비교함으로써 기자들 간에 누가 어떤 내용을 선택하거나 강조하거나 누락하거나 추가했는지를 비교적 명확하게 알아낼 수 있을 것이다.

프레이밍은 불가피하게 또는 의도적으로 발생한다. 문제는 그 과정에서 사실성이 약화할 수 있다는 점이다. 프레이밍은 내용의 선택과 부각의 과정에서 편향성을 수반할 수밖에 없으며, 이때의 편향성은 뉴스의 사실성을 약화하고 정확성을 훼손할 수 있다(Entman, 1993; Gans, 1979). 사실성과 정확성이 어떤 경우에도 양보할 수 없는 저널리즘의 기본 원칙임을 상기한다면 이는 중대한 문제가 아닐 수 없다. 혹자는 특정 언론사가 자기 나름대로 정보를 선택하고 강조하면 언론사별로 기사가 달라질 것이므로 보도 다양성 측면에서 바람직하다고 말할지 모르겠다. 이는 맞는 말이지만, 만일 그런 경향성이 지속해서, 그리고 일관적으로 발생한다면 오히려 그것은 문젯거리가 된다. 언론사가 특정한 의도를 지녔다고 의심하게 될 수 있기 때문이다. 보도자료의 경우에도 내용 중 일부를 취사선택하는 것은 불가피하며, 보도자료에 없는 정보를 추가로 취재하는 것은 당연히 권장할 만한 일이지만, 그 과정에서 특정 매체의 일관된 선택과 배제가 나타날 수 있다는 것이 이 장에서 밝힐 문제의식이다. 따라서 이 연구는 보도자료 정보의 선택과 강조가 옳은지 그른지를 가리기보다 특정 매체가 어떻게 보도자료를 활용하여 자기의 태도를 강화하는지 알아보려 한다.

신문의 이념적 성향에 따라 보도 행태가 다르다는 것은 일반적으로 알려진 사실이다. 신문의 이런 현상은 정치적 입장을 공유하는 신문과 정당이 서로 연합한다는 정치병행성 이론으로 설명된다(조항제, 2014). 이 장에서 분석하려는 보도자료와 기사는 주로 문재인 정부 때 나온 것들인데, 이 시기는 정부와 언론 간에, 그리고 언론사 간에 정치적 갈등이 첨예했으므로 신문의 정치병행성이 비교적 뚜렷했을 것으로 추정할 수 있다.

## 2. 사회적 현실 구성의 실천적 요소

여기서는 언론이 무엇을 어떻게 함으로써 사회적 현실 구성이 이루어지는지 알아본다. 사회적 현실 구성의 실천적 요소 또는 실행 요소를 파악하는 것인데, 기자들이 활용하는 장치라고 해도 무방할 것이다. 이를 통해 이 연구의 분석 변인을 도출하면 다음과 같다.

### 1) 제목의 의견 표출

언론의 현실 구성이 가장 두드러지게 발견되는 곳은 기사의 제목이다. 기사 제목은 내용을 짐작하게 하는 신호이며 예독 가능성, 즉 기사를 볼 것인지 여부를 결정하는 주요 인자다(임영호, 2005). 이처럼 제목은 선택적 뉴스 읽기를 도와주는 길라잡이 역할을 하는데, 디지털 모바일 시대가 되면서 기사 본문을 읽지 않고 제목만으로 사안을 판단하는 제목 소비자가 증가했다는 점에서 제목의 중요성은 예전보다 더 커졌다고 말할 수 있다. 따라서 보도자료를 다룬 기사에서도 매체별로 제목에 차이가 있는지 알아볼 필요가 있다. 특히 제목에 특정한 태도가 반영돼 있다면 그 언론사는 상당히 적극적으로 사회적 현실 구성을 했다고 볼 수 있을 것이다.

### 2) 무주체 피동형 문장을 활용한 자의적 해석

터크만(Tuchman, 1972)은 기자가 기사를 쓰는 과정에서 사실과 의견을 구분하고 자신의 견해나 판단을 개입하지 않는 것처럼 보이지만, 실제로는 자기의 주관적 견해를 강조하는 데 효과적인 다양한 장치를 전략적으로 활용한다고 주장했다. 한국 신문 기사의 경우에 이 주장을 뒷받침하는 대표적인 예는 무주체 피동형 문장의 술어다. 다음 두 문장이 모두 피동형 문장인데, '예1'에서는 누가 그런 전망을 했는지, '예2'에서는 누가 그런 지적을 했는지가 나타나 있지 않다. 저널리즘에서 출처source가 무엇보다도 중요하다고 볼 때, 이와 같은 피동형 문장은 행위의 주체를 알 수 없는 구조여서 가장 나쁜 문장이라 할 수 있다.

- 예1: 윤 장관의 방러는 취임 이후 처음으로 세르게이 라브로프 러시아 외교부 장관과 회담을 갖는 등 대북 압박 외교를 이어갈 것으로 전망된다.
- 예2: 그러나 '과거 문제'에는 전력을 쏟아 싸우면서 정작 노동개혁과 경제활성화법 등 '오늘의 문제'에는 손을 놓고 있다는 지적이 나온다.

피동형 문장은 한국 신문기사와 방송뉴스에서 흔히 발견된다(김경모 외, 2020, 263-266쪽; 김경모 · 박재영 · 배정근 · 이나연 · 이재경, 2018, 140-144쪽 참조). 피동형 문장에 쓰이는 술어의 예를 들면, '알려졌다', '전해졌다', '주장이 나오고 있다', '의혹이 일고 있다', '의문도 제기된다', '전망된다', '관측이 나오고 있다', '예상된다', '추정된다', '우려가 제기되고 있다', '가능성도 거론되고 있다', '관심이 모아지고 있다', '지적이 제기되고 있다', '비판이 나오고 있다', '평가도 나온다' 등이 있다.

무주체 피동형 문장은 사실과 의견의 구분이라는 저널리즘 원칙에서 볼 때 큰 문젯거리다. 한국 언론은 이상하리만치 이 원칙을 경시하는 가운데 오히려 '의견의 사실화'를 경주하는 것 같다. 사실을 제시할 때는 물론이며 주장을 제기할 때는 더욱더 근거가 있어야 함에도, 무주체 피동형 문장은 출처 없이 내용을 전달하므로 내용에 대한 독자의 검증 가능성을 완전히 배제하는 결과를 낳는다. 따라서 독자는 무주체 피동형 문장을 대하면서 기자의 주관이 개입됐다고 의심할 수밖에 없다. 이렇게 되면 기사의 신뢰도가 떨어지는 것은 당연한 일이다. 그래서 저널리즘 학계는 기사의 품질을 떨어트리는 고질적 문제 중 하나로 무주체 피동형 문장의 주관적 술어를 꾸준히 지목해왔다(박재영, 2006; 박재영 · 이완수, 2007; 이나연, 2018; 이완수 · 박재영, 2013; 이완수 · 배재영, 2014).

### 3) 선택적 취재원 활용

취재원 활용은 언론이 현실을 구성하는 또 다른 방법이다. 흔히 정치 보도에서 취재원은 단순히 정보 제공이라는 차원에서가 아니라 기사의 프레임을 지지하는 용도로 활용되는 경향이 있다. 심하게 말하면, 언론은 자신에게 유리한 방향으로, 자기 입맛에 맞게 취재원을 선택적으로 활용하여 기사 프레임을 강화한다. 이런 관행은 기사에 표현된 취재원이 실명이냐 익명이냐에 관계없이 나타난다. 예를 들어 정부 고위직이나 권위 있는 전문가가 실명으로 기사에 등장하면, 그런 취재원의 존재 자체가 기사 프레임을 강화하는 데 크게 기여한다. 또한 익명으로 표기된 취재원은 중대하거나 민감한 정보를 말하는 경우가 허다한데, 이런 익명 취재원은 실명 취재원보다 더 전략적으로 기사 프레임 구축에 활용된다. 예를 들어 익명 취재원이 특정 대상을 공격하거나 비판하면, 독자는 출처가 익명이어서 그 말을 그대로 믿기 어려운데도 '기자는 이름을 밝힐 수 없을 뿐이지 취재원은 실존 인물'이라며 기사에 문제가 없다고 항변하게 된다. 이런 이유에서 익명 취재원 사용은 정보를 조작할 수 있도록 문을 열어주는 행위라고 비판받기도 했다(Hainman, 1998).

### 4) 선택적 정보 추가

보도자료를 토대로 보충 취재를 하여 새로운 정보를 기사에 추가하는 것은 당연히 권장할 일이다. 다만 그런 새 정보 중 일부가 선택적으로 기사에 활용된다는 점이 문제가 된다. 기자는 보충 취재를 통해 여러 정보를 수집했더라도 기사 프레임에 맞는 정보만 활용하려 하며 맞지 않는 정보는 애써 외면한다. 이와 같은 선택적 노출과 선택적 인지는 인간이라면 누구에게나 발생하지만, 기자에게는 특히 더 심하게 발생한다(Stocking & Gross, 1989). 따라서 선택적 정보 추가도 언론의 사회적 현실 구성의 실행 요소라 할 수 있을 것이다.

### 5) 출처 없는 사실 정보

앞의 무주체 피동형 문장과 조금 다르게, 몇몇 기사 문장은 '…가 확인됐다' 또는 '…로 알려졌다'라는 술어로 끝나기도 한다. 이런 표현은 주로 기자가 취재를 통해 특정 사실을 확인한 것은 맞지만, 그 출처와 관련된 어떠한 정보도 밝힐 수 없는 경우에 사용된다. 따라서 확인되거나 알려진 정보는 거짓 정보가 아니라는 해석이 적어도 기자들 사이에서 공유되고 있는 것이다. 하지만 독자는 그 관행을 알 수 없으며 양해해야 할 이유도 없다. 그래서 독자로서는 이런 문장을 대할 때 그것이 기사 프레임을 강화하기 위한 기자의 작위적 문장이라고 의심할 가능성이 크다.

## 3. 분석에 사용된 보도자료와 기사

이 장에서는 청와대가 배포한 보도자료와 그것을 토대로 작성된 기사를 분석하므로 두 자료를 수월하게 수집할 수 있는지가 관건이다. 어지간한 정부부처의 보도자료는 일반 시민에게도 공개되며, 정부 보도자료를 한곳에 모아둔 웹사이트도 있다. 하지만 유독 청와대 보도자료는 이 웹사이트에 포함돼 있지 않다. 또한 언제부턴가 청와대는 기자들에게 보도자료를 종이 문서로 전달하지 않고 이메일로만 배포하고 있으며, 이 이메일은 기자들의 컴퓨터에 특정 프로그램을 설치하고 아이디와 패스워드를 입력해야 열람할 수 있게 되었다. 청와대 출입기자 여러 명을 알아보았지만, 청와대가 보낸 보도자료 이메일을 모두 보관하고 있는 사람은 없었다. 따라서 청와대 보도자료 전수를 구하기는 불가능했는데, 다만 청와대 웹사이트에 '보도자료' 또는 '청와대 브리핑' 등의 제목으로 된 몇몇 자료가 남아 있어서 그것을 분석에 사용했다(윤석열 정부 들어서는 청와대 웹사이트 자체가 폐쇄되었으므로 이런 정보마저도 모두 사라졌다).

이 장에서는 청와대 보도자료를 먼저 구하고, 그에 해당하는 기사를 수집하는 식으로 연구를 수행했다. 최근의 보도자료가 구하기 수월했으므로 결국 문재인 정부 시절의 보도자료를 분석하게 되었다. 기사는 보도자료를 보도한 기사를 훑어보면서 신문 간에 두드러진 차이가 있는 경우를 분석용으로 수집했다. 청와대 보도자료의 수집 기간은 2018년 7월 16일부터 2022년 1월 17일까지이며 연구에 사용된 보도자료의 내용은 청와대 인사 발령, 남북 관계, 소득 주도 성장의 3개 분야로 나눌 수 있었다. 보도자료의 수는 인사 발령 5개, 남북 관계 4개, 소득 주도 성장 5개로 총 14개였다(<표 9-1> 참조). 관련 기사는 『경향신문』 8개, 『동아일보』 8개, 『조선일보』 9개, 『한겨레』 8개로 총 33개였다. 기사는 포털사이트를 통해 수집했으며, 신문 지면의 기사인지 온라인

<표 9-1> 분석한 보도자료와 신문 기사 수

| 보도자료 | 기사 | 기사 합계 |
|---|---|---|
| 인사(5) | 『경향신문』(3) 『동아일보』(3) 『조선일보』(2) 『한겨레』(2) | 10 |
| 남북 관계(4) | 『경향신문』(3) 『동아일보』(3) 『조선일보』(3) 『한겨레』(3) | 12 |
| 소득 주도 성장(5) | 『경향신문』(2) 『동아일보』(2) 『조선일보』(4) 『한겨레』(3) | 11 |
| 보도자료 합계(14) | 『경향신문』(8) 『동아일보』(8) 『조선일보』(9) 『한겨레』(8) | 33 |

으로 보도된 기사인지는 구분하지 않았다.

보도자료 및 기사 분석은 문맥 분석 중심의 질적 분석 방법론을 따랐다. 보도자료와 기사를 비교하면서 어느 부분이 어떻게 강조되거나 추가되었는지를 집중적으로 찾아냈고, 해당 부분을 기사에서 발췌하여 해석하는 식으로 연구 결과를 작성했다.

## 4. 신문이 청와대 보도자료를 보도하는 양태

신문이 하나의 보도자료를 어떻게 서로 다르게 보도하는지 한눈에 보기 위해 해당 기사 전체를 통째로 먼저 분석해본다. 이런 분석을 두 차례 한 다음에 그 외의 보도자료와 기사에 대해서는 변인별로 분석한다.

### 1) 기사 전체 분석

**첫 번째 사례**

다음은 문재인 정부 시절 청와대 민정수석 인사 발표를 담은 보도자료의 원문이다.

**신임 민정수석 인사 발표 관련**
**정만호 국민소통수석 브리핑**

(청와대 브리핑, 2021. 3. 4.)

[정만호/국민소통수석]

문재인 대통령은 신임 민정수석을 임명했습니다. 지금까지 수고해주신 신현수 수석께서 신임 민정수석을 소개하고, 인사 말씀이 있겠습니다.

[신현수/ 민정수석]

민정수석 신현수입니다. 저는 오늘까지 민정수석으로 재임하며, 민정수석으로서 마지막 임무를 수행하고자 이 자리에 섰습니다. 문재인 대통령은 신임 민정수석에 김진국 감사위원을 임명했습니다. 김진국 신임 민정수석은 노동·인권 변호사로서 문재인 정부의 감사위원, 참여정부의 민정수석실 법무비서관을 역임했습니다. 이외에도 대한변호사협회 일제피해자인권특별위원회 위원, 서울지방노동위원회 공익위원, 행정심판위원회 위원 등 다양한 공공 분야에서 사회적 약자의 권리 보호를 위해 헌신해온 법조인입니다.

김진국 신임 민정수석은 대통령과 함께 참여정부 민정수석실에서 법무비서관으로 근무하며 법무·검찰 관련 업무를 담당하며 사법 개혁을 안정적으로 추진했습니다. 국정철학에 대한 높은 이해도와 사회적 갈등 조정에 관한 풍부한 법조계 경력, 소통하는 온화한 성품을 바탕으로 법무·검찰 개혁 및 권력기관 개혁을 안정적으로 완수하고, 끝까지 공직사회의 기강을 확립할 적임자로 기대됩니다.

신임 민정수석의 인사 말씀을 듣기 전에 한 말씀만 올리겠습니다. 여러 가지로 능력이 부족해서 이렇게 떠나게 되었습니다. 떠나가더라도 문재인 정부의 성공적인 마무리를 지켜보고 성원하겠습니다. 그러면 신임 민정수석을 소개해 드리겠습니다. 김진국 신임 민정수석입니다.

[김진국/신임 민정수석]

안녕하십니까. 방금 소개받은 김진국이라고 합니다. 참 엄중한 시기에 중책을 맡게 돼서 무거운 책임감을 느낍니다. 여러모로 부족한 점이 많습니다마는 맡은 바 소임 최선을 다해서 수행하도록 노력하겠습니다. 그리고 주변도 두루두루 잘 살펴보도록 하겠습니다.

이 보도자료를 『경향신문』은 다음과 같이 보도했다.

**문 대통령, 신현수 사표 수리…**
**후임에 김진국 감사원 감사위원(①)**

(『경향신문』, 2021. 3. 4.)

문재인 대통령은 4일 신임 민정수석에 김진국 감사원 감사위원을 임명했다. 거듭 사의를 표명했던 신현수 민정수석의 사표를 수리한 것이다.

김진국 신임 민정수석은 노동·인권 변호사로 참여정부 시절 청와대에서 문재인 당시 민정수석과 함께 법무비서관으로 근무한 바 있다. 서울지방노동위원회 공익위원, 대한상사중재원 중재인 등을 역임한 뒤 현재 감사원 감사위원으로 활동 중이다.

문 대통령이 검찰과의 관계 개선을 모색하기 위해 현 정부 들어 검찰 출신으로는 처음으로 민정수석에 임명됐던 신현수 수석은 두 달여 만에 그만두게 됐다.(②) 신 수석은 지난달 검찰 고위간부 인사 과정에서 박범계 법무부 장관과의 갈등 끝에 여러 차례 사의를 표명했다가 문 대통령에게 거취를 일임한 바 있다.(②) 그간 신 수석 거취를 고심하던 문 대통령은 이날 윤석열 검찰총장의 사의를 수용하면서 신 수석의 거취도 함께 정리한 셈이다.(②) 김진국 감사위원이 후임으로 결정됨에 따라 청와대 민정수석은 김조원·김종호 전 민정수석에 이어 다시 감사원 출신이 맡게 됐다.(②)

신 수석은 "여러 가지로 능력이 부족해 이렇게 떠나게 됐다"라며 "떠나가더라도 문재인 정부의 성공적인 마무리를 지켜보고 성원하겠다"라고 밝혔다.

김진국 신임 수석은 "엄중한 시기에 중책을 맡게 돼 무거운 책임감을 느낀다"라며 "여러모로 부족한 점이 많지만 맡은 바 소임을 최선을 다해 수행하겠다. 주변도 두루두루 잘 살펴보겠다"라고 말했다.

『경향신문』은 기사 제목(①번)을 보도자료에 있는 사실 정보만으로 건조하게 작성했다. 보도자료와 유일한 차이는 '선택적 정보 추가'에 해당하는 3문단인데, 여기에 있는 4개의 문장(②번)도 가치중립적 사실 정보이므로 『경향신문』은 보도자료를 거의 그대로 보도했다고 말할 수 있다. 이에 비해 다음의 『동아일보』 기사는 『경향신문』 기사와 상당히 다르다.

**신현수 사표도 전격 수리…**
**후임엔 非검찰 출신 '친문' 김진국 (①)**

(『동아일보』, 2021. 3. 5.)

문재인 대통령이 검찰 고위 간부 인사에 반발해 사의를 표명한 신현수 대통령민정수석비서관의 사표를 4일 전격 수리하고 후임으로 비非검찰 출신인 김진국 감사원 감사위원(58)을 임명했다. 민정수석 교체 발표는 청와대가 문 대통령의 윤석열 검찰총장 사의 수용을 발표한 지 불과 45분 만에 이뤄졌다. 윤 총장이 이날 오후 2시 사의 표명을 한 지 2시간 만에 윤 총장 사의 수용과 신 비서관 사표 수리까지 속전속결로 끝낸 것.(④)

특히 신 수석 사표 수리 발표는 애초 오늘 예정되지 않았던 것으로 확인됐다.(⑤) 4 · 7 재 · 보궐선거를 한 달여 앞두고 터져 나온 검찰 관련 갈등 정국이 임기 말 문 대통령과 여당에 악재가 될 수 있다고 보고 최대한 빨리 털어내려는 의도인 것으로 알려졌다.(②)

○ 文, 예정에 없던 신현수 사표 수리까지 속전속결

신 수석은 이날 민정수석 교체 브리핑에 등장해 "여러 가지로 능력이 부족해 떠나게 됐다"라며 "떠나가더라도 문재인 정부의 성공적인 마무리를 지켜보고 성원하겠다"라고만 짧게 말했다. 사의 표명 과정의 갈등에 대한 구체적인 언급은 없었다. 1월 1일 임기를 시작한 신 수석은 63일 만에 청와대를 떠나게 됐다. 22일 일단 복귀해 문 대통령에게 거취를 일임한 지 열흘 만이다. 지난해 12월 '추미애 전 법무부 장관과 윤 총장 갈등'에 책임을 지고 4개월 만에 물러난 김종호 전 민정수석보다 더 빠른 것으로 문재인 정부 들어 최단 기간에 교체된 민정수석이 됐다.(④)

앞서 청와대는 신 수석의 거취 일임으로 사태가 "일단락됐다"라고 했지만 실제로는 신 수석이 사의를 철회하지 않자 후임을 물색해왔다. 특히 신임 수석 발표는 애초 4일이 아니라 4일

이후 다른 날로 예정됐던 것으로 알려졌다.⑤ 여권 관계자는 "윤 총장이 사퇴하자 검찰 갈등 이슈를 한꺼번에 해결하자는 차원에서 신임 수석 발표까지 한 것 같다"라며 "이제는 신종 코로나바이러스 감염증(코로나19) 백신 접종, 재난지원금 등 민생 현안에 집중해야 할 때"라고 했다.③

윤 총장의 사의를 수용한 상황에서 윤 총장과 박범계 법무부장관 간 조율을 임무로 생각했던 신 수석의 교체 발표를 더 미룰 필요가 없어졌기 때문이란 관측도 나온다.② 다만 또 다른 여권 관계자는 "신 수석이 윤 총장과 친분은 있지만 윤 총장 사퇴와 관련해 사전에 교감이 있었던 것 같지는 않다"라며 "오히려 신 수석은 최근 윤 총장의 행보에 대해 우려를 나타냈다"라고 전했다.③ 실제로 중대범죄수사청(중수청) 설치를 반대하는 윤 총장의 인터뷰가 2일 보도된 뒤 신 수석은 청와대 내부 회의에서 "시기, 형식, 내용 등이 적절치 않다"라며 비판한 것으로 알려졌다.

○ 돌고 돌아 민변 출신 민정수석

결국 문재인 정부의 마지막 민정수석에는 문재인 정부의 '인력뱅크'로 불리는 '민주사회를 위한 변호사모임'(민변) 부회장을 지낸 비검찰 출신이 다시 임명됐다. 김 신임 수석은 검찰과 갈등을 중재하려 했던 신 수석과 달리 검찰보다 여권의 검찰개혁 드라이브에 힘을 실어줄 것으로 보인다.②

김 신임 수석은 이날 춘추관에서 "엄중한 시기에 중책을 맡게 돼서 무거운 책임감을 느낀다"라며 "주변도 두루두루 잘 살펴보도록 하겠다"라고 말했다. 신 수석은 이날 김 신임 수석을 소개하면서 "법무·검찰 개혁 및 권력기관 개혁을 안정적으로

완수하고 끝까지 공직사회의 기강을 확립할 적임자로 기대된다"라고 했다. 여권 관계자는 김 신임 수석에 대해 "합리적으로 온화한 성품을 가졌다"라며 "검찰개혁 관련 제도를 안정적으로 안착시키는 데 기여할 것"이라고 했다.

서울대 법대를 졸업한 김 신임 수석은 사법연수원 19기 동기인 친문(친문재인) 핵심인 전해철 행정안전부 장관과 가깝다.(④) 노무현 정부 시절인 2005년 당시 민정수석이었던 문 대통령, 2006년 민정수석이었던 전 장관과 함께 법무비서관으로 호흡을 맞췄다. 2009년 '박연차 게이트' 검찰 수사 당시 문 대통령과 함께 노무현 전 대통령을 변호했고 문 대통령 대선캠프에선 법률 자문역을 맡기도 했다.(④) 노 전 대통령과 전 장관이 몸담았던 법무법인 해마루의 대표 변호사로 활동하기도 했다.(④) 문재인 정부 출범 직후인 2017년 7월부터 감사원 감사위원으로 재직했다.

『동아일보』 기사는 제목(①번)에서부터 '친문'이라고 강조함으로써 보도자료 내용을 비판적으로 해석했다. 이는 선택적 정보 추가에 해당한다. 이 프레임은 대통령과 청와대가 신임 민정수석을 통해 검찰개혁을 밀어붙인다는 것인데, 기사는 이를 뒷받침하기 위해 무주체 피동형 문장(②번)을 다음과 같이 3개나 사용했다.

- 4·7 재·보궐선거를 한 달여 앞두고 터져 나온 검찰 관련 갈등 정국이 임기 말 문 대통령과 여당에 악재가 될 수 있다고 보고 최대한 빨리 털어내려는 의도인 것으로 알려졌다.
- 윤 총장의 사의를 수용한 상황에서 윤 총장과 박범계 법무부 장관 간 조율을 임무로 생각했던 신 수석의 교체 발표를 더 미룰 필

요가 없어졌기 때문이란 관측도 나온다.

- 김 신임 수석은 검찰과 갈등을 중재하려 했던 신 수석과 달리 검찰보다 여권의 검찰개혁 드라이브에 힘을 실어줄 것으로 보인다.

이어서 기사는 '여권 관계자'나 '또 다른 여권 관계자'라는 취재원(③번)을 선택적으로 활용하며 대통령과 청와대의 취지를 전하면서도, 신현수 민정수석의 사표 수리가 속전속결로 끝났고, 그가 문 정부의 최단 기간 민정수석이며 김진국 신임 민정수석은 친문 핵심인 전해철 행안부 장관과 가깝다는 점, 그리고 박연차 게이트 때 문 대통령과 함께 노무현 전 대통령을 변호하고 문 대통령 대선캠프의 법률 자문역이었으며 노 전 대통령과 전 장관이 몸담았던 법무법인 '해마루'의 대표변호사로 활동했다는 정보(④번)를 선택적으로 활용하며 친문 프레임을 강화했다. 또한 신현수 민정수석의 사표 수리 발표가 이날 예정됐던 일이 아님을 두 번이나 출처 없이 언급하면서(⑤번) 청와대가 민정수석 교체를 서둘렀다는 인상을 주었다. 전체적으로, 『동아일보』는 대통령과 청와대가 검찰개혁과 관련한 혼란을 급히 진화하기 위해 서둘러 친문 인사를 민정수석에 앉혔다는 점을 극구 강조했다.

**두 번째 사례**

다음은 문재인 정부 시절 경제지표와 관련한 보도자료다.

**3/4분기 가계소득 동향 관련**
**고민정 대변인 브리핑**

**(청와대 보도자료, 2019. 11. 21.)**

오늘 3/4분기 가계소득 동향 조사 결과가 발표됐습니다.

1분위에서 5분위까지 가계소득이 모두 증가한 가운데, 소득의 분배 상태를 나타내는 5분위 배율은 3/4분기 기준 2015년 이후 처음으로 개선돼서 가계소득 격차가 완화되는 모습을 보이고 있습니다. 1분위 소득은 2분기에 소폭 증가로 전환된 데 이어 이번 3분기에 4.3% 큰 폭으로 증가했습니다.

소득 하위 20% 어르신들에 대한 기초연금 인상(19.4), 근로장려금EITC · 자녀장려금 지급 확대(19.9), 아동수당 확대 등 정부의 정책 효과로 이전소득이 확대되며 1분위 소득 증가를 견인했습니다.

또한 2 · 3 · 4분위의 소득은 2분기에 이어서 모두 고르게 증가하여 중간소득층이 두터워지는 추세를 보이고 있습니다.

문재인 대통령은 오늘 발표된 3분기 가계소득 동향에 대해 "그동안 가계소득 동향상 저소득 가구의 소득 감소는 아픈 대목이었다. 하지만 올 2분기부터 좋아지는 조짐을 보였고, 3분기에는 가계소득과 분배 면에서 좀 더 확실히 좋아지는 모습이다. 소득 주도 성장의 정책 효과가 분명하게 나타나고 있는 것"이라며 "앞으로도 포용적 성장을 위한 정부 정책의 노력을 일관되게 지속해 나가야 한다."라고 말했습니다.

이어 문 대통령은 고령화 추세, 유통산업 등의 구조변화가 지속되는 구조적 어려움 속에서도 1분위 소득이 크게 늘어난 것, 또 전분위 소득이 모두 늘어난 가운데 중간층이 두터워진 것, 분배지표인 5분위 배율이 줄어든 것은 "매우 의미 있는 변화"라고 말했습니다.

다만 자영업 업황 부진으로 사업소득이 감소한 것과 관련해서는 면밀한 분석과 함께 기존 대책의 효과성을 점검할 필요성이 있음을 지적했습니다.

『한겨레』와 『조선일보』는 이 보도자료를 보도하면서 당일 함께 발표됐던 통계청 보도자료 내용도 활용했다. 하지만 두 신문의 기사 내용은 판이했다. 먼저, 『한겨레』(2019. 11. 21.)는 "문 대통령 '소득 주도 성장 효과 분명히 나타나'"라는 제목에 이어 '소득 주도 성장의 효과가 분경하게 나타나고 있다'는 대통령의 주장을 리드로  활용함으로써 청와대가 전하고자 하는 내용을 충실히 부각했다. 『한겨레』 기사는 리드 이후에도 보도자료를 그대로 옮기면서, 통계청 발표 자료 중 일부를 선택적으로 추가했다. 그것은 1분위 가계의 명목소득이 7분기 만에 가장 큰 폭으로 늘었다는 점과 5분위 가계의 소득이 소폭 증가하는 데 그쳐 3분기 가계소득 격차는 4년 만에 감소세로 바뀌었다는 점이다. 그렇지만 이 내용의 주요 정보도 청와대 보도자료에 포함되어 있었으므로 『한겨레』 기사는 기본적으로 보도자료 판박이라 할 수 있다. 『조선일보』 기사는 『한겨레』와 크게 달라서 다음에 전문을 그대로 소개한다.

**통계 하나 보고…**
**8개월 만에 '소주성' 꺼낸 文(①)**

(『조선일보』, 2019. 11. 22.)

문재인 대통령이 21일 약 8개월 만에 '소득 주도 성장(소주성)'을 직접 거론하며 "성과가 분명하게 나타나고 있다"라고 말했다. 문 대통령은 최저임금 인상과 근로시간 단축 등 핵심 정책이 빈부 격차 확대 등 부작용을 나타내자 최근에는 '소주성' 대신 '포용 국가'라는 말을 써왔다.(④) 지난 4월 시민단체 간담회에서 "소주성은 세계적으로 족보가 있는 이야기"라고 한 것이 사실상 마지막이었다.(④) 정책적으로도 최저임금 인상과 근로시간 단축의 '보완'을 지시하면서 소주성의 후퇴가 아니냐는

관측도 나왔다.(②)

그러나 이날 문 대통령은 “소득 주도 성장 정책의 성과가 분명하게 나타나고 있다”라며 다시 소주성을 전면에 내세웠다. ‘경제 실정론’에 대한 적극적 반박에 나서면서 지지층을 결집하기 위해 다시 소주성 정책 강화에 나설 수 있다는 전망이 나오고 있다.(②) 청와대 관계자는 “혁신, 포용, 공정이라는 국정 원리는 처음부터 지금까지 바뀐 것이 없다”라고 말했다.(③)

문 대통령이 이날 소주성 성과를 강조한 것은 통계청이 발표한 3분기 가계동향조사에서 최저소득층(1분위 · 하위 20%) 소득이 증가한 것으로 조사됐기 때문이다. 그러나 이 발표를 들여다보면 최저소득층이 일을 해서 버는 근로소득은 7분기 연속 감소했고, 반면 나랏돈을 퍼주는 이전소득이 7분기 연속 증가한 것으로 나타났다.(④) 세금으로 저소득층 소득을 떠받친 것임에도 문 대통령은 1분위 소득이 증가한 것만 강조한 것이다.(④)

문 대통령은 “앞으로도 포용적 성장을 위한 정부 정책 노력을 일관되게 지속해 나가야 한다”라고 말했다고 고민정 청와대 대변인이 전했다. 문 대통령은 “그간 저소득 가구 소득 감소는 아팠지만 2분기부터 좋아지는 조짐을 보이고, 3분기는 가계소득과 분배 면에서 좀 더 확실히 좋아지는 모습”이라고 평가했다. 문 대통령은 “구조적 어려움에도 1분위 소득이 크게 늘어나는 것, 전분위 소득이 모두 늘어나는 가운데 중간층이 두꺼워진 것, 분배지표인 5분위 배율이 줄어든 것은 매우 의미 있는 변화”라고 했다.

홍남기 경제부총리도 이날 페이스북에 “정부가 일관성 있게 추진해온 소득 주도 성장, 포용 성장의 효과가 3분기에는 본격화되고 있다”라며 “고용지표에 이어 소득분배지표도 뚜렷한 개

선세를 보여 반가운 소식이 아닐 수 없다."라고 썼다.(③)

통계청에 따르면 1분위 가구의 월평균 소득은 137만 4,000원으로 1년 전보다 4.3%(5만 6,400원) 증가했다.(④) 그러나 1분위의 근로소득은 44만 7,700원으로 1년 전보다 6.5%(3만 1,200원) 감소했고, 정부가 주는 이전소득은 67만 3,700원으로 전년보다 11.4%(6만 9,000원)나 증가했다.(④) 정부가 소주성 성과로 강조한 이날 통계는 소득 주도 성장의 '역설'을 보여준다는 지적이다.(②) 소득 주도 성장의 본래 취지는 "저소득층의 소득을 인위적으로 올리면 소비가 늘어 경제가 살아난다"는 것이었다.(④) 문재인 정부가 각계의 반대를 무릅쓰고 최저임금을 무리하게 인상한 것도 이 때문이었다.(④)

그런데 최저임금 인상, 주 52시간제 등을 강행하는 동안 저소득층이 일해서 버는 '근로소득'은 계속 감소하고 있다.(④) 이번 통계청 조사에서도 최저소득층의 근로소득은 7분기 연속 감소해 2016년 3분기 56만 1,000원이던 1분위 근로소득이 올해 44만 7,700원으로 20%나 줄었다.(④) 이에 따라 시장소득, 즉 자기 힘으로 버는 돈을 기준으로 한 소득 격차(5분위 배율)는 9.13배로 역대 최고치를 기록했다.(④) 반면, 정부 보조금 등으로 올린 이전소득은 2016년 53만 7,630원에서 올해 67만 3,720원으로 25% 늘었다.(④) 소득 격차를 정부가 각종 복지 지출로 메우고 있는 셈이다. "소득 주도 성장이 아니라 '세금 주도 성장'"이란 비판이 나오는 이유이다.(②)

『조선일보』는 제목(①번)에 '8개월 만에'라는 정보를 선택적으로 추가하여 대통령이 경솔하게 다시 소득 주도 성장을 꺼내든 것처럼 느껴지도록 만들었다. 이어서 제목의 프레임을 지지하기 위해 여러 정보를 선택적으로 추가했다(④번). 즉 대통령이 최근에는 소득 주도 성장 대신 포용 국가라는 말을 써왔다는 것과, 소득 주도 성장 발언은 8개월 전이 마지막이라는 점을 강조했다. 또한 기사의 후반 3분의 2 분량을 할애하여 1분위 가계소득 증가가 이전소득의 증가에 따른 것이지 근로소득은 오히려 줄었다는 점을 장황하게 설명했다. 여기에는 통계청 발표 자료에 포함된 구체적인 수치들이 대거 동원됐다. 기사는 '청와대 관계자'와 '홍남표 경제부총리'라는 취재원을 선택적으로 활용하여 대통령과 정부의 입장을 보여주면서도(③번), 소득 주도 성장 정책의 후퇴라는 추측이 있다거나 지지층 결집을 위해 소득 주도 성장 정책을 재강화할 전망이 있음을 전한 다음에 정부 통계는 소득 주도 성장의 역설을 보여주고, 그래서 소득 주도 성장이 아니라 세금 주도 성장이라는 비판이 나온다는 것을 무주체 피동형 문장(②번)으로 제시했다.

여기까지 기사를 통째로 분석하는 작업을 마치고, 다음으로는 보도자료와 기사에서 각 변인의 해당 부분을 찾아내어 비교·분석해본다.

### 2) 제목의 의견 표출

보도자료 14개를 다룬 기사 가운데 12개 기사의 제목에서 신문 간에 명백한 차이가 발견됐다. 앞 절에서 설명한 2개 사례도 이에 해당하는 대표적인 경우다. 나머지 사례 중에서 6개를 추가로 소개해본다. 청와대 수석보좌관회의에서 대통령이 최저임금과 관련한 대선 공약을 지키지 못했다는 모두발언(청와대 보도자료, 2018. 7. 16.)을 했는데, 이를 담은 보도자료를 신문은 다음과 같은 제목으로 보도했다. 『경향신문』은 대통령의 발언을 직접인용하며 보도자료 내용을 충실히 옮긴 제목을 달았으며 『동아일보』는 대통령의 발언을 비판적으로 해석한 제목을 달았다. 『동아일보』는 최저임금 1만 원이라는 대통령의 선거 공약을 달성하지 못해 정부가 정책 추진의 속도를 조절할 수밖에 없는 상황임을 제목에 강조했다.

- 문 대통령 "최저임금 1만원 대선 공약 못지켜 사과" (『경향신문』, 2018. 7. 16.)
- 역풍 맞은 최저임금…문재인 대통령 속도조절 (『동아일보』, 2018. 7. 17.)

'법무부 차관 인사 관련'이라는 제목의 청와대 브리핑(2021. 7. 13.)을 다룬 신문들의 기사 제목에서도 차이가 발견됐다. 다음에서 보듯이 『한겨레』는 신임 차관이 비검찰 출신임을 강조했고, 『조선일보』는 그가 추미애 장관 시절에 법무부 법무실장에 임명됐던 판사임을 적시하여 대통령 쪽과의 연관성을 강조했다. 한편 『한겨레』의 제목에 있는 '비검찰'은 보도자료에 없는 표현이었다.

- 문 대통령, 새 법무부 차관에 '비검찰' 강성국 내정 (『한겨레』, 2021. 7. 13.)
- 새 법무부 차관에 강성국 법무실장…추미애가 임명한 '판사' (『조선일보』, 2021. 7. 13.)

『한겨레』와 『조선일보』는 '민정수석 인사발표'라는 청와대 브리핑(2022. 1. 17.)을 보도한 기사의 제목에서 큰 차이를 보였다. 『한겨레』는 제목에 신임 민정수석 김영식을 '판사 출신'이라고 하여 그가 비검찰 출신이며 중립적 인물로 느껴지게 했다. 하지만 『조선일보』는 그가 진보 성향 법관 모임의 회원이며 2017년 사법행정권 남용 사태 때 양승태 대법원 공격에 앞장섰던 과거사를 콕 집어내서 '판사 탄핵 주장한 인권법 출신'이라고 했다. 『한겨레』의 제목에 있는 '판사 출신'은 청와대 보도자료에는 없지만, 김영식의 이력을 통해 충분히 나올 수 있는 표현이다. 즉 『한겨레』와 『조선일보』는 모두 김영식의 전직이 판사라는 정보를 활용하여 제목을 달았지만, 의도는 정반대였다고 할 수 있다.

- 청와대 민정수석에 '판사 출신' 김영식 전 법무비서관 (『한겨레』, 2022. 1. 17.)
- 靑 민정수석에 김영식 前 법무비서관…판사 탄핵 주장한 인권법 출신 (『조선일보』, 2022. 1. 17.)

2019년 문재인 대통령의 신년 기자회견 연설문(청와대 보도자료, 2019. 1. 10.)을 보도한 기사의 제목은 다음과 같다. 『한겨레』는 A4용지로 5장이 넘는 분량의 대통령 연설문에서 "변화 두려워도 꼭 가야 할 길"이라는 발언 1개를 제목에 사용하면서 대통령의 의지를 전하고자 했다. 보도자료 내용에 충실한 제목이라 할 수 있다. 반면에 『조선일보』는 대통령의 발언을 직접인용하는 제목 대신 연설문을 비판하는 내용으로 제목을 만들었다. 경제가 좋지 않고 대통령이 그런 사정을 잘 알면서도 변화를 꾀하지 않는다는 식으로 꼬집은 것이다. 『한겨레』는 대통령의 미래지향적 메시지를, 『조선일보』는 상황 변화에도 불구하고 정책을 바꾸지 않는 대통령의 고집을 제목에 부각했다.

- 2019 문재인 대통령 신년기자회견 연설 전문 (청와대 보도자료, 2019. 1. 10.)
- "변화 두려워도 꼭 가야 할 길" 혁신적 포용 국가 의지 (『한겨레』, 2019. 1. 11.)
- 경제 아프다면서…정책은 안바꾼다 (『조선일보』, 2019. 1. 11.)

앞의 세 사례에서 『조선일보』는 일관적으로 대통령과 청와대를 아프게 지적하는 제목으로 기사를 보도했으며 『한겨레』는 초지일관 보도자료 내용을 충실히 반영하는 제목을 사용했다.

서해 공무원 피살 사건(2020. 9. 22.)과 관련하여 북한이 우리 측에 통지문(청와대 보도자료, 2020. 9. 25.)을 보냈을 때, 4개 신문의 기사 제목은 다음과 같이 제각각이었다. 『경향신문』은 통지문에 적힌 북한 김정은의 사과 메시지를 그대로 직접인용 형식으로 제목에 사용했다. 『한겨레』도 김정은의 사과 발언을 그대로 인용하는 한편, 그런 태도가 이례적임을 제목에 강조했다. 반면에 『동아일보』는 북한의 통지문에 대한 여당과 야당 쪽의 상반되는 반응을 대구 형태로 만들어 사용했으며, 『조선일보』는 김정은의 사과가 담긴 통지문을 받기 전후를 비교하여 정부의 태도가 표변했음을 부각하는 제목을 달았다. 『경향신문』과 『한겨레』는 북한의 입장 및 보도자료의 취지를 최대한 반영했고, 『조선일보』는 그와 정반대로 가장 비판적 어조로 제목을 구성했으며, 『동아일보』는 그 중간쯤이었다고 말할 수 있다.

- 김정은 "불미스러운 일…문 대통령과 남녘 동포들에 실망 줘 미안" (『경향신문』, 2020. 9. 27.)
- 김정은 "대단히 미안"…파국 피해 이례적 사과 (『한겨레』, 2020. 9. 26.)
- 여권 일제히 "北사과 이례적" 긍정 평가…野 "가해자 두둔 참담" (『동아일보』, 2020. 9. 26.)
- 만행이라더니…김정은 "미안" 한마디에 반색하고 나선 文정부 (『조선일보』, 2020. 9. 26.)

서해 공무원 피살 사건이 났을 때 대통령의 입장 표명에 관심이 집중됐는데, 북한 김정은의 사과 통지문이 온 다음에 청와대 수석보좌관회의에서 대통령의 관련 발언이 있었다(청와대 보도자료, 2020. 9. 28.). 이 발언은 사건 6일 만에 나온 첫 공식 입장이었다. 다음과 같이, 『경향신문』은 제목에 대통령이 처음으로 입장을 밝혔음을 강조하며 대통령의 발언을 그대로 직접인용했다. 『한겨레』도 6일 만에 대통령의 입장이 나왔음을 알리면서 역시 대통령의 발언을 제목을 넣었다. 『동아일보』 역시 대통령의 말을 옮기는 선에서 제목을 만들었는데 『조선일보』만 상당히 비판적인 제목을 달았다. 『조선일보』는 2017년 소형 낚싯배가 대형 선박과 충돌하여 어부들이 사망했을 때는 대통령이 묵념까지 하며 국가의 무한책임이라 했는데, 그보다 훨씬 더 중대하고 비극적인 이번 사건에서는 그저 애도한다는 말만 한다는 식으로 꼬집었다.

- 문 대통령, 북한 '남측 민간인 사살' 관련 첫 공개 입장 "매우 유감스러운 일 국민께 대단히 송구" (『경향신문』, 2020. 9. 28.)
- 문 대통령, 엿새만에 사과 "불행한 일 송구…깊은 애도" (『한겨레』, 2020. 9. 28.)
- 文대통령 "대단히 송구…김정은 사과는 각별" (『동아일보』, 2020. 9. 29.)
- 文, 3년 전 낚시배 침몰 땐 묵념하며 "국가 무한책임" 이번엔 묵념 없이 "애도" (『조선일보』, 2020. 9. 28.)

### 3) 무주체 피동형 문장을 활용한 자의적 해석

무주체 피동형 문장은 총 38개 발견됐다. 신문별로는 『경향신문』 9개, 『한겨레』 2개, 『동아일보』 20개, 『조선일보』 7개다. 기사당 계산해보면, 『경향신문』 1.1개, 『한겨레』 0.3개, 『동아일보』 2.5개, 『조선일보』 0.8개다. 청와대의 보도자료를 거의 그대로 보도한 『경향신문』과 『한겨레』는 이런 문장이 적었으며, 있다 하더라도 보도자료 내용을 지지하거나 강화하는 용도였다. 이에 비해 『동아일보』와 『조선일보』는 보도자료 내용을 비판하는 과정에서 이런 문장을 자주 사용했는데, 출처를 밝히지 않으면서 자의적 해석을 가미하려 했다고 말할 수 있다. 신문별 대표 사례를 소개하면 다음과 같다.

먼저 두 보도자료 경우, 『동아일보』 기사에서만 무주체 피동형 문장이 발견된 경우는 다음과 같다. 먼저 박선원을 국정원 1차장으로 임명한다는 내용의 청와대 브리핑(2021. 11. 26.)을 『동아일보』(2021. 11. 27.)는 짧은 기사로 전하면서도 무주체 피동형 문장을 5개나 사용했다. 다음에서 보듯이, 박선원을 1차장에 기용한 취지와 의도, 그것이 박지원 국정원장과 긴장 관계를 형성할 것으로 보일 수 있는데 박 원장의 측근을 승진시켜줌으로써 균형을 꾀했다는 점, 과거에 박선원이 천안함 침몰이 선체 결함 때문이라는 취지의 발언을 하여 국방부 장관으로부터 고소당한 적이 있어서 그의 안보관이 문제가 될 수 있다는 점을 모두 출처 없이 서술했다. 특히 세 번째와 다섯 번째 문장은 '일각'이라는 표현을 사용하며 익명이라도 취재원이 있는 것처럼 보이게 하려고 했지만, 그것은 기자들의 상투적 표현일 뿐 이 문장들은 여전히 무주체 피동형 문장으로 볼 수 있다. 다음의 '…로 풀이된다' 또는 '…라는 지적이 나온다'라는 식의 표현이 기자의 자의적 해석을 의심하게 만든 요인이다.

- 대북통을 전진 배치해 임기 말 남북대화 재개와 종전선언의 돌파구를 마련하겠다는 의도로 풀이된다.
- 서 실장(서훈 청와대 국가안보실장)의 측근을 1차장에 임명하면서, 청와대와 국정원 간 직접 소통을 강화하겠다는 의지로 풀이된다.
- 때문에 일각에선 박지원 국정원장과의 힘겨루기라는 평가도 나온다.
- 다만 박 원장(박지원 국정원장)의 비서실장을 지낸 노 특보(노은채 국정원장 외교특보)를 기조실장으로 발탁해 균형을 맞췄다는 해석도 나온다.

- 일각에서는 대북 업무를 담당하는 박 차장의 안보관이 문제가 될 수 있다는 지적이 나온다.

최저임금과 관련한 김상조 정책실장의 브리핑(2019. 7. 14.)을 보도한 『동아일보』 기사(2019. 7. 15.)는 누군가의 소득은 또 다른 누군가의 비용이라거나 소득과 비용이 어느 일방에게 과도한 부담이 되면 경제 전체가 악순환에 빠진다는 김 실장의 발언을 소개하고, 다음과 같이 피동형 문장 2개를 연이어 사용했다. 여기에서 나타나는, 정부가 최저임금위원회의 입장에 공감하고 있다거나 최저임금 1만 원을 달성하지 못한 데 대한 청와대의 사과가 노동계를 달래는 목적이라는 설명은 검증 안 된 미확인 정보이므로 반드시 누가 그런 의견을 제시했는지를 밝혀야 한다. 하지만 『동아일보』는 그렇게 하지 않았다.

- 정부가 최저임금위원회의 결정에 개입하지는 않았지만, 더 이상의 악순환을 막기 위해 최저임금위의 속도조절론에 상당 부분 공감하고 있었다는 것으로 해석될 수 있는 대목이다.
- 청와대가 처음으로 최저임금 인상의 후폭풍을 인정하고, 문재인 대통령과 김 실장이 연이어 사과한 것은 내년도 최저임금 결정에 반발하는 노동계를 달래기 위한 목적도 있다.

『동아일보』와 『경향신문』 기사에서 피동형 문장이 발견된 3개 사례를 보자. 두 신문은 모두 자기 기사의 프레임을 강화하는 용도로 피동형 문장을 활용했다.

서해 공무원 피살 사건으로 정부가 수세에 몰렸을 때 청와대는 그보다 열흘 전쯤에 남북 정상 간에 오갔던 친서를 공개(청와대 보도자료, 2020. 9. 25.)하며 국면 전환을 시도했다. 『경향신문』(2020. 9. 25.)은 그런 청와대의 의도를 피동형 문장을 4개나 써가며 보도했다. 우선, 『경향신문』은 기사 리드에 이은 두 번째 문장에서 문 대통령이 사건 2일 후에야 입장을 밝힌 것과 관련하여 "여론이 급격히 나빠지자 청와대가 이를 차단하기 위해 총력 대응에 나선 것으로 보인다."라고 하고, 기사 중간에서도 "친서 공개를 통해 반전을 모색하는 것 아니냐는 해석이 나온다."라고 했다. 한편 그에 앞서 문 대통령은 국군의 날 기념사에서 북한에 대해 전혀 언급하지 않았는데, 『경향신문』은 이에 대해 "청와대가 이번 사건의 파장을 축소하려 하거나 여전히 북한 눈치 보기를 하는 것 아니냐는 비판이 나왔다."라고 했다. 기사는 "국군의날 기념사는 이번 사건 발생 이후 일부 수정됐는데, 북한의 태도 변화와 남북 간 물밑 소통 가능성을 고려한 수위 조절이었을 수 있다는 분석도 나온다."라는 문장으로 끝났다. 이 문장들은 취재 정보를 정리한 해설이긴 하지만, 그래도 출처가 필요하다. 그저 '…보인다' 또는 '…나온다'라는 식으로 처리할 정도의 사소한 내용이 아니기 때문이다.

『동아일보』(2020. 9. 26.)도 『경향신문』과 비슷하게 청와대의 남북 정상 간 친서 공개에 대해 "그동안 친서 공개는 외교 결례라며 철저히 내용을 비공개해온 청와대가 해양수산부 소속 어업지도원 이모 씨(47) 사살 사건의 파장이 확산되자 국면 전환용으로 친서를 공개했다는 비판이 나오고 있다."라고 기사 첫머리에 밝혔다. 기사를 마무리할 때도 "청와대가 남북 정상 친서를 공개한 것은 북한군의 이 씨 사살로 종전선언 제안이 담긴 문 대통령의 유엔총회 연설에 대한 비판이 커지고 있는 데 따른 것으로 보인다."라고 했다. 이처럼 『동아일보』는 피동형 문장 2개를 활용하여 청와대의 옹색한 대응을 꼬집었다.

김오수 신임 검찰총장 임명장 수여식과 관련한 청와대 브리핑(2021. 6. 1.)을 보도하면서 『경향신문』(2021. 6. 1.)은 "김 총장이 현 정부에서 임명하는 사실상 마지막 검찰총장인 만큼, 지난 4년간 추진해온 검찰 제도개혁의 안착을 주문한 것으로 풀이된다."라고 청와대의 의중을 해설했다. 그러나 『동아일보』(2021. 6. 1.)는 보도자료에 있는 내용인 "문재인 대통령이 1일 김오수 신임 검찰총장에게 '검찰이 국민의 기대에 부응하는 공정한 검찰로 거듭나는 데 큰 역할을 해 주리라 믿는다'라고 강조했다."라고 한 다음에 "2019년 7월 윤석열 전 검찰총장 임명 당시 '살아 있는 권력에 대해서도 (권력의 눈치도 보지 않고 사람에 충성하지 않는) 똑같은 자세가 돼야 한다'라고 말한 것과 온도 차가 있다는 평가가 나온다."라고 지적했다. 『경향신문』은 청와대가 홍보하고자 했던 김오수 임명의 취지를 무주체 피동형 문장으로 전달한 반면에 『동아일보』는 정치적 국면의 변화에 따라 검찰을 대하는 청와대의 태도도 바뀐 점을 무주체 피동형 문장으로 비판했다.

대선 공약인 최저임금 1만 원을 실현하지 못한 것과 관련하여 대통령이 청와대 수석보좌관회의에서 모두발언(청와대 보도자료, 2018. 7. 16.)을 했을 때, 『경향신문』과 『동아일보』는 공통으로 대통령이 속도 조절을 한다고 보도했다. 이는 모두 무주체 피동형 문장으로 전달됐다. 예를 들어 『경향신문』(2018. 7. 16.)은 최저임금 목표를 달성하지 못한 데 대한 대통령의 사과 발언을 "문 대통령이 2020년 최저임금 1만 원 인상 약속에 매달리기보다 올해 최대 폭의 최저임금 인상 시행 이후 제기된 부작용에 대한 각계의 우려를 수용했다는 의미로 여겨진다."라고 해석했다. 또한 최저임금위원회가 최저임금을 10.9% 올리기로 한 사실을 밝히면서 "2년 연속 두자릿수 인상이지만 지난해 인상률보다는 낮은 수치여서 '속도 조절'을 택한 것으로 해석됐다."라고 평가했다. 『동아일보』(2018. 7. 17.)도 대통령의 사과를 최저임금 공약의 "사실상 포기 선언"으로 규정하고, "소상공인과 중소기업들의 인건비 급등으로 일자리가 줄어드는 부작용을 감안해 최저임금 인상의 속도를 조절할 것으로 예상된다."라고 한 다음에 "최저임금 인상이 경제에 미칠 영향을 보면서 인상 폭을 조절할 수 있음을 시사하는 것과 동시에 최저임금과 관련한 사회적 합의가 필요하다는 점을 강조한 것으로 해석된다."라고 했다.

서해 공무원 피살 사건에 대해 대통령이 처음으로 입장을 밝힌 수석보좌관회의의 모두발언(청와대 보도자료, 2020. 9. 28.)을 보도하면서 『경향신문』은 대통령이 이번 사건에 대해 남북 공동으로 해법을 모색하고 군사 통신선을 복구할 것을 제안했다고 하면서, "그러나 북측은 이날까지도 군 통신선을 꺼놓고 있어, 호응할 가능성은 낮아 보인다."라고 했다. 이날의 대통령 입장 발표 전에 북한 김정은 위원장의 사과 통지문이 전달되었으며, 대통령은 북한 최고지도자가 곧바로 사과한 것은 사상 처음이고 매우 이례적이라고 했다. 『경향신문』은 이에 대해 "문 대통령이 김 위원장 사과를 지나치게 호의적으로 평가한 것 아니냐는 지적도 나온다."라고 했다. 『경향신문』은 김정은에 대한 대통령의 호평이 다소 과하다고 판단했는데, 막상 그런 말을 실명으로 해줄 취재원은 찾기 어려워서 무주체 피동형 문장으로 조심스럽게 표현한 것 같은 인상을 주었다.

『한겨레』(2020. 9. 28.)도 대통령의 입장 표명에 대해 "월북 의사 여부에 관한 남과 북 당국의 해명이 다른 데다, 이를 두고 남쪽 정부가 ㄱ씨의 월북 의사를 핑계 삼아 희생을 막지 못한 것에 책임을 피하려 한다는 거센 비판을 의식한 것으로 풀이된다. 아울러 이 사건이 자칫 월북 여부를 둘러싼 공방으로 번져 반북 정서가 커지고, 진영 간 분열 양상으로 치닫는 것을 미리 막겠다는 뜻도 들어 있는 것으로 풀이된다."라고 했다. 이런 식의 문장은 정치부 기자들이 흔히 쓰는 해설성 문장으로, 독자는 그것이 기자 자신의 해설이 아닌가 하고 의심하게 된다.

『동아일보』(2020. 9. 29.)는 앞의 두 매체보다 조금 더 세게 비판적으로 보도했다. "하지만 북한 만행에 대한 규탄 없이 김 위원장의 사과를 '각별한 의미', '매우 이례적', '마음을 확인할 수 있다' 등의 표현을 동원하며 평가한 게 적절했느냐는 지적이 나오고 있다."라고 한 것이다. 묘하게도 『경향신문』, 『한겨레』, 『동아일보』 모두 대통령에게 부정적인 내용을 무주체 피동형 문장으로 전달했는데, 『경향신문』과 『한겨레』는 그렇다손 치더라도 기본적으로 대통령에 비판적인 『동아일보』가 그런 말을 해줄 실명 취재원을 구하기가 그렇게 어려웠을까 하는 의문이 든다.

대통령의 신년 기자회견 연설문(청와대 보도자료, 2019. 1. 10.)의 경우, 『조선일보』(2019. 1. 11.)에서만 무주체 피동형 문장이 발견됐다. 이 연설에서 대통령이 강조한 것 중의 하나는 고용이 악화한 것은 안타깝지만 정책 기조는 유지할 필요가 있다는 것인데, 이에 대해 『조선일보』는 "일부 문제는 있지만 현 정부의 정책 기조가 옳기 때문에 보완해서 계속 밀고 가겠다는 취지로 해석됐다."라고 했다. 그러면서 기사 맨 마지막에 "126분간 진행된 기자회견은 문 대통령 지지층에겐 '원칙'을 재확인하는 자리였다. 하지만 새해 경제정책 변화를 주문했던 기업·자영업자 등의 바람과는 거리가 있었다는 평가가 나온다."라고 했다. 『조선일보』는 전반적으로 대통령의 신년 연설을 부정적으로 평가했는데, 역시 이렇게 중요한 평가 의견을 무주체 피동형 문장으로 처리했다.

제8차 비상경제회의 서면 브리핑(2020. 9. 10.)을 보도하면서 『조선일보』(2020. 9. 11.)는 "이번 추경으로 올해 국가채무는 약 847조 원, 국민총생산GDP 대비 국가채무비율은 43.9%로 오를 것으로 전망된다."라고 했는데, 43.9%라는 수치는 전문가의 계산으로 나온 사실 정보일 텐데도 굳이 이를 출처 없는 무주체 피동형 문장으로 제시할 필요가 있었는지 의아하다.

### 4) 선택적 취재원 활용

보도자료 내용에 대한 의견이나 평가 등을 구하기 위해 대통령이나 청와대/대통령실 인사는 물론이고 그 외의 취재원을 별도로 구하는 것은 취재의 일환으로서 당연한 일이다. 기사에 이런 취재원이 많아야 질 좋은 기사라 할 수 있을 것이다. 하지만 여기서 분석한 기사들 중 이런 취재원은 많지 않았다. 원래 이 변인은 신문이 자기의 기사 프레임에 맞는 취재원을 동원할 것이라는 추측에서 설정되었는데, 취재원 자체가 적다 보니 그런 경향성을 뚜렷하게 발견할 수 없었다. 또한 한국의 여느 신문 기사가 그러하듯이 대통령·청와대와 관련한 보도자료를 다룬 기사에서 취재원은 대부분 익명으로 표기되었다. 하지만 다음의 예는 실명의 취재원이었다.

문 대통령의 선거 공약이었던 최저임금 1만 원 목표를 달성하기 어렵다는 최저임금위원회의 결정과 함께 나온 청와대 수석보좌관회의 보도자료(2018. 7. 16.)를 보도하면서 『동아일보』(2018. 7. 17.)는 김동연 경제부총리를 별도로 취재하여 "'최저임금이 하반기 경제 운용에서 부담으로 작용할 수 있다'라고 우려했다."라며 그의 코멘트를 보도했다. 바로 이어서 "내년도 최저임금 인상률이 두 자릿수에 이른 것과 관련해 시장과 기업의 경제 심리에 영향을 줄 것이란 우려가 있다고 진단했다."라는 발언도 기사에 담았다. 또한 성태윤 연세대학교 경제학과 교수의 "최저임금으로 인한 갈등을 최소화하려면 학계, 소상공인 등 다양한 계층이 중립적으로 참여할 수 있는 최저임금위를 구성하는 등 보완이 필요하다."라는 의견도 함께 전했다. 이 두 취재원은 딱히 정부에 비판적 시각을 강화하려고 동원했다기보다 보도자료의 취지인 정부의 최저임금 관련 속도 조절에 대한 보완적 설명을 하기 위해 인용된 것이라고 볼 수 있다.

신임 민정수석비서관 김영식의 인사 발표(청와대 브리핑, 2022. 1. 17.)를 다룬 『한겨레』(2022. 1. 17.) 기사에는 "청와대 고위 관계자는 문 대통령 순방 기간에 인사 발표가 난 것과 관련해 '애초 금요일에 인사 발표를 하려 했으나 추가 확인이 필요한 부분이 있어서, (문 대통령이) 출국 전에 승인하고 현지에서 재가할 예정'이라고 설명했다."라는 문장이 있다. 청와대 입장을 해명해주는 용도의 취재원을 선별적으로 활용한 것인데, 이를 굳이 익명으로 해야 했는지 의아하다.

대선 공약인 최저임금 1만 원을 달성할 수 없게 된 상황에서 최저임금위원회도 최저임금을 낮춰 결정했는데, 이때 나온 김상조 정책실장의 브리핑(2019. 7. 14.)을 『경향신문』(2019. 7. 14.)은 다음과 같이 보도했다. '청와대 고위 관계자'라는 취재원을 선별적으로 활용하여 정부 입장을 옹호하는 견해를 전달한 것으로, 이 정도의 내용은 실명 취재원으로 처리할 수 있을 것 같은데 굳이 익명으로 하다 보니 기자의 취재원 선별이 자의적이었다는 느낌을 더 강하게 주었다.

> 청와대 고위 관계자는 최저임금위원회 공익위원 중 다수가 사용자 안인 8,590원에 투표한 것이 청와대의 뜻 아니냐는 질의에 "최저임금위원회의 위원들이 모여서 새벽까지 논의하는 과정은 그 당시의 상황과 분위기에 따라서 결과가 굉장히 많이 달라질 수 있는, 경제학적으로 표현하면 정말로 굉장히 불확실한 게임 상황"이라고 말했다. 이어 "박준식 최저임금위원장도 본인이 생각했던 것보다는 조금 낮아서 놀랐다고 하셨다. 그런 것들을 감안하면 정부가 공익위원들한테 어떤 영향력을 행사할 생각도 없었지만 솔직히 행사할 방법도 그리고 의지도 없었다"라고 했다.

제8차 비상경제회의와 관련한 강민석 대변인의 브리핑(2020. 9. 10.)을 『조선일보』(2020. 9. 10.)는 다음과 같이 보도했다. 자신의 비판적 프레임에 맞는 취재원을 선택적으로 동원하고, 그들의 의견을 활용할 때도 매우 선택적이었다. 첫 문장에 있는 '인터넷에선'과 두 번째 문장의 '네티즌'이 취재원인데, 익명의 취재원이라 하더라도 이 정도로 모호하게 표현하는 경우는 극히 드물다. 저널리즘의 원칙을 완전히 무시했다고 말할 수 있다. 두 문장에 직접인용된 취재원들의 의견도 매우 자극적이고 공격적이다. 상대방을 공격하는 발언을 익명 취재원으로 전달한 것도 저널리즘 원칙 위반이다. 결국 『조선일보』는 여러 원칙을 어기면서까지 자기 입맛에 맞는 취재원을 선택적으로 활용하고 그들의 의견도 선택적으로 발췌하여 정부 비판적 어조를 강화했다고 말할 수 있다. 이런 보도 방식은 자사의 입장 유지에 도움이 될지는 몰라도 공론장 형성에 있어서는 도움은커녕 해를 끼친다.

> 대통령이 재난지원금을 지급할 때마다 '위로'라는 말을 쓰는 것을 두고 인터넷에선 "통신비 2만 원 지급하려고 나라가 9,000억 원 빚을 내는 게 말이 되느냐", "내가 낸 세금으로 주면서 무슨 위로라고 하는지 모르겠다"는 반응들이 이어졌다. "이번에 받는 통신비 2만 원으로는 한우 대신 삼겹살을 사먹고 위로나 받아야겠다"는 네티즌도 있었다.

### 5) 선택적 정보 추가

보도자료 내용 외의 정보를 기사에 추가한 경우는 많지 않았다. 예를 들어 김오수 신임 검찰총장 임명장 수여(청와대 브리핑, 2021. 6. 1.)를 보도한 기사에서 『경향신문』(2021. 6. 1.)은 다음의 정보를 추가로 기사에 담았다. 그날 행사에 사용된 꽃은 대통령이 새 검찰총장에게 바라는 희망 사항을 상징했는데, 『경향신문』은 그 상징성을 애써 기사에서 강조했다. 결국 보도자료의 메시지를 강화해준 셈이다.

> 앞서 문 대통령은 김 총장 부부가 함께 참석한 가운데 임명장을 수여한 뒤 '정의'를 의미하는 락스퍼, '국민의 인권 보호' 및 '사회적 약자를 배려해달라'는 의미를 지닌 말채나무와 알스트로메리아, '신뢰'를 뜻하는 아스타로 구성된 꽃다발을 전달했다.

『한겨레』는 대통령의 신년 기자회견 연설문(청와대 보도자료, 2019. 1.

10.)을 보도하면서 여야의 반응을 추가로 취재하여 기사에 담았다. 그 내용은 "여야의 반응은 엇갈렸다. 더불어민주당은 '경제와 민생을 최우선으로 하는 회견'이라 평가한 반면, 야당은 '국정 운영 19개월 차임에도 대통령은 '몽상'에 빠져 있다'(자유한국당), '셀프 용비어천가'(바른미래당)라고 비판했다."였다. 추가 취재를 통해 여야의 대조적 반응을 균형적으로 담았다고 말할 수 있다.

한편 이 보도자료를 보도하면서 『조선일보』(2019. 1. 11.)가 선택적으로 기사에 추가한 내용은 『한겨레』와 완전히 달랐다. 『조선일보』는 정부의 경제 정책에 변화가 필요함을 강조했는데, 마침 신년 기자회견 중에 그런 질문이 나와서 그 대목을 기사에 포함했다. 해당 부분은 "정책 기조 변화, 다른 생각을 가진 인사의 발탁 등을 묻는 질문에 문 대통령은 굳은 표정으로 '정부 정책과 다른 개인적 주장을 하는 분이라면 '원 팀One Team'으로 활동하기 어렵다'라고 했다."이다. 『조선일보』는 이 문장으로 대통령의 의중을 분명하게 재확인했다. 또한 『조선일보』는 "개성공단과 금강산 관광은 남북 모두에게 이익이 됐다. 북한의 조건 없고 대가 없는 재개 의지로 북한과 풀어야 할 과제가 해결된 셈"이라는 대통령의 연설 내용을 인용한 다음에 "문 대통령은 지난달 한·미 정상회담에선 '북한의 완전한 비핵화 달성 전까지 제재 유지가 필요하다'라고 했는데, 핵심적 사안인 개성공단과 금강산 관광 재개를 추진하겠다는 뜻을 강조한 것이다."라고 부연했다. 즉 대통령의 과거 발언 중 일부를 선택적으로 추가하여 대통령의 남북 문제에 대한 입장이 바뀌었음을 꼬집었다.

제8차 비상경제회의의 추가경정예산 편성 보도자료(2020. 9. 10.)를 보도할 때도 『조선일보』(2020. 9. 11.)는 "정부가 한 해 네 차례 추경(총 67조 원)을 편성한 것은 1961년 이후 59년 만이다."라고 하면서 정부의 경제 무능을 지적했다.

또한 김영식 민정수석비서관 임명에 대한 청와대 브리핑(2022. 1.

17.)을 다루면서 『조선일보』(2022. 1. 17.)는 새로운 정보를 추가하는 식으로 네 번이나 그 인사를 비판했다. 다음에서 보듯이 『조선일보』는 김영식이 과거 법관 시절 특정 모임에 소속됐던 이력, 박근혜 정부 때 대법원과 판사들을 공격했던 활동, 문재인 정부 때 청와대 법무비서관 내정을 거짓 부인했던 발언, 법무비서관 시절 검찰의 선거사범 수사 방해 등의 정보를 선택적으로 추가했다. 청와대 요직에 임명되는 사람의 인사검증을 철저하게 수행했다고 볼 수 있다.

- 김 신임 민정수석은 진보 성향 법관 모임인 국제인권법연구회 간사 출신이다. 이 연구회 내에서 정치 색채가 강한 소모임으로 꼽히는 인사모(인권과 사법제도 소모임)의 회장도 지냈다.
- 그는 2017년 사법행정권 남용 사태가 터졌을 때 '양승태 대법원' 공격에 앞장섰고, 이에 연루된 판사들의 탄핵을 주장했었다. 당시 김 신임 민정수석 비판의 취지는 '양승태 대법원'이 '박근혜 청와대'와 유착해 사법 독립을 훼손했다는 것이었다.
- 이런 비판에 앞장섰던 김 신임 민정수석은 2019년 2월 사표를 내고 3개월 만에 청와대 법무비서관으로 직행했다. 당시 법무비서관으로 자신이 내정됐다는 일부 보도에 대해서 김 신임 민정수석은 "명백한 오보"라고 부인했었다. 하지만 결국 사실로 드러나자 인권법연구회 판사들로부터도 '사법 독립은 물론 판사의 자존심까지 망가뜨렸다'는 비판을 받았다.
- 김 신임 민정수석은 법무비서관 재직 당시 울산시장 선거 공작 사건 수사 과정에서 검찰의 압수수색 영장집행을 거부하는 데 핵심 역할을 맡은 것으로 전해졌다. '대상이 특정돼 있지 않다'는 등의 거부 논리를 만들고, 검찰의 협의 요구에 응하지 않았다는 것이다.

『동아일보』도 정부 비판적 내용을 추가 취재로 기사에 담았다. 박선원 국정원 1차장 인사 발표(청와대 브리핑, 2021. 11. 26.) 기사에서 『동아일보』(2021. 11. 27.)는 "박 차장은 또 노무현 정부에서 대통령 통일외교안보정책수석을 지낸 서주석 국가안보실 1차장과 함께 '자주파'로 꼽힌다."라고 한 다음에 "박 차장은 2010년 4월 천안함 침몰이 북한 잠수함의 어뢰 공격 때문이 아닌 선체 결함 때문이라는 취지의 발언으로 김태영 당시 국방부 장관으로부터 고소당한 바 있다."라고 보도했다. 보도자료에 없는 이런 내용을 기사에 추가하여 박선원에 대한 독자의 평가를 도왔다고 볼 수 있다.

또한, 남북한 정상 간 친서 교환(청와대 보도자료, 2020. 9. 25.) 기사에서 『동아일보』(2020. 9. 26.)는 "청와대는 이번 건까지 포함해 총 8번의 남북 정상 간 친서 교환 사실을 알렸는데 내용을 공개한 것은 이번이 처음이다."라고 했다. 친서 공개가 매우 이례적임을 강조함으로써 정부가 그렇게라도 할 수밖에 없는 다급한 상황임을 암시했다.

서해 공무원 피살 사건 관련하여 한동안 대통령의 입장 표명이 없어서 언론의 관심을 받았는데, 결국 6일 만에 청와대 수석보좌관회의 모두발언(2020. 9. 28.)에서 대통령의 입장이 나왔다. 그 내용을 4개 신문은 다음과 같이 보도했다. 『경향신문』, 『한겨레』, 『동아일보』는 '6일' 또는 '엿새'라고 표현한 반면에 『조선일보』는 '125시간'이라고 하여 주목도를 높이고 대통령의 함구 시간이 매우 길었다는 느낌이 들도록 했다. 다소 자극적인 표현이라고 할 수 있다.

- 사건 발생 6일 만에 공개석상에서 직접 입장을 밝힌 것이다. (『경향신문』, 2020. 9. 28.)
- 문 대통령이 공개적인 자리에서 송구함을 밝힌 것은 ㄱ씨가 사망한 22일 이후 엿새만이다. (『한겨레』, 2020. 9. 28.)
- 문 대통령이 이번 사건에 대해 공개 발언을 한 것은 22일 피살

사건 발생 엿새 만에 처음이다. (『동아일보』, 2020. 9. 29.)

- 문 대통령이 이번 사건에 대해 육성肉聲 메시지를 낸 것은 A씨 실종 일주일, A씨가 총살돼 불태워졌다는 군의 첫 대면보고를 받은 이후 125시간 만이다. (『조선일보』, 2020. 9. 28.)

한편 『한겨레』는 앞의 문장에 이어서 다음 문장을 추가로 기사에 담았는데, 대통령이 마냥 아무 말 없이 있었던 것은 아니며, 내부적으로 적절한 지시를 했다는 내용이다. 선택적 정보 추가를 통해 대통령의 입장을 장황하게 옹호했다고 말할 수 있다.

> 그동안 문 대통령의 발언과 지시는 비공개회의를 통해 간접적으로 알려졌다. 문 대통령은 지난 23일 아침 8시 30분 안보실장과 비서실장에게 첫 대면보고를 받은 자리에서 "사실이라면 국민이 분노할 일이다. 북한에도 확인하고 사실관계 파악하라."라고 지시한 바 있고, 이튿날 아침 9시 2차 대면보고를 받고 "국가안전보장회의를 소집한 뒤 국민에게 사실대로 알리라"라고 지시했다.

### 6) 출처 없는 사실 정보 추가

'…알려졌다'라는 식으로 출처 없이 사실 정보를 추가한 경우는 2번 발견됐다. 남북 정상의 친서 교환과 관련한 서훈 국가안보실장의 브리핑(청와대 보도자료, 2020. 9. 25.)을 보도하면서 『경향신문』(2020. 9. 25.)은 "문 대통령은 기념식 참석 전에 북측 통지문을 보고받은 것으로 알려졌다."라고 했으며, 『동아일보』(2020. 9. 26.)도 "문 대통령은 김 위원장의 친서 내용을 바탕으로 동북아 보건협력체와 종전선언이 포함된 연설을 준비한 것으로 알려졌다."라고 했다. 취재보도 관행상 이런 문장에 포함된 내용은 대부분 기자가 확인한 것이며, 이 문장들의 내용이 출처를 숨겨야 할 정도로 중대하거나 민감한지는 의문이 든다.

* * *

이 장의 논의는 신문이 사건을 서로 다르게 보도하는 것은 당연하고 권장할 만한 일이지만, 그런 차이가 지속해서 일관적으로 나타난다면 특정 프레임이 과도하게 작동됐을 수도 있다는 문제의식에서 출발했다. 분석을 위해 언론의 사회적 현실 구성론을 검토하고, 기자들이 기사를 작성할 때 관행적으로 활용하는 장치를 변인으로 개발했다. 분석에는 청와대 보도자료를 보도한 기사가 사용됐다.

사회적 현실 구성의 양태는 여러 신문에서 다양하게 나타났다. 예를 들어 신문은 기사 제목에서부터 자신의 태도를 뚜렷하게 드러냈다. 이와 같은 제목의 의견 표출은 적극적으로 이루어지고 있어서 신문들은 동일한 보도자료를 다루면서 뚜렷하게 다른 제목을 사용했다. 사회적 현실 구성의 또 다른 양태는 무주체 피동형 문장이다. 신문은 기사 주제나 톤을 지지 또는 강화하기 위해 무주체 피동형 문장도 자주 활용했는데, 이런 문장은 내용의 출처를 밝히지 않는다는 점에서 저널리즘 원칙에 어긋난다. 하지만 언뜻 별 문제 없는 것처럼 보이는 문장이므로 기자들은 이를 악용하여 기사 톤에 적합한 내용을 자의적으로 담을 가능성이 있다. 기사 주제를 뒷받침하는 취재원을 선택적으로 활용하는 관행도 발견되었으며, 그런 취재원은 대부분 익명 취재원이었다. 신문은 자기 입맛에 맞는 취재원을 선택적으로 활용하고 취재원의 코멘트도 선택적으로 발췌하여 자기 기사의 톤을 강화했다. 이런 취재원은 대부분 익명으로 표현되었는데, 불가피한 사정상 그렇게 했겠지만 익명이기 때문에 기자의 취재원 선정 과정에 의구심이 더 생기는 것은 사실이다. 기자들이 기사를 쓰면서 과거 정보 혹은 여타 자료를 활용하는 정보 추가의 사례에서도 기사의 틀이나 톤에 들어맞는 정보만 선택적으로 활용하는 경향이 발견되었다.

보도자료는 기자가 다루는 사건 중에서 사건 정보의 범위가 비교적 제한되는 경우라 할 수 있다. 대개 기자들은 보도자료의 내용을 크게 벗어나는 취재를 좀처럼 하지 않으며 보도자료 범위 내에서 기사를 쓰는 경우가 많다. 그런데도 신문들은 보도자료를 보도하면서 서로 다르게 정보를 선택·강조하거나, 또 추가하기도 했으며, 취재원을 선택적으로 활용하고 관련 정보를 선택적으로 추가했다. 보충 취재나 정보 추가는 기본적으로 권장할 만하지만, 특정 신문에서 일정한 패턴으로 지속해서 나타난다면 그 의도성을 의심할 수밖에 없다. 전체적으로 볼 때, 『경향신문』과 『한겨레』는 보도자료 내용을 지지하거나 강화하는 쪽으로, 『동아일보』와 『조선일보』는 그 반대로 비판하거나 흠집 내는 쪽으로 보도했다. 신문들은 자기 의도대로 사회적 현실 구성을 했다고 말할 수 있다.

신문의 정치병행성은 이미 알려진 사실이지만, 그간 그 구현 양태를 구체적으로 연구한 예는 별로 없다. 이 장에서의 논의는 그 양태를 제목의 의견 표출, 무주체 피동형 문장을 활용한 자의적 해석, 선택적 취재원 활용, 선택적 정보 추가, 출처 없는 사실 정보 추가로 개념화하고 기사에서 그 실태를 포착했다는 점에서 의의가 있다. 이런 양태는 신문 각자의 입장을 드러내고 유지하는 데에는 도움이 되겠지만, 사회 전체의 공론장을 형성하고 시민들의 담론을 활성화하는 데는 오히려 해가 될 것이다.

# 10장 『조선일보』와 『한겨레』의 대통령 국정 수행 여론조사 보도 비교

김경모

한국의 정치 여론조사 생태계는 여론조사회사가 매주 대통령 국정 수행 지지율과 정당 지지율을 조사·발표하고 언론이 이를 앞다퉈 여론조사 보도로 공표함으로써 대통령 관련 정치 정보와 여론 동향의 사회적 유통을 전담한다. 여론조사와 조사 보도가 일상적으로 대통령의 정치 과정을 매개하고 있는 것이다. 대선과 총선, 지선이 시차를 두고 특정 주기마다 돌아오는 선거 국면과 달리 대통령 여론조사는 임기 내내 비슷한 조사와 비슷한 조사 보도가 거의 매주 되풀이되는 일상성이 그 특징이다.

대통령의 국정 수행 능력을 일상적인 여론조사로 진단하고 분석·평가하는 일은 시민사회의 여론 동향을 재빨리 파악하고 이를 국정 운영에 곧바로 반영할 수 있는 신속성과 시의성 때문에 민주적 정치 과정의 핵심 요소로 인식된다. 정치엘리트, 언론, 시민사회 모두 여론조사 결과 수치로 확인되는 여론 동향과 관련 정치 정보에 주목하고 민감하게 반응한다. 따라서 정치와 여론 과정의 역동적 일상성은 여론조사 보도의 관행과 습성을 관찰하고 분석하기 좋은 소재 특성이다. 특히 뉴스 보도가 정치 현실을 재구성하고 그 효과가 사회 일상으로 재귀하기 때문에 요청되는 진실 보도의 당위성(양승목, 1997; 이민웅, 2002)을 고려할 때 '진실한' 여론조사 보도, 곧 정확하고accurate, 일관되며consistent, 불편부당한unbiased 대통령 여론조사 보도는 대통령 중심제 정치 체제가 민주적으로 작동하기 위한 필수 전제조건의 하나임이 분명하다.

이 장에서는 민주정치 제도의 운영 과정에서 중요한 함의를 지니는 일상적인 대통령 국정 수행 관련 여론조사 보도가 과연 제 역할을 담당할 정도로 타당하고 믿을 만한 기사의 품질을 유지하는지, 만일 그렇지 않다면 어떤 점에서 그런지, 또 그런 문제를 유발하는 보도 관행은 품질과 어떻게 연관되는지 탐색적으로 살펴본다. 정파 언론이 여론 동향에 영향력을 행사하는 한국 저널리즘의 현실을 감안해 이 연구는 두 유력지 『조선일보』와 『한겨레』가 박근혜와 문재인 두 전임 대통령의 국정 수행 여론조사 결과를 어떻게 보도했는지 집중 분석한다. 매체와 대통령의 이념적 상호정향성co-orientation에 따라 네 유형(『조선일보』-박근혜, 『조선일보』-문재인, 『한겨레』-박근혜, 『한겨레』-문재인)의 조합을 구분하고,[1] 이들 조합별로 국정 수행 여론조사 보도의 형식과 내용을 비교하며, 여론조사 결과 수치의 변동에 따라 기사의 태도(논조)와 심층성이 어떻게 변화하는지 검토한다.

---

1 다수의 선행연구와 세평에 따라 매체-대통령의 정치이념적 상호정향성을 우호적 관계와 적대적 관계로 나눈 뒤 두 매체와 두 대통령의 관계를 네 가지 조합으로 설정했다. 조합의 관계성과 표본기사 수는 다음과 같다. 『조선일보』-박근혜: 우호적($n$ = 70), 『조선일보』-문재인: 적대적($n$ = 77), 『한겨레』-박근혜: 적대적($n$ = 66), 『한겨레』-문재인: 우호적($n$ = 47).

## 1. 대통령 여론조사 보도 분석

박근혜 · 문재인 두 대통령의 재임 기간에 『조선일보』와 『한겨레』가 다룬 대통령 국정 수행 관련 여론조사 보도를 분석 대상으로 삼았다. 한국언론진흥재단의 뉴스 데이터베이스(빅카인즈)와 두 신문의 홈페이지에서 키워드(박근혜, 문재인, 여론조사, 국정 수행, 지지율) 조합 검색으로 모두 260건의 표본기사를 모았다. 기사 수집 기간은 2013년 2월 25일부터 2016년 12월 9일(박근혜 대통령)까지, 그리고 2017년 5월 10일부터 2022년 4월 1일(문재인 대통령)까지였다. 두 대통령의 국정 수행 여론조사 결과를 토대로 두 신문의 여론조사 보도를 비교 · 분석하기 위해서 기사 형식, 기사 내용, 그리고 국정 수행 지지율 관련 내용변수를 선택한 뒤 애벌코딩부터 관여한 코더들과 협의를 거치며 코딩 가이드북을 완성했다. 내용 분석에 투입된 주요 변수는 다음과 같으며, 모든 변수의 분석 단위는 개별 기사로 설정했다. 단 심층성 요소는 취재원 발언(문장)이 분석 단위다. 각 변수의 최종 코더 간 신뢰도(크리펜도르프 알파계수)는 괄호 안에 밝혔다.[2]

### 1) 기사 형식

① 보도 월차: 대통령 임기가 시작된 취임 달을 첫 월차(1)로 산정할 때 해당 기사가 보도된 임기상의 개월 수를 말한다. (1.000)

② 기사 길이: 여론조사 기사의 크기size를 말한다. 글자 수를 세어 길이를 측정했다. (1.000)

③ 기사 유형: 여론조사 기사의 형식적 종류를 말한다. '단순 사실',

2 내용 분석 세미나를 수강하고 프로젝트에 참여해 기사 코딩 경험이 있는 연세대학교 대학원 언론홍보영상학과 박사과정의 박진택 · 피연진 학생이 코딩을 전담했다. 이들의 수고에 감사의 뜻을 전한다.

'객관적 분석 · 해설', '주관적 의견(칼럼, 논평)'으로 나눴다. (.969)

④ 기사 성격: 여론조사 자료를 기사에 직접 또는 간접적으로 반영한 정도를 말한다. '본격 여론조사 기사'와 '조사 결과 인용 기사'로 구분했다. (.866)

⑤ 조사 자료: 여론조사 기사에서 여론조사 자료를 활용한 방식을 말한다. '단일조사 자료', '복합조사 자료', '추세조사 자료'로 유형을 구분했다. (.928)

⑥ 대통령-정당 지지율 병용: 하나의 여론조사 기사 안에서 대통령과 주요 정당의 지지율을 함께 다뤘는지의 여부를 말한다. '동반 기사'와 '비동반 기사'로 나눠 분석했다. (.969)

⑦ 수치 제목: 여론조사의 지지율 수치나 관련 수치 정보를 기사의 제목에 직접 표현하는 기사를 말한다. '사용'과 '미사용'으로 이원화했다. (1.000)

⑧ 기사 소재: 여론조사 기사가 주목하고 초점을 맞추는 보도 대상을 말한다. '국정 수행', '국정 수행 + 대통령 개인 이미지', '기타'로 유형화했다. (.887)

### 2) 기사 내용

⑨ 기사 논조: 여론조사 기사의 보도 대상(소재)에 대한 가치평가적 정향으로서 보도 태도를 말한다. '부정'(반대, 비동의, 비판), '중립'(가치판단 유보, 무언급), '긍정'(찬성, 동의, 지지)으로 유형화했다. (.881)

⑩ 여론전문가 발언: 여론조사 기사에서의 취재원으로서 여론전문가 발언(정보, 의견)의 인용 여부를 말한다. (1.000)

⑪ 정치인 발언: 여론조사 기사에서의 취재원으로서 정치인 발언(정보, 의견)의 인용 여부를 말한다. (.930)

⑫ 심층성: 여론조사 보도의 수치 결과를 분석하고 해석하는 데 도움이 되는 기사 내용(정보, 의견)의 질적 풍부함(내러티브 완결성)을 뜻한다. 엔트만(Entman, 1993)이 강조하는 뉴스 프레이밍의 기본 기능에 착안해 '원인 진단', '인과 설명', '향후 전망', '대책 제언'의 네 요소 집합(원인 진단 .850, 인과 설명 .882, 향후 전망 .852, 대책 제언 .930)으로 조작 정의했다.

### 3) 대통령 지지율

⑬ 주관적 지지율 평가: 기사에서의 여론조사 결과 수치로서 국정 수행 지지율(변동)을 기자가 어떻게 평가하는지를 말한다. '하락 지속', '하락 변동', '무변화', '상승 변동', '상승 지속'으로 항목을 설정했다. (.900)

⑭ 객관적 지지율 지표: 여론조사 결과인 지지율 수치 그 자체를 해당 대통령의 대선 득표율을 기준으로 통계학적 기준(표준편차)에 따라 객관적으로 분류해 정의한 것을 말한다. '매우 낮음', '낮음', '비슷', '높음', '매우 높음'으로 구분했다. (.907)

## 2. 대통령 여론조사 보도 분석 결과

### 1) 대통령 여론조사 보도의 기사 형식

박근혜 · 문재인 두 전임 대통령의 재임 기간 동안의 국정 수행 여론조사와 관련해 『조선일보』와 『한겨레』가 각각 어떤 길이로 보도했는지 살폈다. <표 10-1>에서 보듯, 『조선일보』가 박근혜 대통령의 조사 결과를 가장 짧은 길이로(평균 907.60자) 보도한 반면, 『한겨레』가 문재인

<표 10-1> 대통령 여론조사 보도의 기사 길이 (단위: 글자 수)

| 매체-대통령 조합 | 기사 수 | 평균 | 표준편차 | 최솟값 | 최댓값 |
|---|---|---|---|---|---|
| 조선일보-박근혜 | 70 | 907.60 | 468.606 | 207 | 2385 |
| 조선일보-문재인 | 77 | 1232.64 | 632.120 | 430 | 3699 |
| 한겨레-박근혜 | 66 | 1093.20 | 485.327 | 433 | 2769 |
| 한겨레-문재인 | 46 | 1430.02 | 888.446 | 578 | 6596 |
| 합계 | 259 | 1144.31 | 637.340 | 207 | 6596 |

* $F = 7.455$, $df = (3, 255)$, $p < .001$.

대통령의 조사 결과를 가장 길게(평균 1430.02자) 다룬 것으로 나타났다. 그 사이에 『한겨레』-박근혜(평균 1093.64자)와 『조선일보』-문재인(평균 1232.64자) 조합이 위치했다[$F = 7.455$, $df = (3, 255)$, $p < .001$]. 정치이념의 상호정향성에서 볼 때 『조선일보』는 우호적 관계의 박 대통령보다 적대적 관계의 문 대통령을 상대적으로 더 길게 보도했다. 이와 달리, 『한겨레』는 이념적으로 대척점에 있는 박 대통령보다 서로 우호적인 정향이 강한 문 대통령을 훨씬 길게 보도하는 차이가 관찰됐다.[3] 사후검증분석Scheffe은 두 신문 모두 박 대통령의 여론조사 결과를 상대적으로 짧은 기사로 처리한 반면, 문 대통령 여론조사 결과를 좀 더 길게 다뤘다는 사실을 알려준다.

매체-대통령의 상호정향성 조합에 따라 여론조사 보도의 기사 유형에 차이가 나는지 분석했다. 전체표본 260건의 여론조사 기사 가운데 객관적 분석·해설 기사의 비중이 가장 높았고(183건, 70.4%), 주관적 의견 기사(48건, 18.5%)와 단순 사실 기사(29건, 11.2%)가 뒤를 이었다. 그러나 네 가지 매체-대통령 조합별로 기사 유형에서 유의미한 차이는

3 『한겨레』의 문재인 대통령 여론조사 기사 한 건이 유독 길이(글자 수)가 긴 극단치를 보였다(12,104자). 따라서 매체-대통령 조합의 기사 길이 비교·분석은 이 기사를 제외했다. 이후 기사 길이 변수가 적용되는 모든 통계분석에서 해당 기사를 배제했다($n = 259$).

나타나지 않았다($X^2$ = 8.155, $df$ = 6, $ns$). 그저 정형화된 양식에 따라 여론조사 결과를 유사한 형식으로 기사화하는 제작 관행이 두 신문에 공통적으로 자리 잡고 있다는 것을 알 수 있다.

매체-대통령 조합에 따라 여론조사 기사의 성격도 어떤지 조사했다. 여론조사 결과 자료를 직접 활용하는 본격 여론조사 기사와 내용 전개상 필요한 대목에서 부분적으로 조사 자료를 간접인용하는 조사 결과 인용 기사로 기사 성격을 유형화한 뒤 어떤 패턴이 드러나는지 살폈다. <표 10-2>의 분석에 따르면, 『조선일보』-박근혜 조합에서만 조사 결과 인용 기사의 상대적 비중이 조금 더 높았다. 나머지 세 조합은 모두 본격 여론조사 기사의 상대적 비중이 더 높은 것으로 나타났다. 이러한 패턴 차이는 통계적으로 유의미했다($X^2$ = 10.469, $df$ = 3, $p$ = .015).

『조선일보』의 경우 매체-대통령 상호정향성에서 상반된 위치에 있는 두 대통령의 여론조사 결과를 다룰 때 기사 성격에서 나타나는 두 유형의 상대적 비중이 달랐다. 박근혜 대통령 관련 기사는 본격 여론조사 기사의 비중이 상대적으로 낮았지만(44.3%), 문재인 대통령의 경우

<표 10-2> 대통령 여론조사 보도의 기사 성격 (단위: 건, %)

| 매체-대통령 조합 | 기사 성격 | | 합계 |
|---|---|---|---|
| | 본격 여론조사 기사 | 여론조사 결과 인용 기사 | |
| 조선일보-박근혜 | 31<br>(44.3) | 39<br>(55.7) | 70<br>(100.0) |
| 조선일보-문재인 | 47<br>(61.0) | 30<br>(39.0) | 77<br>(100.0) |
| 한겨레-박근혜 | 46<br>(69.7) | 20<br>(30.3) | 66<br>(100.0) |
| 한겨레-문재인 | 31<br>(66.0) | 16<br>(34.0) | 47<br>(100.0) |
| 합계 | 155<br>(59.6) | 105<br>(40.4) | 260<br>(100.0) |

* $X^2$ = 10.469, $df$ = 3, $p$ = .015.

그 비중이 오히려 높았기(61.0%) 때문이다. 반면 『한겨레』는 두 대통령을 다루는 기사 유형에서 상대적 비중의 차이가 거의 없었다. 대통령이 신문과 '적대적이냐 또는 우호적이냐'라는 이념적 상호정향성에 관계없이 『한겨레』는 본격 여론조사 기사의 상대적 비중이 더 높았다는 것이다. 조사 결과의 사실정보(수치)를 건조한 태도로 객관적으로 전달하려는 본격 여론조사 기사와 달리 여론조사 결과 인용 기사는 특정 의견과 견해를 뒷받침하고자 조사 결과를 편의에 따라 부분적으로 간접 인용하는 특징이 두드러졌다(김경모 · 김시현 · 송현진, 2010). 『조선일보』의 경우 박 대통령 관련 여론조사 결과를 칼럼 같은 의견 기사에서 간접적으로 녹여내는 방식으로 보도하는 빈도가 상대적으로 많았다는 유추가 가능하다.

한편 대통령 여론조사 기사 대다수는 서로 다른 출처나 시점의 조사 자료 여러 개를 활용해 기사화한 복합자료 기사였다(221건, 85%). 하나의 조사 결과만을 활용하는 단일조사 기사(27건, 10.4%)와, 상당한 기간의 시계열 추이를 추적해 분석하는 추세조사 기사(12건, 4.6%)의 비중은 상대적으로 매우 낮은 편이었다. 이는 지지율을 중심으로 국정 수행 능력 평가(부분적으로, 대통령 개인 이미지)에 치중하는 여론조사회사의 정기적인 여론조사가 보편화된 탓으로, 일반적인 선거 여론조사 보도와 다소 상이한 기사화 패턴이 나타난 것으로 보인다. 이 같은 패턴은 매체-대통령 조합에서도 그대로 유지됐다. 이념적 상호정향성의 매체-대통령 조합에 따라 여론조사 자료를 어떤 패턴으로 기사화하는지 검토한 결과, 조사 자료 유형에서 통계적으로 유의미한 차이는 발견되지 않았다($X^2 = 8.058$, $df = 6$, *ns*). 두 신문 모두 대통령 여론조사 보도에서 복합자료를 활용한 형식의 기사화에 관행적으로 의존한다는 것을 알 수 있다.

여론조사회사가 정기적으로 수행하는 정치 여론조사에는 대통령의 국정 수행 능력을 시민의 지지율로 평가하는 것은 물론, 각 정당 지지도도 함께 물어보는 포맷이 관행으로 자리 잡고 있다. 분석에 따르면, 이 같은 조사업계 관행은 대통령 여론조사 보도에도 그대로 투영되는 것으로 나타났다. 전체 표본기사에서 대통령과 정당의 지지율 결과를 함께 보도하는 기사의 비중은 절반에 조금 못 미치는 수준이었다(113건, 43.5%). 이 같은 비중의 패턴은 매체-대통령 조합에서도 그대로 유지됐다. 동반 기사와 비동반 기사의 비중에서 네 조합 간의 유의미한 차이가 드러나지 않았기 때문이다($X^2$ = 0.601, *df* = 3, *ns*). 서로 정치적 대척점에 서 있는 『조선일보』와 『한겨레』는 적어도 대통령 여론조사 보도의 형식적인 면에서 유사한 제작 관행을 지니고 있다는 사실을 추정할 수 있다.

대통령 중심제와 거대 양당제의 거시 정치 구조에서 정부와 여당이 공공정책을 비롯한 국정 운영 전반에 공동 책임을 진다는 시각에서 보면, 이렇게 지지율 동반 기사가 차지하는 꽤 높은 비중은 일면 이해가 가능하다. 하지만 대통령 여론조사에서 대통령의 국정 수행 능력을 다양한 관점과 측면에 따라 조사 항목을 마련하고 평가할 수도 있으며, 또 이에 기초해 여론조사 보도 역시 다양한 관점과 측면에 따라 대통령 중심의 정치 현장을 의미 있게 재구성할 수도 있다. 문제는 오로지 인기도에 가까운 지지율에만 기사의 주된 초점을 맞추는 여론조사 보도 관행이 오래도록 자리 잡고 있다는 점이다. 별다른 고민 없이 대통령 지지율을 정당(여당) 지지율의 등락과 기계적으로 조응시키는 기사화 관행이 보편화된 여론조사 보도는, 정작 중요한 공공정책에 대한 여론의 평가와 분석은 사장한 채 대통령의 국정 수행을 단지 정무적 관점에서만 바라보고 판단하도록 프레이밍을 설정한다. 분석 결과는 정책 보도가 사라진 정치 저널리즘 현실을 일정 부분 반영한다고 할 수 있다. 언론의 정파성을 떠나 매체-대통령 조합에서 드러나는 지지율 동반 기사의 패턴 유사성은 이 같은 정책 보도 실종의 한 단면을 보여준다.

정치 여론조사 보도에서 조사 결과 수치를 제목으로 내세우는 일은 조사 저널리즘의 원칙에 비춰볼 때 바람직하지 않아 자제하도록 요청받는다. 선거 여론조사 보도에서 수치 제목은 경마 저널리즘의 잘못된 관행으로 인식되는 대표적 사례다. 그런데 대통령의 국정 수행 능력을 평가하는 여론조사 보도는 거의 예외 없이 지지율 분석과 평가에 집중하는 경향이 강하다. 따라서 대통령 여론조사 보도의 과다한 수치 제목은 정파 수용자에게 프레이밍 효과에 따른 정치 냉소주의를 불러올 소지가 다분하다.

이 연구의 수치 제목 분석은 대통령 여론조사 보도의 상당수가 조사 수치를 제목으로 표현하는 제작 현실을 보여준다. 전체 표본의 3분의 2에 육박하는 164건(63.1%)이 수치 제목을 내세우는 것으로 나타났다. 매체-대통령 조합에 따른 분석 역시 수치 제목 달기 관행이 조사 대상 신문과 대통령에 관계없이 매우 유사한 패턴을 따르며, 사용 비중도 거의 동일하다는(61.4~65.2%) 것을 보여준다($X^2$ = 0.972, *df* = 3, *ns*). 여론조사 기사의 유형 대다수가 조사 결과의 분석·해설 기사(183건, 70.4%)와 조사 수치를 간접인용하는 의견 기사(48건, 18.5%)인 점을 고려하면, 이 같은 수치 제목 사용의 높은 비중은 과학적인 여론조사 보도의 객관성을 훼손할 뿐 아니라 조사 결과를 정파편향적으로 해석하도록 유도할 개연성을 배제하기 어렵게 만든다.

대통령 여론조사 보도가 어디에 소재를 집중하는지 분석했다. 대다수 기사가 국정 수행(224건, 86.2%)에 주목한 반면, 국정 수행과 대통령 이미지를 함께 소재로 보도한 기사(25건, 9.6%)와 기타 소재의 기사(11건, 4.2%)는 소수에 지나지 않았다. 이 같은 소재 활용은 매체-대통령 조합별로 차이가 없었다($X^2$ = 1.608, *df* = 6, *ns*). 대통령이 누구인가에 상관없이 지지율 분석에 주력하는 여론조사 보도의 제한된 초점 맞추기가 습성처럼 굳어 있는 상황에서 이 같은 제작 현실이 다양한 국정 현안과 관련된 여론조사의 소재 개발을 지나치게 억제하고 있는 것으로 해석할 수 있다. 정기적인 지지율 조사에 매달리는 여론조사회사에 정치 여론조사의 조사 항목과 결과 수치를 절대적으로 의존하는 조사 저널리즘의 창발성 부족 또는 나태함을 반영하는 분석 결과라 하겠다.

정치 여론조사의 결과 수치를 분석·해석하고 평가할 때 여론조사 보도는 여론전문가의 발언(정보, 의견)을 인용함으로써 기사가 제시하는 분석과 해설 또는 평가의 정당성을 확보하고자 한다. 여론조사 보도에서 외부 전문가 발언을 인용하는 관행에 주목해 매체-대통령 조합별로 취재원 이용 패턴에서 차이가 나타나는지 분석했다. 분석에 따르면, 전체 표본기사의 절반 정도(135건, 51.9%)가 여론전문가의 발언을 싣고 있었다. 매체-대통령 조합별로 적게는 45.7%(『조선일보』-박근혜)에서 많게는 61.7%(『한겨레』-문재인)에 이르는 상대적 비중의 수치를 보였지만, 조합별 차이가 통계적으로 유의미한 것은 아니었다($X^2$ = 4.004, $df$ = 3, $ns$). 그러나 여론조사 보도에서 관찰되는 이러한 형식상의 유사성이 여론전문가의 역할이 무의미하다는 것을 뜻하지는 않는다. 외부 여론전문가의 정보와 의견 인용 관행이 기사의 정파성이나 심층성 분석과 관련해 어떤 함의를 드러내는지는 뒤에서 자세하게 분석한다.

언론의 정치 여론조사 보도에는 언론사 외부 여론전문가뿐만 아니라 정치인의 정보와 의견(분석·해석·평가)도 상당한 비중으로 인용하는 관행이 만연해 있다. 따라서 대통령 여론조사 보도에서 정치인의 발언이 어떻게 인용되는지 알아보고자 매체-대통령 조합별로 그 패턴을 분석했다. <표 10-3>의 분석 결과는 통계적으로 유의미한 차이를 보여준다($X^2$ = 10.147, $df$ = 3, $p$ = .017). 『조선일보』의 경우, 이념적 상호정향성이 우호적인 박근혜 대통령(15.7%)보다 적대적인 문재인 대통령(33.8%) 관련 기사에서 인용의 상대적 비중이 더 높았다. 그러나 『한겨레』의 경우, 적대적인 박근혜 대통령(16.7%)보다 우호적인 문재인 대통령(31.9%) 관련 기사가 마찬가지로 인용률이 더 높은 것으로 관찰됐다. 두 신문 모두 박 대통령보다 문 대통령의 여론조사 기사에서 정치인 발언을 더 빈번하게 인용했다는 것이다. 단순하게 보면, 임기를 채우지

<표 10-3> 대통령 여론조사 보도에서 정치인의 발언 인용 (단위: 건, %)

| 매체-대통령 조합 | 정치인 발언 | | 합계 |
|---|---|---|---|
| | 인용 | 미인용 | |
| 조선일보-박근혜 | 11<br>(15.7) | 59<br>(84.3) | 70<br>(100.0) |
| 조선일보-문재인 | 26<br>(33.8) | 51<br>(66.2) | 77<br>(100.0) |
| 한겨레-박근혜 | 11<br>(16.7) | 55<br>(83.3) | 66<br>(100.0) |
| 한겨레-문재인 | 15<br>(31.9) | 32<br>(68.1) | 47<br>(100.0) |
| 합계 | 63<br>(24.2) | 197<br>(75.8) | 260<br>(100.0) |

* $X^2 = 10.147$, $df = 3$, $p = .017$.

못한 박 대통령의 특수한 사정, 혹은 임기 시작부터 퇴임 시까지 역대 어느 대통령보다 높은 지지율을 보였던 문 대통령의 지지율 특성이 어떤 식으로든 연관된 것이 아닐까 짐작해볼 수 있다. 하지만 이렇게 엇갈리는 인용 패턴이 기사의 정파성이나 심층성과 관련해 어떤 의미를 드러내는지는 뒤에서 다시 분석해 검토한다.

## 2) 대통령 여론조사 보도의 기사 내용

### 기사 내용의 정파성

대통령 여론조사 보도의 논조(보도 태도)가 매체-대통령 조합에 따라 어떤 분포를 띠는지 조사했다. <그림 10-1>은 두 신문의 여론조사 보도가 분명한 정파적 편향성을 드러낸다는 사실을 유의미하게 보여준다($X^2 = 62.023$, $df = 6$, $p < .001$). 먼저 『조선일보』의 경우, 긍정 논조의 기사 비중은 우호적 관계인 박근혜 대통령에서 높았지만(17.1%), 적대적인 문재인 대통령에선 극도로 낮았다(1.3%). 반대로 부정 논조의 기

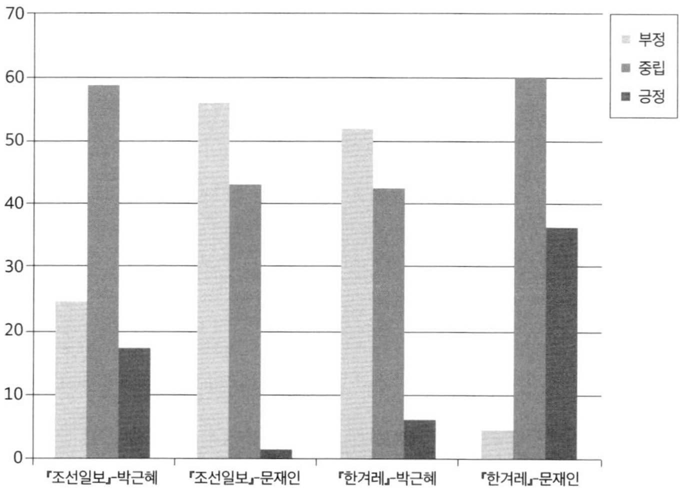


<그림 10-1> 대통령 여론조사 보도의 논조 (단위: %)

* $X^2$ = 62.023, *df* = 6, *p* < .001. (*n* = 260)

사 비중은 적대적인 문 대통령에서 상당히 높았던(55.8%) 반면, 우호적인 박 대통령 기사에서는 상대적으로 낮은 편이었다(24.3%). 『한겨레』는 이와 정반대의 논조 경향을 보였다. 긍정 논조의 기사 비중은 우호적 관계인 문재인 대통령에서 비교적 높았던(36.2%) 반면, 적대적인 박근혜 대통령에서 지극히 낮은(6.1%) 것으로 나타났다. 그러나 부정 논조의 기사는 적대적인 박 대통령에서 상당히 높았지만(51.5%), 우호적인 문 대통령에서는 극히 낮았다(4.3%).[4]

이처럼 진보/보수 가릴 것 없이, 각자 정파성이 강한 두 신문은 모두 적대적 관계의 대통령 여론조사는 부정적 논조로, 우호적 관계의

4 기사 논조 면에서 볼 때 친-문재인이라는 확실한 정파적 경향을 드러내는 『한겨레』와 달리, 『조선일보』는 우호적 관계인 박 대통령에게도 상당한 정도로 비판적인 부정 논조 경향을 보인다. 긍정 논조(17.1%)보다 오히려 부정 논조(24.3%)의 비중이 더 높았다. 국정농단 사태로 탄핵 당해 정상적으로 임기를 마치지 못한 박 대통령의 처지와 무관하지 않은 것 같다.

대통령 여론조사는 긍정적 논조로 보도했다. 이를 통해 과학적 조사 방법으로 산출한 여론조사의 객관적인 결과 수치가 언론의 정파적 주관성에 따라 달리 해석되면서 편향된 정치 현실이 재구성된다는 사실을 알 수 있다. 같은 재임 기간의 여론조사 지지율을 두고 『조선일보』와 『한겨레』가 박 대통령을 다루는 방식이 상반된 만큼이나, 두 신문이 문 대통령을 다루는 논조도 완전히 서로 반대라는 것이 드러났기 때문이다. 한편 네 유형 모두 중립 논조의 상대적 비중이 상당한데, 이에 대한 의미 해석은 간단하지 않다.

매체-대통령 간의 상호정향성 조합이 우호적이냐 적대적이냐에 따라 객관적인 조사 수치 결과가 정파편향적으로 해석된다는 앞의 결과를 조금 더 세밀하게 교차 분석했다. 앞서 살폈듯, 정치 여론조사 보도는 조사 수치 결과의 의미를 분석·해설·평가하고자 관행적으로 외부의 여론전문가나 유력 정치인을 취재원으로 활용한다. <그림 10-2>와 <그림 10-3>은 대통령 여론조사 보도를, 정치인의 정보와 의견을 취재원 발언으로 인용한 기사군($n$ = 63)과 인용하지 않은 기사군($n$ = 197)으로 나눈 뒤, 네 유형의 매체-대통령 조합별로 기사 논조가 어떻게 변화하는지 비교·분석한 것이다. 서로 친화적인 관계의 매체-대통령 조합(『조선일보』-박근혜, 『한겨레』-문재인)에서는 정치인 발언을 인용하지 않을 때보다 인용할 때 긍정 논조의 보도가 유의미하게 증가하는 변화를 확인할 수 있다. 반대로, 서로 비판적인 관계의 매체-대통령 조합(『조선일보』-문재인, 『한겨레』-박근혜)에서는 정치인 발언을 인용할 때 부정 논조의 보도가 유의미하게 증가하는 변화를 확인할 수 있다. <그림 10-1>과 비교할 때 <그림 10-2>에서 관찰되는 긍정·부정 논조 비중의 상대적 변화는 이런 경향을 뚜렷하게 보여준다.[5] 한마디로 정치인

5 이런 관계는 취재원으로서 여론전문가의 발언을 인용한 기사군($n$ = 135)과 인용하지 않은 기사군($n$ = 125)의 비교·분석에서는 관찰되지 않았다. 따라서 분석 결과를 따로 제시하지 않는다. 뒤의 심층성 분석에서 살펴보겠지만, 여론조사 결과 수치를 의미 해

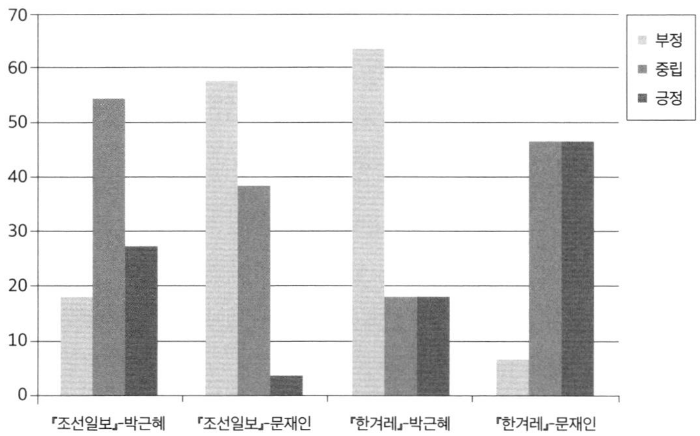


<그림 10-2> 대통령 여론조사 보도에서 정치인 발언 인용 시 논조 (단위: %)

* $X^2$ = 19.950, *df* = 6, *p* = .003. (*n* = 63)

발언을 인용할 때 정파편향이 더 강화된다는 것이다. 따라서 우호적 관계에서는 대통령의 국정 수행을 옹호하는 쪽으로, 적대적 관계에서는 반대로 비판하는 쪽으로 '우리 편 편들기' 현상이 관찰되는 것을 알 수 있다. 한편 <그림 10-3>은 <그림 10-1>과 매우 유사한 논조 분포를 보인다. 흥미롭게도, 정치인의 발언을 인용하지 않을 때는 조합의 유형에 관계없이 중립 논조의 상대적 비중이 월등하다. 마치 중립 논조를 통해 객관적 자세로 여론조사 결과를 보도하는 듯한 인상을 준다. 다시 말해 정치인의 발언과 비교할 때 기자의 서술 방식은 객관적이고 중립적이라는 것이다. 하지만 이를 정치조사 저널리즘의 공정성 실천으로 보긴 어려울 것 같다. 전체 분포는 상호정향성의 방향에 따라 긍정과 부정의 비중이 엇갈려 교차하는 정파적 편향성이 이미 바탕에 깔려 있음을 말하고 있기 때문이다. 중립 논조의 쓰임이 어떤 의미를 감추고

---

석하고 평가하는 역할이라 하더라도 여론전문가와 정치인의 발언 내용은 서로 다소 다른 방식으로 정치 여론조사 기사에서 활용되는 현실과 연관이 있을 듯 싶다.

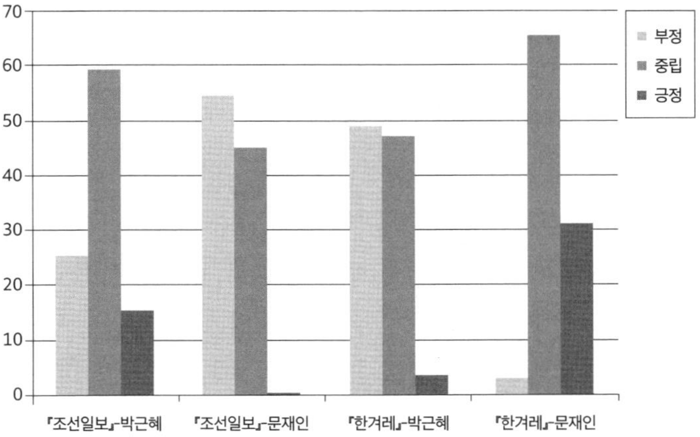


<그림 10-3> 대통령 여론조사 보도에서 정치인 발언 미인용 시 논조 (단위: %)

* $X^2$ = 43.307, $df$ = 6, $p$ < .001. ($n$ = 197)

있는지는 뒤에서 다시 분석한다.

### 기사 내용의 심층성

#### ① 매체-대통령 조합별 여론조사 기사의 심층성 비교

매체-대통령 조합에 따라 대통령 여론조사 보도의 심층성 요소로서 '원인 진단'에 관한 진술(문장)이 기사에서 등장하는지 분석했다. 분석에 따르면, 전체 표본기사의 절대다수인 238건(91.5%)에서 지지율 수치(변동)의 원인을 진단하는 것으로 나타났다. 네 유형의 조합 모두 유사한 패턴을 보이며, 통계적으로 유의미한 차이가 드러나지 않았다($X^2$ = 4.455, $df$ = 3, $ns$).

대통령 여론조사 보도의 두 번째 심층성 요소로서 '인과 분석'에 주목해 매체-대통령 조합에 따라 어떤 차이가 나타나는지 살폈다. 전체 표본기사의 대다수인 209건(80.4%)에서 지지율 상황(변동)을 설명하는 인과성 분석 대목(문장)을 확인했다. 앞서 원인 진단의 심층성 요소와 마찬가지로, 네 유형의 조합 모두 유사한 패턴을 보였다. 역시 통계적으로 유의미한 차이는 발견되지 않았다($X^2$ = 3.159, $df$ = 3, $ns$).

매체-대통령 조합에 따라 대통령 여론조사 보도의 세 번째 심층성 요소로서 '향후 전망'과 관련된 진술(문장)이 기사에서 등장하는지 조사했다. 앞의 두 심층성 요소와 달리, 전체 표본기사에서 97건(37.8%)만이 대통령 국정 수행의 지지율 조사 결과를 토대로 미래 상황을 예상해보는 것으로 나타났다. 하지만 네 유형의 매체-대통령 조합 모두 비슷한 비중으로 향후 전망을 싣고 있어 통계적으로 유의미한 차이는 아니었다($X^2$ = 1.076, $df$ = 3, $ns$).

매체-대통령 조합에 따라 대통령 여론조사 보도의 마지막 심층성 요소로서 '대책 제언' 진술이 기사에서 등장하는지 알아봤다. <표 10-4>에서 보듯, 전체 표본기사의 4분의 1에 조금 못 미치는 63건(24.2%)만이 대통령 국정 수행과 관련한 대책(또는 해결방안)을 언급하는 것으로 확인됐다. 이는 심층성 요소 가운데 가장 낮은 비중이다. 하지만 네 유형의 매체-대통령 조합에 따라 그 비중이 달라 통계적으로

<표 10-4> 대통령 여론조사 보도의 심층성: 대책 제언 (단위: 건, %)

| 매체-대통령 조합 | 대책 제언 | | 합계 |
|---|---|---|---|
| | 있음 | 없음 | |
| 조선일보-박근혜 | 16<br>(22.9) | 54<br>(77.1) | 70<br>(100.0) |
| 조선일보-문재인 | 22<br>(28.6) | 55<br>(71.4) | 77<br>(100.0) |
| 한겨레-박근혜 | 6<br>(9.1) | 60<br>(90.9) | 66<br>(100.0) |
| 한겨레-문재인 | 19<br>(40.4) | 28<br>(59.6) | 47<br>(100.0) |
| 합계 | 63<br>(24.2) | 197<br>(75.8) | 260<br>(100.0) |

* $X^2$ = 15.816, $df$ = 3, $p$ = .001.

유의미한 차이가 드러났다($X^2$ = 15.816, $df$ = 3, $p$ = .001). 이 차이는 『한겨레』에서 유독 두드러졌다. 적대적 관계인 박근혜 대통령 관련 기사에서 대책을 제언하는 상대적 비중은 9.1%(6건)에 지나지 않았다. 반면 우호적 관계인 문재인 대통령 관련 기사에서 그 상대적 비중은 40.4%(19건)에 이르렀다. 전체 평균(24.2%)을 훨씬 상회하는 수준이었다.

개별 기사에서 측정되는 네 가지 심층성 요소(언급 = 1, 미언급 = 0)를 합산해 종합적인 심층성 지표를 구성한 뒤, 매체-대통령 조합에 따라 기사 심층성 점수에 차이가 나는지 조사했다. <표 10-5>에서 보듯, 정치이념의 상호정향성 조합에 따라 통계적으로 유의미한 점수 차는 관찰되지 않았다[$F$ = 1.651, $df$ = (3, 256), $ns$]. 심층성은 기사 품질을 규정하는 중요한 요건의 하나다(김경모·박재영·배정근·이나연·이재경, 2018). 이를 고려할 때 분석 결과는 두 신문의 대통령 여론조사 기사에 뚜렷한 질적 차이가 있다고 말하기 어렵다는 것을 의미한다. 앞서 살폈듯, 취재원으로서 여론전문가와 정치인의 발언을 언급하는 여론조사 보도의 제작 관행 면에서 두 신문은 별반 차이가 없다는 사실과 같은 맥락의 분석 결과다.[6]

<표 10-5> 대통령 여론조사 보도의 심층성 점수

| 매체-대통령 조합 | 기사 수 | 평균 | 표준편차 | 최솟값 | 최댓값 |
|---|---|---|---|---|---|
| 조선일보-박근혜 | 70 | 2.26 | 1.282 | 0 | 4 |
| 조선일보-문재인 | 77 | 2.34 | 1.108 | 0 | 4 |
| 한겨레-박근혜 | 66 | 2.18 | .943 | 0 | 4 |
| 한겨레-문재인 | 47 | 2.64 | 1.150 | 0 | 4 |
| 합계 | 260 | 2.33 | 1.131 | 0 | 4 |

* $F$ = 1.651, $df$ = (3, 256), $ns$.

6 취재원으로서 여론전문가 발언을 인용하는 기사의 비중은 『조선일보』 51%(75/147건), 『한겨레』 53%(60/113건)였다. 또 정치인의 발언을 인용한 기사의 비중은 『조선일보』

물론 여론조사 보도에서 수치 결과를 평가하고자 정치인을 취재원으로 활용하는 관행은 저널리즘의 원칙에 비춰볼 때 심각한 논란의 소지가 있다. 타당하고 신뢰할 만한 조사 결과의 해석이 아니라 자기 정파에 유리하게(또는 상대 정파에 불리하게) 수치를 해석하면서 여론조사의 과학성과 조사 보도의 공정성을 해칠 개연성이 다분하기 때문이다. 우리는 이미 앞에서 정치인의 발언이 인용되는 경우와 그렇지 않은 경우를 비교하며 전자에서 매체-대통령 조합마다 기사 논조가 정파적 편향성을 더 강화하는 쪽으로 변화한다는 경험분석 결과를 도출한 바 있다(<그림 10-2>, <그림 10-3> 참조). 결론적으로 대통령 여론조사 보도에서 정치인을 취재원으로 활용하는 발언 인용 관행이 적어도 이번 분석에서는 보도의 정파적 불공정성만 강화할 뿐 심층성 같은 뉴스 품질의 제고에는 거의 도움이 되지 않는다는 사실을 확인할 수 있다.

#### ② 여론전문가의 발언 인용과 여론조사 기사의 심층성

<표 10-6>에서 알 수 있듯, 대통령 여론조사 보도에서 여론전문가의 발언을 인용할 때 조사 결과(지지율 변화 등)의 원인을 진단하는 내용이 더 자주 등장하는 것으로 나타났다($X^2$ = 14.113, $df$ = 1, $p$ < .001). 그러나 이 관계는 네 유형의 매체-대통령 조합에서는 부분적으로 발견됐다. <그림 10-4>에서 보듯, 우호적 관계인 『조선일보』-박근혜와 『한겨레』-문재인 조합의 경우에만 여론전문가의 발언이 인용될 때 원인을 진단하는 내용이 기사에 더 많이 실렸다. 적대적 관계의 두 조합에서도 여론전문가 발언이 인용될 때 원인을 진단하는 비중이 높은 경향은 동일했으나, 그 차이가 미미해 통계적으로 유의미한 것은 아니었다.

<표 10-7>에서 보듯, 대통령 여론조사 보도에서 여론전문가의 발

---

25%(37/147건), 『한겨레』 23%(26/113건)였다. 두 신문 간의 차이는 모두 통계적으로 유의미하지 않다.

<표 10-6> 여론전문가 발언 인용에 따른 기사 심층성: 원인 진단 (단위: 건, %)

| 여론전문가 발언 | 원인 진단 | | 합계 |
|---|---|---|---|
| | 있음 | 없음 | |
| 인용 | 132<br>(97.8) | 3<br>(2.2) | 135<br>(100.0) |
| 미인용 | 106<br>(84.8) | 19<br>(15.2) | 125<br>(100.0) |
| 합계 | 238<br>(91.5) | 22<br>(8.5) | 260<br>(100.0) |

* $X^2 = 14.113$, $df = 1$, $p < .001$. ($n = 260$).

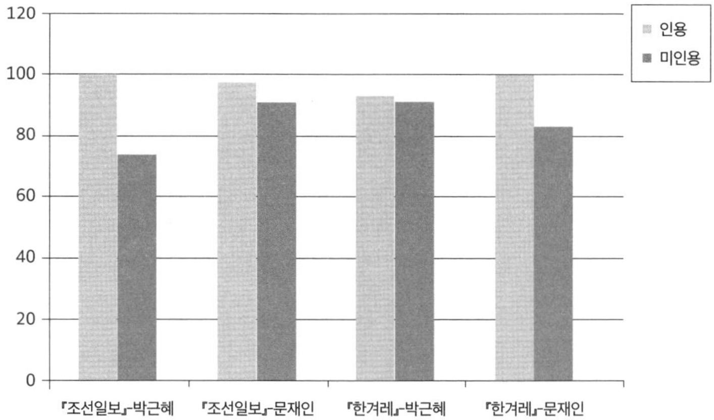


<그림 10-4> 여론전문가 발언 인용에 따른 기사 심층성: 원인 진단 (단위: %)

* 『조선일보』-박근혜: $X^2 = 9.825$, $df = 1$, $p = .002$. ($n = 70$).
『조선일보』-문재인: $X^2 = 1.628$, $df = 1$, *ns*. ($n = 77$)
『한겨레』-박근혜: $X^2 = 0.106$, $df = 1$, *ns*. ($n = 66$)
『한겨레』-문재인: $X^2 = 5.163$, $df = 1$, $p = .023$. ($n = 47$)

언을 인용할 때 인과성을 설명하는 대목이 기사에 더 많이 등장하면서 부분적으로 심층성이 높아지는 것으로 나타났다($X^2 = 33.373$, $df = 1$, $p < .001$). 『한겨레』-문재인 조합을 제외한 나머지 세 유형의 매체-대통령 조합에서도 이 관계는 통계적으로 유의미했다(<그림 10-5> 참조). 신문의 정파성에 따라 대통령과의 관계가 우호적이냐 적대적이냐에 상

<표 10-7> 여론전문가 발언 인용에 따른 기사 심층성: 인과 설명 (단위: 건, %)

| 여론전문가 발언 | 인과 설명 | | 합계 |
|---|---|---|---|
| | 있음 | 없음 | |
| 인용 | 127 (94.1) | 8 (5.9) | 135 (100.0) |
| 미인용 | 82 (65.6) | 43 (34.4) | 125 (100.0) |
| 합계 | 209 (80.4) | 51 (19.6) | 260 (100.0) |

* $X^2$ = 33.373, $df$ = 1, $p$ < .001. ($n$ = 260).

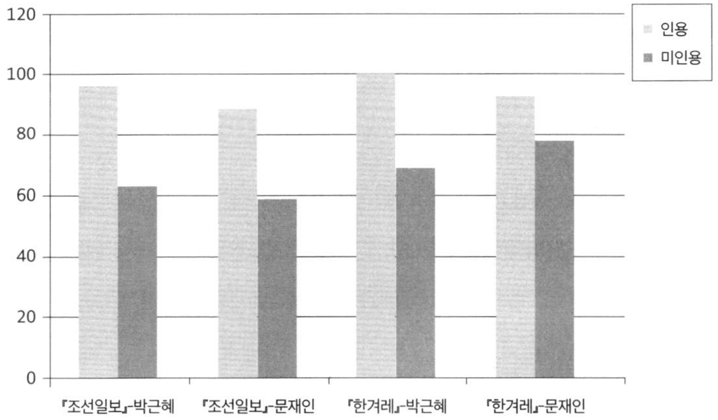


<그림 10-5> 여론전문가 발언 인용에 따른 기사 심층성: 인과 설명 (단위: %)

* 『조선일보』-박근혜: $X^2$ = 11.729, $df$ = 1, $p$ = .001. ($n$ = 70).
『조선일보』-문재인: $X^2$ = 8.919, $df$ = 1, $p$ = .003. ($n$ = 77).
『한겨레』-박근혜: $X^2$ = 11.691, $df$ = 1, $p$ = .001. ($n$ = 66).
『한겨레』-문재인: $X^2$ = 2.342, $df$ = 1, $ns$. ($n$ = 47).

관없이 여론전문가의 발언을 통해 지지율 변화의 인과성을 설명함으로써 여론의 움직임에 대한 독자의 이해를 높이려 했다는 것이다.

하지만 여론조사 전문가의 발언을 인용한다고 해서 심층성 면에서 향후 전망과 대책 제언의 두 요소가 각각 기사에 더 많이 등장하는 것은 아니었다. 여론전문가 발언 인용과 두 심층성 요소의 관계는 모두 통계적으로 유의미하지 않았다(향후 전망: $X^2$ = 0.009, *df* = 1, *ns*; 대책 제언: $X^2$ = 1.156, *df* = 1, *ns*). 네 유형의 매체-대통령 조합별 분석에서도 일정한 패턴이 발견되지 않아 유의미한 관계를 찾을 수 없었다. 따라서 조합별 분석 결과는 따로 제시하지 않는다. 정리하면, 대통령 국정 수행 여론조사 보도에서 인용되는 여론전문가의 발언 내용은 주로 조사과학의 틀 안에서 수치(변동)의 원인을 찾아 인과성을 객관적으로 설명하려는데 집중되고 있음을 알 수 있다. 그 진단과 설명이 얼마나 정확하고 타당한가는 별개의 문제다.

### ③ 정치인의 발언 인용과 여론조사 기사의 심층성

대통령 여론조사 보도에서 정치인의 발언을 인용할 때 조사 결과(지지율 변화)의 원인을 진단하고 인과성을 설명하는 대목의 빈도가 늘어나는지 차이를 조사했다. 그러나 정치인 발언 인용에 따른 원인 진단의 차이는 통계적으로 유의미하지 않은 결과를 보였다($X^2$ = 1.469, *df* = 1, *ns*). 원인 진단 요소의 경우, 네 유형의 매체-대통령 조합 어디에서도 일관된 경향이 발견되지 않았다. 따라서 분석 결과를 따로 제시하지 않는다. 그런데 기사 심층성의 인과 설명 요소의 경우, 전체표본을 대상으로 할 때 통계적으로 유의미한 차이가 발견됐다($X^2$ = 7.193, *df* = 1, *p* = .007). 정치인의 발언을 인용하는 기사에서 수치 변동의 인과성을 설명하는 내용이 좀 더 자주 등장한다는 것이다(<표 10-8> 참조). 매체-대통령 조합별 세부 분석의 패턴 역시 이와 동일한 경향을 드러내고 있었다. 하지만 그 차이가 통계적으로 유의미한 것은 아니었다(<그림 10-6> 참조). 분석 대상과 표본 수를 늘려 재검증할 필요가 있는 대목이다.

대통령 여론조사 보도에서 정치인의 발언(정보, 의견)을 인용할 때 심층성 요소로서 향후 전망이 늘어나는지 분석했다. <표 10-9>에 따르면, 정치인의 정보와 의견을 인용하는 기사(63.5%)가 인용하지 않는 기사(28.9%)보다 훨씬 높은 비중으로 지지율 수치 변동과 관련해서 앞

<표 10-8> 정치인 발언에 따른 기사 심층성: 인과 설명 (단위: 건, %)

| 정치인 발언 | 인과 설명 | | 합계 |
|---|---|---|---|
| | 있음 | 없음 | |
| 인용 | 58 (92.1) | 5 (7.9) | 63 (100.0) |
| 미인용 | 151 (76.6) | 46 (23.4) | 197 (100.0) |
| 합계 | 209 (80.4) | 51 (19.6) | 260 (100.0) |

* $X^2$ = 7.193, *df* = 1, *p* = .007. (*n* = 260).

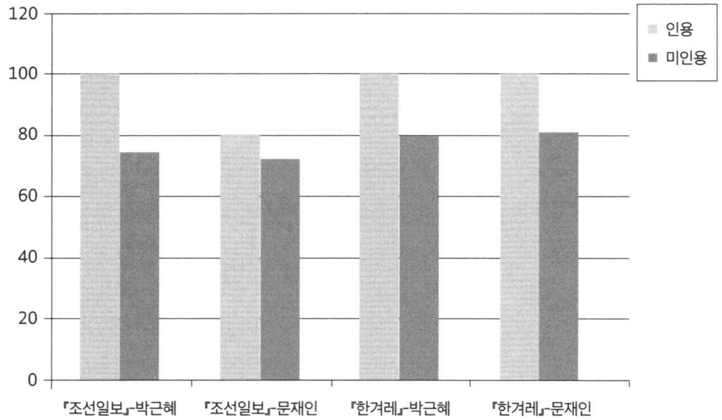


<그림 10-6> 정치인 발언 인용에 따른 기사 심층성: 인과 설명 (단위: %)

* 『조선일보』-박근혜: $X^2$ = 3.559, *df* = 1, *ns*. (*n* = 70).
『조선일보』-문재인: $X^2$ = 0.626, *df* = 1, *ns*. (*n* = 77).
『한겨레』-박근혜: $X^2$ = 2.640, *df* = 1, *ns*. (*n* = 66).
『한겨레』-문재인: $X^2$ = 3.224, *df* = 1, *ns*. (*n* = 47).

으로 국정 운영이 어떻게 전개될지 예측하는 향후 전망을 제시하는 것으로 나타났다($X^2$ = 24.374, *df* = 1, *p* < .001). 흥미롭게도, 이런 패턴은 매체-대통령 조합 대부분에서도 동일한 경향을 띠었다(<그림 10-7> 참조). 여기서 예측의 정확성이나 전망의 타당성은 논외로 한다. 그보다 문제는 정치인의 향후 전망 관련 발언이 결과 수치를 자기 정파에 유

<표 10-9> 정치인 발언 인용에 따른 기사 심층성: 향후 전망 (단위: 건, %)

| 정치인 발언 | 향후 전망 | | 합계 |
|---|---|---|---|
| | 있음 | 없음 | |
| 인용 | 40<br>(63.5) | 23<br>(36.5) | 63<br>(100.0) |
| 미인용 | 57<br>(28.9) | 140<br>(71.1) | 197<br>(100.0) |
| 합계 | 97<br>(37.3) | 163<br>(62.7) | 260<br>(100.0) |

* $X^2$ = 24.374, *df* = 1, *p* < .001. (*n* = 260).

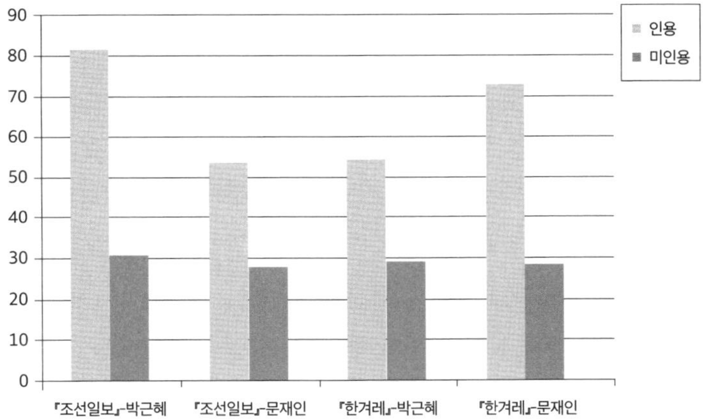


<그림 10-7> 정치인 발언 인용에 따른 기사 심층성: 향후 전망 (단위: %)

* 『조선일보』-박근혜: $X^2$ = 10.302, *df* = 1, *p* = .002. (*n* = 70).
『조선일보』-문재인: $X^2$ = 5.185, *df* = 1, *p* = .027. (*n* = 77).
『한겨레』-박근혜: $X^2$ = 2.673, *df* = 1, *ns*. (*n* = 66).
『한겨레』-문재인: $X^2$ = 8.539, *df* = 1, *p* = .005. (*n* = 47).

리한 쪽으로(또는 상대 정파에 불리한 쪽으로) 해석하는 경우가 많아 심층성 요소로서 여론조사 기사의 질적 제고보다 정파편향의 근거로 오용될 우려가 제기된다는 점이다. 이는 앞의 분석(<그림 10-2>, <그림 10-3> 참조)을 고려하면 자연스럽게 유추 가능한 귀결이다. 이어지는 정치인 발언 인용과 대책 제언의 연관성 분석도 같은 방향의 결론을 유도한다.

<표 10-10>에서 보듯, 정치인의 발언이 인용되는 여론조사 기사일수록 대책 제언의 요소도 더 많이 나타나는 것으로 밝혀졌다($X^2$ = 44.439, $df$ = 1, $p$ < .001). 정치인 발언을 인용하는 기사(55.6%)가 그렇지 않은 기사(14.2%)보다 훨씬 높은 비중으로 여론 변화에 따른 국정 운영 관련 대책을 언급했다. <그림 10-8>은 이런 경향이 네 유형의 매체-대통령

<표 10-10> 정치인 발언 인용에 따른 기사 심층성: 대책 제언 (단위: 건, %)

| 정치인 발언 | 대책 제언 | | 합계 |
|---|---|---|---|
| | 있음 | 없음 | |
| 인용 | 35<br>(55.6) | 28<br>(44.4) | 63<br>(100.0) |
| 미인용 | 28<br>(14.2) | 169<br>(85.8) | 197<br>(100.0) |
| 합계 | 63<br>(24.2) | 197<br>(75.8) | 260<br>(100.0) |

* $X^2$ = 44.439, $df$ = 1, $p$ < .001. ($n$ = 260).

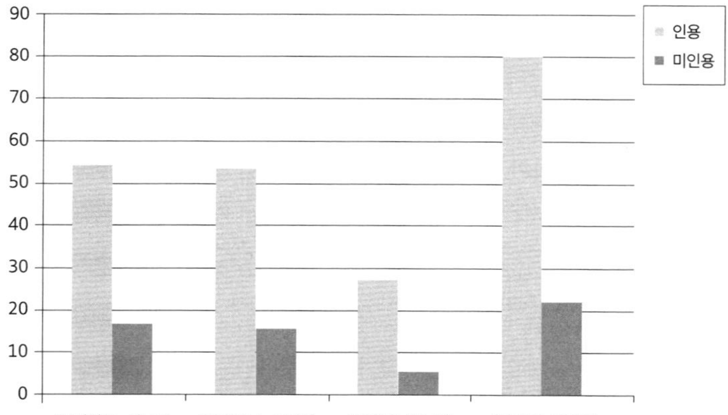


<그림 10-8> 정치인 발언 인용에 따른 기사 심층성: 대책 제언 (단위: %)

* 『조선일보』-박근혜: $X^2$ = 7.432, $df$ = 1, $p$ = .014. ($n$ = 70).
『조선일보』-문재인: $X^2$ = 12.287, $df$ = 1, $p$ = .001. ($n$ = 77).
『한겨레』-박근혜: $X^2$ = 5.280, $df$ = 1, $p$ = .053. ($n$ = 66).
『한겨레』-문재인: $X^2$ = 14.327, $df$ = 1, $p$ < .001. ($n$ = 47).

조합에서도 일관된 모양으로 나타난다는 것을 보여준다. 여론조사 보도에서 정치인의 정보와 의견이 인용될 때 그 발언 내용이 대책 제언으로 몰린다는 점은 향후 전망 요소와 마찬가지로 결과 수치(지지율)를 정파적으로 해석하는 문제와 연결된다. 정치인 발언 인용 기사의 경우, 적대 관계일 때는 부정 논조의 상대적 비중이 월등한 반면, 우호 관계일 때는 중립과 긍정 논조의 상대적 비중이 월등했던 앞의 분석(<그림 10-2> 참조)을 고려해보자. 취재원으로서 정치인의 정보와 의견이 향후 전망과 대책 제언에 집중된다는 결과로부터 여론조사 보도의 심층성 요소가 기사의 품질을 높인다기보다 논조의 전략적 선택과 결합하면서 언론의 정파적 편향을 뒷받침하는 부수적 역할에 머물 것이라는 추정이 가능한 것이다. 물론 더 많은 기사 표본을 수집해 정교하게 분석하고 확증해야 할 사항이다.

비록 여론조사 보도의 심층성을 높이는 요소와 관련됐다 하더라도 예측력 높은 향후 전망이나 실효성 있는 대책 제언을 위해서는 대통령의 국정철학을 포함해 청와대/대통령실과 정치권 내부의 속사정에 밝아야 하고 국정 수행과 관련해 신속한 정무적 판단도 뒤따라야 가능하다. 따라서 그 판단의 성격상 지지율로 표현되는 시민사회의 여론 등향을 정치적-정파적 관점으로 이해하고 해석할 개연성이 상당한 영역이다. 이 연구의 분석 결과는 대통령 국정 수행 여론조사 보도에서 드물지 않게 인용되는 정치인의 정보와 의견이 조사과학의 본질적 영역인 원인 진단과 인과 설명의 요소가 아니라 정치(정무)적 판단의 영역과 밀접한 향후 전망 및 대책 제언에 유의미하게 몰려 있다는 것을 보여준다. 이는 정치인의 발언 인용 관행이 여론조사 보도를 정파편향적으로 틀짓고framing, 정치 저널리즘을 전략 커뮤니케이션으로 변질시킬 위험성을 항상 내포하도록 만든다는 우려를 낳는다. 결코 가볍게 넘길 수 없는 여론조사 보도 관행의 하나라 할 수 있다.

### 3) 대통령 여론조사 보도에서 지지율 변동과 기사 논조의 변화

#### 18-19대 대통령 여론조사의 국정 수행 지지율 변화

여론조사회사 리얼미터가 공시한 정기 여론조사 자료를 취합해 18대 박근혜, 19대 문재인 두 대통령의 국정 수행 지지율의 시계열 변화를 추적했다. <그림 10-9>는 두 대통령의 장기적인 지지율 추세가 국지적인 등락은 있으나 시간이 지나면서 점점 떨어지는 전반적인 하락 경향을 띠고 있음을 보여준다. 이른바 '대통령 국정 수행 지지율의 필연적 하락의 법칙'(문우진, 2012; 한귀영 · 조성대, 2010)이 말하는 시간적 변화상에서 크게 벗어나지 않는 모양새다.

투표자 과반의 지지를 받고 당선됐던 박근혜 대통령(대선 득표율: 51.55%)은 임기 초 이후 비교적 높은 지지율을 유지했으나 집권 4년 차에 국정농단 사태가 터지며 심각한 정치적 공격과 국민저항에 직면했고 형편없는 지지율 급락에 시달리다 국회 탄핵과 헌법재판소의 결정으로 임기 도중에 사임해야 했다. 박 대통령 탄핵의 반작용과 함께

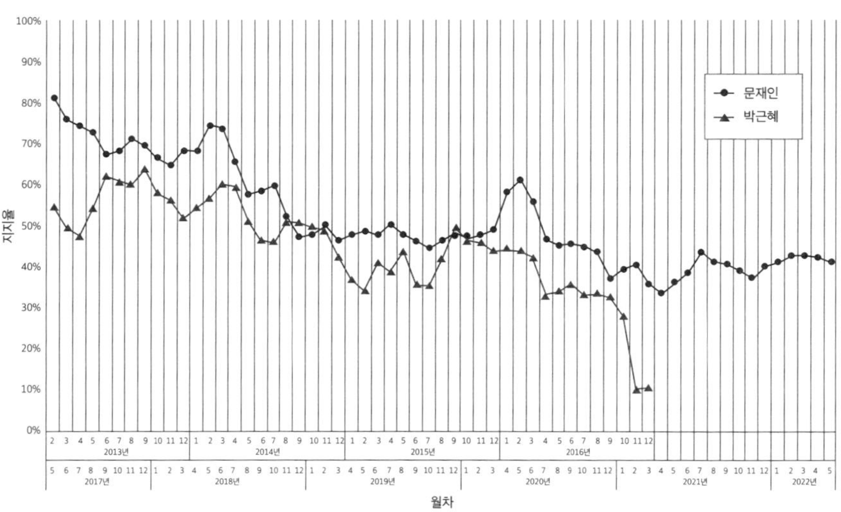


<그림 10-9> 18-19대 대통령 여론조사의 국정 수행 지지율 추세

집권에 성공한 문재인 대통령(대선 득표율: 41.08%)은 시작부터 매우 높은 지지율을 유지했는데, 임기 말까지 여느 대통령보다 높은 수준의 지지율을 보였다.

겉보기에 이런 추세는 두 대통령의 지지율 절대수치 자체가 상당한 차이가 나고, 그 격차도 지속되는 듯한 형세를 띤다. 하지만 임기 전체의 지지율 추세를 포착하는 단순회귀분석에 따르면, 두 대통령 지지율의 평균 하락률(비표준화 회귀계수)은 차이가 없는 것으로 나타났다(박 대통령: $B = -0.007$ vs. 문 대통령: $B = -0.006$, $ps < .001$).[7] 따라서 지지율 절대수치의 단순 비교가 아니라 두 대통령의 임기 전체를 관통하는 평균 하락률에 차이가 없다는 점을 염두에 두고 여론조사 기사의 논조 변화 경향을 분석할 때 보도에서 관찰되는 두 신문의 정파적 편향이나 심층성 차이를 더 정확하게 판단할 수 있을 것이다.

<그림 10-10>은 대통령 국정 수행 지지율(객관지표)의 분포에 따라 여론조사 보도의 논조가 어떻게 분포하는지 보여준다. 좌우대칭에 가까운 형태를 띤 중립 논조 기사의 분포를 중심으로 지지율이 낮은 쪽에서는(50~0%) 상대적으로 부정 논조 기사의 비중이 높은 반면, 지지율이 높은 쪽에서는(50~90%) 상대적으로 긍정 논조 기사의 비중이 높은 패턴이 드러난다. 이 같은 지지율과 논조의 상관관계는 통계적으로 유의미했다(스피어먼의 $\rho = .262$, $p < .001$). 국정 수행 지지율이 낮을 때 부정 보도의 상대적 비중이 높고, 지지율이 높을 때 긍정 보도의 상대적 비중도 같이 높은 양(+)의 관계가 관찰된다는 것이다.

당연한 말이지만 대통령 지지율은 고정된 현상이 아니다. 여러 요인의 동반 작용으로 지지율은 항상 변동한다(박영환, 2013; 이곤수, 2009; 이나경, 2021). 대통령 임기 내내 등락을 반복하며 흐르듯이 움직인다.

---

7 탄핵 정국이라는 특수 국면에서 지지율이 단기간에 급락한 여론조사의 마지막 세 지점을 제외하면 박 대통령의 평균 하락률은 $B = -0.006$이다. 문 대통령 임기의 평균 하락률과 동일하다.

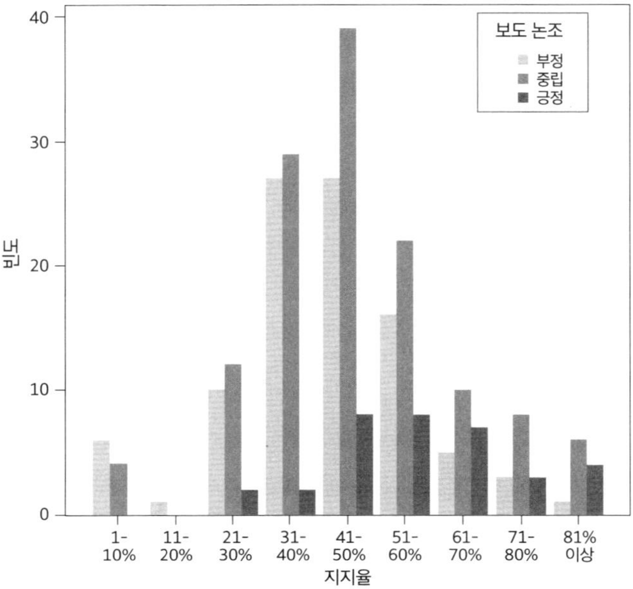


<그림 10-10> 대통령 국정 수행 지지율과 여론조사 기사 논조의 상관성

* 스피어먼의 $\rho$ = .262, $p$ < .001. ($n$ = 260).

물론 장기적으로는 뚜렷한 하락 추세를 보인다(문우진, 2012; 한귀영 · 조성대, 2010). 따라서 여론조사의 지지율이 변할 때 언론의 보도 태도가 어떻게 변하는지 그 역동적 관계를 살펴볼 필요가 있다.

### 매체-대통령 조합별 지지율 변동과 기사 논조의 변화

#### ① 기자의 주관적 지지율 평가와 기사 논조의 변화

대통령 여론조사 보도에서 두 신문이 두 대통령의 지지율 변동 양상을 어떻게 주관적으로 평가하는지,[8] 또 그런 지지율 변화의 서술 방식

8 지지율 변화를 기사 작성자가 주관적으로 평가 · 기술하는 지지율 변동의 범주와 관련해 '하락 지속' 또는 '상승 지속'은 지지율이 오차한계를 벗어나 실제로 그렇게 변동했고, 기자 역시 그렇다고 기사에서 정확하게 서술한 표현이 있을 때를 말한다. 반면 '하

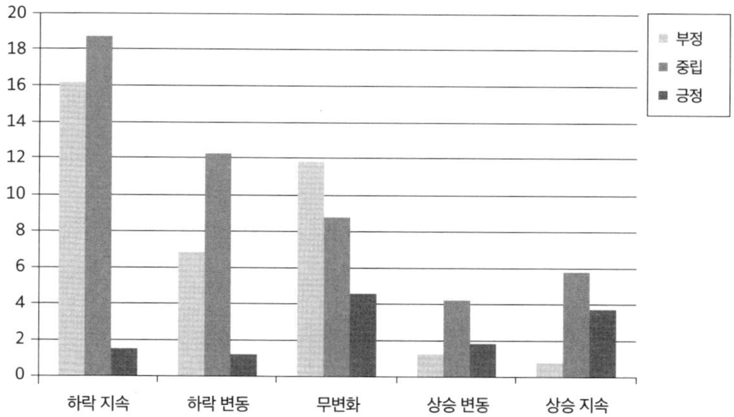


**<그림 10-11> 지지율 변동의 주관적 평가와 기사 논조의 관계: 전체표본** (단위: %)

* $X^2$ = 40.243, *df* = 8, *p* < .001. (*n* = 260).

에 따라 기사의 논조가 어떻게 동반 변화하는지 네 가지 매체-대통령 조합별로 지지율의 주관적 평가와 기사 논조 변화의 관계를 분석했다. 전체 표본기사(*n* = 260)를 대상으로 한 교차 분석에 따르면, 지지율이 하락한다고 평가할 때 부정 논조와 중립 논조 기사의 상대적 비중이 높아지지만, 지지율이 상승한다고 평가할 경우 긍정 논조 기사의 상대적 비중이 약간 더 높아지는 경향성이 관찰됐다($X^2$ = 40.243, *df* = 8, *p* < .001). <그림 10-11>은 지지율 변화 평가와 논조 변화의 연동 패턴을 보여준다. 이 분포 형태를 기준 삼아 매체-대통령의 상호정향성 조합에 따라 지지율 변화 평가와 논조 변화의 관계가 어떻게 유동적으로

---

락 변동'과 '상승 변동'은 당해 조사의 지지율 수치가 비교 대상 수치와 달라 마치 변화가 일어난 것처럼 보여도 그 정도가 오차한계 안에 있기 때문에 실제로 변화했다고 평가할 수 없는 경우를 말한다. 따라서 지지율 변화가 진짜인 것처럼 잘못 표현한 방법론적 해석오류 사례(예: "오차범위 안에서 상승(하락)")를 포함한다. '무변화' 범주는 지지율 변화에 대해 오차범위 안이라는 것을 정확하게 밝히거나 기사에서 어떤 명시적 언급도 하지 않은 사례를 말한다. 지지율 변화의 기술과 평가가 통계학적으로 정확한가와 무관하게 지지율 수치 변동을 기자가 평가·기술하는 것은 주관적 영역이다.

움직이는지 분석했다.

<그림 10-12>에서 보듯, 우호적 관계인 『조선일보』-박근혜 조합의 기사군($n$ = 70)에서 지지율이 하락한다고 주관적으로 서술할 때는 부정 논조와 중립 논조 기사의 상대적 비중이 높아지는 반면, 지지율이 상승 쪽으로 변화한다고 평가할수록 긍정 논조 기사의 상대적 비중이 좀 더 증가하는 관계 패턴이 나타났다. 오차범위 내 지지율 수치 변화 항목의 경우, 중립 논조의 객관적 서술로 수치 표현에 주의했음을 엿볼 수 있다. 그럼에도 매체-대통령 조합이 우호적일 때 지지율의 증가 평가는 긍정 논조 기사의 상대적 증대를 유인한다는 점에서 기사 논조를 긍정 편향하도록 작용하는 것으로 보인다. 특히 지지율 하락이 분명한 국면에서 기자는 중립 논조가 부정 논조를 대체하도록 기사 표현에서 박 대통령에게 우호적인 전략적 선택을 했다는 점을 유추할 수 있다.

<그림 10-13>에서 보듯, 적대적 관계인 『조선일보』-문재인 조합의 기사군($n$ = 77)에서는 지지율이 하락한다고 평가하는 쪽으로 갈수록 부정과 중립 논조의 기사 비중이 상대적으로 월등했다. 반면 지지율이 상

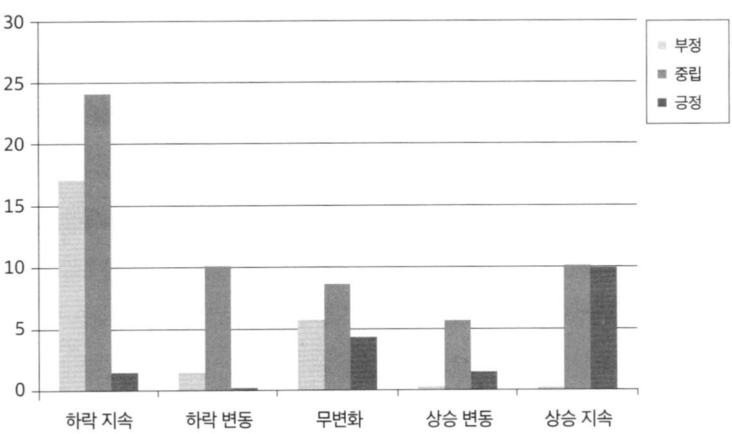


<그림 10-12> 지지율 변동의 주관적 평가와 기사 논조의 관계: 『조선일보』-박근혜 (단위: %)

* $X^2$ = 24.25, $df$ = 8, $p$ = .002. ($n$ = 70).

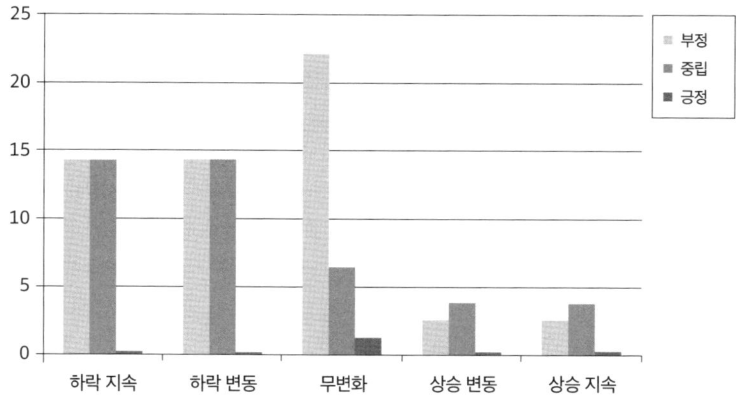


<그림 10-13> 지지율 변동의 주관적 평가와 기사 논조의 관계: 『조선일보』-문재인 (단위: %)

* $X^2$ = 8.014, *df* = 8, *ns.* (*n* = 77).

승한다고 서술하는 경우 긍정 논조의 기사는 단 1건도 없는 관계 패턴을 보였다. 중립 논조의 비중 역시 상대적으로 낮은 수준이었다. 매체-대통령 조합이 적대적 관계일 때 지지율 상승이 분명한 국면에서 긍정 논조 기사가 하나도 없다는 점은 약한 수준일지라도 중립 논조가 긍정 논조를 대체하도록 논조 표현을 전략적으로 선택한 징후로 해석되는 대목이다. 지지율 상승 국면에서 부정 논조 기사가 발견되기도 했다. 긍정 논조 기사는 77건 가운데 단 1건에 불과할 정도로 부정적 태도가 분명한 것이다. 전체 표본기사의 패턴(<그림 10-11> 참조)과 비교할 때 국정 지지율의 주관적 평가와 기사 논조의 동반 변화 양상은 매체-대통령 조합의 적대적 관계가 여론조사 보도의 정파편향을 강화하도록 작용한다는 것을 시사한다.[9]

적대적 관계인 『한겨레』-박근혜 조합의 기사군(*n* = 66)은 역시 적대

9 관계 양상이 통계적으로 유의미하지 않으므로 유의해서 해석해야 한다. 지지율 상승 국면임에도 긍정 논조 기사가 전혀 등장하지 않는 적대적 보도 현실이 상관성association의 통계적 유의미성을 제한하도록 작용한 것으로 보인다.

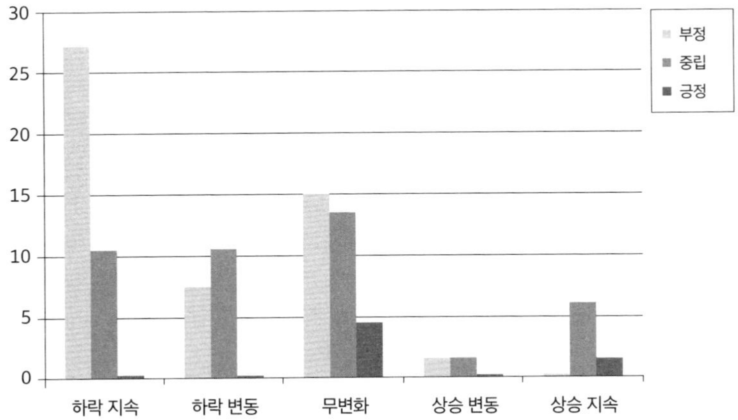


<그림 10-14> 지지율 변동의 주관적 평가와 기사 논조의 관계: 『한겨레』-박근혜 (단위: %)

* $X^2$ = 14.691, *df* = 8, *p* = .065. (*n* = 66).

적 관계인 『조선일보』-문재인 기사군(*n* = 77)과 전체적으로 유사한 관계 양상을 보였다(<그림 10-14> 참조). 다만 지지율 하락이 분명하다고 평가하는 국면에서 부정 논조의 상대적 비중이 월등한 점이 다르다. 지지율이 하락한다고 평가하는 쪽에서 중립 논조의 기사도 일정한 비율을 유지했다. 반면 지지율이 상승한다고 평가하더라도 긍정 논조의 기사 비중은 매우 낮았다. 이렇게 지지율 하락 평가 국면에서 부정 논조의 비중이 월등하고, 또 지지율 상승이 분명한 국면에서 긍정과 중립 논조의 상대적 비중이 매우 낮다는 점은 『한겨레』가 박 대통령에 대해 기본적으로 강한 적대적 태도를 지니고 있었다는 것을 의미한다. 그러나 상승 지속 평가 국면에서 약한 수준이지만 긍정 논조보다 중립 논조의 상대적 비중이 더 높은 것을 보면 적대 관계에서 긍정 보도를 회피하려 한 표현의 전략적 선택이 전혀 없었다고 보기도 어렵다. 종합적으로 보면, 매체-대통령의 적대 관계가 여론조사 보도의 정파편향을 부정적으로 강화하도록 영향을 미친다는 것을 짐작할 수 있다.[10]

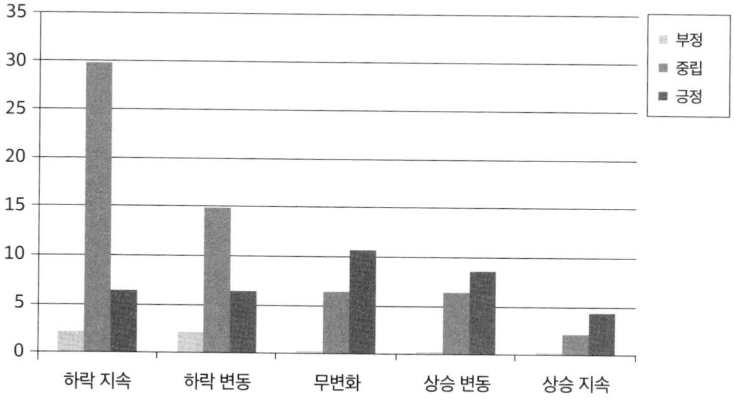


<그림 10-15> 지지율 변동의 주관적 평가와 기사 논조의 관계: 『한겨레』-문재인 (단위: %)

* $X^2$ = 9.093, *df* = 8, *ns*. (*n* = 47).

우호적 관계인 『한겨레』-문재인 조합의 기사군(*n* = 47)에서 지지율 변동 평가와 기사 논조 변화의 양상은 친-문재인 성향의 정파편향이 두드러졌다(<그림 10-15> 참조). 지지율 변화가 하락 쪽으로 갈수록 부정 논조 기사는 매우 제한적이었던 반면, 중립 논조의 상대적 비중이 점차 증가하는 것으로 나타났다. 매체-대통령의 우호적 관계가 유지되는 상황에서 지지율이 하락한다고 평가하는 국면임에도 중립 논조가 부정 논조를 대체하도록 전략적으로 보도 태도를 선택한 것으로 보인다. 우호적 관계인 『조선일보』-박근혜 조합에서도 비슷한 패턴의 전략적 선택이 관찰된 바 있다(<그림 10-12> 참조). 또 하나 흥미로운 양상은 지지율 변화에 대한 주관적 평가와 상관없이 긍정 논조 기사가 모든 지지율 평가 범주에서 비슷한 수준으로 예외 없이 등장한다는 점이다. 반대로 부정 논조의 기사는 단 2건에 불과했다. 문 대통령에 대한

10 통계적 유의미성이 약한($p$ = .065) 결과이므로 해석에 유의할 필요가 있다. 지지율 상승 평가 국면임에도 긍정 논조 기사 자체가 거의 등장하지 않는 적대적 보도 현실이 상관성의 통계적 유의미성을 제한하도록 작용한 것 같다.

강한 우호적 태도가 지지율 변동과 논조 변화의 관계를 통계적으로 유의미하지 않을 정도로 근본적으로 제약했던 것으로 보인다. 해석에 유의해야 할 대목이다.[11]

### ② 대선 득표율 대비 지지율의 변화와 기사 논조의 변화

한편 각 대통령의 대선 득표율을 기준으로 국정 수행 여론조사 결과 수치가 어떤 변화를 보이는지에 따라, 곧 대선 득표율보다 하락했는지, 변화가 없는지, 또는 상승했는지에 따라, 여론조사 기사의 논조가 어떻게 변화하는지 동반 변동성을 분석했다.[12] 이 같은 연동 패턴이 매체-대통령 조합에서도 비슷한지 아니면 다른지 그 양상을 함께 분석했다.

<그림 10-16>은 두 대통령의 대선 득표율과 비교할 때 여론조사의 국정 수행 지지율이 높거나, 비슷하거나, 낮을 경우 두 신문의 여론조사 보도가 각각 어떤 논조를 보이는지 살핀 결과를 보여준다.[13] 전체 표본 기사($n$ = 260)를 대상으로 한 교차 분석에 따르면, 대선 득표율과 대비

---

11 문 대통령의 지지율이 임기 내내 상당히 높은 수준을 유지했기 때문에 우호적 관계 속에서 부정 논조의 여론조사 기사 자체가 거의 없는 상황이 유인됐을 가능성도 완전히 배제하기 어렵다.

12 여론조사회사가 정기적으로 수행하는 대통령 국정 수행 여론조사의 대부분이 1,000~1,200명 안팎의 표본조사(95% 신뢰수준에서 오차한계는 대략 ±3.1%p)인 점을 감안해, 대선 득표율 대비 지지율 수치가 ±1σ 안쪽이면 '비슷', ±2~3σ 안쪽이면 '높음' 또는 '낮음', ±4σ 안쪽 또는 그 밖이면 '매우 높음' 또는 '매우 낮음'으로 범주화했다.

13 뚜렷한 과학적 근거와 사실 여부를 확인하기 어렵지만, 한국 언론계는 여론조사 지지율이 대선 득표율보다 떨어질 때를 기점으로 삼아 대통령의 국정 장악력이 심각하게 문제시되는 이른바 레임덕lame-duck 현상이 본격화한다고 믿는 풍조가 있는 것 같다. 따라서 대통령의 국정 수행 지지율이 올라갈수록 언론은 대통령에 대해 긍정적으로 보도하지만 지지율이 내려가면, 특히 대선 득표율보다 더 떨어지면 정치권은 물론 언론의 비판과 공격도 더욱 거세지는 변화가 관찰될 수 있다. 이때 매체-대통령의 우호적 또는 적대적 관계가 정파적으로 작용하며 지지율과 보도 태도의 관계를 어떻게 비틀어버리는지 분석할 필요가 있다. 실제 여론조사 지표가 기사 논조의 선택을 결정짓는 준거(정보처리 단서)로 작용한다는 점에서 지지율 변화의 특성을 판단하는 범주는 객관적 영역이다.

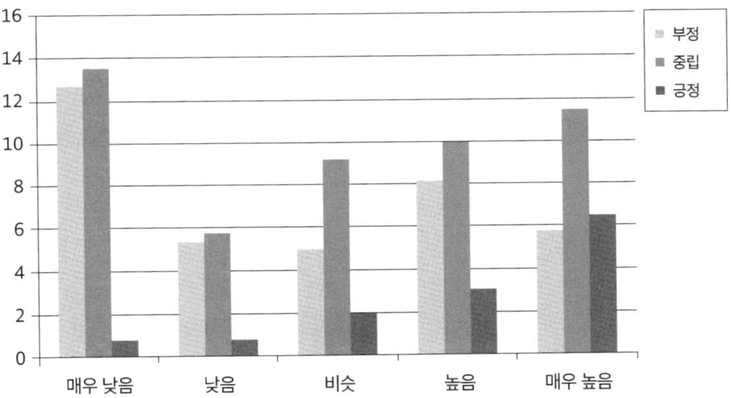


<그림 10-16> 대선 득표율 대비 지지율 변화와 기사 논조의 관계: 전체 표본 (단위: %)

* $X^2$ = 22.778, $df$ = 8, $p$ = .004, $\eta$ = .268. ($n$ = 260).

할 때 지지율이 매우 낮을 경우 부정과 중립 논조의 상대적 비중이 높지만, 다른 범주에서는 부정 논조에 큰 변화가 없었다. 하지만 객관적인 여론조사 지지율이 증가할수록 중립과 긍정 논조의 상대적 비중도 꾸준히 올라가는 동반 변화가 관찰됐다($X^2$ = 22.778, $df$ = 8, $p$ = .004 $\eta$ = .268). 이러한 관계 분포 양상을 기준 삼아 네 유형의 매체-대통령 조합마다, 대선 득표율을 기준으로 여론조사의 지지율 변동 상태에 따라 기사 논조가 어떻게 변화하는지 분석했다.

우호적 관계인 『조선일보』-박근혜 조합의 기사군($n$ = 70)에서 여론조사 지지율이 대선 득표율보다 낮을 때 부정과 중립 논조 기사의 상대적 비중이 높았다. 특히 지지율이 매우 낮은 국면(가령 탄핵 정국)에서 중립 논조가 부정 논조를 훨씬 압도했다. 중립 논조는 지지율이 증가할수록 상대적으로 줄어드는 경향을 보였다. 그 대신 약한 수준이지만 긍정 논조의 보도가 조금씩 증가하는 것으로 나타났다. 더불어 부정 논조도 점차 감소하는 경향을 띠었다($X^2$ = 20.295, $df$ = 8, $p$ = .009 $\eta$ = .466). 앞서 지지율의 주관적 평가와 기사 논조 관계의 분석과 유사하게, 대선 득표율보다 지지율이 낮은 국면일 때 중립이 부정 논조를 대체하는

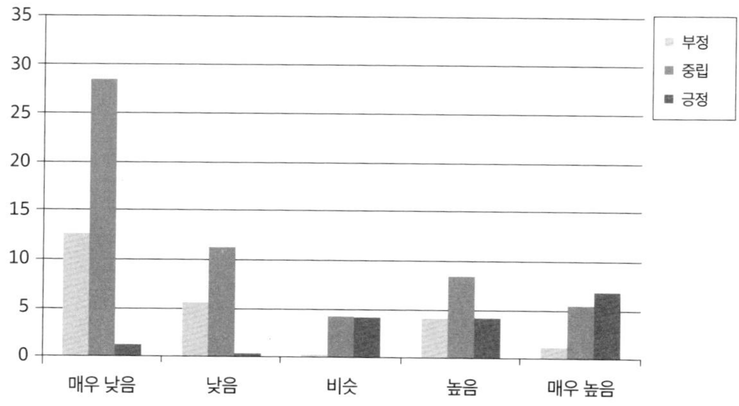


<그림 10-17> 대선 득표율 대비 지지율 변화와 기사 논조의 관계: 『조선일보』-박근혜 (단위: %)

* $X^2$ = 20.295, *df* = 8, *p* = .009, *η* = .466. (*n* = 70).

전략적인 보도 행동도 다시 눈에 띈다. 매체-대통령의 우호 관계가 대통령 여론조사 보도에서 일정하게 친-박근혜 정파편향을 심화하도록 구조적으로 작용했다고 볼 수 있다(<그림 10-17> 참조).

적대적 관계인 『조선일보』-문재인 조합의 기사군(*n* = 77)은 우호적 관계인 『조선일보』-박근혜 조합과 전혀 다른 양상을 띠었다(<그림 10-18> 참조). 흥미롭게도, 지지율이 대선 득표율에 근접할수록 부정과 중립 논조가 줄어들지만, 점점 지지율이 높아질수록 부정과 중립 논조 기사의 상대적 비중도 비례해서 증가하는 정적(+) 관계가 드러났다($X^2$ = 4.448, *df* = 8, *ns*, *η* = .221). 문제는 『조선일보』의 문 대통령에 대한 강한 적대적 태도로 인해 긍정 논조 기사가 단 1건에 그쳤다는 점이다. 이런 현실이 통계적 유의미성을 제한했을 것으로 보인다. 결과적으로, 문 대통령이 임기 내내 여론조사에서 대선 득표율보다 훨씬 높은 지지율을 꾸준히 유지했음에도 『조선일보』는 처음부터 부정적 태도로 일관함으로써 국정 비판적 자세로 여론조사 결과 수치를 전략적으로 해석하고 보도했다는 것을 시사한다. 문 대통령의 여론조사 지지율이 이른

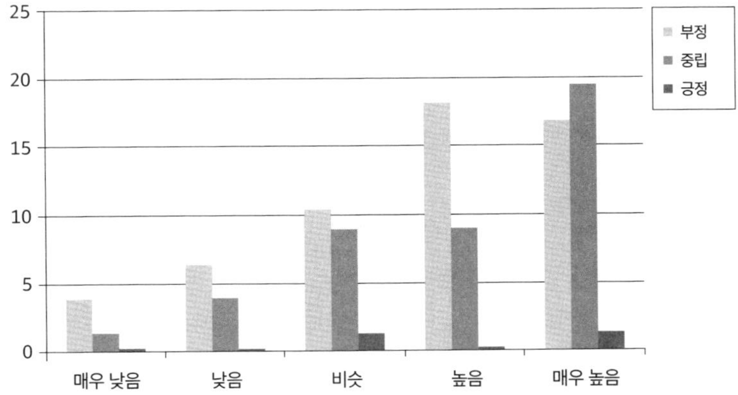


<그림 10-18> 대선 득표율 대비 지지율 변화와 기사 논조의 관계: 『조선일보』-문재인 (단위: %)

* $X^2$ = 4.448, *df* = 8, *ns*, *η* = .221. (*n* = 77).

바 '고공행진'을 하는 것과 상관없이 『조선일보』의 적대적 태도는 상대적으로 높은 비중의 중립 논조를 유지함으로써 긍정 보도를 회피하려 한 전략적 의도가 기사에서 발현되도록 작용했을 것으로 짐작된다.

또 하나의 적대적 관계인 『한겨레』-박근혜 조합의 기사군(*n* = 66)을 대상으로 지지율 변동과 논조 변화의 연동 양상을 살폈다(<그림 10-19> 참조). 대선 득표율 대비 지지율이 매우 낮은 국면에서 『한겨레』는 여론조사 결과를 상당한 비중의 부정과 중립 논조로 기사화했다. 이때 지지율이 올라가는 국면 변화에서도 이들의 상대적 비중은 비교적 낮은 수준이지만 꾸준히 유지되는 반면, 긍정 논조의 기사는 전체 사례에서 단 4건에 지나지 않았다. 지지율이 올라갈수록 부정 논조의 상대적 비중이 줄어들었으나 긍정 논조의 기사도 거의 실리지 않았다는 것이다($X^2$ = 16.057, *df* = 8, *p* = .042 *η* = .287). 『한겨레』의 여론조사 보도가 박 대통령의 지지율이 높은 상황일 때도 국정 수행에 대한 여론 동향을 긍정 논조를 피하고 중립 논조로 다룸으로써 기본적으로 박 대통령에게 비판적이고 적대적인 태도를 유지했다는 것을 의미한다. 적대

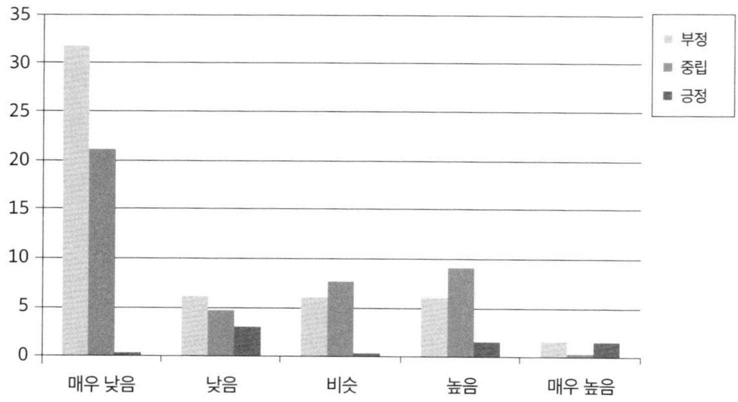


<그림 10-19> 대선 득표율 대비 지지율 변화와 기사 논조의 관계: 『한겨레』-박근혜 (단위: %)

* $X^2$ = 16.057, *df* = 8, *p* = .042 *η* = .287. (*n* = 66).

적인 『조선일보』-문재인 조합에서 관찰된 진보 적대적인 양상과 반대 방향으로, 보수 적대적인 정파성을 강하게 드러낸다는 것이다.

우호적 관계인 『한겨레』-문재인 대통령의 기사군(*n* = 47)을 대상으로 지지율 변화와 기사 논조 변화의 관계를 분석했다(<그림 10-20> 참조). 대선 득표율과 대비한 여론조사의 지지율이 올라갈수록 긍정 논조 기사가 비례해서 증가하는 관계가 관찰됐다. 비교적 지지율이 높을 때 중립 논조의 상대적 비중도 높았다. 하지만 지지율 전체 분포에서 부정 논조 기사는 단 2건에 불과했다. 문재인 정부와 우호적인 관계에서 임기 내내 높은 지지율을 유지한 현상이 복합적으로 반영된 관계 패턴이라 할 수 있다($X^2$ = 16.900, *df* = 8, *p* = .031, *η* = .460). 말하자면, 국정 수행의 지지율 증가(또는 높은 지지율의 지속)는 지지 대통령을 긍정적으로 보도하도록 우호적 매체의 보도 태도를 유인하는 좋은 정보처리 단서라는 것이다. 이런 패턴은 지지율을 기자가 주관적으로 평가했을 때 보인 논조 분포의 양상(<그림 10-15> 참조)과 완전히 다른 모양새다. <그림 10-15>에서는 지지율 하락 국면에서 중립 논조가 부정 논조를 대

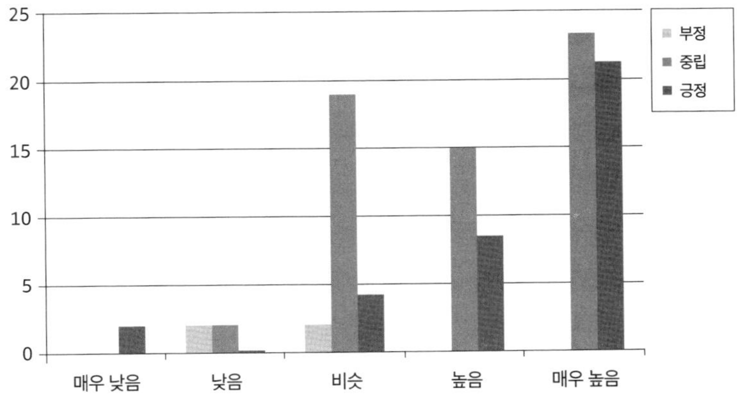


<그림 10-20> 대선 득표율 대비 지지율 변화와 기사 논조의 관계:
『한겨레』-문재인 (단위: %)

* $X^2$ = 16.900, *df* = 8, *p* = .031, *η* = .460. (*n* = 47).

체하는 표현의 전략적 선택이 관찰됐지만, <그림 10-20>에서 그런 특징은 드러나지 않는다. 객관 수치로서 높은 지지율이 유지되고 있으므로 부정 논조를 유도하는 정보(또는 정보처리 단서) 자체가 없거나 부족하다 보니 중립 논조를 이용해 부정적인 보도를 회피하는 전략적 선택을 할 근거와 이유가 없었기 때문일 것이다. 이는 문 대통령과 적대 관계에 있는 『조선일보』의 여론조사 보도와는 정반대 패턴이다. 과학적인 여론조사 결과 수치가 주관적으로 해석되며 언론의 정파편향을 강화하는 데 적극 활용된다고 할 수 있다.

### 4) 대통령 여론조사 보도에서 지지율 변동과 기사 심층성

대통령 여론조사의 결과 수치로서 국정 수행 지지율은 국지적이든 전체적이든 항상 변동한다. 지지율 변화에 대한 기자의 주관적 평가와 객관적 지표로서 지지율 변화 자체가 기사의 심층성에 어떤 영향을 미치는지 분석했다.

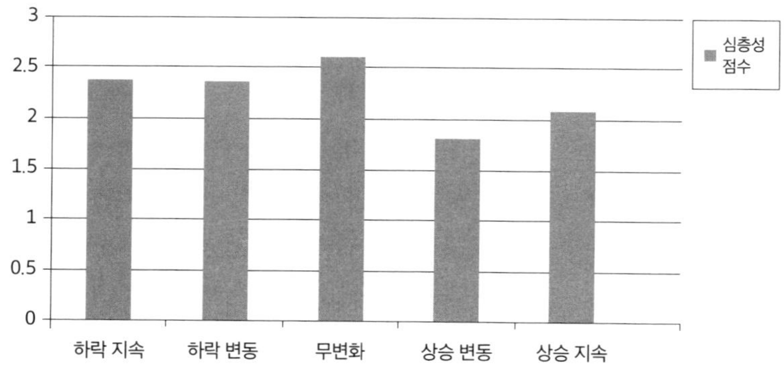


<그림 10-21> 지지율 변동의 주관적 평가와 심층성 점수

* $F$ = 2.688, $df$ = (4, 255), $p$ = .033. ($n$ = 260).

먼저 <그림 10-21>에서 보듯, 지지율 변화에 대한 기자의 주관적 평가가 기사 심층성에 어떤 영향을 미치는지 분석했다. 대통령 지지율이 상승하고 있다고 평가할 때 심층성 점수는 오히려 약간 낮아지는 패턴이 드러났다[$F$ = 2.688, $df$ = (4, 255), $p$ = .033]. 하지만 전체 표본을 대상으로 한 분석이 통계적으로 유의미하다 해도, 매체-대통령의 상호 정향성 조합에 따라 유의미한 패턴이 일관되게 나타나는 것은 아니었다. 대통령 국정 수행의 지지율 변화에 대한 주관적 평가는 여론조사 보도의 심층성에 별다른 영향을 미치지 않는다는 것이다. 지지율 변화에 대한 주관적 평가가 보도의 정파편향을 강화한다는 앞의 분석과 대조적이다. 다음으로, <그림 10-22>가 보여주듯, 객관적 지표로서 지지율 변화 자체 역시 기사 심층성에 아무런 영향을 미치지 않는 것으로 나타났다[$F$ = 0.486, $df$ = (4, 255), $p$ = .746]. 매체-대통령 조합에 따라서도 유의미한 심층성 점수 차이는 발견되지 않았다.

이처럼 여론조사의 지지율 변동 양상은 기사의 심층성과는 무관하다. 하지만 <표 10-11>의 무차zero-order 상관분석이 시사하듯, 대통령 여론조사 보도의 심층성은 기사 길이와 상당한 정적(+) 연관성이 있었다($r$ = .486, $p$ < .01). 기사의 길이가 길수록 심층성도 높다는 것이다. 홍

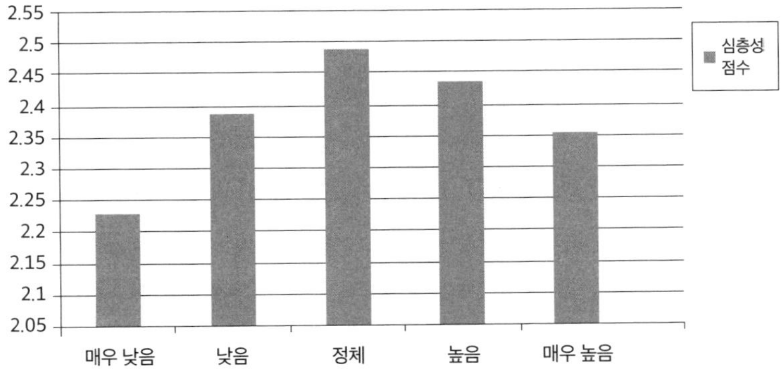


<그림 10-22> 대선 득표율 대비 지지율 변화와 심층성 점수

* $F = 0.486$, $df = (4, 255)$, *ns*. ($n = 260$)

<표 10-11> 보도 월차, 기사 길이, 심층성 점수, 기사 논조의 상관관계

| 구분 | 보도 월차 | 기사 길이 | 심층성 점수 |
|---|---|---|---|
| 기사 길이 | .162* | – | – |
| 심층성 점수 | .085 | .486* | – |
| 기사 논조 | –.230* | –.093 | –.112 |

* $p < .01$. ($n = 259$).

미로운 점은 기사의 보도 월차가 길어질수록, 곧 대통령 임기가 후반으로 갈수록 여론조사 기사가 약간 길어지는 약한 수준의 정적 관계가 발견된다는 것이다($r = .162$, $p < .01$). 대통령 임기가 후반으로 갈수록 지지율은 경향적으로 떨어진다. 그럼에도 기사의 보도 월차와 심층성은 서로 무관했다($r = .085$, *ns*). 두 대통령의 임기 내내 심층성이라는 기사 품질은 별다른 변화가 없었다는 뜻이다. 다만 임기 후반으로 갈수록 여론조사 보도는 대통령의 국정 수행을 점점 더 부정적인 관점에서 비판적으로 그린다는 것을 알 수 있다. 기사의 보도 월차가 늘어날수록 부정 논조도 증가했기 때문이다($r = -.230$, $p < .01$). 임기 후반으로 갈수록 기사 길이가 약간 늘어나는 추세임에도 정작 심층성이라는 보도의

질적 제고는 관찰할 수 없고 비판적 기사의 비중은 높아지면서, 결과적으로 대통령 여론조사 보도의 정파편향만 강화됐다는 사실을 유추할 수 있다. 하지만 대통령의 지지율이 필연적으로 떨어진다고 이를 정파 적대적으로만 해석해야 할 합리적 이유나 필연성은 없다.

## 3. 대통령 여론조사 보도와 공정 언론

여론조사 결과로서 대통령 지지율의 변동과 여론조사 기사의 논조 변화가 어떻게 연동하는지 분석한 결과, 대통령 지지율의 등락 지표 자체는 물론이고 지지율 변동에 대한 기자의 주관적인 평가가 대통령 국정 수행 여론조사 보도에서 언론의 정파적 편향성을 강화하도록 자극하는priming 요인이자 핵심 단서로 작용한다는 사실을 알 수 있다. 신문과 대통령의 정치이념적 상호정향성이 일치하느냐(우호 관계) 또는 불일치하느냐(적대 관계)에 따라 과학적 여론조사 결과로서 국정 수행 지지율이라는 객관적 지표가 언론사의 이념 성향을 반영하는 방향에서 주관적으로 해석됨에 따라 정파편향적인 정치 현실이 재구성된다는 것이다. 자기 정파에는 친화적인 반면, 반대 정파에는 적대적인 대통령 여론조사 보도가 일상으로 자리 잡았기 때문이다.

통계적 유의미성을 고려하면서 해석에 유의해야 하겠지만, 이 연구는 객관적이고 공정한 태도를 유지하는 대신 매체와 대통령의 이념적 상호정향성에 따라 여론조사 기사의 논조를 전략적으로 선택함으로써 언론 자신이 이해하고 원하는 쪽으로 결과 수치(지지율)를 편리하게 해석하는 정치 조사의 보도 관행이 만연해 있음을 보여준다. 매체-대통령의 조합별 분석에 따르면, 신문과 대통령이 적대적 관계일 때는 기사의 긍정 논조를 희석시키고 대체하기 위해 중립 논조를 전략적으로 더 빈번하게 활용하지만, 신문과 대통령이 우호적 관계일 때는 부정 논조를 감추고 대신하기 위해 중립 논조를 전략적으로 더욱 자주 활용하는 정반대 경향이 일관되게 관찰됐기 때문이다. 따라서 전체적으로 중립 논조의 상대적 비중이 높아 보이기 때문에 언론이 마치 객관적인 보도 자세를 유지하고 있는 것 같아도, 실상은 우호적인 대통령이라면 부정적 이미지(여론)를 완화시키고 적대적인 대통령이라면 긍정적 이미지(여론)를 깎아내리는 방식으로 중립 논조를 도구처럼 활용하는 '상징전법의 이중성'이 드러난다. 이는 저널리즘의 공정성을 실천하려는 의지의 발현과 거리가 멀다. 정파적인 표현 수위를 교묘하게 조절하려는 도구적 방편에 지나지 않기 때문이다. 여론조사 보도가 저널리즘 원칙을 저버리고 정파성의 함정에 빠지는 순간 정확하고 일관되며 불편부당해야 할 정치 조사 저널리즘은 특정 정파를 편들고 반대 정파를 공격하는 데 몰두하는 불공정한 전략 커뮤니케이션으로 변질되고 만다.

전통적으로 선거 여론조사 보도에 관한 분석은 정치 저널리즘의 경마보도 관행을 꾸준히 비판해왔다. 이 장의 분석 결과는 대통령의 국정수행 여론조사 결과를 보도하는 두 신문이 심층성 같은 뉴스 품질의 향상에 대한 관심보다 정파 성향에 따라 여론조사 결과 수치를 자의적으로 이용하거나 편향적으로 해석함으로써 결과적으로 자사가 지향하는 정치적 이해관계를 대변하려는 듯 또 다른 유형의 방법론적 해석오류를 낳고 있다는 심각한 문제를 제기한다. 하지만 공정 언론을 지향한다면 정밀 저널리즘precision journalism과 조사과학의 가치를 존중하는 자기성찰을 통해 주의 깊게 여론조사 결과를 보도해야 한다.

정파 언론과 함께 수많은 여론조사회사가 난립하며 조사 생태계를 조성하면서 조사회사의 정치적 편향성, 이와 무관하달 수 없을 정치 여론조사 보도의 편향성에 대한 문제도 심심찮게 제기된다(박종희, 2013; 송병권, 2019). 언론의 여론조사 보도가 특정 조사회사와 연결되면서 이른바 '여론조사의 외주화' 문제가 정파적으로 발생할 개연성도 무시할 수 없다. 여기서는 특정 언론이 특정 조사회사의 여론조사 결과를 빈번하게 이용하는 일종의 연결고리가 있는 것은 아닌지 의문을 제기하고 분석하지는 않았다. 선거 여론조사의 경마보도 관행을 넘어 일상적인 대통령 국정 수행을 다루는 여론조사 보도가 정파적 편향성을 띤다는 문제의식은 여론조사 생태계와 민주주의라는 광범위한 구조적 맥락에서 정밀하게 재분석할 필요가 있다.

에필로그

# 한국의 대통령 보도, 어떻게 바꿔야 하나

• 이재경

다음 인용문은 박권상 선생이 30년 전 쓴 글이다. 박 선생의 추모 저서 『박권상 언론학』(2015)을 읽다 가져왔다. 한국 저널리즘에 대한 걱정이 진심으로 느껴진다.

> 우리의 경우, 어느 쪽이냐 하면 모든 신문이 대중지에 가깝다. 정치, 외교, 경제 등 대단히 중요한 사안도 흥미 본위의 센세이셔널리즘에 사로잡혀 있다. 에이펙 회담 취재를 보아도 차분한 분석보다 시시콜콜한 뒷이야기가 더 활개를 친다는 점, 모든 신문이 매한가지다. 지독한 획일주의다. 선정주의다. 따라서 전 국민이 하루는 어느 특정한 문제에 관심을 쏟는가 하면 다음에는 다른 특정한 일에 흥분한다. 정치가, 기업인, 사회운동가 할 것 없이 감정과 획일주의로 특징 지워지는 언론의 기질을 통해서 대중조작을 손쉽게 할 수 있다. 정말 이 땅에도 국가의 진로를 밝혀주고 국민 여론을 건전하게 바로 계도하는 '공공의 신문'이 나왔으면 하는 마음 간절하다(박권상, 1993/2015).

30년 전 글인데, 2022년 한국의 대통령 보도를 분석하는 좋은 저널리즘 연구회 필자들의 문제의식과 거의 동일한 문제를 지적한다. 에이펙 회담을 엘리자베스 여왕 장례식이나 윤석열 대통령의 뉴욕 유엔총회 방문으로만 바꾸면 된다. 어떤 의미에서는 2022년의 보도들이 더욱 선정적이고, 시시하고, 획일적이다. 대통령의 해외 순방 후 시민의 시선을 붙잡는 뉴스가 대통령의 비속어 사용 여부나 방송사의 자막 조작 여부라면, 오늘날 한국 시민이 소비하는 뉴스는 박권상 선생이 희망했던 국가의 진로를 밝혀주는 언론과는 거리가 오히려 더 멀어진 느낌이다. 이대로는 미래가 없다. 한국 대통령 보도의 품질을, 저널리즘의 품질을 획기적으로 올려야 한다. 그러지 못하면 언론만 무너지는 게 아니라 제임스 캐리James Carey(1997) 교수의 주장대로 한국의 민주주의도 무너지고 만다.

### 미국 유력지의 대통령 보도 사례

1970년대 초 워터게이트 사건 보도를 통해 닉슨 대통령을 물러나게 했던 『워싱턴포스트』의 밥 우드워드Bob Woodward 기자는 그 뒤로 지난 50여 년에 걸쳐 대통령에 관한 책을 20권이나 출간했다. 그는 닉슨 이후 모든 대통령에 대해 철저한 탐사 보도를 시도했다. 특히 트럼프 대통령에 대한 우드워드 기자의 평가는 냉정했다. 그는 트럼프 대통령에 대해 모두 세 권의 책을 냈는데, 두 번째 책인 『분노*Rage*』에서 마지막 문장을 다음과 같이 썼다.

> 대통령으로서 그의 행적 전체를 두고 판단할 때, 나는 오직 한 가지 결론에 도달한다. 트럼프는 대통령의 직에 적합한 사람이 아니다When his performance as president is taken in its entirety, I can only reach one conclusion: Trump is the wrong man for the job. (Woodward, 2020, p. 392).

현직 대통령에 대한 현직 기자의 이러한 평가는 한국 현실에서는 찾아보기가 불가능하다. 무려 18회나 트럼프 대통령과 직접 대면 및 전화 인터뷰를 가진 뒤 이러한 결론에 도달했다는 점이 더욱 놀랍다. 더구나 우드워드는 대통령실 출입기자가 아니다.

『뉴욕타임스』의 데이비드 레온하트David Leonhardt 등 3명의 기자는 2017년 12월, 트럼프 대통령과 오바마 대통령의 거짓말들을 모아서 비교하는 기사를 게재했다. 기간은 트럼프 대통령의 경우 취임 후 10개월, 오바마 대통령은 2회의 재임 기간인 8년 동안이었다. 조사 결과 트럼프 대통령은 10개월 동안 103회, 오바마 대통령은 8년 동안 18회의 거짓말을 한 것으로 나타났다. 『뉴욕타임스』는 두 대통령의 거짓말들을 날짜별로 정리해서 모두 공개했다. 이러한 기사 역시 한국 신문에서는 감히 시도조차 할 수 없는 유형이다.

『뉴욕타임스』는 트럼프 대통령의 연말정산 보고서 20여 년 분량을 제보받아, 2020년 9월 27일 그의 세금 납부 내역을 분석하는 기사를 게재했다. 이 기사를 보면 트럼프 대통령은 2016년 750달러의 소득세를 냈으며, 대통령이 되기 전 15년 가운데 10년 정도는 소득세를 한 푼도 내지 않았다. 대통령의 세금 납부 문제를 정면으로 제기한 이 기사 또한 트럼프 대통령이 현직에 있으면서 재선을 준비하던 기간에 보도가 이루어졌다. 미국 신문에는 대통령을 보도하는 일에 한계가 전혀 없음을 느끼게 해주는 사례다.

2013년부터 2021년 초까지 『워싱턴포스트』의 편집인Executive Editor으로 일했던 마틴 배런Martin Baron 씨는 트럼프 대통령 취임 직후인 2017년 2월 14일 <리코드Recode>라는 매체와의 인터뷰에서 『워싱턴포스트』가 대통령을 어떻게 취재하고 보도하는지 설명했다.

> 저는 이 트럼프 정부를 과거 사례들과 똑같이 새로 시작하는 정부로 바라봅니다. 우리는 이 정부를 온 힘을 다해서 공격적으로 취

> 재해야 합니다. 힐러리 씨가 대통령이었어도 마찬가지입니다. 우리는 누가 이 정부에서 일하고 있고, 그들이 추진하는 정책은 무엇인지를 알려고 합니다. 그들이 추구하는 정책들의 동기는 무엇이고, 그 정책들의 영향력은 어떠한지, 그리고 뒤에서 그러한 정책에 영향력을 행사하는 사람들은 누구인지도 알아내 보도하기 위해 취재합니다(recode, 2017).

미국의 유력 신문인 『워싱턴포스트』가 대통령을 취재하는 접근법을 간결하게 요약한 내용이다. 신문의 최고 편집 책임자가 직접 독자들과 시민들에게 자신들이 어떻게 권력을 감시하는지 설명하는 인터뷰다.

한국의 매체들도 1948년 민주정부가 수립된 이후 끊임없이 최고지도자인 대통령을 취재해왔다. 그러나 대통령제가 시행된 지 70년이 넘었어도 아직 한국 언론의 대통령 보도는 소위 말하는 발표 저널리즘의 틀을 벗어나지 못하고 있다. 최근에 새롭게 등장하는 방식은 지독히 정파적인 보도들인데, 이 또한 『뉴욕타임스』나 『워싱턴포스트』가 미국의 대통령을 취재하고 보도하는 접근법과는 거리가 멀다.

이 책은 이러한 차이의 구조적 원인을 체계적으로 찾아보려는 시도였다. 이 작업에 참여한 11명의 필자는 다양한 연구 방법을 활용해 각자 한국의 대통령 보도와 대통령실 소통 방식의 문제들을 드러내고, 그에 대한 해결책도 제시했다. 좋은 저널리즘 연구회의 구성원들은, 부족한 점은 많지만 이 작업이 한국 대통령 보도의 품질을 높일 수 있는 성찰의 계기가 돼주기를 소망한다. 여러 가지로 어려운 환경에서 분투하는 기자들의 노고에 감사하며, 다시 박권상 선생의 말씀으로 글을 마무리한다. 이 인용문은 박 선생이 『동아일보』의 편집국장에 취임한 지 한 달쯤 되던 시점에 『기자협회보』에 기고한 글의 일부다.

> 오늘날 우리 언론에 대한 불신은 결국 우리가 진실 보도에 충실

> 치 않았다는 데 대부분의 원인이 있고, 그것이 외부 간섭과 내부의 허약에 기인한 것이라고 판단된다. 특히 스스로의 가치를 스스로 부인하고 스스로의 독립성을 스스로 부인한 자학을 개탄치 않을 수 없다. 언론과 언론인으로서의 긍지, 명예, 체면을 우리 스스로 충분히 갖추지 못하였고, 따라서 단결된 역량을 동원할 수 없었다 (박권상, 1971. 4. 30.).

50년 전 박 선생의 말씀이 오늘날 언론 현장에서 매일매일 좋은 기사를 생산하기 위해 애쓰는 언론인들에게도 스스로를 돌아보고, 더 나은 내일을 준비할 수 있도록 하는 각성제가 되기를 희망한다.

# 참고문헌

## • 프롤로그: 왜 대통령 보도를 분석하는가

Carey, J. (1997). "Afterword: The culture in question." In E. S. Munson & C. A. Warren (eds.), *James Carey: A Critical Reader*. Minneapolis, MN: University of Minnesota Press.

Cook, T. (1998). *Governing With the News: The News Media as a Political Institution*. Chicago, IL: University of Chicago Press.

Esser, F., & Stromback, J. (2014). *Mediatization of Politics: Understanding the Transformation of Western Democracies*. New York: Macmillan.

Mazzoleni, G., & Schulz, W. (1999). "Mediatization of politics: A challenge for democracy?" *Political Communication, 16*(3), 247-261.

Meyer, T. (2002). *Media Democracy: How the Media Colonize Politics*. Cambridge, UK: Polity Press.

Patterson, T. (2013). *Informing the News*. New York: Vintage Books.

Recode. (2017. 2. 15.). "Live interview: Washington Post executive editor Marty Baron." *Recode*. Retrieved from: https://www.youtube.com/watch?v=5uE-vM7ZiQxM.

Schudson, M. (2008). *Why Democracy Need An Unlovable Press*. Cambridge, UK: Polity Press.

______ (2018). *Why Journalism Still Matters*. Cambridge, UK: Polity Press.

Wikipedia. "The New York Times." Retrieved from: https://en.wikipedia.org/wiki/The_New_York_Times.

• 1장. 한국과 미국 대통령 기사의 형식과 소재

강형철 · 심재웅 · 오하영(2018). "공영방송 뉴스에 비친 대통령: 노무현 · 이명박 · 박근혜 대통령 재임 기간 메인뉴스 프로그램 내용 분석." 『한국언론정보학보』, 87권 2호, 7-37.

남재일(2005). 『대통령 보도와 청와대 출입기자』. 서울: 한국언론진흥재단.

박승정 · 전진오 · 김선우 · 김성태(2017). "국내 주요 일간지의 대통령 이슈 소유권에 대한 빅데이터 분석: LDA(Latent Dirichlet Allocation) 토픽 모델링(Topic Modelling)을 중심으로." 『정치정보연구』, 20권 3호, 25-55.

이재경(2006). "한미 신문의 대통령 취재 관행 비교: 『조선일보』와 『뉴욕타임스』." 『언론과 사회』, 14권 4호, 39-69.

이재훈(2019). "대통령 정치이념과 언론사 정파성에 관한 연구: 대통령 연설문과 언론사설 분석을 중심으로." 단국대학교 대학원 박사학위논문.

정군기(2002). "정치체제의 변화에 따른 언론의 성격: 80년대 이후 한국의 역대정권을 중심으로." 고려대학교 대학원 박사학위논문.

최영재(2011). "대통령 커뮤니케이션과 대통령 보도." 『언론과학연구』, 11권 3호, 349-380.

최창식 · 임영호(2021). "대통령 관련 보도의 감성 분석과 정파성의 지형: 신문별 감성지수의 차이, 일관성, 대통령 지지도와의 관계를 중심으로." 『한국언론학보』, 65권 1호, 35-70.

Edwards, G. C., Mayer, K. R., & Wayne, S. J. (2014). *Presidential Leadership: Politics and Policy Making*. Lanham, MD: Rowman & Littlefield.

• 2장. 한국과 미국 대통령 기사의 취재원

강형철 · 심재웅 · 오하영(2018). "공영방송 뉴스에 비친 대통령: 노무현 · 이명박 · 박근혜 대통령 재임 기간 메인뉴스 프로그램 내용 분석." 『한국언론정보학보』, 87권 2호, 7-37.

김경모 · 김지현 · 김창숙 · 박재영 · 배정근 · 이나연 · 이완수 · 이재경(2021). 『바릴 관행,

지킬 원칙: 취재 보도 바로 세우기』. 서울: 이화여자대학교출판문화원.

김경모·김지현·박재영·배정근·이나연·이완수·이재경(2020). 『텔레비전 뉴스의 품질: 국내외 방송사의 텔레비전 뉴스 비교연구』. 서울: 이화여자대학교출판문화원.

김경모·박재영·배정근·이나연·이재경(2018). 『기사의 품질: 한국 일간지와 해외 유력지 비교연구』. 서울: 이화여자대학교출판문화원.

김준형·김지현·김창숙·문영은·박재영·박찬정·송상근·이나연·이미호·이재경(2022). 『한국의 정치 보도』. 서울: 이화여자대학교출판문화원.

남재일(2005). 『대통령 보도와 청와대 출입기자』. 서울: 한국언론진흥재단.

박승정·전진오·김선우·김성태(2017). "국내 주요 일간지의 대통령 이슈 소유권에 대한 빅데이터 분석: LDA(Latent Dirichlet Allocation) 토픽 모델링(Topic Modelling)을 중심으로." 『정치정보연구』, 20권 3호, 25-55.

설원태(2012). "역대 한미대통령 묘사프레임 비교·분석: 『뉴욕타임스』와 『조선일보』의 한미정상회담 보도를 중심으로." *Journal of Communication Research, 49*(1), 107-144.

오해정·김경모(2020). "공영방송 TV 뉴스의 익명 취재원 이용: KBS <뉴스 9>와 BBC <10시 뉴스>의 비교·분석." 『한국언론학보』, 64권 1호, 49-90.

유용민(2018). "대통령 탄핵심판 보도의 취재원 특성: 지상파 및 종편 메인뉴스 프로그램 분석을 중심으로." 『방송통신연구』, 통권102호, 9-45.

이나연·김창숙·김지현(2021). "정치기사 익명 취재원 표기 관행: 미국 『뉴욕타임스』와 한국 주요 일간지 비교 연구." 『한국언론학보』, 65(3), 5-38.

이재경(2006). "한미 신문의 대통령 취재 관행 비교: 『조선일보』와 『뉴욕타임스』." 『언론과 사회』, 14권 4호, 39-69.

이재훈(2019). "대통령 정치이념과 언론사 정파성에 관한 연구: 대통령 연설문과 언론사설 분석을 중심으로." 단국대학교 대학원 박사학위논문.

이준웅·양승목·김규찬·송현주(2007). "기사 제목에 포함된 직접인용부호 사용의 문제점과 원인." 『한국언론학보』, 51권 3호, 64-90.

장호순·오수정(2001). "한국 신문의 취재원과 취재 경로 분석." 『보도비평』, 통권7호, 9-62.

정군기(2002). "정치체제의 변화에 따른 언론의 성격: 80년대 이후 한국의 역대 정권을 중심으로." 고려대학교 대학원 박사학위논문.

최영재(2011). "대통령 커뮤니케이션과 대통령 보도: 1948년-2008년 대통령과 언론 관계 분석." 『언론과학연구』, 11(3), 349-380.

최창식 · 임영호(2021). "대통령 관련 보도의 감성 분석과 정파성의 지형: 신문별 감성 지수의 차이, 일관성, 대통령 지지도와의 관계를 중심으로." 『한국언론학보』, 65권 1호, 35-70.

최창식 · 임영호(2021). "대통령-언론 간의 '밀월관계' 가설 검토: 역대 대통령 관련 보도에 대한 감성 분석." 『한국방송학보』, 35(6), 111-147.

황유나 · 유재웅(2018). "대통령 탄핵 위기 및 대응 커뮤니케이션 전략에 대한 미디어 인식 비교: 노무현 vs. 박근혜 대통령 탄핵 관련 언론 보도 비교 · 분석." *Crisisonomy, 14*(4), 1-16.

Bennett, W. L., & Lawrence, R. G. (2006). "None dare call It torture: Indexing and the limits of press independence in the Abu Ghraib scandal." *Journal of Communication, 56*(3), 467-485.

Barrett, A. W. (2007). "Press coverage of legislative appeals by the President." *Political Research Quarterly, 60*(4), 655-668.

Bennett, W. L. (2009). "News: The politics of illusion", 유나영 옮김(2009). 『뉴스, 허깨비를 좇는 정치』. 서울: 책으로보는세상.

Blankenburg, W. B. (1992). "The utility of anonymous attribution." *Newspaper Research Journal, 13*(1/2), 10-23.

Boeyink, D. E. (1990). "Anonymous sources in news stories: Justifying exceptions and limiting abuses." *Journal of Mass Media Ethics, 5*(4), 233-246. doi: 10. 1207/s15327728jmme0594_2

Brown, J. D., Bybee, C. R., Wearden, S. T., & Straughan, D. M. (1987). "Invisible power: Newspaper news sources and the limits of diversity." *Journalism & Mass Communication Quarterly, 64*(1), 45-54.

Donsbach, W., & Klett, B. (1993). "Subjective objectivity: How journalists in four countries define a key term of their profession." *International Communication Gazette, 51*(1), 53-83.

Duffy, M. J., & Freeman, C. P. (2011). "Unnamed sources: A utilitarian exploration of their justification and guidelines for limited use." *Journal of Mass Media Ethics, 26*(4). 297-315.

Edwards, G. C., Mayer, K. R., & Wayne, S. J. (2014). *Presidential Leadership: Politics and Policy Making*. Lanham, MD: Rowman & Littlefield.

Ericson, R. V., Baranek, P. M., & Chan, J. B. (1993). "Negotiating control a study of news sources." *Canadian Journal of Communication, 18*(1). Retrieved from: https://cjc.utpjournals.press/doi/full/10.22230/cjc.1993v18n1a733.

Eshbaugh-Soha, M., & Peake, J. S. (2008). "The Presidency and local media: Local newspaper coverage of President George W. Bush." *Presidential Studies Quarterly, 38*(4), 609-630.

Farnsworth, S. J., & Lichter, S. R. (2004). "'Source material': New Presidents and network news: Covering the first year in office of Ronald Reagan, Bill Clinton, and George W. Bush." *Presidential Studies Quarterly, 34*(3), 674-690.

Fishman, M. (1980). *Manufacturing the News*. Austin, TX: University of Texas Press.

Gans, H. J. (1979). *Deciding What's News: A Study of CBS Evening News, NBC Nightly News, Newsweek, and Times*. Evanston, IL: Northwestern University Press.

Groeling, T., & Kernell, S. (1998). "Is network news coverage of the President biased?" *The Journal of Politics, 60*(4), 1063-1087.

Gunther, A. C., & Liebhart, J. L. (2006). "Broad reach or biased source? Decomposing the hostile media effect." *Journal of Communication, 56*(3), 449-466.

Hoerl, K. (2012). "Selective amnesia and racial transcendence in news coverage of President Obama's inauguration." *Quarterly Journal of Speech, 98*(2), 178-202.

Lewis, S. C., & Reese, S. D. (2009). "What is the war on terror? Framing through the eyes of journalists." *Journalism & Mass Communication Quarterly, 86*(1), 85-102.

Martin-Kratzer, R., & Thorson, E. (2007). "Use of anonymous sources declines in U.S. newspaper." *Newspaper Research Journal, 28*(2), 56-70.

Ragas, M. W., & Tran, H. (2013). "Beyond cognitions: A longitudinal study of online search salience and media coverage of the President." *Journalism & Mass Communication Quarterly, 90*(3), 478-499.

Rankin, D. M. (2006). "Featuring the President as free trader: Television news coverage of US trade politics." *Presidential Studies Quarterly, 36*(4), 633-659.

Sigal, L. V. (1986). *"Sources make the news." Robert Karl Manoff and Michael Schudson Reading the News*. New York: Pantheon Books.

Smoller, F. (1986). "The six o'clock presidency: Patterns of network news coverage of the President." *Presidential Studies Quarterly, 16*, 31-49.

Soloski, J. (1989). "News reporting and professionalism." *Media, Culture & Society, 11*, 207-228.

Stempel, G. H., & Culbertson, H. M. (1984). "The prominence and dominance of news sources in newspaper medical coverage." *Journalism & Mass Communication Quarterly, 61*(3), 671-676.

Sternadori, M. M., & Thorson, E. (2009). "Anonymous sources harm credibility of all stories." *Newspaper Research Journal, 30*(4), 54-66

Tuchman, G. (1978). *Making News: A Study in the Construction of Reality*. New York: Free Press.

Wagner, M. C., & Boczkowski, P. J. (2021). "Angry, frustrated, and overwhelmed: The emotional experience of consuming news about President Trump." *Journalism, 22*(7), 1577-1593.

Wanta, W., & Foote, J. (1994). "The President-news media relationship: A time series analysis of agenda-setting." *Journal of Broadcasting & Electronic Media, 38*(4), 437-448.

- **3장. 『조선일보』와 『뉴욕타임스』 대통령 보도의 변화, 2003~2022**

박재영(2004). 『신문지면의 구성요소』. 서울: 미디어연구소.

박지현(2022. 8. 21.). "문파든 박파든 다 똑같아: 한국 거주 12년 차 英 기자의 독설." <월간조선>. Retrieved from: https://www.chosun.com/culture-life/culture_

general/2022/08/21/LU7U2FQHOJHLXLCHCEN6PK7IVY/.

이재경 · 김연미(1997). "한 · 미신문의 1면 특성비교: 『동아일보』와 『뉴욕타임스』의 공통점과 차이점." 『언론연구』, 1997년 가을/겨울호, 47-76.

이재경 · 김진미(2000). "한국 신문기사의 취재원 사용 관행 연구." 『한국언론학연구』, 2호, 160-181.

이재경(2006). "한미 신문의 대통령 취재 관행 비교: 『조선일보』와 『뉴욕타임스』." 『언론과 사회』, 14권 4호, 37-69.

장현주(2002). "한국 텔레비전 뉴스의 대통령 보도 분석." 이화여자대학교 대학원 석사학위논문.

전수정(1996). "청와대 보도의 정치학: 한국신문의 대통령 보도 형식과 언어분석." 이화여자대학교 대학원 석사학위논문.

Balutis, A. P. (1976). "Congress, the President and the Press." *Journalism Quarterly, 53*(3), 509-515.

Barnhurst, K. G. (2003). "The makers of meaning: National public radio and the new long journalism, 1980-2000." *Political Communication, 20*(1), 1-22.

Barnhurst, K. G., & Mutz, D. (1997). "American journalism and the decline in event-centered reporting." *Journal of Communication, 47*(4), 27-53.

Bennett, W. L. (1983). *News, the Politics of Illusion* (2nd Edn.). New York: Longman.

Blumler, J. G., & Gurevitch, M. (1995). *The Crisis of Public Communication*. London & New York: Routledge.

Blumler, J. G., McLeod, J. M., & Rosengren, K. E. (eds.). (1992). *Comparatively Speaking: Communication and Culture Across Space and Time*. NewburyPark, CA: Sage.

Bumiller, E. (2006. 6. 4.). "Reporter's Notebook: The White House without a Filter." *The New York Times*. Retrieved from: https://www.nytimes.com/2006/06/04/weekinreview/04bumiller.html.

Ceaser, J. W., Thurow, G. E., Tulis, J., & Bessette, J. M. (1981). "The rise of the rhetorical presidency." *Presidential Studies Journal, 11*, 158-171.

Cornwell Jr., E. E. (1959). "Presidential news: The expanding public image." *Journalism Quarterly, 36*(3), 275-283.

______ (1965). *Presidential Leadership of Public Opinion*. Bloomington, IN: Indiana University Press.

Djordjevic, M. (2021. 2. 23.). "21 Extraordinary Newspaper Statistics You Should Know About in 2022." Retrieved from: https://letter.ly/newspaper-statistics/.

Edelman, M. (1988). *Constructing the Political Spectacle*. Chicago, IL: The University of Chicago Press.

Farnsworth, S. J., & Lichter, S. R. (2006). *The Mediated Presidency: Television News and Presidential Governance*. New York: Rowman & Littlefield.

Graber, D. A. (ed.). (1982). *The President and the Public*. Philadelphia, PA: Institute for the Study of Human Issues.

Grossman, M. B., & Kumar, M. J. (1981). *Portraying the President: The White House and the News Media*. Baltimore, MD: Johns Hopkins University Press.

Hallin, D. C., & Mancini, P. (1994). "Speaking of the President: Political structure and representational form in US and Italian news." *We keep America On Top of the world*. London, UK: Routledge.

Kaid, L. L., & Foote, J. (1985). "How network television coverage of the President and congress is compared." *Journalism Quarterly. 62*. 59-65.

Kovach, B., & Rosenstiel, T. (2021). *The Elements of Journalism*(4th Ed). New York: Crown.

Neustadt, R. E. (1990). *Presidential Power and the Modern Presidents*. New York: Free Press.

Nimmo, D. D., & Combs, J. E. (1983). *Mediated Political Realities*. New York: Longman.

Pew Research Center. (2021). "State of the news media fact sheet 2021." *Pew Research Center*. Retrieved from: https://www.pewresearch.org/journalism/fact-sheet/newspapers/.

Robertson, K. (2022. 8. 4.). "The New York Times Reports a Gain of 180,000

Digital Subscribers." *The New York Times*, B4.
Schudson, M. (1995). "The Politics of Narrative Form." *The Power of News*. Cambridge, MA: Harvard University Press.
The New York Times. (2014. 3. 24.). "Innovation." *The New York Times*. Retrieved from: https://archive.org/details/nyt_innovation_2014.
_______ (2020. 1.). "Journalism That Stands Apart: The report of the 2020 group." *The New York Times*. Retrieved from: https://www.nytimes.com/projects/2020-report/index.html.

### • 4장. 브리핑의 정치학: 청와대/대통령실과 백악관의 커뮤니케이션 직제 및 기능 비교 연구

강준구(2019). "청와대 취재 방식과 소통구조의 변화." 『관훈저널』, 통권151호, 41-47.
구혜영(2018. 1. 31.). "대통령과 브리핑 내용 상의 안 해…난 행복한 대변인이었다." 『경향신문』. Retrieved from: https://m.khan.co.kr/politics/politics-general/article/201801310600015.
김광덕(2006). "청와대 취재 시스템의 변화와 개선 방안." 『관훈저널』, 통권98호, 99-105.
김달아(2022. 4. 19). "청와대 춘추관, 32년 만에 역사 속으로." <한국기자협회>. http://journalist.or.kr/m/m_article.html?no=51408.
김도연(2017. 1. 9.). "박근혜, 청와대 출입기자를 춘추관에만 가둬놨다." <미디어오늘>. Retrieved from: http://www.mediatoday.co.kr/news/articleView.html?idxno=134433.
김성곤(2017. 7. 29.). "300여명 靑출입기자 애용한 춘추관 임시단톡방, '역사속으로'." <이데일리>. Retrieved from: https://www.edaily.co.kr/news/read?newsId=01466166615999440&mediaCodeNo=257.
김성후(2008. 7. 9.). "필요에 따라, 하고 싶은 얘기, 일부 언론에만 청와대發 기사 왜 문제인가." <한국기자협회>. Retrieved from: http://m.journalist.or.kr/m/m_article.html?no=17931.
김은중(2022. 5. 22.). "집무실 옆에 참모들 방, 49석 브리핑룸… 백악관 닮은 용산."

『조선일보』. Retrieved from: https://www.chosun.com/politics/politics_general/2022/05/12/IEX6HPTWYZHPJGNSPJUMAP4XXY/

김영배(1990). "청와대 출입기자단." 『월간말』, 53, 132-137.

김태경(2017). "청와대 소통방식 어떻게 달라졌나." 『관훈저널』, 통권144호, 66-72.

김현아(2022. 5. 7.). "역대 '디지털소통비서관'은?… MB 때부터 다음·카카오·네이버 임원들이." <이데일리>. Retrieved from: https://m.edaily.co.kr/news/Read?newsId=01420246632326624&mediaCodeNo=257.

남승모(2022. 7. 25.). "[취재파일] 백악관 '연봉까지 공개' vs. 대통령실 '이름도 비공개'." <SBS 뉴스>. Retrieved from: https://news.sbs.co.kr/news/endPage.do?news_id=N1006835140.

노지민(2022. 5. 10.). "청와대 춘추관 넘어 윤석열 국민소통관에 거는 기대와 우려." <미디어 오늘>. Retrieved from: http://www.mediatoday.co.kr/news/articleView.html?idxno=303928

_______ (2022. 5. 13.). "군인 마주치고 보안앱 깔고…낯선 풍경의 국민소통관." <미디어오늘>. Retrieved from: http://www.mediatoday.co.kr/news/articleView.html?idxno=303967.

_______ (2022. 9. 7.). "홍보수석 바뀌고, 대통령실 언론 접촉 쪼그라들었다." <미디어오늘>. Retrieved from: http://www.mediatoday.co.kr/news/articleView.html?idxno=305737.

매일경제(1994. 1. 13.). "청와대비서실 직제개편 배경." 『매일경제』. Retrieved from: https://www.mk.co.kr/news/home/view/1994/01/2043/.

박승희(2014). "청와대 취재와 보도." 『관훈저널』, 통권133호, 27-34.

박재훈(2013). "청와대 출입기자의 고충, '청와대 출입'이라는 험지." 『방송기자』, 11, 16-17.

성연철(2018. 7. 26.). "청, 소통·홍보기능 대폭강화…자영업비서관 신설." 『한겨레』. Retrieved from: https://www.hani.co.kr/arti/politics/bluehouse/855121.html.

손기영(2018. 3. 20.). "'청와대 청원 애프터 서비스 해볼까 한다'(정혜승 뉴미디어비서관 인터뷰)." <위키트리>. Retrieved from: https://m.wikitree.co.kr/articles/335396#_enliple#_ace.

송호균(2008. 9. 17.). "이동관 대변인이 사라졌다? '가뭄에 콩 나는 청와대 브리핑'…

대변인은 어디에?." <프레시안>. Retrieved from: https://www.pressian.com/pages/articles/13998.
신경렬(2013). "[선배로서 후배에게] 좋은 청와대 뉴스, 좋은 청와대 출입기자." 『방송기자』, 11, 18-19.
유창재(2022. 5. 13.). "용산 집무실 출입기자가 겪은 사흘…나는 왜 '보안앱'을 거부하나." <오마이뉴스>. Retrieved from: http://www.ohmynews.com/NWS_Web/View/at_pg.aspx?CNTN_CD=A0002834826&CMPT_CD=P0010&utm_source=naver&utm_medium=newsearch&utm_campaign=naver_news.
이병국(1999). "한 · 미 양국의 대통령 홍보." 『관훈저널』, 통권71호, 290-298.
이재경(2006. 6. 6.). "민주주의 원칙 깬 '국정브리핑'." 『조선일보』. Retrieved from: https://www.chosun.com/site/data/html_dir/2006/06/05/2006060570474.html.
이재진(2017. 11. 15.). "청와대 기자들이 뉴미디어비서관실에 뿔난 이유." <미디어오늘>. Retrieved from: http://www.mediatoday.co.kr/news/articleView.html?idxno=139803.
이제교(2016). "청와대 현장 취재기." 『관훈저널』, 통권138호, 122-128.
장슬기 · 노지민(2022. 7. 9.). "용산 대통령실 출입기자, 문재인 청와대보다 100명 이상 줄어." <미디어오늘>. Retrieved from: http://www.mediatoday.co.kr/news/articleView.html?idxno=304840.
전승훈(2007. 4. 7.). "'개방형 브리핑' 4년…국민 알권리 막는 폐쇄형 제도." 『동아일보』. Retrieved from: https://www.donga.com/news/Culture/article/all/20070407/8427532/1.
정혜승(2020). 『홍보가 아니라 소통입니다』. 파주: 창비.
조소영(2018. 12. 13.). "靑, 사랑채에 '오픈 스튜디오' 차린다…이르면 이달 말 공개." <뉴스1>. Retrieved from: https://v.daum.net/v/20181213190002910.
조순용(1999). "청와대와 춘추관, 그리고 기자들." 『관훈저널』, 통권71호, 9-15.
최경운(2010. 7. 30.). "[대한민국 제1호] 청와대 대변인." 『조선일보』. Retrieved from: https://www.chosun.com/site/data/html_dir/2010/07/29/2010072901829.html.
최수영(2017. 5. 11.). "윤영찬 홍보수석, 靑출입기자들 채팅방에 발빠르게 '합류'." <글로벌이코노믹>. Retrieved from: https://cmobile.g-enews.com/view.php?ud

=20170511144484287080cc1df6cba_1&md=20170511150316_V.
최승영(2022. 5. 10.). "대통령실 1층에 국민소통관…가까워진 거리만큼 소통 늘릴까." <한국기자협회>. Retrieved from: http://m.journalist.or.kr/m/m_article.html?no=51535.
한균태 · 최영재 · 김동민 · 김사승 · 남재일 · 손영준 · 정일용 · 양정철 · 오연호 · 이재진 · 김정탁 · 김정기(2007). "'취재선진화 방안' 무엇이 문제인가?." 한국언론학회 심포지움 및 세미나 미간행 자료, 1-55.
허원순(2003). "청와대가 아닌 '춘추관 출입기자'." 『관훈저널』, 통권89호, 16-20.

Baker, P. (2005. 4. 25.). Interview with the author, "Towson University course, White House communication operations." *UCDC*. Retrieved from: http://www.ucdc.edu/aboutus/whstreaming_archive.cfm.
Baker, P., Kumar, M. J., Kirk, R., Demarest, D., Hart, R. P., DeFrank, T. M., Smith, S. A., Pedersen, T., Mong, R. W., Edwards, G. C., Mercieca, J., Deshishku, S., Martin, S. A., & Meacham, J. (2018). *Columns to Characters: The Presidency and the Press Enter the Digital Age*. College Station, TX: A&M University Press.
Bates, B. R. (2020). "The (in) appropriateness of the WAR metaphor in response to SARS-CoV-2: A rapid analysis of Donald J. Trump's rhetoric." *Frontiers in Communication, 5*, 50.
Baum, M. A. (2013). "Presidential communication strategies in the age of three medias." In R. L. Fox & J. M. Romos (eds.), *iPolitics: Citizens, elections, and governing in the New Media Era*. New York: Cambridge University Press.
Bedingfield, K. (2022. 3. 29.). "White House Daily Briefing." *C-SPAN*. Retrieved from: https://www.c-span.org/video/?519102-1/white-house-daily-briefing.
Bowen, G. A. (2009). "Document analysis as a qualitative research method." *Qualitative Research Journal, 9*(2), 27-40.
Ceaser, J. W., Thurow, G. E., Tulis, J., & Bessette, J. M. (1981). "The rise of the rhetorical presidency." *Presidential Studies Quarterly, 11*(2), 158-171.
Downie, Jr. L. (2022. 1. 3.). "'Night and day': The Biden administration and the press." *The Committee to Protect Journalists*. Retrieved from: https://cpj.

org/reports/2022/01/night-and-day-the-biden-administration-and-the-press/.

Fleischer, A. (2005). *Taking Heat: The President, the Press, and My Years in the White House*. waterville, ME: Thorndike Press.

Frantzich, S. E. (2018). *Presidents and the Media: The Communicator in Chief*. New York: Routledge.

Garrett, E. (2014. 5./6.). "The White House Press Corps Speaks." *Politico*. Retrieved from: https://www.politico.com/magazine/story/2014/05/the-white-house-press-corps-speaks-106166/.

Goodwin, D. K. (2013). *The Bully Pulpit: Theodore Roosevelt and the Golden Age of Journalism*. London, UK: Penguin.

Heidt, S. J. (2018). "Scapegoater-in-chief: Racist undertones of Donald Trump's rhetorical repertoire." *The Trump Presidency, Journalism, and Democracy*. New York: Routledge.

Hess, S. (2008. 12. 18.). "Role of White House press secretaries." *C-SPAN*. Retrieved from: https://www.c-span.org/video/?282951-1/role-white-house-press-secretaries.

Ingram, M. (2019. 5. 9.). "White House revokes press passes for dozens of journalists." *Columbia Journalism Review*. Retrieved from: https://www.cjr.org/the_media_today/white-house-press-passes.php.

Jacobs, J. A. (2015). "The President, the press, and proximity." *The White House Historical Association*. Retrieved from: https://www.whitehousehistory.org/the-president-the-press-and-proximity.

Keating, J. (2010. 6. 7.). "Can the White House revoke a reporter's credentials?" *Foreign Policy*. Retrieved from: https://foreignpolicy.com/2010/06/07/can-the-white-house-revoke-a-reporters-credentials/.

Kumar, M. J. (1997). "The White House beat at the century mark." *Harvard International Journal of Press/Politics, 2*(3), 10-30.

______ (2001a). "The office of communications." *Presidential Studies Quarterly, 31*(4), 609-634.

______ (2001b). "The office of the press secretary." *Presidential Studies Quar-*

*terly, 31*(2), 296-322.

______ (2007). "Managing the news: The Bush communications operation." In G. C. Edward III. & D. King (eds.), *The Polarized Presidency of George W. Bush*, Oxford, UK: Oxford University Press.

______ (2007. 8. 17.). "Managing the President's Message." *C-SPAN*. Retrieved from: https://www.c-span.org/video/?200117-4/managing-presidents-message.

______ (2008). "Conveying Presidential news: The White House press corps covers the President." *Presidential Studies Quarterly, 38*(4), 674-692.

______ (2011. 5. 5.). "Press and the Presidency: Martha Kumar talked about the press and the presidency." *C-SPAN*. Retrieved from: https://www.c-span.org/video/?299316-1/press-presidency.

______ (2017). "Office of Press Secretary." *White House Transition Project*. Report 2017—31. Retrieved from: http://whitehousetransitionproject.org/wp-content/uploads/2016/03/WHTP2017-31-Press-Secretary.pdf.

______ (2019). "The contemporary presidency energy or chaos? Turnover at the top of President Trump's White House." *Presidential Studies Quarterly, 49*(1), 219-236.

______ (2020). "Contemporary presidency: Presidents meet reporters: Is Donald Trump an outlier among recent Presidents?" *Presidential Studies Quarterly, 50*(1), 193-215.

______ (2020. 5. 10.). "Martha Kumar on the Presidential Transition Process." *C-SPAN*. Retrieved from: https://www.c-span.org/video/?471892-4/washington-journal-martha-kumar-discusses-presidential-transition-process.

______ (2021). "Presidential Interactions with Reporters During their First Full Year. REPORT 2021-46E." *White House Transition Project*. Retrieved from: https://www.whitehousetransitionproject.org/wp-content/uploads/2022/02/WHTP2021-46E-Presidential-Interchanges-with-Reporters-at-One-Full-year.pdf.

______ (2022. 12. 14.) Zoom Interview with Martha Kumar.

Lawrence, R. G. (2015). "Campaign news in the time of Twitter." In V. A. Farrar-Myers & J. S. Vaughn (eds.), *Controlling the Message: New Media in American Political Campaigns*, New York: New York University Press.

Maltese, J. A. (2000). *Spin Control: The White House Office of Communications and the Management of Presidential News*. Chapel hill, NC: University of North Carolina Press.

Mercieca, J. (2018). "Ch. 8. Ignoring the President: Barack Obama and the postrhetorical presidency." In P. Baker, M. J. Kumar, …, & J. Meacham (eds.). *Columns to Characters: The Presidency and the Press Enter the Digital Age*. College Station, TX: A&M University Press.

O'Leary, D. E. (2014). "Knowledge management: An empirical analysis of reuse and productivity." *Journal of decision systems, 23*(3), 249-265.

Onishi, N. (2004. 6. 13.). "South Korea Dissolves Ties That Once Bound the Press to the Powerful." *The New York Times*. Retrieved from: https://www.nytimes.com/2004/06/13/world/south-korea-dissolves-ties-that-once-bound-the-press-to-the-powerful.html.

Rocheleau, M. (2017. 2. 24.). "How White House press briefings usually work." *Boston Globe*. Retrieved from: http://www.mattrocheleau.com/clips/bostonglobe/pdfs/02682%20-%20How%20White%20House%20press%20briefings%20usually%20work%20(1%20of%201)%20-%20The%20Boston%20Globe%20-%202-24-17.pdf.

Ryfe, D. (2005). *Presidents in Culture: The Meaning of Presidential Communication*. New York: Peter Lang.

Schubert, C. (2012). "Follow-up questions in White House press briefings: Metacommunication in cohesion and framing." *Language and Dialogue, 2*(3), 449-463.

Smith, S. (2018) "Ch. 5. Technological transformations and timeless truths: The press and the presidency in a social media age." In P. Baker, M. J. Kumar, …, & J. Meacham (eds.). *Columns to Characters: The Presidency and the Press Enter the Digital Age*. College Station, TX: A&M University Press.

Sparrow, B. H. (2006). "A research agenda for an institutional media." *Political communication, 23*(2), 145-157.

Speakes, L., & Pack, R. (1988). *Speaking Out: The Reagan Presidency from Inside the White House*. New York: Charles Scribner's Sons.

Tulis, J. K. (2017). "The rhetorical presidency." *The Rhetorical Presidency*. Princeton, NJ: Princeton University Press.

Usher, N. (2021). "Ch. 4. The beltway versus the heartland, embodied: The case of Washington correspondents." *News for the Rich, White, and Blue*. New York: Columbia University Press.

Walsh, K. T. (1997). "Feeding the Beast: The White House Versus the Press(-Book Review)." *Journalism and Mass Communication Quarterly, 74*(3), 647.

Williams, B. A., & Carpini, M. X. D. (2011). *After Broadcast News: Media Regimes, Democracy, and the New Information Environment*. New York: Cambridge University Press.

### • 5장. 공보에서 홍보를 거쳐 소통으로: 디지털 시대의 대통령 소통 조직 변화

강원택(2005). "권력구조와 국가 원수의 역할." 한국정치학회 2005년 춘계학술회의 '21세기 민주주의와 한국정치' 한국 민주주의와 헌정제도의 재디자인 세션 미간행 발표문.

경향신문(2012. 5. 15.). "이대통령, '테러참사' 아웅산묘지 전격방문." 『경향신문』. Retrieved from: https://www.khan.co.kr/politics/president/article/201205151539l8A/?cp.

국정홍보처(2008). 『참여정부국정 운영백서 7: 정부혁신』. 서울: 국정홍보처.

김정연 · 신유섭(2015). "노무현 정부의 PR평가." 『한국정치학회보』, 49집 2호, 5-26.

김정해(2013). 『대통령 비서실의 기능과 역할에 관한 연구』. 서울: 한국행정연구원.

김주언(2009). 『한국의 언론통제』. 서울: 리북.

김준석(2012). "[EAI 오피니언 메모 5: 2012 국민이 바라는 대통령? 국민과의 소통 46.4%, 국정 운영능력 27.2%, 도덕성 22.9% 순." <EAST ASIA INSTITUTE>. Retrieved from: https://eai.or.kr/new/en/project/view.asp?code=&intSeq=16137&board=kor_reports&keyword_option=&keyword=&more=.

김준호(2016. 9. 3.). "문재인, '안희정 텃밭' 서산에서 공식팬클럽 창립 총회." <연합뉴

스>. Retrieved from: https://www.yna.co.kr/view/AKR20160903055300063
김현재(2003. 2. 24.). "盧 오마이뉴스 회견 내용 1." <연합뉴스>. Retrieved from: https://n.news.naver.com/mnews/article/001/0000324050?sid=100.
류정민(2007. 1. 18.). "노대통령 '청와대브리핑' 직접 지휘." <미디어투데이>. Retrieved from: http://www.mediatoday.co.kr/news/articleView.html?idxno=53642.
배정훈(1997). "한국대통령 비서실의 위상 변화에 관한 연구." 『비서학논총』, 제6집, 111-136.
손보승(2022. 5. 5.). "국민과 정부 소통 창구에서 진영대결 전쟁터로." <이슈메이커>. Retrieved from: https://post.naver.com/viewer/postView.naver?volumeNo=33744200&memberNo=5899 174&vType=VERTICAL/.
심흥식 · 이영희 · 박현아 · 남인용(2018). "청와대 대변인실의 소통방식에 대한 연구: 주요국 정부 대변인 제도에 대한 비교 · 분석을 중심으로." 『정치커뮤니케이션연구』, 통권48호, 37-78.
이가영(2022. 8. 2.). "文, 4년 만에 제주로 첫 휴가…어? 이번엔 '휴일 남방' 아니네." 『조선일보』. Retrieved from: https://www.chosun.com/politics/politics_general/2022/08/02/NAWIMJ76EFH4LCAELOORXP5ZPM/.
이승원(2021). "팬덤정치와 포퓰리즘: 대안적 정치문화를 위한 기획." 『문화과학』, 제108호, 105-124.
이채주(2003). 『언론통제와 신문의 저항』 서울: 나남.
조석준(1991). "청와대비서실의 조직에 관한 연구." 『행정논총』, 제29권 제2호, 33-51.
최영재(2011). "대통령 커뮤니케이션과 대통령 보도: 1948-2008년 대통령과 언론 관계 분석", 『언론과학연구』, 제11권 3호, 347-377.
최평길(2002). 『대통령학』. 서울: 박영사.
최평길 · 백정미(2005). "대통령과 언론: 미디어의 관계 실증모형을 중심으로." 『한국행정학보』, 39권 4호, 389-410.
최창식 · 임영호(2021). "대통령-언론 간의 '밀월관계' 가설 검토: 역대 대통령 관련 보도에 대한 감성 분석." 『한국방송학보』, 35권 6호, 111-147.
한국언론진흥재단(2002). 『2002 언론수용자 의식조사』. 서울: 한국언론진흥재단.
_______ (2021). 『2021 언론수용자 조사』. 서울: 한국언론진흥재단.
한규섭(2017). "대통령의 소통, 어떻게 해야 하나?." 『EAI 2017 대통령의 성공조건』. 서울: 동아시아연구원.

한지혜(2022. 5. 9.). “막 내리는 ‘靑 국민청원’…국민의 눈물 · 분노 쏟아진 5년.” <동아닷컴>. Retrieved from: https://www.donga.com/news/article/all/20220509/113294461/2.

행정자치부(1998). 『대한민국 정부조직 변천사』. 서울: 행정자치부.

황성욱 · 김태완 · 박혜빈(2017). “국민 관점의 대통령 소통 평가 요인이 대통령에 대한 신뢰와 지지도에 미치는 영향.” 『홍보학연구』, 21(1), 26-53.

Grossman, M. B., & Kumar, M. J. (1981). *Portraying the President*, Baltimore & London: Johns Hopkins University Press.

Kovach, B., & Rosenstiel, T. (2021). *The Elements of Journalism*(4th Ed.), 이재경 옮김(2021). 『저널리즘의 기본 원칙(개정4판)』. 서울: 한국언론진흥재단.

Kumar, M. J. (2007). *Managing the President's Message: The White House Communication Operation*, Baltimore, MD: Johns Hopkins University Press.

McIntyre, L. (2019). *Post-Truth*, 김재경 옮김(2019). 『포스트트루스』. 서울: 두리반.

Patterson, B. H. (2008). *To Serve the President: Continuity and Innovation in the White House Staff*. Washington, D.C.: Brookings Institution Press.

Watts, J. (2003. 2. 24). “World's first internet president logs on.” *The Guardian*. Retrieved from: https://www.theguardian.com/technology/2003/feb/24/newmedia.koreanews.

### • 6장. 한국과 미국 대통령 방송 보도 어떻게 다른가: 지상파방송 대통령 뉴스를 중심으로

국기연(2018). “대통령 따라 달라지는 백악관 기자회견 스타일.” 『관훈저널』, 통권146호, 129-134.

김성환(2022). 『영상과 TV 저널리즘』. 서울: 푸블리우스.

김수진(2010. 1. 10.). “세종시 수정안, 정치권 갈등 격화.” MBC <뉴스데스크>. Retrieved from: https://imnews.imbc.com/replay/2010/nwdesk/article/2539914_30521.html.

김창남(2017. 5. 17.). "'문 열린 청와대' 기자실 변화 가져올까." <한국기자협회>. Retrieved from: http://www.journalist.or.kr/news/article_print.html?no=41732.

김필규(2022. 8. 23.). "백악관의 도어스테핑." 『중앙일보』. Retrieved from: https://www.joongang.co.kr/article/25096211.

미디어오늘(2007. 2. 26.). "청와대 기자실 폐지하나 안하나." <미디어오늘>. Retrieved from: http://www.mediatoday.co.kr/news/articleView.html?idxno=54761.

박주호(2004. 5. 6.). "[여의나루] '청와대 대변인' 1년 맞은 윤태영." 『국민일보』. Retrieved from: https://news.kmib.co.kr/article/viewDetail.asp?newsClusterNo=01100201.20040507.

박찬정 · 박재영(2022). "미국신문의 정치보도 한국과 어떻게 다른가." 『한국의 정치보도』. 서울: 이화여자대학교출판문화원.

손태규(2004). 『서술적 보도와 해석적 보도: 신문 정치면 비교 · 분석』. 서울: 미디어연구소.

오종수(2022. 4. 1.). "[여성언론인 대담] '워싱턴포스트 백악관 출입기자, 김승민'." *VOA Korea*. Retrieved from: https://www.voakorea.com/a/episode_seung-min-kim-257616/6027229.html.

윤태영(2016). 『대통령의 말하기』. 서울: 위즈덤하우스.

이재경(2006). "한미 신문의 대통령 취재 관행 비교: 『조선일보』와 『뉴욕타임스』." 『언론과 사회』, 14권 4호, 39-69.

이한수(2013). "대통령과 언론의 영향력 관계 분석: 미국의 사례를 중심으로." 『한국정치학회보』, 47(2), 215-233.

장슬기 · 노지민(2022. 7. 9.). "용산 대통령실 출입기자, 문재인 청와대보다 100명 이상 줄어'." <미디어오늘>. Retrieved from: http://www.mediatoday.co.kr/news/articleView.html?idxno=304840.

정창화(2021. 3. 29.). "문 대통령, 김상조 정책실장 경질…조기 수습으로 민심 악화 차단." <KBS News>. https://news.kbs.co.kr/news/view.do?ncd=5150156.

Gold, H. (2017. 6. 30.). "Conservative outlets get more official seats in White House briefing room". *Politico*. Retrieved from: https://www.politico.com/blogs/on-media/2017/06/30/conservative-outlets-gain-white-house-

seats-240152.
Graber, D. A. (2002). *Mass Media and American Politics* (6th Ed.). Washington, D.C.: CQ Press.
Johnson, T. (2021. 10. 29.). "Kelly O'Donnell named NBC News senior WH correspondent." *NBC News*. Retrieved from: https://deadline.com/2021/10/kelly-odonnell-nbc-news-geoff-bennett-1234864843/.
Kaid, L. L., & Foote, J. (1985). "How network television coverage of the President and congress compared." *Journalism Quarterly, 62*(1), 59-65.
Kumar, M. J. (2003). "The contemporary presidency: Communications operations in the White House of President George W. Bush: Making news on his terms." *Presidential Studies Quarterly, 33*(2), 366-393.
Meyer, T. (2005). *Media Democracy: How the Media Colonize Politics*. Cambridge, UK: Polity Press.
NBC News. (2021. 7. 29.). "NBC <Nightly News> Broadcast." *NBC News*. Retrieved from: https://www.youtube.com/watch?v=YdpUlku_Q4k.
______ (2022. 9. 29.). "About NBC News." *NBC News*. Retrieved from: https://www.nbcnews.com/information/nbc-news-info/about-nbc-news-digital-n1232178.
Steinberg, B. (2021. 1. 8.). "NBC News Names Kristen Welker, Peter Alexander chief White House correspondents." *Variety*. Retrieved from: https://variety.com/2021/tv/news/peter-alexander-kristen-welker-nbc-news-white-house-1234881297/.
Tani, M. (2022. 4. 29.). "The rise and fall of the star White House reporters." *Politico*. Retrieved from: https://www.politico.com/news/magazine/2022/04/29/the-fall-of-the-white-house-correspondent-00028272.
Towson University. (2022). "White House Transition Project."
WHCA. (2022. 9. 28.). "About us." *WHCA*. Retrieved from: https://whca.press/about/.
Wikipedia. "White House Complex." Retrieved from: https://de.wikipedia.org/wiki/White_House_Complex#/media/Datei:WHComplex.png.
Wikipedia. "White House West Wing." Retrieved from: https://upload.wikime-

dia.org/wikipedia/commons/3/37/White_House_West_Wing_-_1st_Floor_with_Cabinet_Room_highlighted.png.

• 7장. 비평인가, 코칭인가: 대통령 이슈를 다루는 한국 신문칼럼의 특징

강주화(2022. 7. 7.). "'바보짓'이라는 대통령 화법." 『국민일보』. Retrieved from: https://m.kmib.co.kr/view.asp?arcid=0924253843.

고정애(2022. 7. 8.). "윤 대통령의 로프 없는 번지점프." 『중앙일보』. Retrieved from: https://www.joongang.co.kr/article/25085326#home.

길진균(2022. 7. 9.). "윤석열 대통령의 가위바위보." 『중앙일보』. Retrieved from: https://www.donga.com/news/Opinion/article/all/20220708/ 114364472/1.

김대중(2022. 7. 5.). "김대중 칼럼: 윤석열 정권은 성공할 수 있을까." 『조선일보』, 34면.

김덕한(2022. 7. 4.). "'눈엣가시'도 뽑지 못하는 윤석열 정부." 『조선일보』. Retrieved from: https://www.chosun.com/opinion/taepyeongro/2022/07/04/XNQZGJ5BVFHNXGWLKY46ADA5TU/.

김민아(2022. 7. 5.). "윤 대통령의 '데드 크로스', 왜?" 『경향신문』. Retrieved from: https://m.khan.co.kr/opinion/column/article/202207042039005#c2b.

김상연(2022. 7. 7.). "윤석열과 노무현." 『서울신문』. Retrieved from: https://www.seoul.co.kr/news/newsView.php?id=20220707030008.

김순덕(2022. 7. 7.). "김순덕 칼럼: 위기의식 없는 대통령의 '건희사랑' 문제." 『동아일보』, 30면.

김준형 · 김지현 · 김창숙 · 문영은 · 박재영 · 박찬정 · 송상근 · 이나연 · 이미호 · 이재경(2022). 『한국의 정치 보도』. 서울: 이화여자대학교출판문화원.

박권상(1986). "칼럼과 칼럼니스트." 『신문연구』, 41호, 179-188.

박용상(2002). 『표현의 자유』. 서울: 현암사.

박은주(2022. 7. 9.). "'우리 여리 우쭈쭈'가 어려운 이유." 『조선일보』. Retrieved from: https://www.chosun.com/opinion/column/2022/07/09/RA5H7E4YYFCU5HMVRFN32NRADQ/.

박찬수(2022. 7. 7.). "'윤석열, 리스크'의 덫에 빠지다." 『한겨레』. Retrieved from: https://www.hani.co.kr/arti/opinion/column/1049903.html.

신동일(2022). 『담론의 이해』. 서울: 책세상.
안혜리(2022. 7. 7.). "안혜리의 시선: 5만원짜리 치마 32만원짜리 발찌의 비밀." 『중앙일보』, 28면.
유영철(2015). 『신문칼럼 작법』. 서울: 햇빛마당.
유정인(2022. 7. 30.). "취임 80일 만에 '28% 대통령'." 『경향신문』, 1면.
윤평중(2022. 7. 8.). "'대통령 윤석열'의 존재증명." 『조선일보』. Retrieved from: https://www.chosun.com/opinion/column/2022/07/08/CVWVDSU4U5EWJBRV24H7GW3FCE/.
이기수(2022. 7. 6.). "윤석열의 두 달, 먹고살 만하십니까." 『경향신문』. Retrieved from: https://m.khan.co.kr/opinion/column/article/202207052033005.
이기홍(2022. 7. 8.). "윤, 오만한 언사로는 정권 소임 못 이룬다." 『동아일보』. Retrieved from: https://www.donga.com/news/Opinion/article/all/20220707/114348114/1.
이동현(2022. 7. 7.). "윤, 트럼프일 줄 알았더니 바이든이네." 『한국일보』. Retrieved from: https://m.hankookilbo.com/News/Read/A2022070616260001317.
이재성(2002). "아펠과 하버마스의 담론윤리의 의미." 『철학논총』, 30권 4호, 3-26.
이준웅(2017). "디지털 뉴스 시대의 언론 윤리." 『커뮤니케이션 이론』, 13권 3호, 86-128.
이형(1991). "공익성과 공정성이 생명: 칼럼론." 『신문과 방송』, 9월호, 2-5.
정현철(2008). "하버마스의 담론윤리학(Diskursethik)의 타당성에 관한 일 고찰." 『사회와 철학』, 통권16호, 333-364.
천광암(2022. 7. 4.). "윤석열, 고이즈미, 트뤼도의 도어스테핑." 『동아일보』. Retrieved from: https://www.donga.com/news/Opinion/article/all/20220703/114268674/1.
최영재(2005). "언론의 정파성과 대통령 보도 그리고 언론자유." 『언론과 법』, 4권 2호, 49-80.
최진호 · 한동섭(2012). "언론의 정파성과 권력 개입: 1987년 이후 13-17대 대선캠페인 기간의 주요 일간지 사설 분석." 『언론과학연구』, 12권 2호, 534-571.
최훈(2022. 7. 5.). "대통령의 무덤 '관료주의의 포로.'" 『중앙일보』. Retrieved from: https://www.joongang.co.kr/article/25084425#home.
홍순면(1978). "신문칼럼 노트." 『관훈저널』, 가을호, 18-29.

Bennett, L. W. (2007). *News: The Politics of Illusion*, New York: Pearson.

Ciofalo, A., & Kim T. (1994) "Does the op-ed page have a chance to become a public forum?" *Newspaper and Research Journal, 15*(4), 51-63.

Day, A. G., & Guy G. (2005). "Source and content diversity in op-ed pages: Assessing editorial strategies in The New York Times and The Washington Post." *Journalism Studies, 6*(1), 61-71.

Friedman, T. L. (2015). "How to write a newspaper column." *European Journalism Observatory*. Retrieved from: https://en.ejo.ch/specialist-journalism/thomas-l-friedman-how-to-write-a-newspape r-column.

Gans, H. J. (1979). *Deciding What's News: A Study of CBS Evening News, NBC Nightly News, Newsweek, and Times*. New York: Vintage Books.

Golan, G., & Wayne W. (2004). "Guest columns add diversity to NY Times' op-ed pages." *Newspaper Research Journal, 25*(2), 70-82.

Grossman, M. B., & Kumar, M. J. (1981). *Portraying the President: The White House and the News Media*." Baltimore, IL: Johns Hopkins University Press.

Heider, F. (1944). "Social perception and phenomenal causality." *Psychological Review, 51*, 358-374.

King, E. G. (1995). "The flawed characters in the campaign: Prestige newspaper assessments of the 1992 presidential candidates' integrity and competence." *Journalism, 72*(1). 84-97.

Kovach, B., & Rosenstiel, T. (2014). *The Elements of Journalism* (3rd Ed.), 이재경 옮김(2014). 『저널리즘의 기본원칙(개정3판)』. 서울: 한국언론진흥재단.

Krugman, P., Goldberg, M., Brooks, D., Tufekci, Z., Stephens, B., Friedman, T., Manjoo, F., & Collins, G. (2022. 7. 20.). "Eight Times Opinion columnists revisit their incorrect predictions and bad advice." *The New York Times*. Retrieved from: https://www.nytimes.com/interactive/2022/07/21/opinion/nyt-columnists-i-was-wrong.html.

River, W. L. (1965). *The Opinion-Makers*. Boston, MA: Beacon Press.

Socolow, M. J. (2010). "A profitable public sphere: The creation of the The New York Times op-ed page." *Journalism & Mass Communication Quarterly,*

7(2), 281-296.
Tuchman, G. (1978). *Making News: A Study in the Construction of Reality*. New York: Free Press.
Wahl-Jorgensen, K. (2004). "Playground of the pundits or voice of the people? comparing British and Danish opinion pages." *Journalism Studies, 5*(1), 59-70.

**• 8장. 드러난 얼굴과 보이지 않는 손: 대통령실 출입기자의 취재와 보도 관행**

김경모 · 김지현 · 김창숙 · 박재영 · 배정근 · 이나연 · 이완수 · 이재경(2021). 『버릴 관행, 지킬 원칙: 취재 보도 바로 세우기』. 서울: 이화여자대학교출판문화원.
남재일(2006). "1987년 민주화 이후 취재 관행에 나타난 정권-언론 관계 변화: 청와대 출입기자의 경우." 『한국언론학보』, 50권 4호, 95-124.
박재훈(2013). "[청와대 출입기자의 고충] '청와대 출입'이라는 험지." 『방송기자』, 통권 11호, 16-17.
이완수 · 양영유 · 배재영(2020). "언론과 정당 간의 유착주의:정당별 국정감사에 대한 언론의 편향적 의제 구성 방식." 『의정연구』, 26권 2호, 73-111.
이재교(2016). "청와대 현장 취재기." 『관훈저널』, 통권138호, 122-128.
이정민(2022. 6. 30.). "대통령의 도어스테핑은 계속돼야 하는 이유." 『중앙일보』, 31면.
윤영철(1995). "사회변동과 언론통제." 유재천 · 장용호 · 유재천 · 양승목 · 이만웅 · 윤영철 · 임영호 · 김연종 · 원용진 · 오택섭 엮음(1995). 『한국사회 변동과 언론』, 서울: 소화.
정우상(2021. 5. 14.). "제비뽑기 기자회견." 『조선일보』, A31.
정종태(2017). "청와대 전 출입기자가 본 최순실 사태와 언론." 『관훈저널』, 통권142호, 51-57.
정철운(2020. 12. 4.). "법조 출입처, 정말 이대로 둘 것인가?." <미디어오늘>. Retrieved from: http://www.mediatoday.co.kr/news/articleView.html?idxno=210688.
최문선(2017). "청와대 전 출입기자가 본 대통령과 언론의 바람직한 관계." 『관훈저널』, 통권143호, 81-88.
최영재(2011). "대통령 커뮤니케이션과 대통령 보도: 1948년-2008년 대통령과 언론 관계 분석.” 『언론과학연구』, 11권 3호, 349-380.
허원순(2003). “청와대가 아닌 ‘춘추관 출입기자’.” 『관훈저널』, 89호, 16-20.

• 9장. 청와대 보도자료에 대한 언론 현장의 보도 양상

김경모 · 김지현 · 박재영 · 배정근 · 이나연 · 이완수 · 이재경(2020). 『텔레비전 뉴스의 품질: 국내외 방송사의 텔레비전 뉴스 비교연구』. 서울: 이화여자대학교출판문화원.
김경모 · 박재영 · 배정근 · 이나연 · 이재경(2018). 『기사의 품질: 한국 일간지와 해외 유력지 비교연구』. 서울: 이화여자대학교출판문화원.
박재영(2006). “뉴스 평가지수 개발을 위한 신문 1면 머리기사 분석.” 2020 미디어위원회 실행위원회 엮음(2006). 『한국의 뉴스미디어 2006』. 서울: 한국언론진흥재단.
박재영 · 이완수(2007). “인용(quotation)과 취재원 적시(attribution)에 대한 한미(韓美) 신문비교.” 『한국언론학보』, 51권 6호, 439-468.
방성현 · 이건호(2013). “일간지 기사와 보도자료 프레임 비교를 통한 비구성적 현실 탐색.” 『한국언론학보』, 57권 1호, 163-186.
이나연(2018). “과학적 객관주의, 형식적 객관주의, 한국형 형식적 객관주의: 신문 기사에 사용된 취재원 사용과 직접 인용 분석을 중심으로.” 『한국언론학보』, 62권 2호, 112-142.
이완수 · 박재영(2013). “방송뉴스의 언어와 표현: 뉴스언어의 객관성과 공정성을 중심으로.” 『방송과 커뮤니케이션』, 14권 1호, 5-45.
이완수 · 배재영(2014). “영상보도의 기계적 공정성: 18대 대선후보 보도에 나타난 ‘전략적 의례’ 탐색.” 『커뮤니케이션 이론』, 10권 4호, 365-402.
임영호(2005). 『신문원론』. 서울: 한나래.
조항제(2014). “한국의 민주화와 언론의 자유언론학에 대한 비판적 성찰.” 『커뮤니케이션 이론』, 10권 2호, 41-76.
허만섭 · 오병찬 · 구혜린(2018). “프레이밍과 사실성 확보: 한국사 교과서 편향성 논란 보도를 중심으로.” 『커뮤니케이션 과학』, 34권 1호, 5-42.

Bennett, T. (1982). “Media, ‘reality’, signification”, In M. Gurevitch, T. Bennett, & J. Woolacott (eds.), *Culture, Society and the Media*, London, UK: Methuen.

Entman, R. M. (1993). "Framing: Towards clarification of a fractured paradigm." *Journal of Communication, 43*(4), 51-58.

Gans, H. J. (1979). *Deciding What's News: A Study of CBS Evening News, NBC Nightly News, Newsweek, and Times*. New York: Vintage Books.

Gitlin, T. (1980). "The whole world is watching: Mass media in the making & unmaking of the New Left." Berkeley, CA: University of California Press.

Haiman, R. J. (1998). "Hey, editors: Just stop the nonsense." *Newspaper Research Journal, 19*(4), 2-9.

Hall, S. (1982). "The rediscovery of ideology: Return to the repressed in media studies", In M. Gurevitch, T. Bennet, J. Curran, & J. Woolcott (eds.), *Culture, Society and the Media*. New York: Metheun.

Hartley, J. (1982). *Understanding News*. London, UK: Methuen.

Reese, S. D. (2001). "Prologue-Framing public life: A bridging model for media research." In S. D. Reese, O. H. Gandy, & A. E. Grant (eds.), *Framing Public Life: Perspectives on Media and Our Understanding of the Social World*. Mahwah, NJ: Lawrence Erlbaum Associates.

Stocking, S. H., & Gross, P. H. (1989). *How Do Journalists Think?: A Proposal for the Study of Cognitive Bias in Newsmaking*. Bloomington, IN: Indiana University Press.

Tuchman, G. (1972). "Objectivity as strategic ritual: An examination of newsmen's notions of objectivity." *American Journal of Sociology, 77*, 660-679.

______ (1978). *Making News: A Study in the Construction of Reality*. New York: Free Press.

### • 10장. 『조선일보』와 『한겨레』의 대통령 국정 수행 여론조사 보도 비교

김경모 · 김시현 · 송현진(2010). "선거 여론조사 보도에서 방법론 문제와 부정적 보도 경향의 관계: 주요 일간지의 16-18대 국회의원 선거기사 내용 분석." 『언론과학연구』, 제10권 3호, 81-124.
김경모 · 박재영 · 배정근 · 이나연 · 이재경(2018). 『기사의 품질: 한국 일간지와 해외 유력지 비교연구』, 서울: 이화여자대학교출판문화원.
문우진(2012). "대통령 지지도의 필연적 하락의 법칙: 누가 왜 대통령에 대한 지지를 바꾸는가?" 『한국정치학회보』, 제46집 1호, 175-201.
박영환(2013). "대통령의 레토릭과 한국 대통령의 지지도." 『한국정치연구』, 제22집 3호, 63-94.
박종희(2013). "제18대 대선 여론조사에서 나타난 조사기관 편향." 『조사연구』, 제14권 1호, 1-30.
송병권(2019). "여론조사 보도에서 나타난 언론매체의 정치적 편향: 제19대 대통령 선거를 중심으로." 『한국정당학회보』, 제18권 4호, 69-93.
양승목(1997). "여론조사와 제3자 효과: 여론조사의 영향에 대한 국회의원의 지각적 편향을 중심으로." 『언론과 사회』, 제18권, 6-28.
이곤수(2009). "대통령 국정 운영 지지의 영향요인 분석: 취임 1년 차 이명박 대통령에 대한 국민여론조사를 중심으로." 『행정논총』, 제47권 3호, 105-137.
이나경(2021). "경제변수가 대통령 국정 수행평가에 미치는 영향에 대한 경험적 연구." 『미래정치연구』, 제11권 1호, 115-136.
이민웅(2002). "좋은 보도의 으뜸가는 조건으로서 진실보도: 사실, 사회적 구성, 진실보도, 재귀성." 『언론과 사회』, 제10권 3호, 9-51.
한귀영 · 조성대(2010). "대통령 국정 운영 지지, 필연적 하락과 주체적 대응의 동학: 노무현-이명박 임기초반 비교 및 노무현 재임기간 분석." 『한국정치연구』, 제19집 2호, 77-106.

Entman, R. M. (1993). "Framing: Towards clarification of a fractured paradigm." *Journal of Communication, 43*(4), 51-58.

### • 에필로그: 한국의 대통령 보도, 어떻게 바꿔야 하나

박권상(1971. 4. 30.). "기자는 자존심을 먹고 산다." 『기자협회보』.
박권상(1993/2015). "고급신문이 태어났으면(고대신문 기고문)." 『박권상 언론학』. 고양:

상상나무.

Buettner, R., Craig, S., & McIntire, M. (2020. 9. 27.). "The president's taxes: Long-concealed records show Trump's chronic losses and years of tax avoidance." *The New York Times*. Retrieved from: https://www.nytimes.com/interactive/2020/09/27/us/donald-trump-taxes.html.

Carey, J. (1997). "Afterword: The Culture in Question" In E. S. Munson & C. A. Warren (eds.), *James Carey: A Critical Reader*. Minneapolis, MN: University of Minnesota Press.

Leonhardt, D., Philbrick, P., & Thompson, S. (2017. 12. 14.). "Trump's Lies vs. Obama's." *The New York Times*. Retrieved from: https://www.nytimes.com/interactive/2017/12/14/opinion/sunday/trump-lies-obama-who-is-worse.html.

Recode. (2017. 2. 15.). "Live interview: Washington Post executive editor Marty Baron." *Recode*. Retrieved from: https://www.youtube.com/watch?v=5uE-vM7ZiQxM.

Woodward, B. (2020). *Rage*. New York: Simon & Schuster.

# 참고문헌

[ㄴ]

[ㄷ]

[ㅅ]

**[ㅈ]**

[ㅊ]

<한국의 저널리즘>

# 한국의 대통령 보도

**펴낸날** 1판 1쇄 2022년 12월 30일
**지은이** 좋은 저널리즘 연구회 기획,
김경모·김지현·김창숙·문영은·박선이·박재영·배정근·이나연·이완수·이재경·이재훈
**펴낸이** 주소현
**펴낸곳** 이화여자대학교출판문화원
**주소** 서울특별시 서대문구 이화여대길 52(우 03760)
**등록** 1954년 7월 6일 제9-61호
**전화** 02) 3277-2965 (편집), 02) 362-6076 (마케팅)
**팩스** 02) 312-4312
**전자우편** press@ewha.ac.kr
**홈페이지** www.ewhapress.com
**책임 편집** 이지예
**디자인** 정혜진



**ISBN** 979-11-5890-482-1 94300
979-11-5890-279-7 (세트)

**값** 32,000원